Gemeinwohl im Wirtschaftsstrafrecht

ILFS

Institute for Law and Finance Series

Edited by
Theodor Baums
Andreas Cahn

Band 14

Gemeinwohl im Wirtschaftsstrafrecht

Herausgegeben von
Eberhard Kempf
Klaus Lüderssen
Klaus Volk

DE GRUYTER

ISBN 978-3-11-031568-4
e-ISBN 978-3-11-031585-1

Bibliografische Information der Deutschen Nationalbibliothek
Die Deutsche Bibliothek verzeichnet diese Publikation in der Deutschen Nationalbibliografie; detaillierte bibliografische Daten sind im Internet über http://dnb.ddb.de abrufbar.

Einbandabbildung: Medioimages/Photodisc
Datenkonvertierung/Satz: Werksatz Schmidt & Schulz GmbH, Gräfenhainichen
Druck und Bindung: Hubert & Co. GmbH & Co. KG, Göttingen
♾ Gedruckt auf säurefreiem Papier
Printed in Germany

MIX
Papier aus verantwortungsvollen Quellen
FSC® C016439

www.degruyter.com

Vorwort

Vor knapp fünf Jahren haben wir gerade dann begonnen, die erste unserer Tagungen vorzubereiten, als die *Finanzkrise* allmählich ins allgemeine Bewusstsein trat. Die in den Mittelpunkt gerückte „Freiheit des Unternehmers“, gedacht als das noli me tangere für das Strafrecht, war nun auch aus ökonomischer Sicht bedroht. Die Parolen über „too big to fail“ rührten an die *Eigenverantwortlichkeit*, die gleichwohl erfolgenden Zusammenbrüche an die *Handlungsfähigkeit* der Unternehmen. Folgerichtig machten wir die Finanzkrise zum Hauptthema der zweiten Konferenz, und daraus ging – für die dritte Konferenz – wiederum eine noch weitergehende Verallgemeinerung hervor, indem wir uns das Verhältnis von Ökonomie und Recht im Finanzmarkt *prinzipiell* vornahmen. Jeweils natürlich immer mit den gebotenen pragmatischen Exemplifizierungen.

Mit einer gewissen natürlichen Konsequenz geriet dann auch das Unternehmen ins Zentrum unseres Interesses, und wir haben wohl mit der vierten, diesem Thema speziell gewidmeten Konferenz und der Veröffentlichung der Referate eine für die allgemeine Diskussion nicht ganz unverbindliche Zwischenbilanz erreicht. Soll das Unternehmen ***als** Ganzes haften? W*omöglich deshalb, weil es auch **für** das *Ganze* (mit)*verantwortlich* ist. Das bleibt die offene Frage.

Welche Bezüge dabei auftauchen, signalisiert der Begriff „Gemeinwohl“, und so wurde er zum Thema der fünften Konferenz.

Wir haben die größeren Zusammenhänge stets nicht nur unter dem Aspekt gesucht, welche grundlegenden Disziplinen zu beteiligen sind, wie Ökonomie, Soziologie, Politikwissenschaft, Psychologie und Philosophie, sondern auch mit Blick darauf, wie das Verhältnis des Strafrechts zu den anderen juristischen Fächern, insbesondere Zivilrecht und Öffentliches Recht, sich darstellt – eine scheinbar viel einfachere, aber merkwürdigerweise selbst im Wirtschaftsstrafrecht immer noch nicht genügend beachtete Frage.

Halt machen wir dabei vor der Einbeziehung dessen, was man – inzwischen etwas zaghaft, weil das Wort quälende déja vu-Assoziationen auslöst – Kapitalismus-Kritik nennt, und was gelegentlich auch (um der Sache das handfest Marxistische zu nehmen) als kulturalistische Kapitalismuskritik apostrophiert wird. *Wir* haben diese Perspektiven nur aus einer gewissen Entfernung eingenommen, in der Überzeugung, dass unser Wirtschaftsstrafrecht, wie es auch im Einzelnen gestaltet sei, eine freiheitliche Wirtschafts*verfassung* zur Voraussetzung hat.

Diese Position ist aber nicht mehr ganz unangefochten; es mehren sich Tendenzen, ein *politisches* Wirtschaftsstrafrecht zu fordern, auf der Basis eines generellen Misstrauens gegen das freie Wirtschaften überhaupt, bis hin zu Identifizierungen großer Teile des Wirtschaftslebens mit organisierter Kriminalität. Das geschieht erstens durch bloße *Quantifizierungen*, eine Art massenhafter Fixierung von Täterschaft kraft organisatorischen Machtapparates auf diesem Gebiet, mit sehr viel psychologisierenden Vorurteilen und wenig Empirie. Es gibt – zweitens – aber auch eine *qualitative* Annäherung, die für die Wirtschaftskriminalität eine Parallele zur Staatskriminalität aufmacht.

Wir glauben nicht, dass sich die Strafjustiz mit diesen beiden Vorstößen ernsthaft auseinandersetzen muss; sie scheitern eigentlich schon im Handwerklichen, bei den Anforderungen an eine rechtsstaatlich konzipierte Tatherrschaftslehre, bloße Kausalität genügt eben nicht, auch nicht bei der Untreue.

Indessen müssen sich angesichts so weit gehender Infragestellungen des kapitalistischen Betriebes *Wirtschaftsethik* und speziell *Unternehmensethik* herausgefordert fühlen.

Diese Fachgebiete sind äußerlich zwar sehr präsent, und – natürlich – fehlt es auch nicht an Argumenten; wir haben sie im Laufe unserer Tagungen immer wieder gehört. Sie vermitteln bei den Fragen nach einer unternehmensbezogenen Verantwortungsethik durchaus zwischen der Kasuistik und den Grundlagen. Aber die Grundlagen selbst bleiben schemenhaft. Entweder werden tradierte Modelle unkritisch zum Ausgangspunkt gewählt, oder neue Ansätze wie etwa die Institutionenökonomie lediglich global beschworen.

Das reicht aber nicht aus, um mit ökonomischen Begründungen den politisierenden Tendenzen im Wirtschaftsstrafrecht wirksam entgegenzutreten und das diesen Tendenzen zugrunde liegende Feindbild des kapitalistischen Systems durch ein realistisches zu ersetzen. Was in der wirtschaftswissenschaftlichen Literatur fehlt, ist der Versuch, die Krisenphänomene der letzten fünf bis vielleicht zehn Jahre in Beziehung zu setzen zu den makroökonomischen Theorien, das heißt, die neuen Probleme entweder dort zu integrieren oder aber sich darum zu bemühen, insoweit auch neue *makroökonomische* Einsichten zu gewinnen und rezipierbar zu machen.

Die sich alljährlich im Rahmen des ECLE-Projekts versammelnden Fachleute verschiedenster Provenienz können das – bei aller ökonomischen Bildung in Verbindung mit Prozess- und Geschäftserfahrungen – am Ende nicht leisten. Aber sie können vielleicht die Provokation gegenüber der Ökonomie, sich endlich zu Wort zu melden, sachverständig anreizen. Wenn weiterhin nichts geschieht, werden wir erleben, dass die Feuilletons der großen Tageszeitungen diese Leerräume füllen, und wir bekommen ein Gentlemen-Movement gegen das Kapital, vergleichbar dem Gentlemen-Movement von *Law and Literature* gegen *Law and Economics* in den USA. Das wäre intellektuell sicherlich sehr interessant, aber keine Lösung.

Das Strafrecht, um dessen Aufgaben für das Wirtschaftsleben wir uns hier bemühen, kann freilich nicht auf die ausstehenden, ersehnten ökonomischen

Weisheiten warten, muss insofern ungeachtet aller interdisziplinären Orientierung seinen eigenen Weg gehen.

Er ist, obwohl unter den Verfassungsrechtlern insofern viel Indolenz herrscht, durch das Grundgesetz vorgezeichnet. Das heißt, über alle kontroversen Details hinweg: rechtstaatliche Bestimmtheit und säkularisierte Zweckrationalität. Diese Grundätze begrenzen vor allem die Justiziabilität des ökonomischen, des geschäftlichen *Risikos*. Darauf konzentriert und *reduziert* sich zugleich die das ECLE-Projekt prägende Strafrechtsskepsis.

Die Schranken, die hier dem Strafrecht gezogen sind, dürfen nicht überspielt werden durch die Fokussierung auf *Verhaltensregeln*, deren Verletzung strafrechtliche Sanktionen auch dann auslösen soll, wenn sie folgenlos bleibt, das heißt, der Nachweis nicht erbracht werden kann, dass sie ursächlich ist für bestimmte Schäden. Man kann das rechtfertigen, indem man die Aufgabe des Strafrechts nicht im Schutz von Rechtsgütern, sondern in der Ahndung des bloßen Normungehorsams sieht. Welten trennen diese beiden Konzepte. Das „Verbrechen als Pflichtverletzung" ist historisch so diskreditiert, dass man diese Variante wirklich nicht mehr wählen sollte. Wer trotzdem die Unlösbarkeit der Kausalitätsprobleme nicht zu Lasten des staatlichen Strafanspruchs gehen lassen möchte, muss sich auf die Konzeption des abstrakten Gefährdungsdeliktes zurückziehen und damit ebenfalls schwere Legitimationsdefizite in Kauf nehmen.

Wenn man diese Vorsicht gegenüber dem Strafrecht missbilligt, weil damit vielleicht wichtige *Steuerungsfunktionen* des Rechts ungenutzt bleiben, muss die Vorfrage nach der milderen Alternative gestellt werden. Wir haben das auf unseren Tagungen im allgemeinen wie auch bei bestimmten Delikten, sei es Insiderhandel oder Bestechung im Geschäftsverkehr, oder eben auch Untreue, immer getan. Nie ist dabei die Rechnung einseitig *zugunsten* des Strafrechts aufgegangen. Ob es überhaupt eine Steuerungsaufgabe hat in unserem Rechtssystem, ist sehr zweifelhaft. Wenn man das dennoch fordert, wird man registrieren müssen, dass die Steuerung unwirksam und mit Zielkonflikten belastet ist.

Es ist die Betriebswirtschaftslehre, die auf diesem Gebiet zusammen vor allem mit dem Gesellschaftsrecht der gesamten Rechtsordnung gute Dienste leistet, indem sie die Kultur der Selbstregulierung entwickelt hat. *Deren* Regulierung ist es, die aus der ökonomischen Sachlogik folgt, die hier – unerachtet aller epistemologischen Bedenken – doch ins Spiel kommen muss. Die wechselseitige Anerkennung der Nutzenmaximierung impliziert mehr Gemeinwohlbezüge als externe Gebots- und Verbotsnormen das vermögen, und ganz gewiss vermag das nicht das Strafrecht.

Wir haben dies alles im Laufe der Jahre mit wechselnden Referenten, aber einem relativ gleichbleibenden Teilnehmerkreis immer wieder kreuz und quer und in verschiedenen Rollen diskutiert – etwa des Richters auf der einen Seite und des Verteidigers auf der anderen Seite, und dazwischen die Wissenschaft – in einem Klima großer intellektueller Redlichkeit und auch wachsender Vertrautheit, die wir – mit stärkerer internationaler Ausweitung – auch für die Zukunft erwarten.

Die Herausgeber Frankfurt am Main und München, im August 2013

Inhaltsverzeichnis

Die Autoren und die Herausgeber

Prof. Dr. Anne van Aaken

Prof. Dr. iur et lic. rer. pol. Anne van Aaken ist Professorin für Law and Economics, Rechtstheorie, Völker- und Europarecht an der Universität St. Gallen. Zuvor war sie wissenschaftliche Referentin am Max Planck Institut für Gemeinschaftsgüter in Bonn und am Max Planck Institut für ausländisches öffentliches Recht und Völkerrecht in Heidelberg, wiss. Mitarbeiterin an der Humboldt Universität zu Berlin und an der Universität Fribourg. Prof. van Aaken hat das erste juristische Staatsexamen in Bayern gemacht und ist als Rechtsanwältin in Deutschland zugelassen. Promoviert hat sie an der Europa Universität Viadrina, habilitiert an der Universität Osnabrück. Sie verfügt ebenfalls über einen Master der Volkswirtschaftslehre der Universität Fribourg (CH) und ein Diplom in Journalistik derselben Universität. Sie war Visiting Scholar an den Universitäten Berkeley und Yale. Prof. van Aaken hat Lehraufträge im europäischen Ausland, Asien, Afrika und Lateinamerika wahrgenommen. Für das Herbstsemester 2016 hat sie eine Einladung von der New York University Law School als Global Law Professor (Gastprofessur) angenommen. Im akademischen Jahr 2010/11 forschte sie als Fellow am Wissenschaftskolleg zu Berlin.

Prof. van Aaken ist Vize-Präsidentin der European Association of Law and Economics, Chair des Programmatic Steering Boards des Hague Institute for the Internationalisation of Law, Mitglied des Executive Boards der European Society of International Law und Mitglied des Committee on Non-State Actors der International Law Association. Sie war Consultant für die Weltbank, die OECD und die UNCTAD. Sie ist Non-Executive Director der Kleinwort Benson Group, einer UK Merchant Bank.

Jüngste Forschungsaktivitäten und Publikationen von Prof. van Aaken haben sich v.a. mit folgenden Themen befasst: Internationales Investitionsschutzrecht und die Interaktion mit allgemeinem Völkerrecht, Völkerrecht in der Wirtschaftskrise, Theorien des internationalen Rechts, politische Korruption und Methodenlehre von Law and Economics, behavioral law and economics und die Regulierung von Finanzmärkten als Teil des globalen Verwaltungsrechts. Ihr aktuelles Forschungsprojekt konzentriert sich auf Staatshaftung und Gewährleistung in einem kooperierenden und privatisierenden Staat.

Prof. Dr. iur. Klaus Bernsmann

Geb. 1947; Studium – Rechtswissenschaften/Medizin – in Bochum; Promotion 1978; Assistent bei Prof. Dr. iur. Gerd Geilen; Habilitation 1987 (Strafrecht, Strafprozessrecht, Kriminologie); 1987: Professur Bochum; 1989: Ruf an die Universität zu Köln; 1993/1994: Ruf an die Universität Basel – Ordinariat Strafrecht; 1994: Lehrstuhl für Straf- und Strafprozessrecht und geschäftsführender Direktor des Kriminalwissenschaftlichen Instituts der Universität zu Köln; seit 2002: Lehrstuhl für Straf- und Strafprozessrecht an der Ruhr-Universität Bochum; seit 1987 Prüfer und seit 1994 Kommissionsvorsitzender der Justizprüfungsämter bei den Oberlandesgerichten Düsseldorf, Hamm und Köln; Arbeitsschwerpunkte: Wirtschaftsstrafrecht, Strafprozessrecht, Strafverteidigung; regelmäßig Übernahme von Verteidigungsmandaten.

Prof. Dr. Kurt Biedenkopf

Prof. Dr. jur. Kurt Biedenkopf wurde am 28. Januar 1930 in Ludwigshafen (Rhein) geboren.

Nach Abitur und Studium der Rechtswissenschaft und Volkswirtschaftslehre in den USA sowie in München und Frankfurt mit Promotion und Habilitation wurde er 1964 als Ordinarius für Handels-, Wirtschafts- und Arbeitsrecht an die Ruhr-Universität Bochum berufen. Im Herbst 1970 wechselte Kurt Biedenkopf als Mitglied der zentralen Geschäftsführung des Düsseldorfer Chemiekonzerns Henkel in die Wirtschaft.

Im Frühjahr 1973 wurde er zum Generalsekretär der CDU gewählt.

1976 wurde Kurt Biedenkopf erstmals in den Deutschen Bundestag gewählt. Dort übernahm er das Amt des wirtschaftspolitischen Sprechers der CDU/CSU-Fraktion. Nach dem Fall der Berliner Mauer am 9. November 1989 engagierte sich Kurt Biedenkopf im Prozess der Wiedervereinigung Deutschlands.

Im Januar 1990 wurde er von der damaligen Karl-Marx-Universität in Leipzig auf eine Gastprofessur für Wirtschaftspolitik berufen.

Der Sächsische Landtag wählte Kurt Biedenkopf im Oktober 1990 zum ersten Ministerpräsidenten des Freistaates. Fast zwölf Jahre lang, bis zum 17. April 2002, diente er Sachsen in diesem Amt.

Seit 2003 ist er als Vorsitzender, seit 2010 als Ehrenvorsitzender des Kuratoriums der Hertie School of Governance am Aufbau dieser ersten deutschen Professional School for Public Policy in Berlin engagiert. Außerdem ist er Gründungspräsident und inzwischen Ehrenpräsident der Dresden International University. Im Jahr 2011 übernahm Kurt Biedenkopf eine Forschungsprofessur am Wissenschaftszentrum Berlin für Sozialforschung zum Thema „Demokratie als Entwurf und kulturelle Leistung“. Darüber hinaus wird er sich in den nächsten Jahren vor allem literarischen Werken widmen.

Prof. Dr. Andreas Cahn

Andreas Cahn hat Rechtswissenschaft an der Johann Wolfgang Goethe-Universität in Frankfurt a.M. und an der University of California at Berkeley studiert, wo er den Grad eines Master of Laws (LL.M.) erworben hat. Anschließend war er für sechs Jahre wissenschaftlicher Mitarbeiter bei Prof. Dr. H.-J. Mertens an der Universität Frankfurt. Während dieser Zeit verfasste er seine Dissertation zum Thema

„Vergleichsverbote im Gesellschaftsrecht" und seine Habilitationsschrift mit dem Titel „Kapitalerhaltung im Konzern". Von 1996 bis 2002 war er Inhaber des Lehrstuhls für Bürgerliches Recht, Handels- und Gesellschaftsrecht an der Universität Mannheim. Seit 2002 ist er geschäftsführender Direktor des Institute for Law and Finance an der Universität Frankfurt. Seine gegenwärtigen Arbeitsschwerpunkte liegen im Aktien- und Konzernrecht, im Recht der Unternehmensfinanzierung, dem Kapitalmarktrecht und der Rechtsvergleichung. Er ist Mitherausgeber der Zeitschriften „Der Konzern" und „Corporate Finance law", der Institute for Law and Finance Series sowie Mitglied des wissenschaftlichen Beirats der Zeitschrift „European Company Law".

Prof. Dr. Armin Engländer
Geboren am 25.01.1969 in Frankfurt am Main. Abitur 1988 an der Altkönigschule Kronberg im Taunus. Studium der Rechtswissenschaften an der Johann Wolfgang Goethe-Universität in Frankfurt am Main. Erstes juristisches Staatsexamen 1996. Zweites juristisches Staatsexamen 1999. Promotion 2002 an der Julius-Maximilians-Universität Würzburg. Habilitation 2008 am Fachbereich Rechts- und Wirtschaftswissenschaften der Johannes Gutenberg-Universität Mainz. Rufe auf die Lehrstühle für Strafrecht und Strafprozessrecht an den Universitäten Passau und Trier 2008. Annahme des Rufes nach Passau. Seit Sommersemester 2009 Inhaber des Lehrstuhls für Strafrecht, Strafprozessrecht, Wirtschaftsstrafrecht und Rechtsphilosophie an der Universität Passau.

Marie Luise Graf-Schlicker
Marie Luise Graf-Schlicker besuchte von 1959 bis 1971 die Grundschule und das Gymnasium. Das Studium der Rechtswissenschaft schloss sie 1976 ab. Nach ihrem Referendardienst war sie von 1979 bis 1992 als Richterin beim Landgericht Essen, beim Amtsgericht Gelsenkirchen und beim Oberlandesgericht Hamm tätig. Von 1989 bis 1992 erfolgte eine Abordnung an das Justizministerium des Landes Nordrhein-Westfalen, wo sie Leiterin des Referats für Familien- und Erbrecht war. Als Ministerialrätin im Justizministerium des Landes Nordrhein-Westfalen war sie bis 1999 Leiterin des Referats für Handels-, Gesellschafts-, und sonstiges privates Wirtschaftsrecht sowie der Projektgruppe zur Umsetzung der Insolvenzordnung. Hieran schloss sich die Tätigkeit als Leiterin der Gruppe für das gesamte Zivilrecht im Justizministerium des Landes Nordrhein-Westfalen an (bis 2002, seit 2000 als Leitende Ministerialrätin). Von 2002 bis 2007 war Marie Luise Graf-Schlicker Präsidentin des Landgerichts Bochum, seit Juni 2007 ist sie Leiterin der Abteilung Rechtspflege im Bundesministerium der Justiz.

Prof. Dr. Stefan Kadelbach

Geboren 1959; 1979–84 Studium zunächst der Literatur-, dann der Rechtswissenschaft in Tübingen und Frankfurt am Main; 1984–87 Referendariat; 1986 Hague Academy of International Law Den Haag; Hochschule für Verwaltungswissenschaften Speyer. 1987/88 LL.M.-Studium mit den Schwerpunkten Völkerrecht und internationale Beziehungen an der University of Virginia, Charlottesville, LL.M.; 1991 Dr. jur. (Thema der Dissertation: „Zwingendes Völkerrecht", betreut von Richter am EuGH Prof. Dr. Manfred Zuleeg); 1996 Habilitation in Frankfurt (Thema der Habilitationsschrift: „Allgemeines Verwaltungsrecht unter europäischem Einfluss", betreut von Prof. Dr. Ingolf Pernice); 1997–2004 o. Professor für Öffentliches Recht, Völker- und Europarecht an der Universität Münster; seit 2004 an der Goethe-Universität Frankfurt. Gastprofessuren bzw. Vorlesungstätigkeit u.a. an der University of Virginia (1999), am Europäischen Hochschulinstitut Florenz (2000), am Institut für Staat und Recht der Russischen Akademie der Wissenschaften Moskau (2002/03) und an der Chuo-Universität Tokio (2004). Seit 1.10.2004 o. Professor für Öffentliches Recht, Europarecht und Völkerrecht und Direktor des Wilhelm-Merton-Zentrums für Europäische Integration und Weltwirtschaftsordnung an der Universität Frankfurt am Main. Seit 2007 Mitglied des Direktoriums und Koordinator des Forschungsfelds III des Exzellenzclusters 243 (Herausbildung normativer Ordnungen).

Prof. Dr. Johannes Kaspar

Geb. 1976 in Ravensburg. 1996–2001 Studium der Rechtswissenschaft in München. 2004 Promotion an der LMU München bei Professor Dr. Heinz Schöch, Thema der Dissertation: „Wiedergutmachung und Mediation im Strafrecht". 2011 Habilitation an der LMU München mit einer Arbeit über „Verhältnismäßigkeit und Grundrechtsschutz im Präventionsstrafrecht" (erscheint 2014). Erteilung der Lehrbefähigung für die Fächer Strafrecht einschließlich Wirtschaftsstrafrecht, Kriminologie, Jugendstrafrecht, Strafvollzug und außergerichtliche Streitbeilegung. Seit 1.5.2012 Inhaber eines Lehrstuhls für Strafrecht, Strafprozessrecht, Kriminologie und Sanktionenrecht an der Universität Augsburg (Nachfolge Prof. Dr. Bottke). Mitglied der Schriftleitung und Mitherausgeber der „Neuen Kriminalpolitik".

Interessens- und Arbeitsschwerpunkte: materielles Strafrecht einschließlich Wirtschaftsstrafrecht; Straf- und Kriminalitätstheorien; verfassungsrechtliche Bezüge des Strafrechts; Wiedergutmachung und Mediation im Strafrecht; empirische Sanktionsforschung

Eberhard Kempf

Eberhard Kempf, Rechtsanwalt, Jahrgang 1943, geb. in Lahr/Schwarzwald, Studium in Heidelberg, Berlin, Freiburg und Paris. Rechtsanwalt seit 1971, seit 1977 in Frankfurt am Main.

Rechtsanwalt Kempf ist seit 1990 bis heute Mitglied und war von 1996 bis 2005 Vorsitzender des Strafrechtsausschusses des Deutschen Anwaltvereins und ständiger Gast des Strafrechtsausschusses der Bundesrechtsanwaltskammer. Er hat eine umfangreiche Veröffentlichungs- und Vortragspraxis und ist mehrfach als Sachverständiger durch den Rechtsausschuss des Deutschen Bundestages gehört worden.

Rechtsanwalt Eberhard Kempf war aktiv an der Gründung des Barreau Pénal International/International Criminal Bar (ICB-BPI) beteiligt, einer Vereinigung von Rechtsanwälten am Internationalen Strafgerichtshof in Den Haag. Er war von 2003 bis 2005 Vizepräsident und von 2005 bis 2007 Co-Präsident des ICB-BPI. Seit 2012 ist er Vorsitzender des Disciplinary Board for the International Criminal Court in Den Haag.

Dr. Michael Lindemann

Geboren 1975 in Nordhorn. Von 1994 bis 1999 Studium der Rechtswissenschaft in Bielefeld. Nach der ersten juristischen Staatsprüfung im Juni 1999 wissenschaftlicher Mitarbeiter am Institut für Anwalts- und Notarrecht sowie am Lehrstuhl für Straf- und Strafprozessrecht an der Universität Bielefeld (Prof. Dr. Stephan Barton). Ab April 2002 Referendariat am LG Wuppertal mit Stationen in Düsseldorf und 's-Hertogenbosch/Niederlande; daneben wissenschaftlicher Mitarbeiter am Lehrstuhl für Straf- und Strafprozessrecht an der Heinrich-Heine-Universität Düsseldorf (Prof. Dr. Helmut Frister) und anschließend am dortigen Institut für Rechtsfragen der Medizin. Im Dezember 2003 Promotion durch die Fakultät für Rechtswissenschaft der Universität Bielefeld. Nach der zweiten juristischen Staatsprüfung von Juli 2004 bis Januar 2006 wissenschaftlicher Mitarbeiter am Institut für Rechtstatsachenforschung und Kriminalpolitik der Universität Bielefeld im Projekt „Staatsanwaltschaftliche und polizeiliche Ermittlungstätigkeit in Wirtschaftsstrafverfahren". Von Januar 2006 bis Februar 2008 wissenschaftlicher Mitarbeiter am Bundesverfassungsgericht im Dezernat von Richterin des BVerfG Prof. Dr. Gertrude Lübbe-Wolff. Von März 2008 bis November 2012 Akademischer Rat a.Z. am Lehrstuhl für Straf- und Strafprozessrecht an der Heinrich-Heine-Universität Düsseldorf (Prof. Dr. Helmut Frister). Im Januar 2012 Habilitation und Erteilung der Lehrbefugnis für die Fächer Strafrecht, insbesondere Wirtschaftsstrafrecht und Medizinstrafrecht, Strafprozessrecht, Kriminologie und Strafvollzugsrecht. Von April bis November 2012 Vertreter der Professur für Straf- und Strafprozessrecht, Wirtschaftsstrafrecht und Völkerstrafrecht an der Universität

Augsburg. Seit Dezember 2012 Universitätsprofessor und Inhaber der Professur für Strafrecht und Strafprozessrecht, Wirtschaftsstrafrecht und Umweltstrafrecht an der Universität Augsburg.

Prof. Dr. Klaus Lüderssen

Professor Dr. Klaus Lüderssen, Jg. 1932, ist seit 1971 ordentlicher Professor für Strafrecht, Strafprozessrecht, Rechtsphilosophie und Rechtssoziologie an der Johann Wolfgang Goethe-Universität Frankfurt am Main. Mit dem Wirtschaftsstrafrecht beschäftigt sich schon eine frühere Arbeit über kartellrechtliche Probleme. Später folgten Arbeiten über Irrtumsprobleme im Steuerstrafrecht, ferner über Subventions- und Submissionsbetrug, Konkursprobleme im GmbH-Strafrecht, missbräuchliche aktienrechtliche Anfechtungsklagen und Strafrecht, Anti-Korruptionsgesetze und Drittmittelforschung, ökonomische Analyse des Strafrechts, Korruption und strafrechtliche Untreue, gesellschaftsrechtliche Grenzen der strafrechtlichen Haftung des Aufsichtsrats, Aktienrecht und strafrechtliche Untreue und Glücksspielstrafrecht. Einige dieser Abhandlungen sind zusammengefasst in den Bänden „Entkriminalisierung des Wirtschaftsrechts“ I 1998 und II 2007. Neuere einschlägige Veröffentlichungen sind die in Anknüpfung an die bisherigen ECLE-Symposien gemeinsam mit Eberhard Kempf und Klaus Volk herausgegebenen Bücher „Die Handlungsfreiheit des Unternehmers – wirtschaftliche Perspektiven, strafrechtliche und ethische Schranken“ (2009), „Die Finanzkrise, das Wirtschaftsstrafrecht und die Moral“ (2010) und „Ökonomie versus Recht im Finanzmarkt?“ (2011), sowie die Beiträge in den Festschriften für Knut Amelung, „Systemtheorie und Wirtschaftsstrafrecht“, 2009, S. 67–80, und für Klaus Volk, „Risikomanagement und „Risikoerhöhungstheorie“ – auf der Suche nach Alternativen zu § 266 StGB, 2009, S. 345–363. „Muss Strafe sein? Das Strafrecht auf dem Weg in die Zivilgesellschaft“, in Festschrift für Winfried Hassemer, 2010, und „Strafbefreiender Rücktritt vom fahrlässigen Delikt?“ in Festschrift für Erich Samson, 2010 sowie „Rechtsfreie Räume?“, 2012. Mit der Rechtsanwaltskanzlei Dr. Wolf-Dietrich Schiller und Kollegen in Frankfurt am Main gibt es eine ständige Kooperation.

Dr. Petra R. Mennicke

Nach der Ausbildung zur Bankkauffrau bei der Dresdner Bank AG Studium der Rechtswissenschaften an der Universität Göttingen. Wissenschaftliche Mitarbeiterin am Lehrstuhl von Prof. Dr. Fritz Loos. Promotion 1995 an der Universität Göttingen (s.c.l.) mit einer Dissertation über „Sanktionen gegen Insiderhandel“. 1996 Master of Laws (L.L.M.) an der Universität Cambridge. Rechtsanwältin seit 1996 in der Sozietät Hengeler Mueller, spezialisiert auf das Aktien- und Konzernrecht mit dem Schwerpunkt in der Prozessführung. Neben einer Reihe von Veröffentlichungen Mitautorin des WpHG-Kommentars von Fuchs (2009) und des Kommentars zum UmwG von Lutter (4. Aufl. 2009).

Dr. Reinhard Müller

Reinhard Müller wurde am 1. April 1968 im niedersächsischen Walsrode geboren. Sein Vater stammt aus Landsberg an der Warthe, die Mutter aus Danzig. Nach dem Abitur 1987 Wehrdienst bei der Feldjägertruppe in Celle, Sonthofen und Münster, anschließend Reserveoffizierslaufbahn. Von 1988 an Studium der Rechtswissenschaften, seit 1990 auch der Geschichte in Münster. Ein Semester verbrachte er als Erasmus-Student in Nijmegen, wo er sich vor allem mit Völker- und Europarecht befasste. 1993 erstes juristisches Staatsexamen. Von 1994 an wissenschaftlicher Mitarbeiter am Lehrstuhl für Öffentliches Recht, Europa- und Völkerrecht der Technischen Universität Dresden. 1996 Promotion über den Zwei-plus-vier-Vertrag und das Selbstbestimmungsrecht der Völker. Als Rechtsreferendar arbeitete er unter anderem in der Abteilung für DDR-Unrecht bei der Staatsanwaltschaft Dresden, in der Pressestelle des sächsischen Innenministeriums, an der Hochschule für Verwaltungswissenschaften in Speyer sowie in der Zentrale der Vereinten Nationen in New York. Nach dem zweiten juristischen Staatsexamen Eintritt in die politische Redaktion der Frankfurter Allgemeinen Zeitung im Januar 1998. Beschäftigt sich mit „allem, was Recht ist" und mit Innenpolitik. Verantwortlich für die Seite „Staat und Recht" und für „Zeitgeschehen".

Prof. Dr. Bernd Müssig

Wurde 1961 in München geboren. Nach dem Studium der Rechtswissenschaften, Theaterwissenschaften und Philosophie in Bonn und München Promotion 1993 und Habilitation 2001 an der Rechts- und Staatswissenschaftlichen Fakultät in Bonn (Strafrecht, Strafprozessrecht und Rechtsphilosophie). Seit 2001 als Strafverteidiger in der Sozietät Redeker, Sellner und Dahs, Bonn.

Dr. Frank Scholderer

Dr. Frank Scholderer ist seit 1999 Partner im Frankfurter Büro von Clifford Chance. Er ist auf den Gebieten des Kapital- und Personengesellschaftsrechts tätig. Schwerpunkte seiner Beratungstätigkeit liegen auf Fragen der Organkompetenzen (Corporate Governance), Kapitalmaßnahmen, Sanierungs- und Kapitalerhaltungsfragen, öffentlichen Übernahmeangeboten, Squeeze-out, Umstrukturierungen und Umwandlungsmaßnahmen (Verschmelzung, Spaltung, Formwechsel).

Er ist auch in der Fortbildung von Aufsichtsratsmitgliedern beim Deutschen Aktieninstitut (DAI) und als Dozent für Corporate Governance-Themen bei der Frankfurt School of Finance & Management tätig.

Prof. Dr. Lorenz Schulz, M. A.

Geb. 1956 in München, nahm 1977 das Studium der Rechtswissenschaft, Philosophie und Amerikanistik in München auf. Nach dem ersten juristischen Staatsexamen im Jahr 1982 folgte ein akademisches Auslandsjahr an der Harvard Universität, 1984 der Magister Artium in Philosophie und 1988 wiederum in München das zweite juristische Staatsexamen und die juristische Promotion mit einer Arbeit zum Zusammenhang von philosophischem Pragmatismus und Recht. Dem folgte bis zur Habilitation 1997 an der Goethe-Universität Frankfurt a.M. ein Jahrzehnt als wissenschaftlicher Assistent bei Arthur Kaufmann (München), Jürgen Wolter (Regensburg) und seit 1992 bei Klaus Lüderssen (Frankfurt a.M.). Neben Arbeiten zum Allgemeinen und Besonderen Teil des Strafrechts entstanden hat Herr Schulz zahlreiche Beiträge im Bereich der juristischen Grundlagen, insbesondere der Rechtsphilosophie publiziert. Die venia legendi für die Fächer „Strafrecht, Strafprozessrecht, Kriminologie und Rechtsphilosophie" erlangte Lorenz Schulz mit einer Arbeit zum strafprozessualen Begriff des Verdachts (Normiertes Misstrauen, Frankfurt a.M. 2001). Daran schlossen sich zahlreiche Vertretungsprofessuren an den Universitäten Frankfurt a.M., Frankfurt (Oder), München, Gießen und Dresden an. 2002 folgte die Ernennung zum außerplanmäßigen Professor der Goethe-Universität Frankfurt a.M. und der Beginn der Tätigkeit als Rechtsanwalt (Kanzlei Roxin Rechtsanwälte, LLP, München). Herr Schulz lehrt an der Goethe-Universität und ist zugleich Lehrbeauftragter an der Bucerius Law School und an der Ludwig-Maximilians-Universität München sowie an der Faculté Libre du Droit Paris. Im Bereich der Rechtsphilosophie ist er Generalsekretär der Internationalen Vereinigung für Rechts- und Sozialphilosophie (IVR) sowie Vizepräsident der European Association for the Teaching of Legal Theory (AEETD).

Prof. Dr. Gunnar Folke Schuppert

Prof. Dr. Gunnar Folke Schuppert war bis zum 30.09.2011 Forschungsprofessor für „Neue Formen von Governance" am Wissenschaftszentrum Berlin für Sozialforschung und leitete dort das WZB-Rule of Law-Center. Bis zum 30.9.2008 war er Inhaber eines Lehrstuhls für Staats- und Verwaltungsrecht, insbesondere Staats- und Verwaltungswissenschaft an der Juristischen Fakultät der Humboldt-Universität zu Berlin. Daneben lehrt er als „adjunct-professor" an der Hertie School of Governance.

Prof. Dr. Dr. h.c. Klaus Volk

Geboren 1944 in Coburg, Studium der Rechtswissenschaften in München. Erstes Juristisches Staatsexamen 1968, Zweites 1974. Wissenschaftlicher Assistent am Institut für die gesamten Strafrechtswissenschaften Universität München (Lehrstuhl Prof. Bockelmann). Promotion 1970, Habilitation für die Fächer Strafrecht,

Strafprozessrecht, Rechtstheorie und Kriminologie 1978. Lehrstulvertretung 1977 in Kiel, Prof. 1978 in Erlangen, Ordinarius 1978 in Konstanz, seit 1980 in München, em. 2010. Visiting Research Fellow 1992/3 Law School Ann Arbor, Michigan. Zahlreiche Gastprofessuren in Italien. 2003 Dr. h.c. Universität Urbino.

Veröffentlichungen insbesondere zum Wirtschaftsstrafrecht und zum Strafprozessrecht (Literaturverzeichnis verlinkt auf www.klaus-volk.de). Unter anderem: Herausgeber des Münchener Anwaltshandbuchs Verteidigung in Wirtschafts- und Steuerstrafsachen (2. Aufl. im Erscheinen). Seit 1982 als Verteidiger in Wirtschaftsstrafverfahren tätig. Zulassung als Rechtsanwalt 2013.

Prof. Dr. habil. Josef Wieland

Prof. Dr. habil. Josef Wieland hat seit März 2013 an der Zeppelin Universität Friedrichshafen eine Stiftungsprofessur am Lehrstuhl für Institutional Economics – Organisational Governance, Integrity Management & Transcultural Leadership inne und ist Direktor des Leadership Excellence Institute Zeppelin (LEIZ). Von 1995 bis Februar 2013 war er Professor für Allgemeine BWL mit Schwerpunkt Wirtschafts- und Unternehmensethik an der Hochschule Konstanz für Technik, Wirtschaft und Gestaltung (HTWG). Promotion an der Universität Wuppertal 1998; Habilitation an der Universität Witten/Herdecke 1994.

Er ist u.a. Direktor des Konstanz Instituts für WerteManagement (KIeM) – Institut für Interkulturelles Management, Werte und Kommunikation, Direktor des Kooperativen Promotionskollegs der HTWG, wissenschaftlicher Direktor des Zentrums für Wirtschaftsethik (ZfW), Gründer und Vorsitzender des Forum Compliance & Integrity – Anwenderrat für Wertemanagement ZfW. Er berät seit über 20 Jahren zahlreiche namhafte Unternehmen zu wirtschaftsethischen Fragen, ist Compliance Monitor u.a. für die Weltbank und bildet Manager im In- und Ausland aus. So ist er u.a. Leiter des EMBA Studiengangs Corporate Governance & Compliance (HTWG; FH Ingolstadt, Beijing Institute of Technology), für chinesische Topmanager der Daimler AG sowie des EMBA Studiengangs Corporate Governance & Compliance (HTWG, Universität St. Gallen, Warwick Business School). Er ist Mitglied im CSR-Forum des BMAS.

Prof. Dr. Mark A. Zöller

Prof. Dr. Mark A. Zöller ist Jahrgang 1973. Nach dem Abitur am Leininger Gymnasium Grünstadt (Pfalz) im Jahr 1993 und dem sich anschließenden Zivildienst studierte er von 1994 bis 1998 Rechtswissenschaft an der Universität Mannheim. Nach dem ersten juristischen Staatsexamen folgten eine Tätigkeit als wissenschaftlicher Mitarbeiter am Lehrstuhl von Prof. Dr. Jürgen Wolter an der Universität Mannheim und die Promotion mit einer Dissertation zum Thema „Informationssysteme und Vorfeldmaßnahmen von Polizei, Staatsanwaltschaft und

Nachrichtendiensten“ (summa cum laude). Nach dem Referendardienst im Bezirk des Pfälzischen Oberlandesgerichts Zweibrücken (2001–2003) und dem zweiten juristischen Staatsexamen kehrte er 2003 als wissenschaftlicher Assistent an die Universität Mannheim zurück. Mit seinem Habilitationsprojekt wurde er im Jahr 2005 in das Eliteprogramm für Postdoktoranden des Landes Baden-Württemberg aufgenommen. Nach erfolgreichem Abschluss des Habilitationsverfahrens wurde ihm 2008 von der rechtswissenschaftlichen Fakultät der Universität Mannheim die Lehrbefugnis für die Fächer „Deutsches, Europäisches und Internationales Strafrecht und Strafprozessrecht sowie Wirtschaftsstrafrecht“ verliehen. Seine Habilitationsschrift „Terrorismusstrafrecht“ erschien 2009. Nach einer Lehrstuhlvertretung an der Friedrich-Schiller-Universität Jena im Sommersemester 2008 folgten noch im gleichen Jahr die Berufung zum W3-Professor an die Universität Trier sowie die Bestellung zum Direktor des dortigen Instituts für Deutsches und Europäisches Strafprozessrecht und Polizeirecht (ISP). Einen Ruf an die Universität Jena lehnte er im 2013 ab.

Prof. Zöller ist Autor zahlreicher Fachpublikationen mit Schwerpunkten im Besonderen Teil des Strafrechts und Wirtschaftsstrafrecht, dem Strafprozess- und Nachrichtendienstrecht sowie dem europäischen und internationalen Strafrecht. Darüber hinaus ist er Redaktionsmitglied der Zeitschrift für Internationale Strafrechtsdogmatik (ZIS), Redaktionsmitglied und Mitherausgeber der Zeitschrift für das Juristische Studium (ZJS), Ständiger Mitarbeiter von Goltdammer's Archiv für Strafrecht (GA) und Mitherausgeber der „Schriften zum Wirtschaftsstrafrecht“ im Verlag C.F. Müller (Heidelberg).

Einführung

Andreas Cahn
Das Gemeinwohl – ein Rückblick

Im Namen des Vorstands des Institute for Law and Finance begrüße ich Sie sehr herzlich zum diesjährigen Symposion „Economy, Criminal Law, Ethics“, das wiederum unter der bewährten Regie der Organisatoren Kempf, Lüderssen und Volk stattfindet. Wir feiern mit dieser 5. Tagung der Veranstaltungsreihe ein kleines Jubiläum; und ich möchte diese Gelegenheit nutzen, um im Namen des ILF, aber sicher auch für alle am Thema Interessierten, Herrn Kempf, Herrn Lüderssen und Herrn Volk, von denen die Idee zu der Veranstaltungsreihe stammt und die sie inhaltlich gestaltet haben, für ihre Initiative sehr herzlich danken.

Die Reihe hat 2008 begonnen mit der Tagung zum Thema „Die Handlungsfreiheit des Unternehmers – wirtschaftliche Perspektiven, strafrechtliche und ethische Schranken“. 2009 und 2010 folgten „Die Finanzkrise, das Wirtschaftsstrafrecht und die Moral“ und „Ökonomie versus Recht im Finanzmarkt“; im vergangenen Jahr schließlich ging es ums „Unternehmensstrafrecht“. In den ersten Jahren lag der Schwerpunkt also vor allem im Grenzbereich zwischen Ökonomie und Rechtwissenschaft, im vergangenen Jahr auf genuin strafrechtlichen Fragestellungen. „Gemeinwohl im Wirtschaftsstrafrecht“, das Oberthema der diesjährigen Veranstaltung, hat natürlich wiederum einen starken strafrechtlichen Bezug. Die entsprechenden Themen sind Gegenstand des heutigen Nachmittags und der morgigen Referate. Sieht man das Strafrecht nicht als ein beliebig verfügbares Werkzeug im Regulierungsbaukasten, sondern nur als letztes Mittel, dessen Einsatz immer einer besonderen Rechtfertigung bedarf, so gilt das gerade für wirtschaftsrechtliche Deliktstatbestände mit Gemeinwohlbezug, wie etwa die heute Nachmittag behandelten Insolvenz- und Insider-Delikte. Die Gemeinwohlbasierung der Straftatbestände beruht hier gerade darauf, dass sich individuelle Rechtsgüter einzelner Personen häufig nur schwer identifizieren lassen. Intuitiv könnte man zwar meinen, dass die Verletzung von Allgemeininteressen gerade deswegen besonders strafwürdig ist, weil eine große Zahl von Personen betroffen ist, die schon aufgrund von Kollektivhandlungsproblemen erhebliche Schwierigkeiten haben, ihre Interessen effektiv wahrzunehmen. Man kann sich aber auch fragen, ob es nicht vorzugswürdig und geboten wäre, Schwierigkeiten der Sanktionierung im Wirtschaftsrecht selbst anzugehen und dort nach innovativen Lösungen zu suchen, statt sehr abstrakte Schutzgüter wie etwa das Vertrauen in die Integrität des Kapitalmarkts oder die Gleichbehandlung von Gläubigern zum Gegenstand strafrechtlicher Sanktionen zu erheben. Anders gewendet: Mangelnder Einfallsreichtum bei der Entwicklung zivilrechtlicher Sanktionen und Verfahren ist keine hinreichende Rechtfertigung für den Einsatz des Strafrechts.

Die Veranstalter haben mir aufgetragen, im Rahmen meiner Begrüßung ein paar Worte zu der Rolle zu sagen, die der Gemeinwohltopos in der Geschichte des Wirtschaftsrechts gespielt hat. Da mir hierfür nur einige Minuten zur Verfügung stehen, will ich mich auf einen Bereich konzentrieren, der mir recht gut zum heutigen Tagungsthema zu passen scheint, nämlich die Bedeutung von Gemeinwohlerwägungen im Aktienrecht.

Die Aktiengesellschaft war ursprünglich – nicht anders als eine Personengesellschaft – als private Veranstaltung der Gesellschafter konzipiert, die dementsprechend auch die Geschäftsführung entsprechend ihren eigenen Interessen lenken konnten und durften. *Rathenau* war einer der ersten, der 1918 den Gedanken einer gesamtwirtschaftlichen Verantwortung aufbrachte und von einer *„bewußten Einordnung in die Wirtschaft der Gesamtheit", von der „Durchdringung mit dem Geiste der Gemeinverantwortlichkeit"*[1] sprach. Die durch solche Überlegungen angestoßene Diskussion um das „Wesen" der Aktiengesellschaft blieb aber zunächst akademisch. Eine grundsätzliche Änderung des geltenden Rechts erfolgte erst durch das AktG 1937. Der Begriff „Gemeinwohl" tauchte hier gleich in drei Zusammenhängen auf.

So führte § 288 AktG 1937 unter der Überschrift „Wahrung des Gemeinwohls durch den Staat" die Möglichkeit ein, eine Aktiengesellschaft wegen Gefährdung des Gemeinwohls auf Antrag des Reichswirtschaftsministers aufzulösen. Der Auflösungsgrund der Gemeinwohlgefährdung findet sich noch heute in § 396 AktG. Soweit ersichtlich, hat aber weder diese Bestimmung noch ihre Vorgängerin praktische Bedeutung erlangt.

Darüber hinaus fand das „Gemeinwohl" als Tatbestandsmerkmal Eingang in die sog. Sozialklauseln der §§ 77 Abs. 3, 98 Abs. 4 AktG 1937. Danach mussten etwaige Gewinnbeteiligungen der Mitglieder von Vorstand oder Aufsichtsrat in einem angemessenen Verhältnis stehen zu den Aufwendungen zugunsten der Gefolgschaft oder von Einrichtungen, die dem gemeinen Wohle dienten. Für die Einhaltung dieser Vorgaben war im Hinblick auf die Vorstandsvergütung der Aufsichtsrat verantwortlich, im Hinblick auf die Vorstandsvergütung die Staatsanwaltschaft.

Neu war aber vor allem die Aufnahme des Gemeinwohls als Bezugspunkt von Vorstandspflichten. Nach § 70 AktG 1937 hatte der Vorstand unter eigener Verantwortung die Gesellschaft so zu leiten *wie das Wohl des Betriebs und seiner Gefolgschaft und der gemeine Nutzen von Volk und Reich* es forderte. Zum Ausgleich dafür, dass er nun nicht mehr Weisungen unterworfen war und nur aus wichtigem Grund aus dem Amt entlassen werden konnte, hatte der Vorstand die

1 *Rathenau* Vom Aktienwesen – eine geschäftliche Betrachtung, 1918, S. 62.

alleinige Verantwortung für die Geschäftsführung, für die ihm das Gesetz eine Reihe von Vorgaben machte. In der Begründung zu § 70 AktG 1937 heißt es: „... *Die Wahrung dieser Richtlinien gehört zu den Grundsätzen einer verantwortungsbewussten Wirtschaftsführung*".[2]

Unter dem nationalsozialistischen Regime wurde die Bestimmung teilweise i.S.d Maxime „Gemeinnutz geht vor Eigennutz" dahin interpretiert, im Konfliktfall beanspruchten die Interessen der Allgemeinheit Vorrang vor denen der Aktionäre[3], und noch im Jahr 1973 wurde nach der Streichung der Gemeinwohlklausel die Auffassung vertreten, die Belange der Allgemeinheit seinen vorrangig gegenüber denen der Aktionäre, der Arbeitnehmer oder des Unternehmens selbst.[4]

Für unser vorliegendes Thema liefert der Rückblick einige interessante Erkenntnisse:

1. Die Definitionen des Gemeinwohlbegriffs blieben und bleiben stets vage. Mustert man die ältere Literatur durch, findet man etwa folgende Umschreibungen:

- Gemeinwohl ist ein erhebliches allgemeines Interesse der Volkswirtschaft, nicht dagegen der Interessen einzelner oder begrenzter Wirtschaftskreise.[5]
- Gemeinwohl bezeichnet ein erhebliches allgemeines Interesse der Volkswirtschaft, aber auch sonstige wichtige öffentliche Interessen.[6]
- Gemeinwohl umfasst sowohl das öffentliche Interesse als auch die Gesamtheit der Einzelinteressen der einzelnen.[7]
- Gemeinwohl wird durch erhebliche Interessen der Volksgemeinschaft konstituiert, nicht aber durch die Summe von Einzelinteressen.[8]

Immerhin lässt sich der Definition des § 70 AktG 1937 entnehmen, dass nach der Vorstellung der Gesetzesverfasser die im Zusammenhang mit dem Betrieb genannten Arbeitnehmerinteressen nicht als Teil des Gemeinwohls, sondern als davon zu unterscheidende Größe verstanden wurden.

An der geringen Aussagekraft der Gemeinwohldefinitionen hat sich übrigens bis heute nichts geändert. So heißt es etwa in der neuesten Auflage eines aktienrechtlichen Standardkommentars: „Gemeinwohl bezeichnet das Interesse der

2 Begründung zu §§ 70, 71 AktG bei *Klausing* Aktiengesetz, 1937, S. 59.
3 *Schlegelberger/Quassowski* AktG 1939, § 70 Anm. 5.
4 GroßkommAktG/*Meyer-Landrut* 3. Aufl., 1973, § 76 Anm. 9.
5 GroßkommAktG/*Klug* 3. Aufl., 1973, § 396 Anm. 8.
6 Baumbach/Hueck, AktG, 13. Aufl., 1968, § 396 Rn. 6.
7 Vgl. *Godin/Wilhelmi* AktG, 3. Aufl., 1967, § 396 Anm. 3.
8 *Eberhard Schmidt* in Gadow-Heinichen, AktG, 1940, § 288 Anm. 10.

Öffentlichkeit insgesamt oder jedenfalls breiter Verkehrskreise; Interessen der Aktionäre oder der Gesellschaftsgläubiger genügen nicht“. [9]

Eine weiter gehende Konkretisierung des Gemeinwohlbegriffs wurde als schwierig, wenn nicht unmöglich, angesehen.[10] Genannt wurden etwa Belange und Interessen der Volkswirtschaft wie Reinerhaltung von Luft und Wasser, Förderung der Wissenschaft, Rücksichtnahme auf konjunkturpolitische Erfordernisse.[11]

2. Obwohl § 70 AktG 1937 eine Pflicht des Vorstands und damit eine Einschränkung seines Geschäftsführungsermessens zu normieren schien, wurden aus dieser vagen Zielbestimmung gerade keine Pflichten des Vorstands abgeleitet.[12] Die Gemeinwohlklausel hat vielmehr den Entscheidungsspielraum der Unternehmensleitung erweitert, und zwar auch mit Wirkung für das Strafrecht. Solange nämlich die Gesellschaft ausschließlich als Veranstaltung der Aktionäre und der Vorstand als deren Treuhänder angesehen wurde, lief er Gefahr, sich durch soziale oder gemeinnützige Aufwendungen, die nicht ersichtlich dem Erwerbszweck der Gesellschaft dienten, schadensersatzpflichtig und unter Umständen sogar wegen Untreue strafbar zu machen. Diese Gefahr hat die Gemeinwohlklausel zumindest reduziert. Im Gegensatz zum öffentlichen Recht, wo Gemeinwohlerwägungen in der Regel dazu dienen, dem Gebrauch von Freiheitsrechten Grenzen zu ziehen, erweitert die Berücksichtigung des Gemeinwohls im Aktienrecht den Handlungsspielraum der Verwaltung. Das ist übrigens auch in Rechtsordnungen zu beobachten, die traditionell Kapitalgesellschaften als rein privatnützige Veranstaltungen der Anteilseigener verstehen und dementsprechend von einer Verpflichtung des Managements auf den *shareholder value* ausgehen. So ist etwa im Vereinigten Königreich die Rücksichtnahme auf Gemeinwohlbelange seit 2006 sogar im Companies Act als Teil der Pflichtbindungen der Unternehmensleitung festgeschrieben.[13]

Für die These, dass die Funktion der Gemeinwohlklausel nicht in einer Inpflichtnahme der Unternehmensleitung, sondern vor allem in der Eröffnung eines Ermessensspielraums für soziale und gemeinnützige Aufwendungen bestand, sprechen auch die gesetzlichen Mechanismen zur Sanktionierung von Pflichtverletzungen. In erster Linie schuldeten und schulden die Organmitglieder Schadensersatz, § 93 AktG, früher § 84 AktG 1937. Wenn die mangelnde Berück-

---

9 *Hüffer* AktG, 10. Aufl. 2012, § 396 Rn. 3

10 GroßkommAktG/*Meyer-Landrut* 3. Aufl., 1973, § 76 Anm. 9.

11 GroßkommAktG/*Meyer-Landrut* 3. Aufl., 1973, § 76 Anm. 9.

12 Vgl. *Rittner* FS Geßler 1971, S. 139, 148 f.

13 Vgl. Section § 172 (1) CA 2006.

sichtigung von Gemeinwohlbelangen zu Vermögenseinbußen der Gesellschaft führen würde, bedürfte es des Rückgriffs auf die Gemeinwohlbindung nicht, um den Vorstand in die Pflicht zu nehmen; es bestünde vielmehr ein Gleichlauf von Allgemeininteresse und einem als Interesse am wirtschaftlichen Erfolg der Gesellschaft verstandenen Unternehmensinteresse. Auch die Möglichkeit der Abberufung von Vorstandsmitgliedern aus wichtigem Grund wäre kein geeignetes Instrument gewesen, um für die Einhaltung von Gemeinwohlbelangen zu sorgen, die nicht mit den wirtschaftlichen Interessen der Gesellschaft übereinstimmen, denn die Entscheidung über die Abberufung lag nach § 75 AktG 1937 beim Aufsichtsrat, dessen Mitglieder gemäß § 87 AktG 1937 von den Aktionären gewählt wurden.

Trotz der teilweise sehr weit gehenden Lippenbekenntnisse bestand doch in der Sache auch unter Geltung des AktG 1937 Einigkeit darüber, dass erwerbswirtschaftlich tätige Aktiengesellschaften nicht etwa gemeinnützige Einrichtungen seien und ihre Verwaltung in erster Linie auf den geschäftlichen Erfolg zu achten hätte.[14] Der Vorstand durfte sich daher nicht etwa unter Berufung auf die Gemeinwohlklausel auf Kosten der Gesellschaft als Wohltäter aufspielen. Zum selben Ergebnis gelangt man heute unter Rückgriff auf Art. 14 Abs. 2 GG und die Überlegung, dass soziales und gemeinnütziges Engagement heutzutage Voraussetzung für die soziale Akzeptanz und für positive Außenwirkung einer Gesellschaft ist.[15]

3. Die beiden ersten Teile des Symposions sind wiederum in bewährter Weise allgemeinen Grundlagen des Oberthemas gewidmet, nämlich dem politisch-gesellschaftlichen Rahmen und ökonomischen, europarechtlichen und verfassungsrechtlichen Frage. Es folgen drei strafrechtliche Blöcke, und zwar zunächst ein Teil zu allgemeinen Fragen des Gemeinwohls im wirtschaftsstrafrecht, bevor es mit den Blöcken zum Gemeinwohlbezug einzelner Wirtschaftsdelikte und zu Gemeinwohl und Wirtschaftsstrafverfahren in den besonderen Teil und das Verfahrensrecht geht.

Den Initiatoren ist es auch diesmal wieder gelungen, eine Reihe hochkarätiger Referenten zu gewinnen. Wir können uns also auf eine spannende Tagung freuen.

---

14 Vgl. *Klausing* Einleitung zum AktG 1937, Rn. 91.

15 Vgl. aus dem älteren Schrifttum zum AktG 1965 etwa *Rittner* FS Geßler, 1970, S. 139, 153 ff.; *ders.* AG 1973, 113, 119; aus der heutigen Literatur KölnKommAktG/*Mertens/Cahn* 3. Aufl., 2010, § 76 Rn. 33 ff.

Der politisch-gesellschaftliche Rahmen

Kurt Biedenkopf

Unternehmensführung und Gemeinwohl

Zum Verhältnis von Gemeinwohl und Gerechtigkeit eingangs eine Bemerkung: Wir haben schon gehört, dass es fast ausgeschlossen ist, den Begriff inhaltlich zu definieren, ohne Bezug zu nehmen auf den Sachverhalt, mit dem er definiert wird. Das erscheint mir als die erste wichtige Einschränkung. Es bedeutet aber auch: weil die Sachverhalte sich ändern, ändert sich auch der Inhalt des Gemeinwohls. So könnte ich mir zum Beispiel folgenden Sachverhalt vorstellen, der zudem die letzten 40, 50 Jahre prägte: die Wirtschaft und damit das BIP wachsen ständig und nachhaltig. Damit wächst auch die Verteilungsmasse. Sie wird weiter verstärkt durch eine wachsende Staatsverschuldung. Werden wir dann das Gemeinwohl anders definieren als im Falle einer Rezession? Oder wenn die politischen Handlungsspielräume deutlich enger werden: werden damit auch die Allgemeinwohl-Aspekte in der Debatte an Bedeutung gewinnen, weil sich Allgemeinwohl oder Gemeinwohl sichtbarer mit Gerechtigkeit verbinden? Mehr noch, wenn der Begriff Gerechtigkeit ebenfalls eine Verengung erfährt durch den Begriff Soziale Gerechtigkeit.

Die soziale Gerechtigkeit ist ebenso wenig definierbar wie das Gemeinwohl oder das Allgemeinwohl, obwohl das letztere in Artikel 14 des Grundgesetzes als Sollbindung des Eigentums genannt wird, nicht als Pflichtbindung des Eigentums. Zeigt sich, dass man die genannten Begriffe nur im Zusammenhang mit einem konkreten Gemeinwesen und dessen Gemeinwohl- und Gerechtigkeitsvorstellungen mit Inhalt ausfüllen kann, dann bedeutet dies, dass es auch auf die Ordnung ankommt, die sich das Gemeinwesen gegeben hat. Herr Kollege Cahn hat Belege aus dem Aktienrecht von 1937 zitiert. Hinter den zitierten Texten, vor allem hinter der Beschreibung der Vorstandsfunktion, steht das Führerprinzip, also eine ideologische Definition. Gleichwohl haben Nikisch und andere Arbeitsrechtler nach dem Zweiten Weltkrieg in ihren Kommentaren die betriebswirtschaftliche und sozialverbandsorientierte Definition des Unternehmens beibehalten, etwa in der Fürsorgepflicht des Unternehmers.

Ohne diese Hinweise zu vertiefen, kommt es mir vor allem auf die Feststellung an: man kann, wenn es um die inhaltliche Definition des Gemeinwohls geht, sowohl die deutschen wie die europäischen oder die globalen Verhältnisse zu Grunde legen und die Gemeinwohlbildung entsprechend begreifen. Dazu drei Beispiele:

Das erste betrifft die Ordnung des eigenen Landes, die Wirtschaftsverfassung und die Wirtschaftsordnung. Bis zum Ende der Weimarer Republik war die deutsche Wirtschaft hochgradig kartelliert. Das heißt: die Machtbildung war weder illegal noch überhaupt beanstandet; sie stimmte mit dem Gemeinwohl überein. Das Reichsgericht hat 1897 Kartelle zugelassen trotz der 1869 verkündeten Gewerbefreiheit mit der Begründung, es sei eine Ausübung der Vertragsfreiheit und die Zerstörung eines Außenseiters sei nur dann sittenwidrig, wenn dem Außenseiter vorher die Mitgliedschaft im Kartell angeboten worden sei. Diese Entscheidung macht deutlich, woran man sich damals orientiert hat. Die Folge waren eine völlige Durchkartellierung der Wirtschaft und ihre damit verbundene Vermachtung. Man war der Meinung, das sei mit dem Gemeinwohl kompatibel.

In der Weimarer Republik zeigte sich dann, dass die privatwirtschaftlich organisierte Planwirtschaft auch als Basis für die von den Nationalsozialisten betriebene Wiederaufrüstung missbraucht werden konnte. Selbst dieses extreme Beispiel für die Gefährdungen, die von der Vermarktung der Wirtschaft durch privatrechtliche Vereinbarungen ausgehen können, reichte jedoch nicht aus, um wichtige Bereiche der Wirtschaft nach dem Kriege von den Gefahren einer Kartellpolitik zu überzeugen. Ohne den Druck der Alliierten, vor allen Dingen der Amerikaner, die eine dem amerikanischen Antitrustrecht entsprechende deutsche Gesetzgebung verlangten, wäre es wohl auch Ludwig Erhard nicht gelungen, eine Neuordnung der Wirtschaftsverfassung herbeizuführen.

Das Ergebnis waren die soziale Marktwirtschaft und ihre im Gesetz gegen Wettbewerbsbeschränkungen festgeschriebenen ordnungspolitischen Grundlagen. Sein Kernstück, das Verbot der Kartellbildung und die Kontrolle wirtschaftlicher Macht, wurde auch 1957 noch von Teilen der Wirtschaft bekämpft, die sich dabei auf die Unterstützung durch hochrangige, um nicht zu sagen, hochkarätige Staatsrechtslehrer stützen konnten. Sie vertraten die Auffassung, das Kartellrecht sei verfassungswidrig, weil es durch das Verbot der Kartellbildung die Vertragsfreiheit verletze. Es dauerte lang, bis die Idee einer Wirtschaftsverfassung allgemein akzeptiert wurde, die auf dem Schutz der Freiheit vor Wirtschaftsmacht gründet, und dass dieser Schutz der wirtschaftlichen Freiheit dem Allgemeinwohl entsprach.

Das zweite Beispiel stammt aus der wirtschaftlichen Praxis. Nehmen wir an, wir leiten ein Unternehmen, das neben dem deutschen Markt eine Reihe von Exportmärkten bedient. Dabei stellen wir fest, dass die Löhne in Deutschland für eine ganze Reihe unserer Exportmärkte zu hoch sind. Wir entschließen uns deshalb, einen Teil der Produktion nach Griechenland oder Portugal, jedenfalls in Länder mit deutlich niedrigerem Lohnniveau zu verlegen.

Aus deutscher Sicht, jedenfalls aus Sicht der Betroffenen, ist das keine das Gemeinwohl fördernde Maßnahme. Aus der Sicht der Griechen oder der Portugiesen ist es sehr wohl eine. Gäbe es jetzt einen europäischen Gemeinwohlbegriff, dann müsste man auf dieser Ebene abwägen, welche der beiden Maßnahmen eher dem europäischen Gemeinwohl entspräche. Handelte es sich um Portugal oder Griechenland, wäre man wohl eher der Ansicht, dass diese Maßnahmen trotz ihrer nachteiligen Wirkungen in Deutschland dem europäischen Gemeinwohl entsprächen.

Das dritte Beispiel führt uns zurück nach Deutschland. Es entstammt der besonderen Situation im Osten Deutschlands nach der Wiedervereinigung und besitzt zusätzlich eine strafrechtliche Dimension. Als wir in Sachsen in den Jahren nach 1990, also während meiner Amtszeit, Versuche unternahmen, Chip-Fabrikationen nach Dresden zu bringen, standen wir vor der Frage, was wir tun können, um die Ansiedlung dieser Produktion durch die Bereitstellung von Facharbeitern zu erleichtern. In der damaligen Chip-Produktion der DDR gab es Facharbeiter. Die Produktion musste jedoch stillgelegt werden. Sie war aus offensichtlichen Gründen nicht wettbewerbsfähig.

Wir entschieden uns deshalb, diese Facharbeiter zum Zwecke der Aus- und Weiterbildung – es waren ungefähr 200 Personen – mit europäischen Mitteln zu finanzieren. Die Aus- und Weiterbildung fand solange am bisherigen Arbeitsplatz der Facharbeiter statt, bis sie in die Neuinvestition von Siemens übernommen werden konnten. Diese Maßnahme wurde später unter strafrechtlichen Gesichtspunkten als Untreue bewertet. Die Zuweisung der europäischen Mittel sei für die Ausbildung, aber nicht für die Vorbereitung einer neuen Investition gewährt worden. Aus unserer Sicht war unsere Maßnahme dagegen eine absolut sinnvolle, das Gemeinwohl fördernde Maßnahme. Aus der Sicht von Brüssel war es eine Verletzung der Zweckbestimmung. Die deutsche Staatsanwaltschaft machte sich die Brüsseler Sicht zu Eigen.

Was heißt das? Es kommt nicht nur auf die Ordnung an, in der wir die Frage nach der Gemeinwohlverträglichkeit zu entscheiden haben, sondern auch auf die ganz konkreten Sachverhalte. Erst ihre Bewertung erlaubt ihre Beurteilung nach Gesichtpunkten des Allgemeinwohls. Die Folge ist, ähnlich wie bei der Anwendung des Begriffes Soziale Gerechtigkeit, eine erhebliche Ambivalenz der Bewertung. Im Grunde ist es in derartigen Fällen nicht möglich, über ihre Gemeinwohlverträglichkeit im Voraus, das heißt abstrakt zu befinden. Das wirft enorme Probleme vor allem dann auf, wenn Gesichtspunkte des Allgemeinwohls in die strafrechtliche Bewertung der Tatbestände einfließen, der Täter sich von Gesichtspunkten des Gemeinwohls leiten lässt und nicht weiß, dass er sich dabei einem Strafvorwurf aussetzt. Ob eine derartige Konstellation noch mit dem Grundsatz vereinbar ist, dass eine Bestrafung ohne gesetzliches Verbot unzulässig ist, weiß ich nicht. Ich bin kein Strafrechtler.

Kehren wir im Folgenden zurück zu Fragen der Unternehmensführung. Dabei gehe ich davon aus, dass wir diese Fragen nicht in Bezug auf den größten Teil mittelständischer Unternehmen stellen. Sie sind relativ klein, privat organisiert und haben als mittelständische Unternehmen eine Außenwirkung, die – von

Extremfällen abgesehen – zu gering ist, als dass sie mit dem Allgemeinwohl in Konflikt geraten könnten. Vielmehr fragen wir nach den Bindungen größerer Unternehmen etwa ab 2.000 Beschäftigten an die Beachtung des Gemeinwohls. Dabei spielt neben dem bereits erwähnten Artikel 14 des Grundsgesetzes auch die Mitbestimmung eine Rolle. Die Mitbestimmungskommission von 1968 kam dazu in ihrem Bericht von 1970 zu einstimmigen Ergebnissen in Bezug auf die neue Unternehmensverfassung. 1976 fanden sie sich im Wesentlichen im Gesetz zur Mitbestimmung im Unternehmen wieder.

Die einzige Abweichung von den im Übrigen einstimmigen Voten war in einem Sondervotum von Prof. Voigt enthalten. Er hatte sich für einen Vertreter des öffentlichen Interesses im Aufsichtsrat ausgesprochen. Seine acht Kollegen waren der Meinung, so etwas könne es nicht geben. Denn niemand könne das konkrete öffentliche Interesse inhaltlich definieren. Hätte Kollege Voigt nicht vom öffentlichen Interesse sondern vom Gemeinwohl gesprochen, wäre die Antwort der Anderen wohl genauso ausgefallen. Zumindest in Bezug auf die Identifikation eines solchen allgemeinen Prinzips im Aufsichtsrat war die illustre Schar von Kollegen der Meinung, dass das nicht möglich sei. Ich teile diese Meinung.

Bindungen des Unternehmens an das Gemeinwohl können des Weiteren durch Tarifverträge bewirkt werden. Die Überlegungen der Mitbestimmungskommission gingen davon aus, dass es sich beim Unternehmen um einen Sozialverband handelt, in dem sich die Organisation der Eigentümer oder der Aktionäre mit der betriebsverfassungsrechtlichen Organisation der Arbeitnehmer zu einem Gesamtverband zusammenfügt. Dabei erwächst die Rolle der Arbeitnehmer nicht nur daraus, dass die Unternehmensführung gesetzlich verpflichtet ist, die Interessen der Arbeitnehmer zu berücksichtigen. Ohnehin wird schon der gesunde Menschenverstand ihnen eine solche Haltung nahelegen. Denn der Erfolg des Unternehmens ist von der Mitwirkung der Arbeitnehmer eher abhängig als von den Eigentümern. Dies gilt umso mehr, als Facharbeiter zunehmend knapp werden und sich dadurch nicht nur die „Machtverhältnisse" im Unternehmen sondern auch ihre Stellung im Arbeitsmarkt verändern. Der Markt dreht sich. Er belohnt Unternehmen, die das Gemeinwohl respektieren.

Tarifverträge haben, so wie sie heute ausgestaltet sind und seit sie nicht mehr klassenkämpferischen Ideologien dienen, ebenfalls eine bindende Wirkung auf die Unternehmensführung und zwar im Sinne der Interessen der Arbeitnehmer. Nach der allgemeinen Ansicht der Bevölkerung kommt die Wahrung der Interessen der Arbeitnehmer der Beachtung des Gemeinwohls sehr nahe. Dies auch deshalb, weil die Kollektivverträge in der Regel nicht rein unternehmensbezogen sind. Wir müssen also, wenn es um die Einbindung der Unternehmensführungen in das Gemeinwohl geht, solche konkreten Einbindungen mit berücksichtigen.

Zur Beachtung des Gemeinwohls werden die Unternehmen weiterhin durch die Begrenzungen ihres Marktverhaltens durch den Wettbewerb und seinen gesetzlichen Schutz bewirkt. Wie ich gehört habe, wurde dieser Aspekt vor kurzem unter Staatsrechtslehrern diskutiert. Es ging dabei wohl auch um die Frage einer Begrenzung der Gestaltungsmöglichkeiten der Unternehmensführung durch Wettbewerb. Ludwig Erhard sah ebenso wie mein Lehrer Franz Böhm im Wettbewerb das wichtigste Entmachtungsinstrument, jedenfalls das wirksamste Mittel, Marktmacht zu domestizieren. Auch deshalb der rechtliche Schutz der Wettbewerbsordnung durch das Verbot der Kartelle und durch Diskriminierungsverbote.

Die Bedeutung dieser rechtlichen Begrenzungen war unter der Bedingung eines dauerhaften Wirtschaftswachstums, also in expandierenden Märkten, noch nicht so deutlich wie heute. Heute erkennen wir, dass sich mit der Globalisierung der Märkte und der Erweiterung der Angebote aus neuen Industrienationen auch die Stellung der Großunternehmen verändert. Ihre möglichen Machtchancen werden durch den globalen Wettbewerb begrenzt. Ihre Chancen, ihre Märkte zu kontrollieren, sind geringer geworden. Die Folgen der damit verbundenen Herausforderungen und Anforderungen an die Unternehmensführungen kommen auch in den zunehmenden Vorstandswechseln in den Großunternehmen zum Ausdruck. So etwa in den immer kürzeren Halbwertzeiten ihres Verbleibs in diesen Positionen, in der zunehmenden Zahl von Fusionen und Neuordnungen selbst der größten Großunternehmen wie in den Veränderungen der rechtlichen und politischen Umweltbedingungen. Überall kann man erkennen, dass der Wettbewerb zumindest eine domestizierende Wirkung hat.

In welchem Umfang man das jetzt in Verbindung mit dem Allgemeinwohl bringen kann, ist deshalb so schwer zu verantworten, weil wir über den Inhalt des Gemeinwohls nichts wissen. Wir können also nur annehmen, dass sich aus Marktentwicklungen, insbesondere aus dem Wettbewerb, eine Verhaltensweise ergibt, die mit dem Allgemeinwohl eher vereinbar als unvereinbar ist.

Eine weitere wichtige, auch gemeinwohlbezogen begrenzende Wirkung geht von den Regeln zur Corporate Governance aus. Die unter diesem Begriff zusammengefassten Normen waren ursprünglich als Verhaltensregeln gedacht. Auch dank ihrer gesetzlichen Verankerung durch Berichtspflichten haben sie sich zu „Soft Law" entwickelt, zu einem Recht mit besonderer Qualität. Es gibt eigentlich niemanden, der es im rechtlichen Sinne durchsetzt. Gleichwohl erfährt es eine äußerst wirksame Durchsetzung durch die Verpflichtung, Abweichungen von Corporate-Governance-Regeln öffentlich zu begründen und damit die Beweislast gegenüber der Öffentlichkeit dafür zu übernehmen, dass man sich „ordentlich" verhält. Aus dieser Berichterstattung durch das Unternehmen können sich zusätzlich auch strafrechtliche Konsequenzen ergeben. Aus verfassungsrechtlichen Gründen halte ich derartige Erweiterungen für problematisch.

Jedenfalls mehren sich die Anzeichen dafür, dass das Zusammenwirken einer weitgetriebenen Publizität, einer ebenso nervösen wie ständig zu Kritik und Aggression bereiten Internetgemeinde und einem wachsenden Misstrauen gegenüber Unternehmensführungen nicht zuletzt der gegenwärtig geübten Praxis der Corporate Governance geschuldet sind. Die Folge wird sein, dass Vorstände großer Unternehmen ihre Handlungskompetenzen nicht mehr voll ausschöpfen, sondern eher vorsichtig agieren. Betrachten wir als Beispiel die Risikoabteilung in einem Untenehmen. Ihre Bedeutung ist in den letzten Jahren deutlich gewachsen. Sie wird zur Schlüsselabteilung für die Risikoabschätzung. Unternehmen beginnen deshalb, ihre Risikoabteilungen auszulagern. Oder sie lassen sich ihre eigene Risikoabteilung von Dritten zertifizieren. In beiden Fällen mit der Begründung, sie könnten mit ihren Mitteln nicht übersehen, ob die Risikoabteilung in ihrem eigenen Unternehmen angemessen funktioniere.

Wird die Einschätzung der Risiken, die mit der unternehmerischen Führung und der Einhaltung der Corporate Governance verbunden sind, jedoch in dieser Weise ausgelagert, dann haben wir es mit einer völlig neuen, einer De-facto-Struktur der Unternehmen zu tun. Zwar definiert das Aktienrecht noch immer die grundsätzlichen Kompetenzen und Zuständigkeiten. Aber dadurch wird nicht mehr konkret festgelegt, wo die eigentlichen Führungsentscheidungen letztlich fallen und wie sie zustande kommen. Die Finanzkrise liefert zahlreiche Beispiele für die so entstandenen Entscheidungsstrukturen.

Das führt mich zu meinem letzten Punkt. In meiner Assistentenzeit in Frankfurt bot sich mir die große Chance, ab 1955 und bis in die 1960-er Jahre an der damaligen großen Aktienrechtsreform mitzuarbeiten – und damit zugleich die Grundlage für meine spätere Mitarbeit am Kölner Kommentar zu legen. Die damalige Aktienrechtsreform ging zunächst vom Idealbild der Aktionärsdemokratie aus. Dieser Grundgedanke lag auch der gesamten Kompetenzverteilung in der AG zu Grunde. Inzwischen hat sich diese Idee vor dem Hintergrund der Entwicklung der Aktienmärkte, der Finanzmärkte und der zunehmenden Spekulationstendenzen weitgehend als eine Illusion entpuppt.

Das beseitigt jedoch nicht die noch immer bestehende Chance, auch in dem Modell der Aktionärsdemokratie, wenn man sie ernsthaft verwirklicht, eine Reihe von Begrenzungen der Unternehmensführungen zu verwirklichen. Sie sind allerdings nicht primär auf das Allgemeinwohl bezogen, sondern auf den Sozialverband Unternehmen. Die Verbindung, die sich zwischen dem Sozialverband und dem Aktionärsverein im Unternehmen verwirklicht, bleibt nach wie vor die wirksamste Form, Unternehmensführungen zur Berücksichtigung des Allgemeinwohls zu veranlassen, soweit es sich im gegebenen Falle konkretisieren lässt. Was allerdings nur in besonderen Fällen auch Bindungen umfassen mag, die eher auf altruistische Ziele, auf Stiftungen oder der allgemeinen Wohlfahrt gewidmeten Aufwendungen zielen. Derartige Verfügungen liegen außerhalb der Zuständigkeit des Vorstands und des Aufsichtsrats. Die Forderung nach ihnen kann sich deshalb auch nicht auf eine allgemeine Verpflichtung stützen, das Allgemeinwohl zu beachten.

Als Schlussbemerkung möchte ich mit Ihnen eine Beobachtung teilen. Sie ist das Ergebnis von Einsichten und Erfahrungen, die ich während meiner wissenschaftlichen und politischen Arbeit in den zurückliegenden rund 50 Jahren gesammelt habe. Die Beobachtung lautet: Die rechtlichen und politischen Grundbegriffe Soziale Gerechtigkeit und Gemeinwohl haben sich in den letzten Jahrzehnten zunehmend verbündet und gegenseitig durchdrungen. In ihrer begrifflichen Wechselwirkung haben sie sich zu einem gemeinsamen Einfallstor staatlicher Planung und Vormundschaft entwickelt. Für jede Ausdehnung staatlicher Zuständigkeiten und für die Verstaatlichung von Bereichen, die eigentlich privatrechtlicher Gestaltung vorbehalten sind, liefern sie wechselseitig die Rechtfertigung.

Dieser Prozess hat zahlreiche, für eine freiheitlich konzipierte Rechtsordnung abträgliche Folgen. So wird die Privatrechtsordnung unter lauter Betonung ihrer Unverzichtbarkeit im Konkreten immer stärker zurückgedrängt. Die Räume, in denen die Bürger ihre Angelegenheiten als Nächstbeteiligte privatrechtlich ordnen, schrumpfen. Das führt zugleich zur Ausweitung des Anwendungsbereichs des Strafrechts. Die Verstaatlichung personaler Lebensrisiken bis in die kleinen Lebenskreise und die Familien werden als Wohltat gepriesen und sowohl der Verwirklichung sozialer Gerechtigkeit wie des Gemeinwohls zugeordnet. Beide werden gegen unser Recht auf eigene Verantwortung in Stellung gebracht. Im Laufe dieses Prozesses gelingt es zunehmend, eine für die personale Freiheit gefährliche Beweislastumkehr zu vollziehen. Staatliche Maßnahmen, die vorgeben, der sozialen Gerechtigkeit und dem Gemeinwohl zu dienen, sind nicht länger für ihre Berechtigung beweispflichtig. Beweispflichtig ist zunehmend der Bürger für seine personale Befähigung, seine Lebensverhältnisse eigenverantwortlich zu gestalten. Praktisch wird er damit zugleich gezwungen, sein Recht auf personale Verantwortung und damit nichts anderes als die Kehrseite seines Rechts auf Freiheit zu beweisen. Eine derartige Umkehr der Beweislast ist jedoch kennzeichnend für den Untertanenstaat.

Wie weit dieser Prozess bereits fortgeschritten ist – und unter den besonderen Bedingungen der Krise beschleunigt weiter fortschreitet – lässt sich eindrucksvoll in Brüssel beobachten. Denn er vollzieht sich dort deutlicher als im eigenen Land. Wesentlich für diesen Unterschied ist, dass die Europäische Kommission und das Europaparlament der französischen Philosophie der Planifikation als Grundlage der französischen Wirtschaftsverfassung weit näher stehen als dem deutschen Konzept der sozialen Marktwirtschaft, der Grundlage unserer

Wirtschaftsverfassung. Paris wollte das Konzept der Planifikation bereits mit den Römischen Verträgen von 1957 verwirklichen. Es fand dabei auch in Deutschland Unterstützung. Der Versuch ist damals an Ludwig Erhard gescheitert. Aber er wurde bis heute nicht aufgegeben. Das Ziel einer Kursänderung wird weiter verfolgt – und nicht ohne Auswirkungen.

Sie werden uns auch in Zukunft beschäftigen. Zwar hat die Eurokrise die unterschiedlichen Leistungsfähigkeiten der französischen und der deutschen Wirtschaftsverfassungen offengelegt. Die OECD hat erst kürzlich darauf verwiesen. Aber zwei andere Entwicklungen erschweren die Verteidigung der sozialen Marktwirtschaft gegen die Versuchungen staatlicher Planifikation – oder „soft planning". Es ist dies einmal die Begrenzung des Wirtschaftswachstums. Sie ist längst Wirklichkeit, wird jedoch noch nicht „politisch" begriffen. Zum anderen sind es die Begrenzungen, die sich als Folge einer alternden Bevölkerung ergeben werden, wenn es nicht gelingt, das herrschende Denken und seine Strukturen zu verändern – also eine Reformation zu bewirken, getrieben durch Einsicht und wachsende Zwänge.

Als Folge dieser Begrenzungen wird der Staat zunehmend als derjenige in Anspruch genommen werden – und sich gerne in Anspruch nehmen lassen –, der in erster Linie durch seine politischen Vorgaben und Intervention das Allgemeinwohl definiert. Diese Definitionen orientieren sich nicht an ordnungspolitischen Grundlagen, wie ich von Franz Böhm, Walter Eucken und in der Praxis von Ludwig Erhard gelernt habe. Sie sind schon heute und werden zunehmend aktuell, zeitpunktbezogen und ohne Kenntnis der Nebenwirkungen vorgenommen. Ihre Akteure sind nicht in der Lage, hochentwickelte Komplexitäten zu erfassen und zu beherrschen. Ihre Handlungsmaxime – die kurzfristige Intervention – ist eher geeignet, Komplexitäten zu zerstören und durch Kompliziertheiten zu ersetzen, denen keine Gesetzmäßigkeit innewohnt. Sie bilden schon heute den vorherrschenden Befund.

Franz Böhm hat in seinen Schriften in eindrucksvoller Weise beschrieben, welche Folgen eine Interventionspolitik haben kann. Sie relativiert das Privatrecht und ordnet ihm eher eine dem Staat als eine der Freiheit dienende Rolle zu. Durchaus vergleichbar der Rolle, die die Interventionspolitik der Zivilgesellschaft als Reparaturbetrieb zuweist mit dem Auftrag, die Defizite zu bewältigen, die der Interventionsstaat selbst erzeugt oder nicht beherrschen kann. In diesen Zusammenhang gehört auch die Relativierung des europäischen Verfassungsrechts, zu der sich die Eurostaaten in ihrer Not durch ein mangelbehaftetes Vertragswerk gezwungen sehen. In beiden Fällen hilft uns die Berufung auf das Gemeinwohl nicht weiter. Denn ohne belastbare Ordnungsvorstellungen, aus denen sich ihre Kriterien ableiten lassen, lassen sich auch die Ziele des Gemeinwesens nicht erkennen, aus denen sich der Gemeinwohlbegriff inhaltlich begründen lässt. Zu Ende gedacht, liefert der Interventionsstaat beide: soziale Gerechtigkeit und Gemeinwohl der politischen Willkür aus. Die Bürger reagieren sensibel auf die zunehmende Willkür, mit der beide Begriffe inhaltlich ausgefüllt und in Anspruch genommen werden. Die politischen Akteure verlieren ihr Vertrauen und die Demokratie ihren Halt.

Gunnar Folke Schuppert

Das Gemeinwohl – Von den Tücken eines für sich einnehmenden Begriffs

Gliederung

Wenn man sich als Vortragender zum Thema Gemeinwohl durch die Tagungsregie mit einem Zeitbudget von nur 20 Minuten ausgestattet sieht, fragt man sich automatisch, ob dieser Zeitmantel nicht für dieses zumindest „vollschlanke" Thema etwas knapp geschneidert ist. Jeder hat eine andere Vorstellung von Gemeinwohl und in unserer Staatsform einer pluralistischen Demokratie ist niemand dazu befugt, autoritativ darüber zu bestimmen, was das Gemeinwohl sein soll. Angesichts dieser notwendigen Unbestimmtheit von „Gemeinwohl" kann man daher mit Christoph Engel sogar von einem diesbezüglichen Definitionsverbot sprechen.[1]

Wenn sich dies so verhält, so scheint uns der in zeitlicher Bedrängnis befindliche Referent gut beraten zu sein, aus der Not eine Tugend zu machen. ich verzichte daher schweren Herzens darauf, bei den „alten Griechen" nach passenden Klassikerzitaten zu suchen und widerstehe auch der Versuchung, die Neujahrsansprachen diverser Bundespräsidenten darauf durchzumustern, ob sie als Steinbruch für Beispiele gelungener Gemeinwohlrhetorik taugen. Stattdessen will ich meine noch unverbrauchten 19 Minuten dazu nutzen, in aller Kürze vier Stichworte aufzurufen.

---

1 *Christoph Engel* Offene Gemeinwohldefinitionen, in: Rechtstheorie, Bd. 32 (2001), S. 23–52.

I. Das erste Stichwort lautet: Gemeinwohl verpflichtet, aber wen?

- Erstens den Staat natürlich. Denn dafür ist er ja offenbar da. Im Zeitalter der Verfassungsgläubigkeit wäre es natürlich hilfreich, hätte man zur Absicherung dieses etwas lakonisch ausgefallenen Befundes ein passendes Verfassungszitat parat. Nichts leichter als das; in Art. 1 der Verfassung des Landes Rheinland-Pfalz heißt es dazu wie folgt:

> „Der Staat hat die Aufgabe, die persönliche Freiheit und Selbständigkeit des Menschen zu schützen sowie das Wohlergehen des einzelnen ... durch die **Verwirklichung des Gemeinwohls** zu fördern. Die Rechte und Pflichten der öffentlichen Gewalt werden durch die **naturrechtlich bestimmten Erfordernisse des Gemeinwohls** begründet und begrenzt."

In diesen zwei Sätzen findet sich – wenn wir dies so salopp formulieren dürfen – das „volle Programm" der unmittelbaren Nachkriegszeit: Naturrecht, Grundrechte, Gemeinwohl. Aber dies ist kein Grund, sich nach geglückter Inpflichtnahme des Staates für das Gemeinwohl zufrieden zurückzulehnen und sich ansonsten dem Hobby der individuellen Nutzenmaximierung hinzugeben. Denn der Staat ist nicht der einzige Akteur, von dem erwartet werden kann, sich gemeinwohlverträglich zu verhalten.

- Auf das Gemeinwohl verpflichtet ist auch die **Wirtschaft** und in Sonderheit auch das **Bank- und Kreditwesen**. Ein gut vorbereiteter Referent wird auch dafür ein passendes Verfassungszitat zur Hand haben; diesmal ist es die Bayerische Verfassung, die sich insoweit als ergiebig erweist. Art. 151 Abs. 1 hat folgenden Wortlaut:

> „**Die gesamte wirtschaftliche Tätigkeit dient dem Gemeinwohl**, insbesondere der Gewährleistung eines menschenwürdigen Daseins für alle und der allmählichen Erhöhung der Lebenshaltung aller Volksschichten."

Und Art. 157 Abs. 1 und 2 bestimmt:

> „(1) Kapitalbildung ist nicht Selbstzweck, sondern Mittel zur Entfaltung der Volkswirtschaft.
> (2) Das Geld- und Kreditwesen dient der Werteschaffung und der Befriedigung der Bedürfnisse aller Bewohner."

Die Zahl der Gemeinwohlakteure nimmt also – so lernen wir – wie die „Erhöhung der Lebenshaltung aller Volksschichten" – allmählich zu – und wir sind noch nicht am Ende angelangt.

- Fast schon mit Spannung erwartet wird ein weiterer Gemeinwohlakteur, nämlich der **grundrechtsbewährte Bürger**. Damit wird nicht etwa eine allgemeine »Bürgerverantwortung im demokratischen Verfassungsstaat« reklamiert[2] oder gar die Kategorie der verfassungsrechtlichen Grundpflichten[3] im Sinne von Zwangsbeiträgen Privater für das Gemeinwohl bemüht, sondern es geht um die Einsicht, dass Gemeinwohlverantwortung im Verfassungsstaat als arbeitsteilige Verantwortung gedacht werden muss, weil die Verfassung selbst davon ausgeht, dass der gemeinschaftsorientierte Bürger[4] durch das Gebrauchmachen von seinen Grundrechten an der Hervorbringung des Gemeinwohls mitwirkt. Josef Isensee, dessen Stimme vielen fast so viel wie eine Verfassungsbestimmung gilt, hat dafür die glückliche Formulierung **„Grundrechte als Rechtstitel zur Mitwirkung am Gemeinwohl“** gefunden und dazu folgendes ausgeführt[5]:

> „Die Gemeinwohlhervorbringung durch Grundrechtsträger unterscheidet sich wesenhaft von der durch den Staat, weil sie nicht auf dem objektiven Prinzip des Amtes gründet, sondern auf dem subjektiven der Freiheit. Der Grundrechtsträger befindet über das Ob und das Wie seines Handelns; er ist in seinen Motiven, Zielen und Maßstäben nicht von vornherein festgelegt. Er braucht nicht auf Eigennutz weder auf materiellen noch auf ideellen, zu verzichten. Der Egoismus wird als selbstverständlicher Beweggrund der Grundrechtsaktivität und als Vehikel des Gemeinwohls vorausgesetzt. So geht das Grundgesetz ohne weiteres von der legitimen Privatnützigkeit des Eigentums aus, wenn es die ‚zugleich‘ bestehende Sozialpflichtigkeit benennt. Der Altruismus des Sozialstaates zehrt über die Steuer gleichsam parasitär vom Egoismus der Bürger, welche die Verteilungsmasse des Sozialprodukts erwirtschaftete haben. Die gemeinwohlwichtige Materie der Arbeits- und Wirtschaftsbedingungen wird über das Koalitionsgrundrecht der tarifautonomen Regelung durch die Repräsentanten der gegenläufigen **Gruppeninteressen** überantwortet.“

Wir finden diese Passage ausgesprochen lehrreich, und zwar aus zwei Gründen: einmal macht sie klar, dass zwischen **Eigennutz** und **Gemeinnutz** kein wesens-

---

2 *Otto Depenheuer* Bürgerverantwortung im demokratischen Verfassungsstaat, in: Veröffentlichungen der Vereinigung der deutschen Staatsrechtslehrer (VVDStRL) 55 (1996), S. 90–127.

3 Siehe dazu *Hasso Hofmann* Grundpflichten als verfassungsrechtliche Dimension, in: VVDStRL 41 (1983), S. 42–86.

4 Zum Menschenbild des Grundgesetzes siehe *Christian Bumke* Der gesellschaftliche Grundkonsens im Spiegel der Rechtssprechung des Bundesverfassungsgerichts, in: Schuppert/Bumke (Hrsg.), Bundesverfassungsgericht und gesellschaftlicher Grundkonsens, Baden-Baden, S. 197–224.

5 *Josef Isensee* Gemeinwohl und Staatsaufgaben im Verfassungsstaat, in: J. Isensee/P. Kirchhof (Hrsg.), Handbuch des Staatsrechts der Bundesrepublik Deutschland, Bd. III, Heidelberg 1988, § 57 (S. 3–82).

mäßiger Gegensatz besteht, es vielmehr darauf ankommt, die Energien des Eigennutzes auf die Mühlen des Gemeinwohls zu lenken, zum anderen sensibilisiert sie uns für die Einsicht, dass es zwischen Eigennutz und Gemeinnutz offenbar noch etwas Drittes gibt, nämlich den im letzten Satz angesprochenen **Gruppennutz**[6], auf den wir gleich einen kurzen Blick werfen wollen.

- **Interessenverbände als Gemeinwohlakteure** zu benennen, erscheint auf den ersten Blick mehr als gewagt, gelten sie doch als gemeinhin als „knallharte Vertreter ihrer Verbandsinteressen und als Lobby-Organisationen, die ihr Mandat – um einen Begriff aus dem Bereich von „Peace-Keeping-Missionen" zu verwenden – durchaus als „robustes Mandat" verstehen. Wenn sie nicht schon in dieser Weise als gemeinwohlunverträgliche Gesellen abqualifiziert werden, so wird ihnen – gewissermaßen als mildere Variante – ein etwas unbequemer Status **„zwischen Mitgliederinteressen und Gemeinwohl"** attestiert[7], der den Verbänden die schwierige Daueraufgabe zuweist, beide Anforderungen miteinander ausbalancieren zu müssen. In einem unserer eigenen Gemeinwohlbeiträge[8] hatten wir – mit ähnlicher verbandskritischer Tendenz – **drei verschiedene Gemeinwohlszenarien** vorgestellt und ihnen die folgenden Überschriften gegeben:
  - **Das etatistische Szenario**: Der Staat und seine Bürokratie als alleiniger Interpret und Verwirklicher des Gemeinwohls
  - **Das Auslieferungs-Szenario**: Preisgabe des Gemeinwohls an die organisierten Interessen
  - **Das Moderations-Szenario**: Der Staat als Gemeinwohlmoderator und Gemeinwohloptimierer.

Was nun das Auslieferungs-Szenario angeht, so hatten wir uns u.a. auf **zwei Szenarienmaler** gestützt und dazu in – wie wir finden – wiederholenswerter Weise folgendes ausgeführt[9]:

---

6 Vgl. dazu die lehrreiche Rechtssprechung des BVerfG zur Zulässigkeit sog. Sonderabgaben, die nach ständiger Rechtssprechung des Bundesverfassungsgerichts nur verfassungsgemäß sind, wenn die auf diesem Wege erhobenen Abgaben auch „gruppennützig" verwendet werden (BVerfGE 55, 274 – Berufsausbildungsabgabe; BVerfGE 57, 139 – Schwerbehindertenausgleichsabgabe).

7 *Renate Mayntz (Hrsg.)* Verbände zwischen Mitgliederinteressen und Gemeinwohl, Gütersloh 1992.

8 *Folke Schuppert* Gemeinwohldefinition im kooperativen Staat, in: Herfried Münkler/Karsten Fischer (Hrsg.), Gemeinwohl und Gemeinsinn im Recht. Konkretisierung und Realisierung öffentlicher Interessen, Berlin 2002, S. 67 ff., 69 f.

9 Ebenda (Fußnote 8), S. 70/71.

„Wir könnten mit Fritz W. Scharpfs besorgter Frage nach der ‚Handlungsfähigkeit des Staates am Ende des 20. Jahrhunderts' beginnen[10], da der moderne Staat als fragmentierter, polyarchischer und vielfach vernetzter Staat in seiner Beschaffenheit an den **‚Staat des hohen Mittelalters'** gemahne; wir könnten fortsetzen mit der von March und Olsen vorgestellten Staats- und Verwaltungstypologie[11], in der eines der vier Staatsmodelle nämlich der **Corporate Bargaining State** dadurch gekennzeichnet ist, daß in ihm gewonnene Wahlen nicht mehr ein umfassendes Mandat zur Gesellschaftsgestaltung vermitteln, sondern ‚nur' noch einen – wenn auch besonderen – **Platz am Verhandlungstisch.** Die staatliche Bürokratie ist in diesem Modell nicht mehr unparteiliches Instrument, das **Rollenverständnis** der öffentlichen Bediensteten ist das von **Schlichtern, Verhandlungsführern und Konfliktmittlern.**"

Diese Auslieferungsperspektive macht es sich vielleicht doch etwas zu einfach und ist – wie man heute gerne formuliert – „unterkomplex". Denn ebenso wenig, wie eine heutige Unternehmensführung auf ein nicht nur rhetorisches „commitment" gegenüber den Grundsätzen einer „Corprate Social Responsibility" (CSR) verzichten kann, ist ein Interessen- oder Berufsverband in der Lage, sich den von Gesellschaft und Politik formulierten **„Gemeinwohlzumutungen"** zu entziehen, wenn ihre Verbandstätigkeit als **legitime** Interessenwahrnehmung wahrgenommen werden soll.

Wir beziehen uns bezüglich dieser Einschätzung auf einen lehrreichen Beitrag von Manfred Mai über den Beitrag von Professionen zur politischen Steuerung und Governance, in dem er die seiner Meinung nach wichtigsten **Charakteristika einer Profession** in folgender Weise auflistet[12]:

„Eine idealtypische Profession verfügt über folgende Merkmale:
- Eine anspruchsvolle, in der Regel akademische Ausbildung;
- ein enger und von großem persönlichen Vertrauen geprägter Klientelbezug;
- eine weitgehende Autonomie in der Regelung eigener, berufsständischer Angelegenheiten wie Qualitätskontrolle des Dienstleistungsangebots, der Berufszulassung, der Ausbildungsinhalte und des Honorarwesens;
- **eine hohe soziale Reputation;**
- **eine kodifizierte Berufsethik mit Bezügen zum Gemeinwohl;**
- eine weitgehend monopolartige Kontrolle über einen gesellschaftlichen Bereich von zentraler Bedeutung."

---

10 *Fritz W. Scharpf* Die Handlungsfähigkeit des Staates am Ende des 20. Jahrhunderts, in: Beate Kohler-Koch (Hrsg.), Staat und Demokratie in Europa, Opladen, S. 93–115.

11 *J.G. March/J.P. Olsen* Rediscovering Institutions. The Organizational Basis of Politics, New York 1989.

12 *Manfred Mai* Der Beitrag von Professionen zur politischen Steuerung und Governance, in: Sozialer Fortschritt 2008, S. 14 ff., 15.

Die Ethik einer Profession wirke dabei wie „ein ständiger und ständischer Gewissensaufruf, das Gemeinwohl vor den Eigennutz zu stellen"[13] und erfülle für die **Identität der Profession** eine zentrale Funktion:

> „Der Prüfstein der Professionsfähigkeit eines Berufs ist seine Fähigkeit zur selbstkritischen Reflexion. Das ist nur möglich, wenn innerhalb eines Berufsstandes konsensfähige Vorstellungen über die Qualität ihrer Arbeit (Was gilt als ‚professionell'?), über ihren Beitrag zur Gesellschaft und vor allem über eine Ethik sowie eine belastbare Selbstverpflichtung etwa in Form von Ethikkodizes bestehen. **Ethik bedeutet immer auch Selbstbindung und Zurückstellung eigener Interessen zugunsten der des Allgemeinwohls.** Nur wenn Professionen bereit und in der Lage sind, die egoistische Logik des rational choice zu relativieren, wonach nur die Erreichung des eigenen Vorteils in konkreten Verhandlungssystemen **zählt, sind sie fähig, Gemeinwohlzumutungen zu ertragen,** wie sie die Politik einfordert. Die Würde als Profession besteht gerade darin, nicht nur das eigene, sondern **auch das Gemeinwohl im Blick zu haben.** Professionen aber auch viele Berufsverbände betonen in ihrer Selbstdarstellung immer wieder den Beitrag ihrer jeweiligen Mitglieder für die Gesellschaft und unterstreichen damit den Anspruch, etwas Besonderes zu sein."[14]

Bei einer solchen uns durchaus einleuchtenden Sichtweise sind wir fast geneigt, auch Berufsverbänden den Zutritt zum „Club der Gemeinwohlakteure" zu gestatten.

– Ganz unzweifelhaft zu den Gemeinwohlakteuren gehören diejenigen Organisationen, die – sei es als Vereine, als Stiftungen, als gemeinnützige GmbHs oder als Genossenschaften – in einem Umfeld beheimatet sind, das früher **„Dritter Sektor"** hieß[15] und heute unter dem Begriff **„Zivilgesellschaft"** firmiert[16]. Nach einer soeben veröffentlichten Untersuchung der „Projektgruppe Zivilengagement" des Wissenschaftszentrums Berlin[17] handelt es sich hierbei um insgesamt ca. 615.000 Organisationen die in den folgenden Tätigkeitsbereichen engagiert sind:

---

13 Ebenda, S. 16.

14 Ebenda, S. 16.

15 Näher dazu *Gunnar Folke Schuppert* Zur Anatomie und Analyse des Dritten Sektors, in: Die Verwaltung 1995, S. 137–200.

16 Siehe dazu die Beiträge in: Dieter Gosewinkel/Dieter Rucht/Wolfgang van den Daele/Jürgen Kocka (Hrsg.), Zivilgesellschaft – national und international, WZB-Jahrbuch 2003, Berlin 2004.

17 *Eckhard Priller/Mareike Alscher/Patrick J. Droß/Franziska Paul/Clemens J. Poldrack/Claudia Schmeißer/Nora Waitkus* Dritter Sektor – Organisationen heute: Ergebnisse einer Organisationsbefragung, Discussion Paper SP IV 2012-402, Berlin: WZB, www.wzb.eu/org2011.

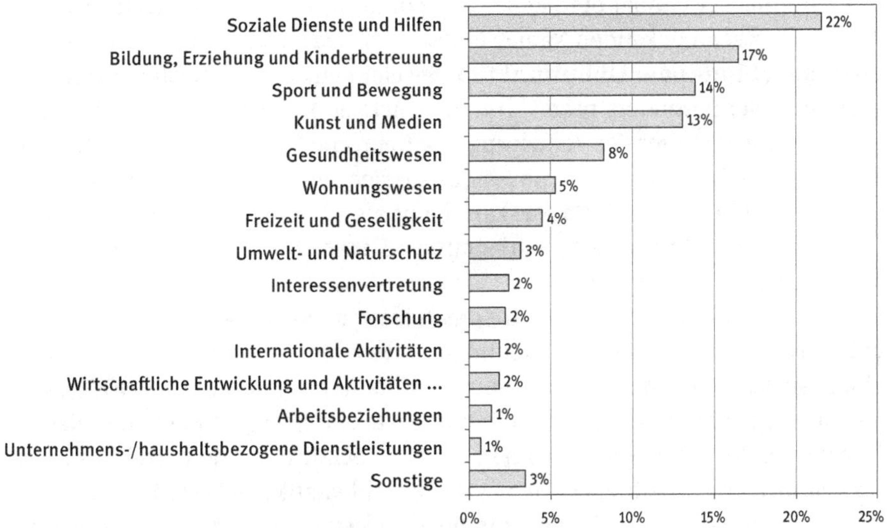

„Grundgesamtheit" befragter Organisationen 2011 (Deutschland)
ca. 580.000 Vereine *(Vereinsstatistik 2011)*
ca. 18.000 Stiftungen *(Bundesverband Deutscher Stiftungen 2011)*
ca. 9.000 gGmbHs *(Handelsregister 2011 – eigene Recherche)*
ca. 8.000 Genossenschaften *(Genossenschaftsstatistik 2011 – DZ BANK)*
ca. 615.000 Organisationen

– Bleibt noch, zum Abschluss dieser Tour d'horizont unsere „Lieblingsgruppe" unter den Gemeinwohlakteuren auf die Bühne zu bitten, die wir an anderer Stelle als Wächter, Hüter und Anwälte des Gemeinwohls bezeichnet haben[18].

18 *Schuppert* Gemeinwohl, Das. Oder: Über die Schwierigkeiten, dem Gemeinwohlbegriff Konturen zu verleihen, in: derselbe/Friedhelm Neidhardt (Hrsg.), Gemeinwohl – Auf der Suche nach Substanz, WZB-Jahrbuch 2002, Berlin 2002.

Es gibt zunächst einmal eine Reihe von politisch überaus wichtigen Institutionen, die den schmückenden Namen eines Hüters tragen und die wir als **Institutionen mit Hüter- oder Obhutfunktion** bezeichnen können. Dazu rechnen etwa – um nur vier besonders prominente Beispiele zu nennen – das Bundesverfassungsgericht als Hüter der Verfassung, die Deutsche Bundesbank als Hüterin der Währung, die Europäische Kommission, die sich selbst gern als Hüterin der Verträge bezeichnet und das Bundeskartellamt als Hüter des Wettbewerbs. Solche Organisationen können wir als **absichtsvoll installierte Hüter von Gemeinwohlbelangen** bezeichnen.

Was die **Wächter und Anwälte des Gemeinwohls** angeht, so sind das prominenteste Beispiel die sog. Nichtregierungsorganisationen (NROs), also das eingedeutschte Pendant zu den „Nongovernmental Organizations" (NGOs), die – gerade auch auf der internationalen Bühne – eine immer größere Rolle spielen[19]. Uns interessiert aber weniger ihre in der Tat beeindruckende Karriere, sondern ihr institutioneller Beitrag zur Gemeinwohlproblematik sowie die Frage, ob auch ihnen – im funktionellen Sinne – **ein bestimmtes Amt zugeschrieben werden kann**. Nach einer solchen Amtsbezeichnung zu suchen liegt deshalb nahe, weil ihnen – in ganz ähnlicher Weise wie den Notenbanken eine institutionelle Aura – ein institutionelles Charisma bescheinigt wird[20], das in den institutionenspezifischen Leistungen der NGOs für das politische System seine Rechtfertigung finde. Will man diese Leistungen auf einen Nenner bringen, so kann man dafür auf den Begriff des **Wächteramtes** zurückgreifen – wie dies der ehemalige Geschäftsführer von Greenpeace Deutschland, Walter Homolka[21], getan hat:

> „Die NGOs treten an, neben Parlament und Wirtschaft ihre wichtige Rolle bei der künftigen Gestaltung unserer Gesellschaft zu spielen. International gesehen gibt es nur schwache Institutionen: keinen internationalen Gerichtshof für Umwelt und Menschenrechte, keine Weltpolizei. Hier erfüllen international arbeitende Organisationen wie Greenpeace oder der World Wide Fund for Nature (WWF) ein bedeutsames Wächteramt".

Zusammenfassend lässt sich daher sagen, dass NGOs/NROs – mit welchem Legitimationsgrad auch immer – es als ihre Aufgabe betrachten, zentrale Gemeinwohlbelange zu formulieren und auf die Agenda der Politik zu setzen, und laut

19 *Hans J. Lietzmann* Nichtregierungsorganisationen als Gemeinwohlakteure, in: Gunnar Folke Schuppert/Friedhelm Neidhardt (Hrsg.), Gemeinwohl, Auf der Suche nach Substanz, Berlin 2002, S. 297–314.

20 Vgl. *R. Weinert* Ideologie, Autonomie und institutionelle Aura. Zur politischen Soziologie von Zentralbanken, in: Kölner Zeitschrift für Soziologie und Sozialpsychologie, Jg. 51, S. 339–363.

21 *Walter Homolka* Wachhunde, mehr nicht. Greenpeace und andere: Über die Bedeutung regierungsunabhängiger Organisationen im 21. Jahrhundert, in: Süddeutsche Zeitung vom 14./15.8.1999.

Alarm zu schlagen, wenn sie im politischen Prozess **sonst anwaltlose Gemeinwohlbelange vernachlässigt sehen.**

– Es scheint uns eine gute Idee zu sein, an dieser Stelle eine erste kleine **Zwischenbilanz** zu ziehen.

Wie wir gesehen haben, besteht an Gemeinwohlakteuren kein Mangel. Im Gegenteil: es wimmelt geradezu von in der Rechtsordnung vorgesehenen oder selbst ernannten Gemeinwohlakteuren, die mit einer unterschiedlichen Art von Legitimation für sich reklamieren können, sich um bestimmte Gemeinwohlbelange zu kümmern. Wessen es angesichts dieser Akteursvielfalt bedarf, ist eine Art **Drehbuch**, mittels dessen – wie der Strafrechtler sagen würde – die Tatbeiträge der verschiedenen Akteure zur gemeinsamen Gemeinwohlverwirklichung koordiniert und aufeinander abgestimmt werden können. Als Konzept für ein solches Drehbuch schlagen wir das der **Verantwortungsteilung** vor, womit das den modernen Staat kennzeichnende „New Interplay between the State, Business and Civil Society“[22] auf den Begriff gebracht werden kann[23]. Der Charme des Konzepts einer Verantwortungsteilung zwischen Staat, Marktakteuren und Zivilgesellschaft scheint uns darin zu bestehen, dass mit ihm gleichzeitig eine staatsentlastende arbeitsteilige Aufgabenerfüllung ermöglicht wird, der Staat aber auch bei dieser Staatsentlastungsstrategie an seine Gemeinwohlverantwortung gebunden bleibt, die ihn dafür verantwortlich bleiben lässt, dass eine solche arbeitsteilige, kooperative Gemeinwohlkonkretisierung auch funktioniert. In aller Kürze kann man die Funktionslogik des verantwortungsteilenden Gewährleistungsstaates mit Wolfgang Hoffmann-Riem wie folgt beschreiben[24]:

> „Auch dort, wo der Staat nicht (mehr) selbst Aufgaben erfüllt, steuert er häufig die Aufgabenwahrnehmung mit dem Ziel der **Verfolgung des Gemeinwohls.** Das Schlagwort ‚from providing to enabling‘ bringt den Wechsel vom erfüllenden Wohlfahrtsstaat zum ermöglichenden Gewährleistungsstaat zum Ausdruck. Trotz einer Reduktion der Leistungstiefe und des Rückbaus des Steuerungsinstrumentariums bleibt eine öffentliche Verantwortung bestehen, die insbesondere dadurch verwirklicht werden soll, daß der Staat gesellschaftliche Eigenregelungen fördert und durch Rahmenvorgaben, Struktursetzungen und Spielregeln vorsorgt, daß sie auch funktionieren.“

22 *Klaus-Dieter Wolf* Emerging patterns of global governance. The new interplay between the state, business and civil society, in: Andreas Georg Scherer/Guido Palazzo (Hrsg.), Handbook of Research on Global Corporate Citizenship, Cheltenham 2008, S. 225–248.

23 *Wolfgang Hoffmann-Riem* Verantwortungsteilung als Schlüsselbegriff moderner Staatlichkeit, in: Paul Kirchhof u.a. (Hrsg.), Staaten und Steuern. Festschrift für Klaus Vogel zum 70. Geburtstag, Heidelberg, 2000, S. 47–64.

24 Ebenda, S. 51.

Das Scharnier, das diese beiden Sphären einer nicht-staatlichen Aufgabenwahrnehmung und der staatlichen Letztverantwortung miteinander verklammert, ist – wie wir an anderer Stelle näher dargetan haben[25] –, die Institution der **staatlichen Gewährleistungsverantwortung**, die uns vor allem – und dies wäre schon ein weiterer Schlüsselbegriff – in Gestalt einer Regulierungsverantwortung gegenübertritt, die es rechtfertigen würde, vom Gewährleistungsstaat auch als Regulierungsstaat zu sprechen.

So weit, so gut.

Wie aber, so fragen wir uns, bekommt man nun die verschiedenen Gemeinwohlakteure, die wir kennengelernt haben, dazu, das Gemeinwohl nicht nur auf den Lippen zu tragen, sondern es auch tatsächlich zur Richtschnur ihres Handelns zu machen? Diesem Problem wollen wir uns jetzt zuwenden.

II. Das zweite Stichwort heißt „governance by reputation"

1. Zur Funktionsweise von „governance by reputation"

Wie „governance by reputation" funktioniert, lässt sich anhand zweiter Beispiele leicht erklären[26]:

Das erste Beispiel ist das der **jüdischen Diamantenhändler aus New York**, die im New Yorker Diamond Dealers Club (DDC) zusammengeschlossen sind und die ihren geschäftlichen Transaktionen selbstgesetzte Regeln zu Grunde legen, über deren Einhaltung der Club wacht, indem er über das Geschäftsgebaren seiner Mitglieder regelmäßig informiert, dadurch über deren Reputation mitentscheidet und – bei andauerndem und signifikantem Reputationsverlust – letztlich eine Ausschlussdrohung ausspricht. Barak D. Richman spricht anschaulich von einem **„reputation-based enforcement"**[27] der selbstgesetzten

---

25 *Gunnar Folke Schuppert* Die öffentliche Verwaltung im Kooperationsspektrum staatlicher und privater Aufgabenerfüllung. Zum Denken in Verantwortungsstufen, Die Verwaltung, Jg. 31 (1998), S. 415–447.

26 Beide Beispiele entnehmen wir aus *Schuppert* Staat als Prozess. Eine staatstheoretische Skizze in sieben Aufzügen, Frankfurt/New York 2010, S. 94/95.

27 *Barack D. Richman* How Community Institutions Create Economic Advantage: Jewish Diamond Merchants in New York, 2006, http://papers.ssrn.com/sol3/papers.cfm?abstract_id=349040 (16.03.2009).

Regeln, eine Formulierung, die uns dazu veranlasst, in generellerer Weise von einem Anwendungsfall von „governance by reputation" zu sprechen. Ein solcher Governancemodus setzt – wenn wir das Ergebnis der Fallstudie vereinfachend zusammenfassen dürfen – offenbar zwei Dinge voraus: einmal einen funktionierenden Informationsaustausch über das Geschäftsgebaren bestimmter Personen (meistens Kaufleute) und zweitens die Existenz einer sozialen Gruppe oder eines sozialen Netzwerkes, für die die Reputation ihrer Mitglieder wichtig ist; solche sozialen Gruppen wollen wir Reputationsgemeinschaften nennen.

Das zweite Beispiel entnehmen wir einer Fallstudie von Lothar Rieth und Melanie Zimmer[28] über das Verhalten von transnationalen Unternehmen in Krisengebieten – SHELL in Nigeria und BP in Kolumbien – und ihren jeweiligen Beitrag zur Konfliktprävention. Die Fallstudie kommt zum Ergebnis, dass Verhaltensänderungen dort beobachtbar sind, wo der von NGOs ausgehende Öffentlichkeitsdruck so groß ist, dass den Unternehmen aufgrund ihrer Reputationsempfindlichkeit eine Änderung ihres Verhaltens im Sinne einer Übernahme von „Corporates Security Responsibility"[29] rätlich erscheint; wie dieser Reputationsmechanismus funktioniert, erläutern uns Rieth und Zimmer wie folgt[30]:

> „Ein Faktor, der den **Grad des Drucks von NGOs auf das Verhalten von Unternehmen** mitbestimmen könnte, ist die **Reputation eines Unternehmens.** Oft wird die Reputation eines Unternehmens auf den Markennamen reduziert oder damit gleichgesetzt. Jedoch handelt es sich bei der Reputation um ein umfassenderes, relationales Konzept, welches auf die Beziehung zwischen einem Unternehmen und verschiedenen Gruppen, die so genannten Stakeholder, verweist. Stakeholder eines Unternehmens sind seine Kunden, Beschäftigte, Investoren, Geschäftspartner, Regierungen, Internationale Organisationen, lokale Gemeinschaften, aber auch NGOs. Ein Unternehmen ist bestrebt, den Stakeholdern mittels seiner Reputation seine Verlässlichkeit beziehungsweise Berechenbarkeit als Interaktionspartner zu demonstrieren. Ein Unternehmen ist also ständig gefordert, in seinen eigenen Handlungen dem jeweiligen Stakeholder ein Bild zu vermitteln, das dessen Erwartungen an das Unternehmen und seinen Vorstellungen von ihm entspricht, **um letztlich eine positive Reputation zu erhalten** oder diese zu verbessern. Eine positive Reputation erleichtert die Interaktionen zwischen einem Unternehmen und seinen Stakeholdern."

---

28 *Lothar Rieth/Melanie Zimmer* Unternehmen der Rohstoffindustrie. Möglichkeiten und Grenzen der Konfliktprävention, Die Friedens-Warte. Journal of International Peace and Organization, Jg. 79 (2004), S. 75–101.

29 *Klaus Dieter Wolf/Nicole Deitelhoff/Stefan Engert* Corporate Security Responsibility. Towards a Conceptual Framework for a Comparative Research Agenda, Cooperation and Conflict: Journal of the Nordic International Studies Association, Jg. 42 (2007), S. 294–320.

30 Ebenda (Fußnote 28), S. 91 f.

„Governance by reputation“ trifft also ganz offenbar einen empfindlichen Nerv: Reputationsverlust ist nicht nur sozial unangenehm, sondern kann sich – wie Firmen wie Nike oder Nestle schmerzlich erfahren mussten – auch auf den Geschäftserfolg auswirken – bis zu solchen einschneidenden Maßnahmen wie einem „consumer boycott“. „Governance by reputation“ – das war zu lernen – ist also nicht nur ein moralischer, sondern auch ein ökonomischer Hebel.

2. Reputationsverlust als Vertrauensverlust: das Beispiel der Banken

Aber es bedarf keines Ausflugs nach New York und auch keiner Reise zu „oil rich countries“, um die Probleme des Reputationsverlustes zu studieren; wir können getrost in Frankfurt bleiben, dem Sitz des „Institute for Law and Finance“ und mehrerer deutscher Bankhäuser. Lassen Sie uns gemeinsam einen Blick in die Frankfurter Allgemeine Sonntagszeitung vom 18. November 2012 werfen, in der es in einem Artikel mit dem Titel „Was wird aus den Banken“ auszugsweise wie folgt heißt (S. 38):

> „So viel Läuterung war nie. Die Welt verlangt nach Sühne von den Bankern. Und die wird geliefert. Mehr oder minder täglich. ‚Die Banken sind in Ungnade gefallen‘, urteilt Anshu Jain, der indische Teil der Doppelspitze in der Deutschen Bank. Sein Kompagnon Jürgen Fitschen beklagt, dass der ‚soziale Kontrakt zwischen Banken und Gesellschaft zerbrochen‘ sei. Und gemeinsam geloben sie: ‚**Wir müssen Vertrauen zurückgewinnen.**‘ Jeder will plötzlich der Gute sein im Finanzdistrikt; weniger an den Profit, mehr an den Kunden denken – so tönt es aus allen Ecken.
> Egal, ein Neuanfang muss her. Notfalls mit Rückgriffen auf die gute alte Zeit. Denn: Traditionelle Werte sind gefragt, sagen die Markenstrategen. Und so wird die Finanzindustrie auf der Suche nach neuen Parolen häufig in den Archiven fündig. ‚Commerzbank. Die Bank an Ihrer Seite‘ – den Spruch, vor Jahren ausgemustert, hat Martin Blessing wieder ausgegraben, seinen Marketingleuten spendiert er in den nächsten vier Jahren einen dreistelligen Millionenbetrag, damit sie die Botschaft unters Volk bringen.
> Die Allianz verfiel ebenso auf die alte Masche (‚Hoffentlich Allianz versichert‘), die Kollegen von der Aachen Münchner distanzieren sich aufs Schärfste vom Casino-Kapitalismus: ‚Mit Geld spielt man nicht – zumindest nicht bei uns‘, trillert es aus dem Werbespot.
> Nur die Deutsche Bank ziert sich noch. Auf der Strategiekonferenz vor drei Monaten hat Jürgen Fitschen durchblicken lassen, dass er den von Josef Ackermann geerbten Slogan (‚Leistung aus Leidenschaft‘) tilgen möchte, da assoziativ zu nahe an der Gier. **Irgendwas mit Vertrauen sollte her**: Warum also nicht den Slogan aus den 90er Jahren reanimieren? ‚**Vertrauen ist der Anfang von allem**‘ hieß der, Fitschen wäre das sehr recht.“

Der zentrale Begriff, um den es geht, heißt also **Vertrauen:** Reputationsverlust kommt als Vertrauensverlust daher. Beides passt in der Tat gut zusammen, ist doch – wie wir bei Martin Hartmann nachlesen können – **Vertrauen eine Krisenkategorie**[31]:

> „Vertrauen ist eine Krisenkategorie. Es wird besonders dann zum Gegenstand der Diskussion, wenn man glaubt, dass es verloren geht oder schon gar nicht mehr vorhanden ist. So kämpfen Parteien in ihrer Wahlkampfwerbung um das Vertrauen der Wähler, weil sie die Umfragen kennen, in denen ihnen Jahr für Jahr bestätigt wird, dass ihnen immer weniger Bürger Vertrauen entgegenbringen. Nach jedem politischen Skandal ist man bemüht, mit Hilfe ‚vertrauensbildender Maßnahmen' den Schaden zu begrenzen, der gleichwohl schon entstanden ist, wenn solche Maßnahmen nötig werden."

Auch hier funktioniert die Sache so, dass ein in Umfragen feststellbarer Vertrauensschwund zwar zunächst nur eine Grundstimmung wiedergibt, aber doch zu **realen Effekten** führen kann; bei M. Hartmann können wir dazu folgendes nachlesen[32]:

> „Zum anderen spricht vieles dafür, dass **artikulierte Stimmungen** in demokratischen Öffentlichkeiten mindestens ebenso einflussreich sind (wenn nicht einflussreicher) als das reale Verhalten. Mit Stimmungen wird, das ist mittlerweile kein Geheimnis mehr, Politik gemacht, und zwar auch und gerade dann, wenn unklar ist, ob diesen Stimmungen wirkliche Verhaltensweisen entsprechen. **Da Vertrauensumfragen Stimmungen einfangen, lassen sie sich für unterschiedliche Interessen instrumentalisieren und können insofern reale Effekte haben.**"

Wenn sich dies aber so verhält, wird niemand enttäuschte Bürger und Verbraucher daran hindern können, statt auf raffinierte Werbekonzepte auf die Wirkkraft von „governance by reputation" zu vertrauen.

III. Das dritte Stichwort lautet: Symmetrie zwischen Macht und Verantwortlichkeit

Was damit gemeint ist, ist leicht erklärt. Ich hatte vor kurzem bei einer gemeinsamen Veranstaltung der Alfred Herrhausen-Gesellschaft und der FAZ Gelegenheit, einer Grundsatzrede der Bundeskanzlerin Angela Merkel zuzuhören. In ihrer Rede wandte sie sich zunächst dem Tagungsthema „Wie wollen wir leben?" zu,

---

31 *Martin Hartmann* Vertrauen, in: Gerhard Göhler/Mattias Iser/Ina Kerner (Hrsg.), Politische Theorie. 22 umkämpfte Begriffe zur Einführung, Wiesbaden 2004, S. 385.
32 Ebenda, S. 390.

um dann aber die praktisch mindestens ebenso relevante Frage anzuschließen, die da lautet **„Wovon wollen wir leben**?“ In diesem Zusammenhang wies sie dem Finanzsektor ihres Landes eine entscheidende und damit gemeinwohlrelevante Rolle zu, denn ohne einen starken **Finanzsektor**, sprich leistungsfähige Banken, könne die deutsche Volkswirtschaft nicht die von ihr erhofften Leistungen erbringen.

Also – so können wir fortfahren – haben Finanzinstitutionen für das politische System der Bundesrepublik eine **systemische Bedeutung** und müssen – wie geschehen – im Bedarfsfall **„gerettet“** werden. Dies ist nicht etwa nur eine umgangssprachliche Formulierung, sondern die **Sprache des Gesetzgebers** selbst. Art. 3 des Gesetzes zur weiteren Stabilisierung des Finanzmarktes – des sog. Finanzmarktstabilisierungsergänzungsgesetzes vom 7. April 2009 (BGBl. I S. 725) – führte ein neues Gesetz ein, nämlich das „Gesetz zur Rettung von Unternehmen zur Stabilisierung des Finanzmarktes“ (**Rettungsübernahmegesetz – RettungsG**); es ermöglicht die staatliche Übernahme von Banken in drei Phasen, die hier nicht näher skizziert werden müssen.

Damit haben wir den erstaunlichen Sachverhalt zu besichtigen, dass nicht nur Gebietskörperschaften – was Ökonomen immer gegeißelt haben – nicht insolvent werden können, sondern de facto auch ausgerechnet systemrelevante Banken, also **ökonomische Player par excellence**. Haben also – so die naheliegende Fortsetzung der Argumentation – Banken einer bestimmten Größenordnung eine systemrelevante Bedeutung, die sie – anders als etwa OPEL – vor den Konsequenzen ökonomischer Rationalität bewahrt, so haben sie auch eine **systemische Verantwortung**, die ihrer privilegierten Stellung entspricht. Der Züricher Staatsrechtslehrer Daniel Thürer hat deshalb vor der **Herausbildung neuer Feudalismen** gewarnt und die Notwendigkeit einer Symmetrie zwischen Macht und Verantwortlichkeit reklamiert; ich zitiere[33]:

> „In der englischen Verfassungsgeschichte hiess es lange: ‚The King can do no wrong‘. Heute ist die Staatsmacht umfassenden richterlichen Kontrollen der Machtausübung unterworfen. Soll es anders sein bei mächtigen Wirtschaftskonzernen? Sollen sie sich nicht als ‚good corporate citizens‘ verhalten müssen? Wie ist es zu rechtfertigen, dass Unternehmensführer zivil- und strafrechtlich praktisch Immunität genießen? Darf es in einem Staat, dessen Ziel die Sicherung des Gemeinwohls ist, Oasen (‚no man's lands‘) der Un-Verantwortlichkeit geben?

33 *Daniel Thürer* Res publica: Von Menschenrechten, Bürgertugenden und neuen Feudalismen, in: Jahrbuch des öffentlichen Rechts der Gegenwart, neue Folge, Bd. 60 (2012), S. 281 ff., 301.

Ist es nicht so, dass **eine Symmetrie zwischen Macht und Verantwortlichkeit** bestehen muss, dass Macht ein Entstehenmüssen für Verfehlungen impliziert, dass es nicht angängig ist, dass sich Einzelne unverhältnismäßig bereichern und die Allgemeinheit die Folgeschäden von Misswirtschaft bereinigen, die ‚bits and pieces' auflesen muss? Die Allgemeinheit hat ein eminentes Interesse daran, dass die Wirtschaft nicht nur effizient, sondern auch integer und anständig – eben im Sinn des Gemeinwohls – funktioniert. Dazu gehört – so Roger de Weck[34] – vor allem, dass Unternehmen Menschenrechte respektieren und umsetzen sowie Gebote des Umweltschutzes oder der Korruptionsbekämpfung erfüllen, wie sie etwa in dem zwischen der UNO und führenden Unternehmen abgeschlossenen ‚Global Compact' niedergelegt sind. Gesetzgeber und Rechtspraxis sind herausgefordert. ‚**Colère publique**', wie ihm Emile Durkheim geschrieben hat, kann Triebfeder für fällige Reformen sein."

Wie eine Antwort auf den letzten Satz dieser Passage liest sich die neueste „Gemeinwohlzumutung" aus dem Hause des Finanzministers, nämlich eine Verpflichtung der großen Geldhäuser einzuführen, Pläne für den Krisenfall auszuarbeiten; unter der Überschrift **„Banken sollen ‚Testament machen'"** weiß die Süddeutsche Zeitung vom 24./25. November 2012 (Ausgabe Nr. 272, S. 1) darüber folgendes zu berichten:

„Die Bundesregierung will die großen deutschen Banken dazu zwingen, mithilfe eines ‚Testaments' Vorkehrungen für den Fall einer wirtschaftlichen Schieflage zu treffen. [...] Ziel ist, dass Banken im Krisenfall zügig saniert oder geschlossen werden können und nicht mehr vom Steuerzahler aufgefangen werden müssen.
Nach Angaben der Europäischen Kommission mussten die EU-Staaten allein zwischen 2008 und 2010 etwa 1,6 Billionen Euro bereitstellen, um Geldhäuser vor dem Zusammenbruch zu retten. Dahinter stand die Angst, dass schon die Pleite einer einzelnen Großbank aufgrund ihrer Dimension und ihrer globalen Vernetzung zum Kollaps des Weltfinanzsystems führen könnte. Um nicht länger erpressbar zu sein, beschloss die Gruppe der 20 führenden Industrie- und Schwellenländer (G 20) in den vergangenen Jahren eine ganze Reihe von Maßnahmen: So müssen Geldhäuser in Zukunft nicht nur deutlich mehr Eigenkapital vorhalten, um Verluste abfedern zu können, sondern auch ein sogenanntes Testament ausarbeiten, das einen Sanierungs- und einen Abwicklungsplan umfasst. Außerdem soll jedes Land **ein spezielles Insolvenzrecht für Banken** schaffen. [...]
Nach Schäubles Plänen müssen alle betroffenen Geldhäuser zunächst einen Sanierungsplan erarbeiten und der Aufsichtsbehörde Bafin zur Genehmigung vorlegen. Aus ihm muss detailliert hervorgehen, wie die einzelnen Bereiche der Bank in- und extern vernetzt sind, **welche von ihnen systemrelevant sind** und welche nicht, welche Risiken in jeder einzelnen Abteilung und Tochtergesellschaft schlummern und wie der Vorstand gedenkt, im Notfall an zusätzliches Kapital zu kommen. Die Bafin kann jederzeit Änderungen am Plan verlangen.

34 *Roger de Weck* Nach der Krise – gibt es einen anderen Kapitalismus?, München 2009.

> Das Aufsichtsamt selbst erstellt zudem für jedes Institut einen Abwicklungsplan. Dieser muss für den Fall der Zahlungsunfähigkeit aufzeigen, **welche Bereiche für das Funktionieren der Finanzmärkte und der Volkswirtschaft insgesamt so bedeutend sind, dass sie ausgegliedert und fortgeführt werden müssen**, welche geschlossen werden können und wie sich das auf andere Institute auswirken würde. Zudem wird festgelegt, wie die Kundeneinlagen gesichert, die Schließung oder Teilschließung der Bank ohne Steuermittel finanziert und der Wert der Geschäftsbereiche sowie des Vermögens im Notfall ermittelt werden können. Das Gesetz soll noch vor der Bundestagswahl 2013 in Kraft treten."

Eine weitere Kommentierung scheint mir nicht erforderlich.

IV. Das vierte Stichwort lautet: Gewährleistung staatlicher Handlungsfähigkeit als Gemeinwohlgebot

Auch dieses Stichwort ist leicht erklärt. Nach unseren Beobachtungen ist es nach wie vor „trendy", die Rolle des Staates klein zu schreiben und seinen Bedeutungsverlust als maßgeblicher Governanceakteur zu konstatieren. Dazu kann mit einem durchaus unterschiedlichen Maß an verbaler Radikalität vorgegangen werden: Während in dem von Marianne Beisheim u.a. herausgegebenen Band mit dem Titel „Wozu Staat?"[35] sehr differenziert argumentiert und vor allem das „Zusammenspiel staatlicher und nicht-staatlicher Governance" thematisiert wird[36], kommt der Titel des soeben erschienenen Sonderheftes der Zeitschrift für Politik (ZfP) radikaler daher: es handelt vom „entmachteten Leviathan"[37]. Wir selbst sehen – und wünschen dies auch – die Rolle des Staates stärker und sind mit Andreas Anter[38] der Auffassung, dass ein Teil der sozialwissenschaftlichen Literatur bei der Analyse gegenwärtiger Staatlichkeit allzu leicht dem „Trugbild

35 *Marianne Beisheim/Tanja A. Börzel/Philipp Genschel/Bernhard Zangl (Hrsg.)* Wozu Staat? Governance in Räumen begrenzter und konsolidierter Staatlichkeit, Baden-Baden 2011.

36 *Marianne Beisheim/Tanja A. Börzel/Philipp Genschel/Bernhard Zangl* Governance jenseits des Staates. Das Zusammenspiel staatlicher und nicht-staatlicher Akteure, in: dieselben (Hrsg.), Wozu Staat? Governance in Räumen begrenzter und konsolidierter Staatlichkeit, Baden-Baden 2011, S. 251 ff.

37 *Maurizio Bach (Hrsg.)* Der entmachtete Leviathan, ZfP-Sonderband 2012.

38 *Andreas Anter* Der Staat als Beobachtungsobjekt in den Sozialwissenschaften. Das Trugbild vom verschwindenden Staat und die Normativität des Gegenstandes, in: Der entmachtete Leviathan (Fußnote 37), S. 17–28.

vom verschwindenden Staat" aufsitzt; aber dies ist hier nicht im Grundsatz zu diskutieren.

Die immer wieder angestimmten Abschiedsgesänge auf den Staat reizen uns aber zu der Frage, ob es nicht der Staat selbst ist, der eine „Politik gewollter Schwäche"[39] praktiziert hat, man also eher von einem sich selbst entmachtenden statt vom entmachteten Staat sprechen sollte. Wir meinen, vier Beispiele für eine selbst verursachte schwächelnde Staatlichkeit identifizieren zu können, auf die wir zum Schluss unseres Vortrages einen kurzen Blick werfen wollen[40]:

1. Die Sehnsucht des Staates nach der Verantwortungslosigkeit des Marktes

Unter der Überschrift „Die Sehnsucht der Politik nach der Verantwortungslosigkeit des Marktes" hat Oliver Lepsius[41] unlängst einige kritische Bemerkungen zur Politik der Auslagerung von Aufgaben der Daseinsvorsorge und Infrastruktursicherung an den „Markt" und den „Wettbewerb" gemacht und dabei die nahezu blinde **Gläubigkeit der Politik** an die Leistungsfähigkeit von Markt und Wettbewerb wie folgt in Frage gestellt:

> „Das Problem dabei ist, daß weithin ein **idealisiertes Verständnis von Markt oder Wettbewerb** vorherrscht, das ihre Realitätsbedingungen nicht hinreichend differenziert erfaßt. Wir erwarten von Wettbewerb und Markt Leistungen, die diese aber nur unter bestimmten Bedingungen zu erbringen im Stande sind. Anstatt uns Gewißheit zu verschaffen, wann solche Erfolgsbedingungen vorliegen, **vertrauen wir zu leichtsinnig puren Ideen, die mit Markt und Wettbewerb assoziiert sind.** Es bedarf offenbar erst schwerer Mißstände, um die Erfolgsbedingungen markt- und wettbewerbsbezogener Entscheidungen ins Bewußtsein zu rücken. Die **Finanz- und Wirtschaftskrise** ist ein sinnfälliger Ausdruck eines blinden Vertrauens in Markt- und Wettbewerbsstrukturen, ohne über ihre Funktionsbedingungen nachzudenken."

---

39 Begriff bei *Christoph Zürcher* Gewollte Schwäche. Vom schwierigen analytischen Umgang mit prekärer Staatlichkeit, in: Internationale Politik (IP), Jg. 60, Nr. 9 (2005), S. 13–22.

40 Wir übernehmen hier Überlegungen aus *Schuppert* Einige Bemerkungen zur Allgemeinen Staatsverwirrung – ist er gegangen, kommt er zurück oder wird er nur neu gesehen?, in: Der entmachtete Leviathan (Fußnote 37), S. 29 ff.

41 *Oliver Lepsius* Über Märkte, Wettbewerb und Gemeinwohl – Plädoyer für einen Paradigmenwechsel, in: Adolf-Arndt-Kreis (Hrsg.), Staat in der Krise – Krise des Staates? Die Wiederentdeckung des Staates, Berlin 2010, S. 25 ff., 28.

Diesem Befund wird man nur beipflichten können; inzwischen scheint aber – wenn nicht alle Anzeichen trügen – der **Zenit der Marktgläubigkeit** überschritten zu sein und die – juristisch ausgedrückt – **„Beweislastumkehr zugunsten von Markt und Wettbewerb“**[42] überwunden zu werden Es mehren sich die Stimmen, die einer Rekommunalisierung von Daseinsvorsorgeleistungen wie bei der Wasser- und Energieversorgung das Wort reden.

2. Die Gläubigkeit des Staates gegenüber den Hohepriestern der Lehren von New Public Management

Der an dieser Stelle erwartbare Schlüsselbegriff ist der der **Ökonomisierung von Staat und Verwaltung**. Dabei geht es hier nicht um einzelne organisatorische Ausprägungen der Ökonomisierung wie Contracting Out oder PPPs, sondern darum, wie das Phänomen der Ökonomisierung die gesamte Verwaltung ergreift, wie gewissermaßen der ökonomische Geist das Gehäuse der hierarchisch-bürokratischen Verwaltung durchwebt und wie ein solches gewandeltes Verwaltungsverständnis auch auf der Organisationsebene tiefe Spuren hinterlässt:

> „Das Vehikel, mit Hilfe dessen der ‚entrepreneurial spirit‘ die öffentliche Verwaltung ergreifen sollte und auch tatsächlich in beträchtlichem Umfang ergriffen hat, ist die Management-Lehre, und zwar in Gestalt des sogenannten New Public Management[43]. Diese **New Public Management (NPM)-Lehre**, die sich nahezu epidemisch über die gesamte OECD-Welt ausgebreitet hat, zeigt sehr schön, wie wichtig eine transportfähige Idee für den Siegeszug eines Schlüsselbegriffs ist. Schlüsselbegriffe sind – so ist unsere Erfahrung mit Reform- und Begriffsmoden – um so erfolgreicher, je mehr sie dazu taugen, **eine ‚Message‘ zu kommunizieren**, in diesem Fall die notwendige Durchlüftung erstarrter Bürokratien und die Verbreitung der Erfolgsbotschaften von Markt, Wettbewerb und Management.“[44]

Als Kommunikatoren dieser Messages fungieren Institutionen, für die sich der Begriff **„transfer agents“**[45] eingebürgert hat und zu denen im Bereich der non-state-actors insbesondere „transnational think tanks“ und „multinational con-

---

42 *Lepsius* aaO, S. 28.

43 Überblick bei *Dietrich Budäus* Entwicklung und Perspektiven eines Public Management in Deutschland in: Werner Jann/Manfred Röber/Hellmut Wollmann (Hrsg.), Public Management – Grundlagen, Wirkungen, Kritik. Modernisierung des öffentlichen Sektors, Festschrift für Christoph Reichard, Berlin 2006, S. 173–186.

44 *Schuppert* Fußnote 26, S. 153.

45 Vgl. *Diane Stone* Transfer agents and global networks in the transnationalization of policy, in: Journal of European Public Policy, Jg. 11 (2004), S. 545–566.

sultants" gehören; was das Wirken der „multinational consultants" angeht, so hat Diane Stone es wie folgt charakterisiert:

> „The ‚new public management' (NPM) was spread around the globe because of the existence of **a global ‚fashion-setting' network of management consulting firms** and growth in the use of externed consulting services by governments. The large consulting firms such as PriceWaterhouseCoopers, KPMG or Andersen Consulting established ‚government consulting divisions' **advocating the adoption of ‚a more managerial approach in government'**. Consulting firms were provided enormous opportunities by rapid changes in information technology, down sizing and out-sourcing, as well as the political transformations and move towards market economies in the former soviet states."

Wer jemals miterlebt hat, in welchem Umfang und mit welchem finanziellen Aufwand staatliche Bürokratien – wie zum Beispiel das Land Berlin – die Leistungen von Unternehmensberatungsfirmen in Anspruch genommen haben, und wie fixiert die administrativen Eliten auf das vermeintliche Qualitätssiegel **privatwirtschaftlicher** Expertise waren und sind, der wird die Charakterisierung dieser unter Reformdruck stehenden Verwaltungspraxis als **Auslieferung an „Fashion-Setting Consulting Firms"** nicht übertrieben finden.

3. Die Auslieferung des Staates an nichtstaatlichen Sachverstand

Woher der Staat sein Wissen bezieht – nenne man dies Herrschaftswissen, Regierungswissen oder Regelungswissen – ist im Staat der Wissensgesellschaft nicht beliebig, sondern ein zentrales **Governanceproblem**[46]. Da Wissen – dies weiß man seit langem – Macht bedeutet, ist der Staat daher auch gut beraten, sich nicht von privatem Sachverstand abhängig zu machen, sondern über einen **Kernbestand von Regierungswissen** selbst verfügen zu können. Dieser Rat wird aber oft und – wie es scheint – immer häufiger nicht befolgt, ein Befund, den wir anhand zweier Beispiele kurz belegen wollen.

---

46 *Andreas Voßkuhle* Sachverständige Beratung des Staates als Governanceproblem, in: Sebastian Botzem/Jeanette Hofmann/Sigrid Quack/Folke Schuppert/Holger Straßheim, (Hrsg.), Governance als Prozess. Koordinationsformen im Wandel, Baden-Baden 2009, S. 547–571; *Folke Schuppert* Governance durch Wissen. Überlegungen zum Verhältnis von Macht und Wissen aus governancetheoretischer Perspektive, in: derselbe/Andreas Voßkuhle (Hrsg.), Governance von und durch Wissen, Baden-Baden 2008, S. 260–300.

a) Outsourcing von Bonitätsprüfungen an Ratingagenturen

Über die Rolle von Ratingagenturen[47] wird zum Zeitpunkt des Schreibens dieser Zeilen (Mitte Juli 2011) vehement diskutiert, und zwar mit dem Grundtenor, sie müssten einer strengeren Kontrolle unterworfen werden. Bei der Diskussion darüber wird aber geflissentlich übersehen, dass die Ratingagenturen ihre unbestreitbare Macht nicht staatsstreichartig an sich gerissen haben, sondern diese auf einen Vorgang einer bewussten und **gezielten Auslagerung der Bonitätsprüfung seitens des Staates** zurückgeht: denn sowohl die amerikanische wie die EU-Finanzaufsicht haben die großen Ratingagenturen Moody's Investors Service, Standard and Poor's sowie Fitch Ratings, die den Weltmarkt im Verhältnis von 40:40:15 unter sich aufgeteilt haben[48] förmlich zugelassen und ihnen das Geschäft der Bonitätsprüfung ausdrücklich übertragen. Die beklagte Hilflosigkeit gegenüber den mächtigen Ratingagenturen ist also ein besonders eklatantes Beispiel gewollter Schwäche.

b) Outsourcing der Gesetzesvorbereitung: die Gesetze der Kanzleien

Die Beteiligung von großen Rechtsanwaltskanzleien an Gesetzesvorbereitung und -formulierung ist dadurch als Problem an die Öffentlichkeit geraten, dass der damalige Bundeswirtschaftsminister zu Guttenberg einen Gesetzesentwurf zirkulieren ließ, der ausweislich des auf jeder Seite des Entwurfs prangenden Kanzleinamens von der „law firm" Linklaters stammte, ein Vorgang, der Heribert Prantl in der Süddeutschen Zeitung zu dem nachstehenden Kommentar veranlasste[49]:

> „Das ‚**Outsourcing**' **der Gesetzesproduktion** ist in jüngerer Zeit durchaus Usus. Zuletzt hatte das Finanzministerium einen Rohling für das HRE-Enteignungsgesetz von der Kanzlei Freshfield ausarbeiten lassen. Aber bisher war es stets so, dass die Ministerien dies als Zuarbeit, als Arbeitsgrundlage verwendet haben. Dies wurde jedenfalls bei öffentlicher Kritik

---

47 Zu ihnen Torsten Strulik, Evaluationen in der Wirtschaft: Ratingagenturen und das Management des Beobachtetwerdens, in: Hildegard Matthies/Dagmar Simon (Hrsg.), Wissenschaft unter Beobachtung. Effekte und Defekte von Evaluationen, Leviathan-Sonderheft 24, Wiesbaden 2007, S. 288–314.

48 *Stefan Hornbostel* Neue Evaluationsregime? Von der Inquisition zur Evaluation, in: Hildegard Matthies/Dagmar Simon, Wissenschaft unter Beobachtung. Effekte und Defekte von Evaluationen, aaO. (Fußnote 47), S. 59–82.

49 *Heribert Prantl* Guttenbergs Großkanzlei, Süddeutsche Zeitung, 07.08.2009, Zugriff unter: http://www.sueddeutsche.de/wirtschaft/neues-gesetz-guttenbergs-grosskanzlei-1.153712(zuletzt 12.01.12).

so behauptet. An der Nutzung externen Sachverstands ist im Grunde nichts einzuwenden, solange ‚die Legitimität beim Minister bleibt', so der Hamburger Professor Ulrich Karpen, Vorsitzender der Gesellschaft für Gesetzgebung. Das heißt: der Rohling darf nicht einfach als fertiger Text übernommen werden.
Dies ist aber offensichtlich beim Guttenberg'schen Kreditwesengesetz geschehen; das Ministerium hat sich nicht einmal bemüht, das zu kaschieren. Auf dem Text, der den anderen Ministerien zugeleitet wurde, steht nicht nur ‚Entwurf, Stand 27. Juli 2009', sondern auch auf jeder der 28 Seiten oben das Signum ‚Linklaters'. Der Text ist anscheinend eins zu eins weitergeleitet worden. Das ist ein neues Kapitel im Buch **‚Großkanzleien als Gesetzgeber'**."

4. Der paktierende Staat

Zum Phänomen der Kooperationalisierung der Rechtsetzung als Konsequenz des kooperativen Staates ließe sich vieles sagen[50], sei es zu sog. normvorbereitenden Kooperationen, sei es zu den intensiv diskutierten sog. normvermeidenden Absprachen zwischen Regierung und Industrie. Wir beschränken uns als Beispiel hier auf den von der ersten Regierung Schröder in Angriff genommenen Ausstieg aus der friedlichen Nutzung der Atomenergie, die sich in Gestalt eines sog. **paktierten Gesetzes**[51] vollzog, d.h. eines Gesetzes, dem eine vertragliche Einigung zwischen der Bundesregierung und den großen Energieversorgungsunternehmen vorausgegangen war, die im Anschluss 1:1 in Gesetzesform gegossen wurde.

Aber dies soll hier nicht weiter vertieft werden.

Ganz zum Schluss können wir uns aber eine Bemerkung zum letzten Thema dieser Konferenz, den **Absprachen im Strafprozess**, nicht verkneifen. Man soll seinem Gastgeber nicht in den Rücken fallen, und ich verstehe auch das Anliegen von Herrn Lüderssen, die Entwicklung von Strafrecht und Strafprozessrecht in den größeren Kontext des Wandels von Staatlichkeit einzupassen und dabei insbesondere auch den kooperativen Staat mit seinen konsensualen Steuerungstechniken im Blick zu haben; aber bei alledem sollte zweierlei bedacht werden: einmal ist der Rechtsstaat von seinem Wesen her ein auf Distanz bedachter Staat, der alle Rechtsgenossen gleich zu behandeln hat, während der **kooperative Staat tendenziell ein distanzloser Staat ist**; zum anderen ist im kooperativen

50 Näher dazu *Gunnar Folke Schuppert* Governance und Rechtsetzung. Grundfragen einer modernen Regelungswissenschaft, Baden-Baden 2011.

51 *Jens-Peter Schneider* Paktierte Gesetze als aktuelle Erscheinungsform kooperativer Umweltpolitik, in: Bernd Hansjürgens/Wolfgang Köck/Georg Kneer (Hrsg.), Kooperative Umweltpolitik, Baden-Baden 2003, S. 43–53.

und d.h. verhandelnden Staat immer derjenige im Vorteil, der über „**bargaining power**" verfügt, und sei es auch nur in Gestalt der Unterstützung durch die teuersten und versiertesten Anwälte. Dieses Ergebnis würde mir nicht gefallen.

Zentrale ökonomische europa- und verfassungsrechtliche Fragen

Josef Wieland

Governancestrukturen des Gemeinwohls – Eine wirtschaftsethische Skizze

I

Der Begriff des Gemeinwohls ist nicht nur ein unbestimmter Rechtsbegriff, vielmehr ist Unbestimmtheit eine notwendige und wesentliche Qualität dieses Begriffs. Niklas Luhmann hat daher mit gutem Grund das Gemeinwohl als „Kontingenzformel“[1] des politischen Systems bezeichnet, dessen Gegenbegriff das Privatinteresse ist. Kontingenzformel heißt, dass sich unter Berufung auf die Differenz „Gemeinwohl/Privates Interesse“ verschiedenste Themen im politischen Diskurs aufrufen lassen, deren gemeinsamer Nenner die legitime Begrenzung von einer der beiden Seiten der Differenz ist. So kann man mit Berufung auf das Gemeinwohl für die Limitierung von Unternehmensgewinnen oder Managerboni durch Gesetzesauflagen argumentieren und dann behaupten, damit zugleich einen politischen Beitrag zur Niveauanhebung der Ethik der Wirtschaft zu leisten. Man kann aber auch, wie die Mainstream-Ökonomie, umgekehrt mit Berufung auf das Gemeinwohl für die Maximierung von Profit und Einkommen argumentieren und landet dann bei der berühmten Feststellung Milton Friedmanns: „There is one and only one social responsibility of business – to use its resources and engage in activities designed to increase its profits so long as it stays within the rules of the game, which is to say, engages in open and free competition without deception or fraud“[2]. Das liegt ganz in der Tradition der Diskurse, welche die Emergenz moderner Marktgesellschaften im frühen 18. Jahrhundert begleiteten und die Bernard Mandevilles Bienenfabel mit der moralischen Provokation eröffnet, dass gerade „private vices, public benefits“ seien.[3] Staatliches Handeln, so der politische Liberalismus, ist harter Austerität zu unterwerfen, wohlfahrtsstaatliches Handeln zu unterlassen. Allerdings ist auch ein solches Programm nur durch politische Entscheidungen möglich, also durch die Bestätigung, dass das Gemeinwohl das Andere des Privatinteresses ist. Die Differenz „Gemeinwohl/Privates Interesse“ wird auf diese Weise immer erneut im Modus der Begrenzung im politischen System thematisiert und mutiert in diesem Prozess zur Differenz

---

1 Vgl. *Luhmann* 2000, 120 ff.
2 *Friedman* 1962, 133.
3 Vgl. *Mandeville* 1714/1957.

„Staat/Gesellschaft“. Der Staat wird als Inkarnation und Ausdruck des Gemeinschaftsinteresses positioniert, der Vorsorge für die Wohlfahrt des einzelnen Staatsbürgers zu treffen hat. Mit Berufung auf die Gesellschaft der Bürger hingegen wird staatliches Handeln auf die Sicherung der individuellen Freiheit fokussiert, die als grundlegende Voraussetzung prosperierender Wirtschaft verstanden wird.[4] Aus dieser argumentativen Spannung im Begriff des Gemeinwohls ergibt sich von allem Anfang an ein wirtschaftsethischer Legitimationsbedarf, dessen Deckung auch heute noch in der Wirtschaft und ihren Unternehmen mit gutem Grund durch die Akzeptanz gesellschaftlicher Verantwortung angestrebt wird.

Ohne den Gegenbegriff des privaten Interesses ist eine politische Kommunikation über das Gemeinwohl nicht möglich, und alles hängt davon ab, ob diese Differenz als Nullsummenspiel (Privatwohl als Minderung des Gemeinwohls und umgekehrt) oder Positivsummenspiel (Privatwohl als Steigerung des Gemeinwohls und umgekehrt) interpretiert wird. Daran können dann politische, rechtliche, betriebswirtschaftliche, aber auch ethische Semantiken anschließen und die Grenze zwischen Privat- und Gemeinwohl von Fall zu Fall und durch das Setzen von Verfahrensregeln ziehen. Die fallweise, lokale inhaltliche Bestimmung des Gemeinwohls im politischen System wird durch die Schaffung von fiskalpolitischen, rechtlichen oder anderen Governancestrukturen in die Organisationen der gesellschaftlichen Funktionssysteme, wie etwa die Unternehmen der Wirtschaft, prozessiert und wird dort in seinen praktischen Konsequenzen für spezifische Transaktionen und die zu deren Abwicklung notwendigen Verfahren abgearbeitet. Gemeinwohl ist in diesem Kontext kein ontologischer Begriff mehr, sondern ein handlungsleitender Wert, der lokale Entscheidungen strukturiert. Es ist gerade die Akzeptanz der „Fuzzy Logic“[5], die alle Werte und ihr Wesen als „offene Texturen“[6] charakterisiert[7], die nicht nur Definitionsdiskurse, sondern vor allem lokale Entscheidungen darüber einfordert, was genau mit dem Wert „Gemeinwohl“ gemeint sein soll. „Fuzzy Logic“ bezeichnet die Unschärfe von Werten wie dem des Gemeinwohls: Es ist im Prinzip allen Involvierten klar, was gemeint ist, aber was Gemeinwohl im Hinblick auf einen bestimmten Sachverhalt genau bedeutet und welche Handlungen zu seiner Realisierung erforderlich sind, ist offen für Diskussion und bestimmt sich situationell. Das Design und die Orga-

---

4 Vgl. für die Begriffsgeschichte des Gemeinwohls *Herzog* 1974, 248 ff.

5 Vgl. zur Übersicht für die Bedeutung der „Fuzzy Logic“ für die Sozialwissenschaften *Kron/Winter* 2005; 2011.

6 Vgl. *Appiah* 2009, 83.

7 Vgl. ebenda, 82 ff.

nisierung dieses Prozesses zur Herstellung „lokaler Gerechtigkeit“[8] bezeichne ich im Folgenden als Governanceethik[9] des Gemeinwohls. Dessen Realisierung ist in dieser Konzeption nicht allein Aufgabe des Staates als einem Organisationssystem der Politik[10], sondern etwa auch – und das ist es, was uns hier interessiert – der Unternehmen als einem Organisationssystem der Wirtschaft. Gemeinwohl interessiert die Governanceethik nicht ausschließlich als Gegenstand politischer Kommunikation, sondern ebenfalls als Gegenstand organisationaler Programme und Managementsysteme zu dessen spezifischen Definition und Realisierung.

Vor der hier aufgespannten Folie werde ich zunächst den institutionenökonomisch fundierten Begriff der Governanceethik des Gemeinwohls weiter erläutern. Die Rolle des Gemeinwohls in einer globalisierten Welt verdient in der Folge einige Aufmerksamkeit, und hier wird mich die Rolle der Wirtschaft und ihrer Unternehmen besonders interessieren. Der letzte Abschnitt wird versuchen, die Ergebnisse der Diskussion in sechs Thesen über das Verhältnis von Wirtschaftsethik und Gemeinwohl zu verallgemeinern.

II

In der angelsächsischen Welt wird das Gemeinwohl als public good oder als common good bezeichnet. Aus der Sicht der ökonomischen Theorie unterscheiden sich öffentliche Güter von privaten Gütern durch ihre Nichtexklusivität (niemand kann von ihrem Konsum ausgeschlossen werden) und Nichtrivalität (der individuelle Konsum verhindert nicht den Konsum anderer).[11] Wir können zur näheren Bestimmung des Gemeinwohls aus ökonomischer Sicht also zunächst festhalten, dass seine Erstellung ein öffentliches Gut ist, das, wie alle öffentlichen Güter, durch ein Problem der „collective action“ belastet ist, das als „Trittbrettfahrerproblem“ bezeichnet wird: Jeder hat ein Interesse am Nutzen des Gemeinwohls, niemand aber ein Interesse daran, für dessen Bereitstellung die Kosten zu übernehmen. Die Konsequenz ist offensichtlich: gemeinwohlgenerierende Handlungen und Investitionen unterbleiben, solange diese Situation nicht überwunden wird. In Polis und Oikonomia des Alten Europas, also in face to face Gesellschaften, kann dies durch den Appell an Tugend, Ehre, Caritas, Standespflichten und so weiter erfolgen und

---

8 Vgl. *Elster* 1992.

9 Vgl. für einen Einstieg in die Governanceethik *Wieland* 2005a.

10 Vgl. *Luhmann* 2000, 196, 244.

11 Dies ist die reine Form des public good. Ist eine der Bedingungen verletzt, handelt es sich um eine unreine Form. Vgl. exemplarisch *Mankiw* 2012, Kap. 11.

durch „blame and shame“, also durch die glaubwürdige Bedrohung des guten Rufes, auch erzwungen werden. In den sich bildenden anonymen Gesellschaften des 19. Jahrhunderts ist deren Erreichbarkeit für das Gemeinwohl schwieriger. Das ist einer der Gründe, warum der Nationalstaat seit Beginn seiner Existenz die Governancestruktur war und noch ist, die geeignet scheint, die asymmetrischen Anreize der individuellen Gemeinwohlorientierung durch Erzwingungsmacht zu neutralisieren. Es scheint mir, dass es gerade dieser Umstand war, der dann den Nationalstaat in manchen Ländern Europas als Verkörperung des Gemeinwohls schlechthin erscheinen ließ und noch erscheinen lässt.

In Zeiten der Globalisierung verdünnt sich diese Gestaltungs- und Erzwingungsmacht des Nationalstaates, nicht nur, weil jetzt „collective action“ auf einer Ebene gelöst werden muss, auf der es keine übergeordnete Staatsmacht für alle anderen Staaten der Welt gibt, sondern auch, weil sich die Gruppe der Akteure um die zukünftigen Generationen erweitert, auf deren Kosten das gegenwärtige Gemeinwohl erhalten und weiter ausgebaut werden kann.[12] Mit anderen Worten: der Prozess der Globalisierung[13] ist von einem massiven Institutionen- und Organisationsdefizit begleitet, das die Herstellung öffentlicher und gemeinsamer Güter, also auch des Gemeinwohls, schwer und langwierig und manchmal auch unmöglich macht. Es mangelt sowohl an global akzeptierten Rechtsstandards als auch an Organisationen, die dieses Recht dann wirksam weltweit durchsetzen könnten. Das reflektiert sich ebenfalls in einem zu konstatierenden Mangel an supranationalen Organisationen, wie etwa die UN, denen eine effektive und effiziente gesellschaftliche und politische Gestaltung der Globalisierung zugetraut werden kann. Schließlich ein Mangel an global akzeptierten, transkulturellen moralischen Verhaltensstandards, obgleich auf diesem Gebiet gegenwärtig vielleicht die größten Fortschritte zu verzeichnen sind. Darauf werde ich im nächsten Abschnitt vertieft eingehen, aber zunächst bleibt festzuhalten, dass die hier nur angedeutete Situation Konsequenzen für die Gemeinwohldiskussion hat und zwar vor allen Dingen deshalb, weil ihr ein tragfähiger, moralisch aufgeladener Gemeinschaftsbegriff fehlt. Darauf hat Bernhard Schlink[14] nachdrücklich hingewiesen mit der Unterscheidung, dass die Emergenz von globalen moralischen Standards nicht nur eine Einigung der relevanten Akteure über deren Inhalt voraussetzt, sondern auch über die Reichweite und damit Begrenzung der moralischen Verantwortung, also, wem gegenüber sie überhaupt gelten soll. So zeigt beispielsweise die gegenwärtige Diskussion über die gesellschaftliche Ver-

---

12 Vgl. hierzu *Kaul et al.* 1999.

13 Vgl. hierzu *Held* 1995; *Dunning* 2003.

14 Vgl. *Schlink* 2009.

antwortung von Unternehmen[15] in globalen Wertschöpfungsketten eine hohe Inklusionsdichte relevanter Stakeholder in unternehmerischen Entscheidungen. Diese reicht von den Produzenten in den Entwicklungsländern bis hin zu den Konsumenten in den entwickelten Ländern. Dass die Governance dieser globalen moralischen Verantwortungskette gerade kollektiven Akteuren, oder anders formuliert, Organisationssystemen der Wirtschaft, am ehesten zugetraut wird, geschieht, wie bereits angedeutet, interessengesteuert und daher mit gutem Grund. Dennoch: Verantwortung für Andere setzt auf der individuellen Ebene eine emotionale Bindung an eine Gemeinschaft voraus, deren schnell erreichte Grenzen wir gerade an der Diskussion um Krise und Solidarität in Europa exakt studieren können. In dieser Welt, so Schlinks Schlussfolgerung, ist Moral nicht mehr selbstverständlich. Worüber wir demnach aus wirtschaftsethischer Sicht heute reden müssen, ist nicht nur über die Aktivierung global agierender Akteure, sondern über eine transkulturell fundierte Gemeinwohlvorstellung, die auf einer Bindung an eine globale Gemeinschaft gründet, in der „Globalisierung" nicht als Angst-, Droh- oder wahlweise Kampfbegriff zirkuliert. Die Aufgabe in dieser zweifachen Weise zu formulieren, zeigt gewiss die Unmöglichkeit ihrer kurzfristigen Lösung, aber eben auch die strukturellen Herausforderungen, die den gegenwärtigen Versuchen damit umzugehen zu Grunde liegen. Denn so unwahrscheinlich es klingt, es gibt sie, diese Versuche, und es sind die Unternehmen der Wirtschaft, die hier eine zentrale Rolle spielen.

III

Wir können als bisherigen Stand der Diskussion festhalten, dass die Vorstellung über das, was das Gemeinwohl ist, nicht eine ein für alle Mal gegebene ontologische Qualität ist, sondern vielmehr einem als gerecht und fair akzeptierten gesellschaftlichen Diskurs entspringt, der in einer globalen Welt die Generierung transkultureller Vorstellungen und Überzeugungen zum Inhalt des Gemeinwohls mit lokalen Implementierungsstrategien und praktischen Umsetzungen verbindet. Dieses Prinzip galt schon für die alteuropäische Polis und den industriellen Nationalstaat und gegenwärtig eben auch für die Kooperationsökonomie der Globalisierung. Das Stichwort, unter dem diese Diskussion schon seit geraumer Zeit läuft, lautet „Global Commons".[16] Die Definitionen globaler öffentlicher Güter

---

15 Vgl. zum Thema CSR *Hahn et al.* 2012; *Schneider/Schmidpeter* 2012.
16 Vgl. zur Übersicht *Helfrich* 2009; 2012.

sind sehr unterschiedlich und reichen von der Erhaltung des natürlichen Umfeldes bis zur Schaffung einer globalen Wertegemeinschaft. Ich habe an anderer Stelle gezeigt[17], dass es gegenwärtig vor allem die Schaffung internationaler und globaler Standards guten unternehmerischen Verhaltens und akzeptierter wirtschaftlicher Produkte und Prozesse[18] ist, die beide als Voraussetzung und Ergebnis gelingender gesellschaftlicher Kooperation sowohl Bedingung als auch Ausdruck globalen Gemeinwohls sind. Globale Standards über Verhalten und Dinge sind sowohl intermediäre als auch finale globale öffentliche Güter, wobei die ersteren Voraussetzung der letzteren sind.[19] Das folgende Schaubild gibt eine Übersicht über die komplexe und dynamische Situation in diesem Bereich gesellschaftlicher Entwicklung, ohne Anspruch auf Vollständigkeit zu erheben. Es dient nur der Strukturierung der Argumentation.

Bereich	Aufgabe	Standards
Integrity & Compliance Management	– Betrug – Korruption – Transparenz – Integrität – Compliance	– US-Sentencing Guidelines – World Bank Group Integrity Compliance Guidelines – OECD Guidelines – Corruption – UK Bribery Act – DCGK
Sustainability Management	– Ökologie (Energie, Wasser, Abfälle) – Urbanität – Ökonomie	– Rain Forest Alliance – Responsible Care
CSR Management	– Sozialstandards – Umwelt – Menschenrechte	– UN Global Compact – ISO 26000 SR – OECD Guidelines – UN Guiding Principles on Business and Human Rights – EU-Communication – Aktionsplan des CSR-Forums (BMAS)

Schaubild 1: Global Commons & Standards

17 Vgl. *Wieland* 2012, 242 f.
18 Vgl. für diese Unterscheidung *Busch* 2011.
19 Vgl. für diese Unterscheidung *Kaul et al.* 1999.

Der wesentliche Punkt, den ich mit dieser Übersicht zu machen versuche ist, dass in den letzten zwei Jahrzehnten drei neue Managementbereiche in den Unternehmen entstanden sind, die alle auf die Schaffung eines globalen Gemeinwohls abzielen. Neben die Politik und den Staat sind heute die Unternehmen der Wirtschaft als Standardsetzer und Standarddurchsetzer globaler öffentlicher Güter getreten, und nicht nur als Standardnehmer. Was ich weiterhin aufzeigen möchte ist, dass diese neue Situation im Hinblick auf die involvierten Organisationen die Fähigkeit zur effizienten und effektiven Verknüpfung distinkter Entscheidungslogiken und Rationalitätsansprüche erfordert; ohne Polylingualität ist das Gemeinwohl auch in Zeiten der Globalisierung nicht erreichbar.

IV

Beginnen wir mit dem Integrity und Compliance Management[20], das heute ein absoluter Standard nicht nur in den börsennotierten Unternehmen ist, sondern das bis weit in die Praxis kleiner und mittelständischer Unternehmen hinein Konsequenzen zeigt. Der Sache nach geht es um die Prävention und nachgeordnet auch um die Aufklärung von Korruption, Betrug, Kartellvergehen und Menschenrechtsverletzungen. Zunehmend werden heute auch die Einhaltung von Umwelt- und Sozialstandards in die Compliance-Arbeit einbezogen. Im Prinzip läuft die Regelsetzung für das Integritäts- und Compliance-Management eines Unternehmens über staatliche, private und öffentlich-private Standards. Während etwa die Aufsichtspflichten des § 130 des deutschen OWIG in einer Weise interpretiert werden können, dass mit diesen zumindest implizit die Einrichtung eines Compliance-Managements gefordert sei, beinhalten die US-Sentencing Guidelines eine Bonusregel für die Einrichtung eines effektiven Ethics- und Compliance Management-Systems; der britische UK Bribery Act hingegen stellt das Fehlen eines effektiven Integritäts- und Compliance Management-Systems unter Strafandrohung und definiert zu diesem Zweck genau, was unter einem „effektiven" Compliance Management-System zu verstehen ist.[21] Dabei sind es in der angelsächsischen Diskussion vor allem die Faktoren „Integrity" und „Ethics", der Organisation und ihrer Führung, die für die Effektivität des Systems stehen und daher zu einer Strafreduktion oder zu einer Verschärfung des Strafmaßes führen können. Im folgenden Schaubild 2 zeige ich

20 Vgl. zur Übersicht *Hauschka* 2010; *Wieland et al.* 2010.
21 Vgl. zur Übersicht über die deutsche und nordamerikanische Regulierung *Steinmeyer/Späth* 2010 sowie *Volz* 2010. Vgl. für den UK-Bribery Act *Yeoh* 2012.

den rechtlichen Mechanismus des Organisationsverschuldens, der diesen Intentionen in den US-Sentencing Guidelines zur Wirkung verhilft. Organisationen und deren Organe werden in einem ersten Schritt für das illegale Verhalten ihrer Mitglieder und Beauftragen (Agency) haftbar gehalten, es sei denn, sie können in einem zweiten Schritt nachweisen, dass sie auf eine effektive Weise ihren Aufsichts- und Sorgfaltspflichten (risk based due dilgence) nachgekommen sind, um die illegale Handlung präventiv zu unterbinden. Das geschieht in der Regel durch den Nachweis (Monitoring) entsprechender Führungs- und Managementsysteme mit Verhaltensrichtlinien, Verfahren, Anreizen und Instrumenten zu deren Realisierung. Dabei gilt, dass reines Compliance Management, also die bloße Existenz von entsprechenden Dokumenten und Verfahren nicht als effektiv gilt und daher nicht zur Enthaftung führt. Erst ein glaubhaftes Integrity Management – also die Ethik der Organisation und die ihrer Führungskräfte, gemessen an deren Führungsstil, Verhalten, Entscheidungen in kritischen Situationen, klare Kommunikation, Mitarbeiterbewertung und so weiter – führt zu der Wertung „effective". Rein rechtlich operierende Absicherungsstrategien finden keine Anerkennung, sondern nur

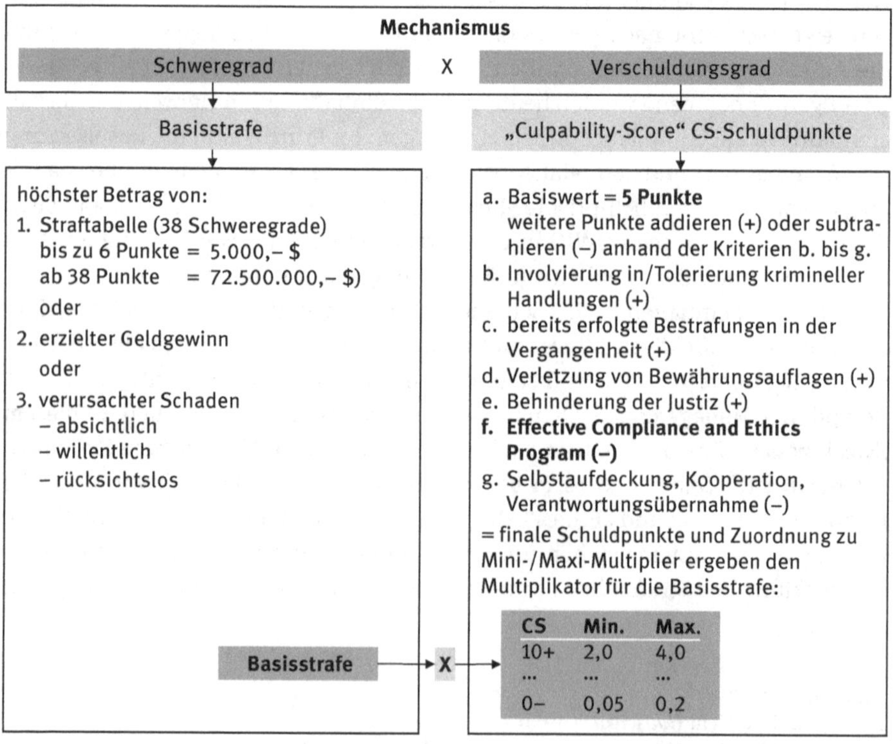

Schaubild 2: Ethics & Compliance – US Sentencing Guidelines

deren Kombination mit der Ethik sowohl des kollektiven Akteurs als auch dessen individuellen Beauftragten.

Die Strafbemessung der US-Sentencing Guidelines folgt der Logik, dass zunächst der Schweregrad der Straftat mit dem Verschuldungsgrad der Organisation gewichtet wird. Durch das Organisationsverschulden tritt dann neben den individuellen Akteuren der kollektive Akteur als primär rechtlich verantwortliches Handlungssubjekt, dem ein ökonomischer Anreiz geboten wird (Strafpunkte zur Errechnung des Schweregrades des Straftat), durch die Einführung eines effektiven – und das heißt von moralischen Werten getriebenen ökonomischen – Management-Systems (die den Multiplikator der Verschuldung bestimmen) durch Selbstregulierung der Organisation gegenüber seinen Mitgliedern und Beauftragten staatliches Recht durchzusetzen. Entscheidungslogisch konzentriert: Recht nutzt Ökonomik und Ethik, um Recht durchzusetzen. Organisatorisch konzentriert: Gerichte und Staatsanwaltschaften nutzen Unternehmen, um Recht durchzusetzen. Ökonomische Anreize sollen helfen, das moralische Verhalten der Organisation und seiner Agenturen so zu aktivieren, dass rechtliches Fehlverhalten der Organe und Mitglieder der Organisation präventiv unterbunden wird oder diese bei der Aufklärung von Vergehen proaktiv kooperieren. Wie auch immer man die Verknüpfung dieser Sprachspiele und Rationalitäten bewerten mag[22], dahinter steht eindeutig der uns hier interessierende Gedanke, dass die Effektivität des Rechtssystems im Hinblick auf eine globalisierte Ökonomie nicht mehr alleine Polizei und Staatsanwaltschaft, sondern darüber hinaus der Selbststeuerung der Unternehmen zugetraut wird, die über moralische, ökonomische und strafrechtliche Anreize (Kronzeugenregelung) aktiviert wird. Dieser Mechanismus gilt im Übrigen nicht nur für Unternehmen, sondern kann für alle Arten von nichtstaatlichen kollektiven Akteuren gezeigt werden.

V

Am Beispiel der Standardsetzungsprozesse im Hinblick auf die Nachhaltigkeit und die gesellschaftliche Verantwortung von Unternehmen fällt die Vielzahl von Gremien und Diskursen auf, die zur Setzung dieser Verhaltens- und Leistungsstandards führten. Gegeben die rechtlichen Aspekte des Umwelt- und Menschenrechts-Managements zeigt unsere Auflistung in Schaubild 1 den überwiegend

22 Eher skeptisch *Lüderssen* 2009, 291 ff.; 2012, 79 ff., der den Zusammenhang von Selbstregulierung und den Konsequenzen der Polykontextualität nicht entwickelt.

privaten und privat-öffentlichen Charakter der Standardsetzer. Fast alle Standards verdanken sich dem Engagement von Stakeholder-Dialogen und Multi-Stakeholder-Foren von Regierungs- und zivilgesellschaftlichen Organisationen, von NGO's, Gewerkschaften, Konsumenten und eben der Wirtschaft, die als deliberative Verfahren für jenes Maß an Legitimität dieser Standards sorgen, das notwendig ist für ihre globale und nationale Akzeptanz und damit ihre Wirksamkeit.[23] Es sind daher „soft law"[24] und das Prinzip „Freiwilligkeit, aber nicht Beliebigkeit", die zum einen dafür sorgen, dass überhaupt global akzeptierte Regeln als „global commons" etabliert werden können und zum anderen über „opt out schemes"[25] die notwendige Flexibilität für die jeweiligen lokalen Anwendungs- und Implementierungsstrategien lassen. Gewerkschaften und NGO's interpretieren diese als „Regulierungslücken"[26] und drängen auf deren Schließung. Geregelte Ausstiegsoptionen aus Standards sowie deren deliberative Generierung aber bedeuten keineswegs eine zunehmende Irrelevanz rechtlicher und staatlicher Regulierung in Zeiten der Globalisierung, sondern eine effiziente und effektive Form der Arbeits- und Aufgabenverteilung. So halten die UN Guiding Principles on Business and Human Rights[27] fest, dass die praktische Realisierung von Menschenrechten, also deren Effektivität, von der Kooperation von drei verschiedenen Stakeholdern abhängt[28]:

1. The State duty to protect human rights
2. The corporate responsibility to respect human rights
3. Acces to remedy

wobei Punkt 3 der Triade „Protect, Respect, Remedy" sowohl staatlich als auch privat organisiert werden kann.

Mit anderen Worten und nun auf Verallgemeinerung hin formuliert: der „Fuzzy Logic" moralischer Ansprüche (erwartete Leistung, Adressat, Reichweite der Verantwortung, Monitoring) an die Akteure des globalen Wirtschaftsleben wird durch eine Governancestruktur Rechnung getragen, die Diversifität als Element von Einheitlichkeit formuliert. Ohne eine Governanceform, die die Polarität von staatlicher und gesellschaftlicher Regulierung, von fremdsteuerender Bindung durch Recht und selbstregulierender Freiwilligkeit und von globaler Integration

---

23 Vgl. *Schmiedeknecht* 2011; *Wieland* 2011c.

24 Vgl. zur theoretischen Einordnung in die Governanceethik *Wieland* 2012; für einen juristischen Überblick *Shaffer/Pollack* 2012.

25 *Rodrik* 2007, 204.

26 Vgl. exemplarisch *Burckhardt* 2011.

27 Vgl. Human Rights Council 2011.

28 Vgl. ebenda, 6 ff., 13 ff., 22 ff.

und lokaler Fragmentierung, die stets in diesen Standards simultan mitlaufen, prozessieren kann, sind gegenwärtig globale öffentliche Güter und Gemeinwohlvorstellungen kaum zu haben. Das Argument, dass die globale Welt heute leider nur mit freiwilligen Standards und nicht mit verbindlichen Gesetzen regulierbar sei, ist daher aus der Sicht der Governanceethik nicht auf der Höhe der Problemstellung. Gregory Shaffer und Mark A. Pollack (2012) haben zu Recht kritisch darauf hingewiesen, dass dahinter ein positivistisches Rechtsverständnis steht, das „hard law" als bindend definiert, „soft law" hingegen entsprechend durch seine nichtbindende Natur charakterisiert sieht. Dagegen rekonstruieren sie „soft law" im Kontext eines konstruktivistischen und rational-institutionalistischen Ansatzes. Aus funktionalistischer Perspektive und im Themenkontext dieser Untersuchung ist „soft law" dann ein Instrument, um mit situationaler und zeitlicher Unsicherheit über das anzustrebende Gemeinwohl durch einen relativ kostengünstigen deliberativen Lernprozess umzugehen, der nicht-staatliche Akteure in den Prozess der Legitimation dieser „weichen" Normen, Standards, Prinzipien, Leitlinien einbezieht.[29]

Dies wird umso deutlicher, wenn wir uns vergegenwärtigen, dass sich in den hier referierten Diskursen der beiden letzten Jahrzehnte global akzeptierte Prinzipen und Werte herauskristallisiert haben, die gemeinsam die Ansprüche an die rechtlichen und moralischen Sorgfaltspflichten unternehmerischen Handelns im Hinblick auf das Gemeinwohl formulieren. Mit den „ILO Tripartite Declaration of Principles concerning Multinational Enterprises and Social Policy", den „OECD Guidelines for Multinational Enterprises", dem „United Nations Global Compact", den „United Nations Guiding Principles of Business and Human Rights" und dem „ISO 26000 Social Responsibility (SR)" ist ein Set von global akzeptiertem „soft law" entstanden. Dieses erwartet von den wirtschaftlich Handelnden und den von diesen implementierten Governancestrukturen die

- risikobasierte Wahrnehmung von Sorgfaltspflichten (risked based due diligence)
- Schaffung von Transparenz für interne und externe Stakeholder der Unternehmen
- Inklusion der wesentlichen Stakeholder des Unternehmens in die Entscheidungsprozesse
- Wirksamkeit der implementierten moralisch sensiblen Management-Syteme sicherzustellen
- Überwachung und Berichterstattung über Verletzungen und Fortschritte bei der Realisierung der Standards

---

29 Vgl. für diese Argumentation ebenda sowie *Shaffer/Pollack* 2012.

- Schaffung von „shared value“ für alle Stakeholder und die Gesellschaft und nicht nur „shareholder value“ für einen Stakeholder des Unternehmens.

Die Definition von Gemeinwohl in einer globalen Welt und der zu dessen Realisierung notwendigen unternehmensethischen Governancestrukturen scheinen hier auf, und erneut zeigt sich die soeben angeführte Integration der Gegenstrebigkeit polylingualer und polykontextualer Logiken.

VI

Diese Entwicklung hat naturgemäß ihren Niederschlag gefunden sowohl im Hinblick auf das theoretische Verständnis des Wesens der Firma als auch im Hinblick auf die Corporate Governance, also die Führung, das Management und das Monitoring von Unternehmen. Mit diesen beiden Aspekten werde ich mich in den nun folgenden Überlegungen beschäftigen.

Zunächst gilt es festzuhalten, dass im Lichte der bisherigen Diskussion eine Modellierung der Firma als eine ausschließlich oder in erster Linie auf Shareholder Value-Maximierung ausgerichtete legale Entität nicht kompatibel und vor allem nicht fruchtbar ist. Unternehmensethische Gemeinwohldiskussionen, so sie sich nicht auf Caritas und Philanthropie beschränken, implizieren immer schon den gesellschaftlichen Charakter des Unternehmens und seiner wirtschaftlichen Tätigkeit. Ich habe an anderer Stelle dafür argumentiert[30], Unternehmen als einen Nexus von Stakeholderressourcen und -interessen zu konzipieren, dessen ökonomischer Zweck die Erwirtschaftung einer Kooperationsrente für alle Stakeholder, also ein „shared value“[31] ist. Zu diesem Zweck bringt jeder Stakeholder seine Ressourcen in das Unternehmen ein, mit denen wirtschaftliche Transaktionen durchgeführt und die Stabilität des Unternehmens sichergestellt werden und erwartet dafür einen angemessenen Ertrag dieses Ressourceneinsatzes. Kapital erwartet eine Verzinsung, Know How der Lieferanten Aufträge, Legitimitätszuweisung von NGO's verlangt als Gegenleistung deren Akzeptanz, Kundenzahlungen werden vergütet durch Qualität, Humankapital durch Faktoreinkommen und staatliche Infrastruktur durch wirtschaftliche Prosperität und Steuerzahlungen. Das folgende Schaubild 3 veranschaulicht diese Zusammenhänge:

---

30 Vgl. *Wieland* 2011a; *Wieland/Heck* 2013, 40 ff.
31 Vgl. *Porter/Kramer* 2006; 2011.

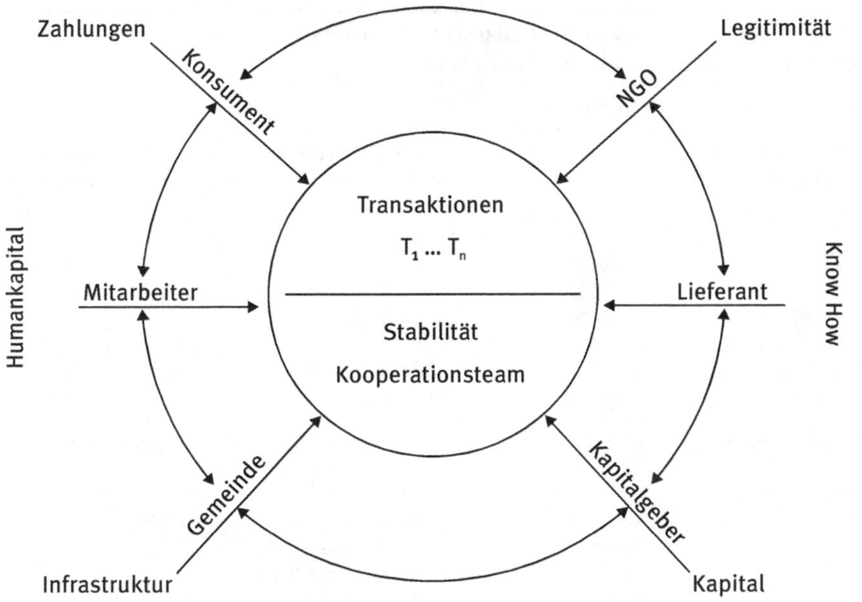

Schaubild 3: Firma als Nexus von Stakeholdern

Wenn aber Firmen ein Nexus von Stakeholderressourcen sind, dann sind eben auch die moralischen Überzeugungen und Werte der Stakeholder und der Organisation als eine „entity in its own" Ressourcen dieser Organisation, die nicht nur gemanagt werden *können*, sondern wegen deren „Fuzzy Logic" auch gemanagt werden *müssen*. Dafür habe ich vor geraumer Zeit den Begriff des Wertemanagements vorgeschlagen[32], das heute eingebettet ist in ein umfassendes Normatives Strategisches Management[33]. Über dessen Funktionalismus informiert Schaubild 4.

32 Vgl. *Wieland* 2004; 2011b.
33 Vgl. *Wieland* 2011a.

Corporate Governance – Normatives Strategisches Management **Unternehmensverantwortung & Social Compliance**			
Code of Ethics / Integritätsmanagement			
– Werteorientierung – Führungskultur – Unternehmenskultur		– Tone from the top – Führungsstil – Kommunikation	**Strategische Ebene** Normatives Strategisches Management
↑↓	↑↓	↑↓	
Compliance Management	CSR Management	Nachhaltigkeits-Management	**Operative Ebene** Wertemanagement
– Compliance Office	– CSR Office	– Sustainability Board / Nachhaltigkeitsrat	**Organisation**
– Code of Conduct	– UN Global Compact	– Sustainability Guidelines – Responsible Care	**Standard**
– Compliance-Prozess – Compliance-Verhalten – Compliance-Richtlinien, -Anweisungen, -Prozesse – Audit – Compliance-Organisation	– Lead process – Qualitäts-Management – Contract Management	– Management der Wertschöpfungskette – Energie-, Wasser-, Abfall-Management – Grüne Produkte	**Bereiche**
– Training – Integritätsprüfung, Personalauswahl – Compliance-Erklärung – Disziplinarmaßnahmen – Audit-Organisation – Personalauswahlverfahren – Karriereplanung, Vergütung, Boni – ...	– Training – Lieferanten-Management – Projekte (Kinderarbeit, Umwelt, Menschenrechte) – Personalauswahlverfahren – Karriereplanung, Vergütung, Boni – ...	– Bildungsprogramme – Personalentwicklung – Work life balance Programme – ...	**Instrumente**

Schaubild 4: Corporate Governance – Normatives Strategisches Management

Zunächst ist grundlegend zu verstehen, dass die Werte eines Unternehmens die Werte der Form „Unternehmung" sind und nicht der wie auch immer gewichtete Durchschnitt der Werte seiner Mitglieder und Stakeholder. Es sind die Werte eines kollektiven Akteurs, und deren formale und informale Akzeptanz durch die Mitglieder und Stakeholder sind Bedingung des Beitritts und der Kooperation. Etwas technischer formuliert: Werte, genau wie Recht, konstituieren überhaupt erst den kollektiven Akteur „Unternehmung", geben diesem Identität, Spielregeln und das „framing" von Handlungen und Ereignissen, die gemeinsam die Bedingung der Möglichkeit von Kooperation individueller Ressourceneigentümer mittels der Form des kollektiven Akteurs sind.

Die Werte des Unternehmens müssen in einem Code of Ethics oder einer Grundwerteerklärung kodifiziert werden, die auf einer strategischen Ebene zur Leitschnur einer Führungs- und Unternehmenskultur werden, mit denen die lokale Bedeutung dieser Werte thematisiert und festgelegt wird. Das ist absolute Führungsaufgabe des Top-Managements, welches in dieser Rolle als Agent des Prinzipals Unternehmen auftritt. Eine weitere Klärung der situationalen Unbestimmtheit der Werte erfolgt auf der operativen Ebene der Umsetzung von Werten in konkretes Entscheiden und Handeln durch Detailleitlinien, Verfahren und Instrumente. Hier treffen wir wieder auf die weiter vorne bereits erwähnten neuen Managementbereiche, nämlich das Compliance-, CSR- und Nachhaltigkeitsmanagement, aber auch auf die US-Sentencing Guidelines und den UK-Bribery Act, die präzise auf die Anreizung des hier geschilderten Wertemanagements als Ausdruck von „Integrity" und „Business Ethics" und als Effektivitätsbedingung von rechtlich getriebener Compliance abzielen. Die weiter vorne diskutierte Verschränkung von rechtlicher, ökonomischer und ethischer Logik zur Steuerung der Effektivität des Rechtssystems der Gesellschaft materialisiert und verallgemeinert sich auf der Unternehmensebene der Wirtschaft als Normatives Strategisches Wertemanagement. In der Sprache wirtschaftlicher Organisationen haben wir es dann mit Risiko-, Reputations- oder Vertrauensmanagement zu tun, die im Hinblick auf die Erzeugung von Gemeinwohl durch Compliance, gesellschaftliche Verantwortung und Nachhaltigkeit dessen Bedeutung definieren und einen Beitrag dazu leisten, es zu kreieren.

VII

Aber nicht nur in der Betriebswirtschaftslehre und der Management-Theorie haben die Verschiebungen in der Steuerungstektonik moderner, funktional differenzierter Gesellschaften Konsequenzen für die Theoriearchitektur, sondern auch in der ethischen Diskussion. Wirtschafts- und Unternehmensethik als Governanceethik sind von allem Anfang nicht auf universalisierende oder verallgemeinernde Tugendethik ausgelegt, sondern sie sind anwendungsorientierte Ethik, die auf die Schaffung von „local justice"[34] durch individuelle, vor allem aber, kollektive Akteure zielen. Die Governanceethik bedient sich dabei folgender Struktur:

T_G = f	(IS;	IF;	Fl;	OKK)
Transaktion: Gemeinwohl	Interne Selbstbindung	Informale Institution	Formale Institution	Organisationale Koordination und Kooperation

Schaubild 5: Struktur der Governanceethik

Ganz im Einklang mit dem bisher Entwickelten geht es der Governanceethik um die Effizienz und Effektivität des Steuerungsregimes des moralischen Aspekts ökonomischer Transaktionen (Tm). Das Beispiel „Die Präventation von Korruption bei der Auftragsakquise in sensiblen Ländern (Tm)" kann modelliert werden als Ergebnis der individuellen Tugend interner Selbstbindung an Werte (IS), als die langfristige Änderung einer informellen Institution (IF), sagen wir der Korruptionskultur eines Landes durch „collective action" der Anbieter in diesem Markt, als die Schaffung und Durchsetzung der formalen Institutionen (FI) des Rechts und dem wirksamen Aufbau von Integritäts- und Compliance Management durch Organisationsprogramme (OKK).[35] Mit dieser auf individuelle und kollektive Akteure und differente Entscheidungslogiken abstellenden Regimestruktur verknüpft sich die Aussage, dass diese Ethik der Governance sowohl vollständig als auch notwendig ist. Vollständig heißt: es gibt jenseits von IS, IF, FI und OKK keine weiteren Parameter, mit denen moralisches Handeln in der Wirtschaft realisiert werden kann. Notwendig heißt: Diese Parameter sind füreinander funktionales Äquivalent, aber keine Substitute. Recht oder Organisation können daher in einer bestimmten lokalen Situation Tm für effektiver gehalten werden als individuelle Tugenden im Hinblick auf die Realisierung dieses Tm, aber das bedeutet keineswegs, dass individuelle Tugenden durch Recht oder Organisationen vollständig oder dauerhaft ersetzt werden können. Das ist die grundlegende Erfolgsbedingung von Polykontextualität, und diese prägt das Ethikverständnis der Governanceethik. Die Governanceethik ist an dem Wirkungsgrad der einzelnen Parameter und vor allem an der ökonomischen Effizienz und moralischen Effektivität ihrer Kombination interessiert. Auch hier treffen wir erneut auf die Verschrän-

34 Vgl. *Elster* 1992.

35 Vgl. hierzu ausführlicher *Wieland* 2001; 2005; *Beschorner* 2011.

kung und die trade offs differenter Entscheidungslogiken, die die Effektivität und Effizienz öffentlicher und privater Governancestrukturen zur Realisierung moralischer Anliegen (oder des Gemeinwohls) der Gesellschaft determinieren.

VIII

Zum Abschluss dieser wirtschaftsethischen Diskussion des Gemeinwohls auf der Grundlage der Governanceethik möchte ich deren Ertrag in sechs Thesen zusammenfassen. Diese Thesen zielen sowohl auf die Klärung des Gemeinwohls als auch auf dessen Realisierungsbedingungen in modernen Gesellschaften und deren Globalisierung. Die Verschränkung von rechtlicher, ökonomischer und ethischer Logik und die diese spiegelnde Hybridisierung von Realisierungsstrategien sind dabei ein Grundmuster, das allen Thesen zugrunde liegt.

1. Was öffentliche und was private Interessen sind und wie deren Beziehung zueinander zu ordnen ist, wird für die Wirtschaft und ihre Unternehmen zunehmend in supranationalen Diskursen über Standards global akzeptierter Handlungsnormen entschieden. Damit sind wesentliche Aspekte der Bestimmung des Gemeinwohls global, Begriff und Tradition des Gemeinwohls aber überwiegend lokal (Polis, Nation).
2. Daraus erklärt sich zum Teil der Wandel der politischen Definitions- und Gestaltungsmacht der Nationalstaaten für das Gemeinwohl. Die Definition und Realisierung von Gemeinwohl obliegt heute neben supranationalen Organisationen und dem Nationalstaat zunehmend den Organisationen der Zivilgesellschaft. Unternehmen sind wesentliche Organisationen der Zivilgesellschaft, sie sind kollektive moralische Akteure. Sie sind daher aktiv, über deliberative Multistakeholder-Foren, in diese Prozesse eingebunden. Entsprechend finden wir heute öffentliche, privat-öffentliche und private Standards, die den Begriff des Gemeinwohls mit Inhalt füllen.
3. Die gelingende Stiftung von Gemeinwohl ist nicht nur eine Frage der Akteurskompetenz und erreichbarer kultureller Homogenität, sondern vor allem auch der komparativen Effektivität einer Governancestruktur zur Generierung oder Realisierung von Gemeinwohlvorstellungen.
4. Die Diskussion über Wirtschafts- und Unternehmensethik hat diese Entwicklung von Anfang an gespiegelt. Sie zielte auf die Herausbildung neuer und effektiver Governancestrukturen zur Realisierung moralischer Aspirationen unter den Bedingungen der modernen Weltökonomie und Weltgesellschaft. Wirtschaftsethik ist ohne Polykontextualität ermöglichende Governance nicht zu haben.

5. Gemeinwohl muss auf gemeinsamen Mindestvorstellungen über das Wohl des Menschen beruhen. Diese aber existieren auf globalem Niveau noch nicht oder noch nicht in ausreichendem Maße. Deren Herausbildung ist weniger eine Frage ihrer philosophischen oder akademischen Begründung, in welchem Sprachspiel auch immer, sondern eine Frage gelingender gemeinsamer Praxis. Diese Felder und Regeln gemeinsamer Praxis in der Wirtschaft sind in den letzten Jahren Zug um Zug erschlossen worden.
6. Die gegenwärtig dominanten Anwendungsfelder der Wirtschafts- und Unternehmensethik – Integrity & Compliance Management, Corporate Social Responsibility, Nachhaltige Entwicklung – sind typische Handlungsarenen der heutigen, global geführten inhaltlichen Gemeinwohldiskussion. Dem entspricht als Governancestruktur ein unternehmensspezifisches Werte- und Strategisches Normatives Management, das nicht auf die Realisierung des Guten, sondern des Besseren durch gelingende wirtschaftliche Kooperation zielt.

Literaturverzeichnis

Appiah, Kwame Anthony (2009): Ethische Experimente. Übungen zum guten Leben. München: C.H. Beck.

Beschorner, Thomas (2011): Governanceethischer Ansatz (Josef Wieland). In: Aßländer, Michael S. (Hg.): Handbuch Wirtschaftsethik. Stuttgart: J.B. Metzler, pp. 124–131.

Burckhardt, Gisela (2011) (Hg.): Mythos CSR. Unternehmensverantwortung und Regulierungslücken. Bonn: Horlemann Verlag.

Busch, Lawrence (2011): Standards. Recipes for Reality. Cambridge, MA: MIT-Press.

Dunning, John H. (2003): The Moral Imperatives of Global Capitalism. An Overview. In: Dunning, John H. (Hg.): Making Globalization Good. Oxford Scholarship Online Monographs, pp. 11–41.

Elster, Joan (1992): Local Justice. How Institutions allocate Scare Goods and Necessary Burdens. Cambridge: Cambridge University Press.

Friedman, Milton (1962): Capitalism and freedom. Chicago: University of Chicago Press.

Hahn, Rüdiger; Janzen, Henrik; Matten, Dirk (2012) (Hg.): Die gesellschaftliche Verantwortung des Unternehmens. Hintergründe, Schwerpunkte und Zukunftsperspektiven. Stuttgart: Schäffer-Poeschel.

Hauschka, Christoph E. (2010) (Hg.): Corporate Compliance. Handbuch der Haftungsvermeidung im Unternehmen. München: C. H. Beck.

Held, David (1995): Democracy and the global order. From the modern state to cosmopolitan governance. Stanford: Stanford University Press.

Helfrich, Silke (2009) (Hg.): Wem gehört die Welt? Zur Wiederentdeckung der Gemeingüter. München (Netzausgabe) 2009.

Helfrich, Silke (2012) (Hg.): Commons. Für eine neue Politik jenseits von Markt und Staat. Bielefeld: Transcript Verlag.

Herzog, Roman (1974): Gemeinwohl. In: Ritter, Joachim (Hg.): Historisches Wörterbuch der Philosophie. Band 3 G–H, Darmstadt: Wissenschaftliche Buchgesellschaft, pp. 248–258.

Human Rights Council (2011): Report of the Special Representative of the Secretary-General on the issue of human rights and transnational corporations and other business enterprises, John Ruggie, Guiding Principles on Business and Human Rights: Implementing the United Nations "Protect, Respect and Remedy" Framework, zum Download unter http://www.business-humanrights.org/media/documents/ruggie/ruggie-guiding-principles-21-mar-2011.pdf (08.03.2013).

Kaul, Inge; Grunberg, Isabelle; Stern, Marc A. (1999) (Hg.): Global Public Goods. International Cooperation in the 21st Century. Oxford: Oxford University Press.

Kron, Thomas; Winter, Lars (2005): Fuzzy Systems. Überlegungen zur Vagheit sozialer Systeme. In: Soziale Systeme: Zeitschrift für soziologische Theorie 11(2), pp. 370–394.

Kron, Thomas; Winter, Lars (2011): Die radikale Unbestimmtheit des Sozialen. In: Fischer, Daniel; Bonß, Wolfgang; Augustin, Thomas; Bader, Felix; Pichlbauer, Michaela; Vogl, Dominikus (Hg.): Uneindeutigkeit als Herausforderung – Risikokalkulation, Amtliche Statistik und die Modellierung des Sozialen. Universität der Bundeswehr München: Neubiberg, pp. 187–215.

Lüderssen, Klaus (2009): Regulierung, Selbstregulierung und Wirtschaftsstrafrecht. Versuch einer interdisziplinären Systematisierung. In: Kempf, Eberhard; Lüderssen, Klaus; Volk, Klaus (Hg.): Die Handlungsfreiheit des Unternehmers – Wirtschaftliche Perspektiven, strafrechtliche und ethische Schranken. Berlin: De Gruyter Recht, pp. 243–331.

Lüderssen, Klaus (2012): The aggregative model: Jenseits von Fiktionen und Surrogaten. In: Kempf, Eberhard; Lüderssen, Klaus; Volk, Klaus (Hg.): Unternehmensstrafrecht. Berlin: De Gruyter Recht, pp. 79–110.

Luhmann, Niklas (2000): Die Politik der Gesellschaft. Frankfurt a. M.: Suhrkamp.

De Mandeville, Bernard (1924): The Fable of the Bees Or, Private Vices, Publick Benefits. Oxford: Oxford University Press.

Mankiw, Gregory N. (2012): Grundzüge der Volkswirtschaftslehre. Stuttgart: Schäfer-Poeschel.

Porter, Michael E.; Kramer, Mark R. (2006): Strategy and Society. The Link Between Competitive Advantage and Corporate Social Responsibility. In: Harvard Business Review, December 2006, pp. 78–92.

Porter, Michael E.; Kramer, Mark R. (2011): Creating Shared Value. How to reinvent capitalism and unleash a wave of innovation and growth. In: Harvard Business Review, January–February 2011, pp. 1–17.

Rodrik, Dani (2007): One Economics – Many Recipes. Princeton: Princeton University Press.

Shaffer, Gregory C.; Pollack, Mark A. (2012): Hard and Soft Law: What Have We Learned? In: Dunoff, Jeffrey L.; Pollack, Mark A. (Hg.): International Law and International Relations: Insights from Interdisciplinary Scholarship. New York: Cambridge University Press.

Schlink, Bernhard (2009): Das Moralische versteht sich von selbst. In: Merkur, Nr. 722, Juli 2009, pp. 557–569.

Schmiedeknecht, Maud (2011): Die Governance von Multistakeholder-Dialogen. Standardsetzung zur gesellschaftlichen Verantwortung von Organisationen: Der ISO 26.000-Prozess. Marburg: Metropolis-Verlag.

Schneider, Andreas; Schmidpeter, René (2012): Corporate Social Responsibility. Verantwortliche Unternehmensführung in der Praxis. Berlin: Springer.

Steinmeyer, Roland; Späth, Patrick (2010): Rechtliche Grundlagen und Rahmenbedingungen („Legal Compliance"). In: Wieland, Josef; Grüninger, Stephan; Steinmeyer, Roland (Hg.):

Handbuch Compliance-Management. Konzeptionelle Grundlagen, praktische Erfolgsfaktoren, globale Herausforderungen. Berlin: Erich Schmidt Verlag, pp. 171–212.

Volz, Michael (2010): Zentrale rechtliche Felder von Compliance: Ein Überblick. In: Wieland, Josef; Grüninger, Stephan; Steinmeyer, Roland (Hg.): Handbuch Compliance-Management. Konzeptionelle Grundlagen, praktische Erfolgsfaktoren, globale Herausforderungen. Berlin: Erich Schmidt Verlag, pp. 213–288.

Wieland, Josef (2001): Eine Theorie der Governanceethik, in: Zeitschrift für Wirtschafts- und Unternehmensethik (zfwu) 2(1), pp. 8–34.

Wieland, Josef (2004) (Hg.): Handbuch Wertemanagement. Erfolgsstrategien einer modernen Corporate Governance. Hamburg: Murmann.

Wieland, Josef (2005a): die Ethik der Governance. Marburg: Metropolis-Verlag. Metropolis-Reihe „Studien zur Governanceethik", Band 1.

Wieland, Josef (2005b): Normativität und Governance. Marburg: Metropolis-Verlag. Metropolis-Reihe „Studien zur Governanceethik", Band 3.

Wieland, Josef; Grüninger, Stephan; Steinmeyer, Roland (2010) (Hg.): Handbuch Compliance-Management. Konzeptionelle Grundlagen, praktische Erfolgsfaktoren, globale Herausforderungen. Berlin: Erich Schmidt Verlag.

Wieland, Josef (2011a): Normatives strategisches Management. Die normative Seite der Firma. In: Wieland Josef (Hg.): Die Zukunft der Firma. Marburg: Metropolis-Verlag. Metropolis-Reihe „Studien zur Governanceethik", Band 10, pp. 15–40.

Wieland, Josef (2011b): Wertemanagement. In: Aßländer, Michael S. (Hg.): Handbuch Wirtschaftethik. Stuttgart: J. B. Metzlersche Verlagsbuchhandlung und Carl Ernst Poeschel Verlag Stuttgart 2011, pp. 245–252.

Wieland, Josef (2011c): How Geopolitical Change Alters Social and Environmental Standards. The ISO 26000 SR Case. In: UN Global Compact International Yearbook. Münster: macondo Media Group.

Wieland, Josef (2012): Globale Standards als globale öffentliche Güter. In: Maring, Matthias (Hg.): Globale öffentliche Güter in interdisziplinären Perspektiven. KIT Scientific Publishing, pp. 235–250.

Wieland, Josef; Heck, Andreas E. H. (2013): Shared Value durch Stakeholder Governance. Marburg: Metropolis-Verlag. Metropolis-Reihe „Studien zur Governanceethik", Band 11.

Yeoh, Peter (2012): The UK Bribery Act 2010. Contents and Implications. In: Journal of Financial Crime 19(1), pp. 37–53.

Stefan Kadelbach

Europäische Vorgaben für die Gemeinwohlorientierung im Widerstreit mit nationalen Verfassungen

Gliederung

I. Einleitung

Der an den Verfassungsrechtler gerichtete Wunsch, er möge in gedrängter Form etwas über das Gemeinwohl sagen, dessen Erweiterungen in den europäischen Herrschaftsverband bedenken und dies in einer Weise tun, die für eine strafrechtliche Rechtsgüterlehre von Belang sein kann, zeugt von viel Vertrauen in die Fähigkeiten des öffentlichen Rechts als Disziplin. Der Zusammenhang, von dem hier ausgegangen werden soll, lässt sich wie folgt umreißen: Strafrechtsnormen bedürfen als Grundlage für schwerwiegende Grundrechtseingriffe einer Rechtfertigung, die nur ein öffentliches Interesse, ein Gemeinwohlbelang bieten kann, der dem Schutz von Rechtsgütern dient und über das jeweils individuelle Interesse des Verantwortlichen deutlich hinausgeht. Im Wirtschaftsstrafrecht ist das „Öffentliche" an solchen Interessen nicht immer klar, und es fragt sich, wie es zu ermitteln ist. In Frage kommen umschriebene Güter wie individuelle Rechte oder der Wettbewerb, die jeweils dadurch zum Gemeinwohl beitragen, dass sie im Eigeninteresse genutzt werden. Sofern die zu schützenden Güter der Wirtschaft immanent sind, folgt aus einer Art Subsidiaritätsprinzip eine Pflicht zu prüfen, ob deren Definition unter Verzicht auf Strafnormen stattfinden oder gar den beteiligten Kreisen überlassen werden kann. Soweit dies nicht funktioniert, muss extern interveniert werden können.

In den nächsten Abschnitten werde ich zunächst auf einige allgemeine Fragen einer Theorie des Gemeinwohls zurückkommen, die durch diese Annahmen angesprochen sind. Im zweiten Schritt soll der Frage nachgegangen werden, ob sich ein europäisches Gemeinwohl beschreiben lässt, das sich von staatlichen

Gemeinwohlbeschreibungen unterscheidet und diese womöglich mitbestimmt. Fragen der gesellschaftlichen Selbstregulierung werden hingegen im Folgenden vernachlässigt.[1]

II. Gemeinwohl

Zunächst also zu den Grundlagen des Gemeinwohlverständnisses, von dem ausgegangen werden soll.[2]

Die Philosophiegeschichte kennt materiale (substantialistische) und formale (prozeduralistische) Gemeinwohlversuche,[3] beide begegnen kanonisch gewordenen Einwänden: Vertretern materialer Theorien, wie sie noch in der älteren Verwaltungsrechtswissenschaft vertreten wurden,[4] wird die Frage nach der Definitionsmacht gestellt, woher man wisse, was im gemeinen Wohl liegt und wer das Recht habe, dies festzustellen.[5] Formale Theorien, die auf Verfahren oder Diskurse setzen,[6] müssen sich mit den Zufälligkeiten des demokratischen Prozesses oder diskursiver Arrangements beschäftigen und sind dem Vorwurf ausgesetzt, Beliebigkeit in Kauf zu nehmen.[7]

---

1 Ansätze zur Selbstregulierung werden auf europäischer Ebene schon lange diskutiert, sind aber (außerhalb der Sozialpolitik, vgl. Art. 152, 155 AEUV) schwach ausgeprägt; s. insbesondere zum freiwilligen Zertifizierungssystems EMAS (Eco-Management and Audit Scheme, früher Öko-Audit) Verordnung (EG) Nr. 1221/2009 des Europäischen Parlaments und des Rates vom 25. November 2009 über die freiwillige Teilnahme von Organisationen an einem Gemeinschaftssystem für Umweltmanagement und Umweltbetriebsprüfung, ABl. EU 2009 Nr. L 341/1. Ein Corporate Governance Framework im Finanzsektor ist gescheitert, s. *Kommission* Green Paper – The EU corporate governance framework COM (2011) 164 final v. 5.4.2011, mit Anhang zu relevanten Rechtsakten.

2 Zum Diskussionsstand zuletzt umfassend *Anderheiden* Gemeinwohl in Republik und Union (2006) 5 ff.

3 Dazu *Böckenförde* Gemeinwohlvorstellungen bei Klassikern der Rechts- und Staatsphilosophie in Münkler/Fischer (Hg.) Gemeinwohl und Gemeinsinn im Recht Bd. III (2002) 43 ff.

4 Zum „objektiv bestimmbaren, wahren Interesse" *Wolff/Bachof* Verwaltungsrecht I, 9. Aufl. (1974) 168.

5 Zu totalitären Gemeinwohlbehauptungen klassisch *Stolleis* Gemeinwohlforderungen im nationalsozialistischen Recht (1974).

6 *Engel* Offene Gemeinwohldefinitionen RTh 32 (2001) 23 ff.; *Schuppert* Gemeinwohldefinition im kooperativen Staat in Münkler/Fischer (Fn. 3) 67 ff.; *Gas* Gemeinwohl und Individualfreiheit im nationalen Recht und Völkerrecht (2012) 316 ff.

7 *Offe* Wessen Wohl ist das Gemeinwohl? in Münkler/Fischer (Hg.), Gemeinwohl und Gemeinsinn Bd. II (2002) 55 ff.: Gemeinwohl könne daher nur verwirklicht werden, wenn die maßgeblichen Akteure über die politische Tugend des Gemeinsinns verfügten.

Mit dem Gegensatzpaar Substanzialismus/Prozeduralismus hängt daher die Frage zusammen, ob das Gemeinwohl ein rechtlicher oder ein vorrechtlicher Begriff ist. Auch wenn man kaum bestreiten kann, dass es eine intuitive oder auch von moralischen Maximen geleitete Vorstellung dessen gibt, was im allgemeinen Interesse liegt,[8] so besagt dies für die Zwecke des Rechts noch nicht viel.[9] Denn das Recht setzt, wenn es um Eingriffe in persönliche Freiheitsrechte geht, höherrangige Belange des Gemeinwohls fest, muss also selbst über Mittel verfügen, dieses zu erkennen und ihm im Kollisionsfall die Präferenz zu geben.

Der juristische Gemeinwohlbegriff ist deshalb von einem ethischen oder politischen Verständnis zu trennen. Für die Zwecke der Rechtfertigung hoheitlicher Interventionen in persönliche Rechte können nur die Interessen eine Rolle spielen, deren Verwirklichung einen Prozess durchlaufen hat, dessen Ergebnis eine Rechtsnorm ist. Hierzu gibt es Bestimmungen allgemeiner Art, die vor allem in der Verfassung zu suchen sind, und es gibt Konkretisierungen, die sich im legislativen, administrativen oder gerichtlichen Verfahren ergeben. „Gemeinwohl durch Organisation und Verfahren" wäre dann die Formel.[10] Auch private Normsetzung kann Gemeinwohlinteressen verfolgen, wie im verfassungsrechtlich anerkannten – allerdings umstrittenen – Beispiel der Tarifautonomie (Art. 9 III GG) deutlich wird. Der Staat kann solche oder ähnliche Gemeinwohlkonkretisierungen induzieren, indem er entsprechende Anreize setzt.[11] Im Verfahren liegt also die Stelle, an der sich Legitimation und Gemeinwohl berühren,[12] und die Frage, ob es Recht ohne Staat und ohne staatliche Anerkennung geben kann hängt mit ihr zusammen. Die Auflösung des Gemeinwohls in Verfahren führt zwangsläufig zu einer pluralistischen Gemeinwohlidee.

Diese Feststellung macht eine zweite Positionsbestimmung erforderlich. Die Frage besteht darin, ob individuelle oder Gruppeninteressen einerseits und öffentliche Interessen andererseits einander entgegengesetzt sind oder ob

8 Zu Kants „regulativer Idee" und „heuristischer Fiktion" und zu seinem Friedenszustand für ein „Volk von Teufeln" *Hofmann* Verfassungsrechtliche Annäherungen an den Begriff des Gemeinwohls in Münkler/Fischer (Fn. 3) 25, 26 f., 34; s. auch *Böckenförde* ebd. 60.

9 Vgl. *Dürig* Die konstanten Voraussetzungen des Begriffs „öffentliches Interesse" (1949); *Martens* Öffentlich als Rechtsbegriff (1969) 186 ff.; *v. Arnim* Gemeinwohl und Gruppeninteressen (1977); s. auch *Isensee* Gemeinwohl im Verfassungsstaat in: ders./P. Kirchhof (Hg.) Handbuch des Staatsrechts Bd. IV, 3. Aufl. (2006) § 71.

10 *Schuppert* (Fn. 6) 80.

11 *Schmidt-Preuß* Verwaltung und Verwaltungsrecht zwischen gesellschaftlicher Selbstregulierung und staatlicher Steuerung, VVDStRL 56 (1997) 160, 185 ff.

12 S. auch *Lüderssen* Europäisierung des Strafrechts und gubernative Rechtsetzung in ders. Rechtsfreie Räume? (2012) 498 ff.

sie zwei unterschiedliche Perspektiven auf die Idee des Gemeinwohls bezeichnen.[13] Die erste Vorstellung wird auf Rousseau zurückgeführt, der dem Gemeinwillen die Summe der Willen Einzelner gegenüber stellt.[14] Sie scheint auf den ersten Blick auch der deutschen Rechtsordnung zugrunde zu liegen, wenn in der Grundrechtsdogmatik zur Rechtfertigung eines Eingriffs „Gründe des Gemeinwohls" verlangt werden (so ausdrücklich Art. 14 II 1, III 1 GG),[15] im Polizeirecht die Gefährdung der „öffentlichen Sicherheit und Ordnung" zu behördlichem Einschreiten ermächtigt und die Anerkennung der „Gemeinnützigkeit" Steuerprivilegien eröffnet (§ 52 AO).[16]

Allerdings ist dieser Schluss nicht zwingend; das jeweils aufgestellte Gebot einer Abwägung kann auch als Nachvollzug einer Wertungspräferenz zwischen verschiedenen Gemeinwohlbelangen verstanden werden. In der Folge der schottischen Moralphilosophie und natürlich *Kants* hat sich eine Umstellung des Gemeinwohldenkens auf das Individuum durchgesetzt,[17] so dass Gesetze, die Eingriffstatbestände oder Güterverteilungen festlegen, nur als intersubjektiv anerkennungsfähige Verallgemeinerungen vorstellbar sind; ein Gemeinwohlverständnis, das individuellen Rechten gegenüber völlig äußerlich ist, kann es dann nicht geben. Auch dem politischen System, dem Wirtschaftsmodell und allgemein dem Verständnis der Grundrechte des Grundgesetzes, die auf jeweils eigene Formen des Wettbewerbs setzen, entspräche dies nicht.[18] Deshalb spricht auch nichts dagegen, Gemeinwohl und öffentliche Interessen als Synonyme

---

13 Manchmal werden Parallelen zur Trennung zwischen Staat und Gesellschaft und zur Kontroverse zwischen Liberalismus und Kommunitarismus gesehen, s. dazu *Ladeur* Die Prozeduralisierung der Bestimmung des Gemeinwohls in Brugger/Kirste/Anderheiden (Hg.) Gemeinwohl in Deutschland, Europa und der Welt (2002) 257 ff.; dies ist nur in dem Maße plausibel, in dem nicht das System zum Schutz von Selbstbestimmung, das eine Verfassungsordnung errichtet, selbst Bezugspunkt kommunitärer Identifikation ist, also ein über diese Zweckbestimmung hinausreichender Bezugspunkt einer Tugend des Gemeinsinns verlangt wird; s. *Forst* Kommunitarismus und Liberalismus – Stationen einer Debatte in Honneth (Hg.) Kommunitarismus (1995) 181 ff.

14 So *Wolff/Bachof* (Fn. 4) 169; *Uerpmann* Das öffentliche Interesse (1999) 35; zu einer systemtheoretischen Sicht auf das Problem *Mayntz* Wohlfahrtsökonomische und systemtheoretische Ansätze zur Bestimmung von Gemeinwohl in Münkler/Fischer (Fn. 2) 111, 119 ff.

15 Vgl. etwa BVerfGE 7, 377, 404 – Apotheke; 61, 291, 307, 312 f. – Artenschutz; 115, 276, 303 f. – Glücksspiel; für das Strafrecht bspw. BVerfGE 96, 10, 26 f.; 98, 17, 39.

16 Was das Steuerrecht unter der vorausgesetzten „Selbstlosigkeit" versteht, erfahren wir in § 55 AO nebst Anwendungserlassen.

17 *Münkler/Bluhm* Einleitung: Gemeinwohl und Gemeinsinn als politisch-soziale Leitbegriffe in dies. (Hg.) Gemeinwohl und Gemeinsinn Bd. I (2001) 9, 23.

18 Zum politischen Wettbewerb klassisch *Fraenkel* Historische Vorbelastungen des deutschen Parlamentarismus (1960) in ders. Gesammelte Schriften Bd. 5 (2007) 53, 62; s. ferner *Hatje* und *Kotzur* Demokratie als Wettbewerbsordnung VVDStRL 69 (2010) 135, 151 ff. bzw. 173, 179 ff.; zu

zu verwenden,[19] solange dies nicht dazu führt, Gegensätze zwischen Freiheitsrechten und freiheitsbeschränkenden Interessen in einem diffusen Konzept von „Integration“[20] oder einer pflichtenethischen Republikidee[21] aufgehen und damit verschwinden zu lassen.

Natürlich zählen kollektive Güter auch zu den öffentlichen Interessen.[22] Lässt man die ökonomischen Implikationen dieses Begriffs einmal beiseite, so sind dies Abstraktionen von Belangen, von denen angenommen wird, dass sie die Interessen einer Vielzahl von, wenn nicht aller, Menschen berühren. Dies können aggregierte Individualinteressen, aber auch ihnen scheinbar äußerliche Güter und Werte sein: Ein gerechtes Justizsystem, ein funktionstüchtiges Gesundheitswesen, eine intakte Umwelt, biologische Vielfalt, eine stabile Währung usw. Die Gegenüberstellung von individuellem Interesse und kollektiven Gütern findet aber immer nur in der konkreten Verwirklichung von Gemeinwohlinteressen statt. Die Verwirklichung von kollektiven Gütern geht nicht ohne Verlierer ab, hat also ihren Preis.[23] Die Anforderung an eine Rechtsordnung besteht darin, dass sie die Lösung dieser Kollisionen nach fairen, d.h. allgemein einsichtigen, von situativ beschriebenen Interessen absehenden, verallgemeinerungsfähigen Regeln bewerkstelligt.[24]

Als Zwischenergebnis kann festgehalten werden:

- Gemeinwohl als rechtliche Kategorie ist nicht vorgegeben. Es muss in rechtliche Formen übersetzt werden. Es erhält erst durch faire Verfahren der Konkretisierung seine Legitimation.
- Es gibt kein abstraktes Interesse des Staates als solchem.[25] Daraus folgt zugleich, dass es kein öffentliches Interesse des europäischen Hoheitsverbundes „Union“ als solchem geben kann. Gemeinwohl ist, was unter Rechtsgesetzen ein Maximum an Freiheit erlaubt, zugleich aber auch eben deshalb Beschränkungen rechtfertigt.[26]

---

den Grundrechten *Uerpmann* (Fn. 14) 58 ff.; *Hofmann* (Fn. 8) 28 f.; *Grimm* Gemeinwohl in der Rechtsprechung des Bundesverfassungsgerichts ebd. 125.

19 So *Häberle* Öffentliche Interessen als juristisches Problem (1970).

20 Zu Rudolf Smend *Kadelbach* Grundrechtedemokratie als Vorbild? in Franzius/Mayer/Neyer (Hg.) Strukturfragen der Europäischen Union (2010) 259 ff.

21 *Schachtschneider* Res publica res populi (1994) 207 ff., 427 ff.

22 *Anderheiden* (Fn. 2) 110 ff.

23 *Anderheiden* (Fn. 2) 129.

24 *Rawls* Justice as Fairness (2001).

25 Ein solcher Gehorsamsanspruch ist nur dann selbst ein Gut, wenn man ihn, wie Hobbes dies tut, vom Standpunkt der Nicht-Staatlichkeit denkt.

26 Zum Verhältnis beider *Alexy* Individuelle Rechte und kollektive Güter in ders. Recht, Vernunft, Diskurs, (1995) 232 ff.

Hiervon ausgehend wollen wir uns nun der Frage zuwenden, ob Gemeinwohl auf verschiedenen Stufen der Herrschaftsausübung verschieden definiert werden kann; eine Ansicht neigt dazu, dies anzunehmen.[27] Dem steht eine Sichtweise gegenüber, der zufolge die beiden Ebenen als einheitliches Herrschaftssystem aufzufassen ist und europäische Gemeinwohlbeschreibungen Erweiterungen staatlicher öffentlicher Interessen sind.[28]

III. Europa und die Mitgliedstaaten

Das Problem, ob es ein staatlichen Gemeinwohlinteressen entgegen gesetztes europäisches Gemeinwohl geben kann, mag ein Beispiel verdeutlichen. Im Verlauf der europäischen Finanz- und Bankenkrise hat sich auch die Frage nach einer Stützung Zyperns, genauer: zyprischer Banken gestellt, deren Kapitalausstattung unzureichend geworden ist. Gegen Überlegungen, sie an einem der diversen Rettungsschirme teilhaben zu lassen, wurde zu bedenken gegeben, dass in zyprischen Instituten Konten aus russischen Quellen eingerichtet worden sind, deren Inhaber zum europäischen oder auch nur zyprischen Gemeinwohl nicht viel beitragen.[29] Sollen also, plakativ formuliert, die Steuerzahler der Euro-Staaten Banken stützen, die womöglich russische Schwarzgelder verwalten? Und stünde dann dem europäischen Gemeinwohlinteresse an einer stabilen Währung das deutsche, finnische oder niederländische Interesse an seriöser Mittelverwendung, womöglich sogar an der Bekämpfung von Geldwäsche gegenüber?

---

27 So *Uerpmann* (Fn. 4) 258 ff.

28 In diese Richtung *Häberle* „Gemeinwohl“ und „Gemeinsinn“ im national-verfassungsstaatlichen und eurorechtlichen Kontext in Münkler/Fischer (Fn. 3) 99: zwar soll es ein „eigenständiges europäisches Gemeinwohl“ geben, „das da und dort greifbar mit dem ebenfalls anerkannten nationalen Wohl“ der Mitgliedstaaten kollidiert (S. 115 f.), doch „wächst die Gemeinwohlidee in europäische Dimensionen hinein und kommt von hier in das nationale Verfassungsrecht ‚zurück‘“ (S. 117); ebenso *ders.* Gibt es ein europäisches Gemeinwohl? – eine Problemskizze in FS Helmut Steinberger (2002) 1153, 1159 bzw. 1165; s. auch *Calliess* Gemeinwohl in der Europäischen Union – Über den Staaten- und Verfassungsverbund zum Gemeinwohlverbund in Brugger/Kirste/Anderheiden (Fn. 13) 173, 186 ff.

29 Der Spiegel v. 5.11.2012 S. 20 stützt sich auf einen Bericht des Bundesnachrichtendienstes.

1. Unionsrecht

In einem ersten Schritt wäre zu klären, was das Unionsrecht selbst unter Gemeinwohl versteht. Die Gründungsverträge bieten eine Reihe von Ansätzen unterschiedlichster Art, die von Zuständigkeitsnormen und Neutralitätspflichten der Amtsträger über das Wettbewerbsrecht bis zu den Grundfreiheiten reichen, und die durch eine nahezu unübersehbare Rechtsprechung konkretisiert worden sind.[30] Da sie fast durchgehend aus dem Primärrecht, also gewissermaßen dem Verfassungsrecht der Union folgen, bieten sich für die Ordnung einer Übersicht weniger normhierarchische als funktionale Kriterien an.

- Zuerst zu nennen sind Bezüge zu den „Werten" (Art. 2 EUV), Zielen (Art. 3 EUV) und „gemeinsamen" Politiken (Landwirtschaft, Verkehr, Außenhandel, Außen- und Sicherheitspolitik) der Union, die ihren Daseinszweck und ihre Legitimation ausmachen und auf Gründe verweisen, aus denen sie und ihre Vorgängerorganisationen (EGKS, EG) gegründet wurden.
- Wie im staatlichen Recht finden Gemeinwohlbelange in den Grundrechten ihre subjektivrechtliche Ausprägung. Ähnlich wie im Verfassungsrecht[31] können Eingriffe ihrerseits nur gerechtfertigt werden, wenn sie „den von der Union anerkannten dem Gemeinwohl dienenden Zielsetzungen oder den Erfordernissen des Schutzes der Rechte und Freiheiten anderer ... entsprechen" (Art. 52 Abs. 1 S. 2 der Grundrechtecharta – GRC).
- Unter den verfolgten Zielen hat historisch und politisch nach wie vor die Aufrechterhaltung der Wirtschaftsordnung einen zentralen Stellenwert. Dazu gehört der Binnenmarkt selbst, der dem Leitbild einer „sozialen Marktwirtschaft" (Art. 3 Abs. 3 AEUV) folgen soll. Der Binnenmarkt wird als Inbegriff wirtschaftlicher Freiheiten aufgefasst (Art. 26 AEUV), die die Mitgliedstaaten wie die Grundrechte ihrerseits nur durch Maßnahmen einschränken dürfen, die dem *ordre public* entsprechen oder im zwingenden Interesse des Gemeinwohls der Mitgliedstaaten liegen. Die Rechtfertigungsgründe des *ordre public* sind selbst zum Teil kollektive Güter wie die öffentliche Gesundheit oder eine möglichst intakte Umwelt.
- Auch wenn der Wettbewerb selbst aus den Zielkatalogen der besonders gemeinwohlträchtigen Eingangsbestimmungen des Unionsrechts verschwunden und dort durch eine „in hohem Maße wettbewerbsfähige soziale

---

30 Dazu *Uerpmann* (Fn. 14) S. 258 ff.; *Häberle* Gemeinwohl und Gemeinsinn (Fn. 28) 112 ff.; *Brugger* in Müller-Graff/Roth (Hg.) Recht und Rechtswissenschaft – Ringvorlesung der Juristischen Fakultät Heidelberg (2002) 15, 19 ff.

31 Bspw. BVerfGE 100, 271, 283.

Marktwirtschaft" ersetzt worden ist, kann kein Zweifel darüber bestehen, dass der „freie Wettbewerb" zu den Kollektivgütern der Verträge zählt (vgl. Art. 119 Abs. 1 AEUV). Als Mittel zu deren Sicherung dienen ganz in ordoliberaler Tradition Kartellrecht, Monopolaufsicht und Subventionskontrolle, die in den Händen der Kommission als den europäischen öffentlichen Interessen verpflichtete Behörde (so früher Art. 213 Abs. 2 EGV) liegen. Mitgliedstaaten, die europarechtswidrig Subventionen vergeben, müssen diese zurückfordern; die deutsche Rechtsgrundlage hierfür (§ 48 Abs. 1 und 2 VwVfG) verlangt in der Auslegung der Gerichte ein überwiegendes öffentliches Interesse an der Rücknahme, das kraft Europarechts in der Aufrechterhaltung eines fairen Wettbewerbs besteht.[32] Durchbrechungen des Wettbewerbsschutzes sind möglich, wenn dies öffentlichen Interessen dient (vgl. Art. 101 Abs. 3, 107 Abs. 2 AEUV). Eine wichtige solche Ausnahmekategorie sind „Dienstleistungen von allgemeinem öffentlichen Interesse" (Art. 14 und 106 AEUV), die Unternehmen der Daseinsvorsorge erbringen.[33] Auch das deutsche Recht kennt dieses Regel/Ausnahme-Verhältnis, wie auf der Verfassungsebene Art. 87e Abs. 4 GG zeigt, der den Übergang der Bahn vom Eigenbetrieb des Bundes zum privatisierten Unternehmen an die Gewährleistung des „Wohls der Allgemeinheit" bindet.

- Die öffentlichen Interessen, die zu einer Einschränkung der Grundrechte, der Marktfreiheiten und des Wettbewerbs berechtigen, sind oft Ziele, die die Union aus eigener Initiative verfolgt und die man als kollektive Güter bezeichnet findet. Zu ihnen gehören der Umweltschutz (Art. 11, 191 ff. AEUV), der Verbraucherschutz (Art. 12, 169 AEUV) und der Gesundheitsschutz (Art. 168 AEUV) als so genannte Querschnittsaufgaben, also Ziele, die bei Wahrnehmung aller Kompetenztitel des Unionsrechts stets mit zu verfolgen sind.
- Zudem gibt es Politikbereiche, in denen es um Interessen der Union als Gesamtheit geht, seien dies Förderziele wie die „harmonische Entwicklung der Union als Ganzes", also die sog. Strukturpolitik (Art. 174 AEUV), oder Bereiche, in denen eine optimale Allokation von Ressourcen organisiert werden soll wie bei den transeuropäischen Infrastrukturnetzen (Art. 170 ff. AEUV), der Industriepolitik (Art. 173 AEUV), der Forschung (Art. 179 ff. AEUV) und der Energieversorgung (Art. 194 AEUV).
- Einen eigenen Katalog von Gemeinwohlzielen enthält die Grundnorm der Gemeinsamen Außen- und Sicherheitspolitik, Art. 21 EUV, der u.a. die Förderung von Demokratie und Menschenrechten, die Erhaltung des Friedens, die

32 Näher *Kadelbach* Allgemeines Verwaltungsrecht unter europäischem Einfluß (1999) 462 ff.
33 Dazu zuletzt EuG v. 7.11.2012, Rs. T-137/10 *CBI/Kommission*, noch nicht in amtl. Slg.

nachhaltige Entwicklung und Bekämpfung der Armut, die Verbesserung der Umweltqualität und den Beistand in Katastrophenfällen nennt.

- Normen zur Sicherung der Gemeinwohlorientierung der Union enthält das Organisationsrecht. Es legt Verfahren zur Konkretisierung der benannten Gemeinwohlinteressen fest, was insbesondere das einigermaßen komplizierte Rechtsetzungsverfahren erklärt, das sich nur als Kompromiss im Ausgleich zwischen den verschiedenen Kontrollinstanzen und Legitimationsgemeinschaften verpflichteten Unionsorganen verstehen lässt (Art. 294 AEUV). Einige Normen des Institutionenrechts legen die Amtsinhaber ausdrücklich auf das Gemeinwohl fest (so für den Rechnungshof Art. 285 AEUV), andere verlangen dies implizit mit der Forderung nach persönlicher Unabhängigkeit (so für die Kommission Art. 17 Abs. 3 UAbs. 3 EUV, für den EuGH Art. 253 AEUV). Bei Rat und Parlament fehlt dieser Hinweis, weil für sie die demokratische Legitimation an die Stelle gemeinwohlgebundener Neutralität tritt, die Verfolgung öffentlicher Interessen also die Resultante eines politischen Wettbewerbs sein soll.
- Für den Zusammenhang zwischen Gemeinwohlbezug und den Rechtsgütern, die das Strafrecht aufnimmt, besteht die Besonderheit, dass diese primärrechtlich festgelegt sein müssen, wenn die Union hier Zuständigkeiten haben soll. Schon lange kann die EU in dem Rahmen selbst Recht setzen, in dem es um den Schutz der eigenen finanziellen Interessen geht (Art. 325 AEUV). Zudem kann sie eine Zuständigkeit zum Erlass von „Mindestvorschriften“ für besondere Deliktstypen nutzen, die im Ministerrat einstimmig als „schwere Kriminalität“ mit einer „grenzüberschreitenden Dimension“ eingeschätzt werden (Art. 83 AEUV). Das vorgesehene Mittel ist seit Inkrafttreten des Vertrages von Lissabon die Richtlinie, der das Europäische Parlament zustimmen muss. Einstimmigkeit im Rat und Zustimmung im Parlament sind die höchstmöglichen Hürden, die das europäische Primärrecht für ein Rechtsetzungsverfahren vorsehen kann; das Erfordernis der Umsetzung der erlassenen Richtlinie durch Parlamentsgesetze der Mitgliedstaaten tritt hinzu.

Versucht man, diese auf den ersten Blick disparaten Gemeinwohlbezüge zu einem Bild zusammenzufügen, so fällt zunächst auf, dass vieles aus der verfassungstheoretischen Gemeinwohldebatte bekannt ist. Dies gilt beispielsweise für die ordoliberale Ur-Idee eines Gemeinwohls durch politischen und wirtschaftlichen Wettbewerb, der seinerseits geschützt werden muss.[34] Ferner finden sich Variationen auf die Verfahren, durch die die Verwirklichung von Gemeinwohlzielen bestimmt

34 Näher *Hatje* Wirtschaftsverfassung im Binnenmarkt in v. Bogdandy/Bast (Hg.) Europäisches

werden kann und die sich auf das Gesetzgebungsverfahren, die gegenseitige Kontrolle der Organe und die Unabhängigkeit der Amtsführung beziehen.

2. Der Bezug des europäischen Gemeinwohls zu den Mitgliedstaaten

Lässt sich nun ein europäisches Gemeinwohl von dem der Mitgliedstaaten unterscheiden?[35] Die Rechtsprechung des EuGH, der häufig vom „Gemeinschaftsinteresse“ spricht,[36] aber auch die Haltung staatlicher Verfassungsgerichte scheint dies nahezulegen. So wurde das Urteil des französischen Conseil Constitutionnnel vom 9. August 2012, das den Beitritt Frankreichs zum sog. Fiskalpakt[37] für verfassungskonform erklärte, als Beitrag zum europäischen Gemeinwohl gewertet,[38] was so etwas wie ein Zurücknehmen nationaler Belange suggeriert. Daraus würde folgen, dass es über individuelle Rechte und kollektive Güter hinaus auch kollektive Identitäten gibt, die als eigener Gemeinwohlbelang in Betracht kämen.

Eine solche Sicht würde die Legitimationsgemeinschaften innerhalb des Mehrebenensystems EU als solche zu Gemeinwohlbelangen erklären. Allerdings läge darin eine Gleichsetzung von Zuständigkeiten und Interessen, die der hier für richtig gehaltenen Sichtweise auf den Staat als Sachwalter von Interessen nicht entspricht. Wenn, wie oben gesagt, der Staat selbst kein Kollektivgut ist, kann auch die EU kein solches Gut sein. Vielmehr handelt es sich um zwei verschiedene Bezugsgruppen, zwei Gemeinschaften, die Gemeinwohlinteressen verfolgen können und die jeweils eigene Wahrnehmungszuständigkeiten besitzen.[39] Wie die Zuständigkeiten zwischen verschiedenen Ebenen eines Gemein-

---

Verfassungsrecht, 2. Aufl. (2009) 801, 809 ff.; zu weiteren Differenzierungen *Drexl* Wettbewerbsverfassung ebd. 905, 940 ff.

35 Auf Weiterungen im Sinne eines mit den Mitteln des Völkerrechts verfolgten Gemeinwohlinteresses kann hier nicht eingegangen werden, s. dazu *Fassbender* Zwischen Staatsräson und Gemeinschaftsbindung – Zur Gemeinwohlorientierung des Völkerrechts in der Gegenwart in Münkler/Fischer (Fn. 3) 231 ff.; *Oeter* Gemeinwohl in der Völkerrechtsgemeinschaft in Brugger/Kirste/Anderheiden (Fn. 13) 215 ff.; *Gas* (Fn. 6) 371 ff.; ferner die Beiträge zum Symposion « Global Public Goods and the Plurality of Legal Orders » von *Cafaggi/Caron* u.a. EJIL 23 (2012) 643 ff.

36 Siehe die Analyse bei *Uerpmann* (Fn. 14) 245 ff.

37 Vertrag über Stabilität, Koordinierung und Steuerung in der Wirtschafts- und Währungsunion v. 2.3.2012, BGBl. II S. 1008.

38 Zu Déc no. 2012-653 DC *Chaltiel* L'intérêt général européen in Revue de l'Union européenne 2012, 565 f.

39 *Münkler/Bluhm* (Fn. 17) 13.

wesens zu verteilen sind, kann seinerseits Gegenstand einer an das Gemeinwohl appellierenden Debatte sein. Schon in den Federalist Papers wurde bekanntlich darüber gestritten, ob die Übertragung auf den größeren Verband oder ein streng gehandhabter Subsidiariätsgrundsatz dem Gemeinwohl besser dient.[40] Dass die Vorstellung über Prioritäten zwischen verschiedenen Zielen auf verschiedenen Ebenen verschieden gesetzt werden können, bedeutet nicht, dass diese Ebenen selbst solche Ziele sind.

Eine auf das Ganze bezogene Vorstellung entspricht im Übrigen auch dem deutschen Verfassungsrecht, jedenfalls wenn man das Bundesverfassungsgericht als dessen authentischen Interpreten akzeptiert. Das BVerfG als Vertreter eines gesamteuropäischen Gemeinwohlbegriffs anzusehen wird Anhänger und Kritiker seiner Rspr. vielleicht überraschen. Doch lässt sein Selbstverständnis, seine Kompetenzen in einem „Kooperationsverhältnis" mit dem EuGH wahrzunehmen, dem es die Zuständigkeit für einen auf die europäische Ebene ausgegliederten Teil staatlicher Befugnisse zugesteht,[41] keine andere Deutung zu. Erst wenn die Grenzen dieser Zuständigkeiten offensichtlich und schwerwiegend überschritten werden, muss das BVerfG wieder in seine Funktion als Wahrer der Verfassung eintreten.[42] Auf welche Weise Gemeinwohlideen konkretisiert werden sollen, ist also den Verfassungsorganen überlassen, für die nur die Einschränkung gilt, dass der weitere Prozess beherrschbar und notfalls kündbar bleiben muss.

IV. Schluss

Diese Vorstellung des Staates als Bezugspunkt des Gemeinwohls mag unter den Gegebenheiten europäischer und internationaler Politikverflechtung irreal anmuten. Richtig ist aber, dass im europäischen Herrschaftsverband, Mehrebenensystem, Staatenverbund, Verfassungsverbund – oder wie auch immer man die Union bezeichnen will – auf beiden Ebenen dieselben Güter als Teile des Gemeinwohls gelten. Ein prinzipielles Gegeneinander von staatlichem und europäischem Gemeinwohl gibt es nicht. Wie sollte es auch anders sein, müssen doch

40 Vgl. zum Thema Gemeinwohl und Föderalismus *Lehmbruch* Gemeinwohl und kooperativer Föderalismus in v. Arnim/Sommermann (Hg.) Gemeinwohlgefährdung und Gemeinwohlsicherung (2004) 165 ff.; *Mayer* Gemeinwohlauftrag und föderatives Zustimmungserfordernis – eine Antinomie der Verfassung? (2004).

41 BVerfGE 89, 155, 175 – Maastricht; 129, 78, 103, 106 f. – Cassina.

42 BVerfGE 123, 267, 349 ff. – Lissabon; 126, 286, 302 ff. – Honeywell.

die europäischen Gemeinwohlkonkretisierungen aus einem Minimalkonsens der Mitgliedstaaten hervorgehen.[43] Dass Gemeinwohldefinitionen der verschiedenen politischen Ebenen in Konkurrenz treten und unterschiedliche Belange im konkreten Fall miteinander in Konflikt geraten können, ist dabei nichts Besonderes. Zu den innerstaatlichen Mechanismen der Bewältigung derartiger Kollisionen tritt aber eine Konkurrenz der Zuständigkeitssphären der beiden Herrschaftsebenen hinzu, für die es ihrerseits Regeln gibt. Hinter strittigen Gemeinwohlpräferenzen steht daher oft ein anderes Problem.

Kehren wir zum Beispiel der zyprischen Banken zurück, lässt sich festhalten, dass das Interesse, Steuermittel nicht für die Garantie russischer Oligarchengelder einzusetzen, nicht genuin deutsch, finnisch oder niederländisch ist. Auf der anderen Seite ist das Interesse am Erhalt einer stabilen Währung nicht spezifisch europäisch. Wir haben es also nicht mit einem Problem der Bestimmung dessen zu tun, was im Gemeinwohl liegt und was nicht, sondern mit der Frage, welche Kosten man für die Stabilisierung des Euro in Kauf zu nehmen bereit ist. Was dabei Besorgnis weckt, ist die Methode der Gemeinwohlkonkretisierung. Da die Eurozone auf europäischer Ebene dem Modus intergouvernementalen Verhandelns und Entscheidens folgt, ist das öffentliche Vertrauen in die Richtigkeit des Ausgangs gering, die Legitimation prekär. Die Regierungsvertreter muten ihren nationalen Parlamenten stets aufs Neue die Wahl zwischen Alternativen zu, über deren Gemeinwohltauglichkeit sich kurzfristig wenig sagen lässt.

Ein Teil dieses Gedankens lässt sich auf Bedenken übertragen, die einem europäischen Strafrecht entgegen gehalten werden. Der Streit darum, was dem Gemeinwohl am besten dient, kreist bei näherem Hinsehen um ein Legitimationsproblem, das sich mit Rekurs auf Gemeinwohlbeschreibungen allein nicht lösen lässt.[44] Ist dies schon für sich schwierig, so sind erst recht Versuche wenig aussichtsreich, mit Hilfe einer Theorie des Gemeinwohls solche Belange herauszufiltern, deren Verletzung strafwürdig ist.

---

43 Vgl. *Jachtenfuchs* Versuch über das Gemeinwohl in der postnationalen Konstellation in Schuppert/Neidhardt (Hg.) Gemeinwohl – auf der Suche nach Substanz (2002) 367, 379.

44 Zu dieser Verknüpfung auch *Sommermann* Nationales und europäisches Gemeinwohl in v. Arnim/Sommermann (Fn. 40) 201, 215 ff.

Anne van Aaken

Die „Definitionsmacht" über das Gemeinwohl in der Globalisierung: Markt, Staat und Institutionen

Gliederung

I. Einleitung

Gemeinwohl ist ein oft verwendeter und wenig definierter Begriff, aber aus guten Gründen: es ist ein offener und dynamischer Begriff.[1] Wie immer bei der Ausfüllung unbestimmter Begriffe, stellt sich sogleich die Anschlussfrage, wer diesen definiert, interpretiert und unter welchen Umständen. Wer hat also die Definitionsmacht über das Gemeinwohl? Gibt es überhaupt ein Gemeinwohl? Ist dies ein formaler Begriff oder kann material Gemeinwohl gefunden werden? Oder, so die These dieses Aufsatzes, müssen wir uns darauf beschränken, einen prozeduralen Gemeinwohlbegriff zu akzeptieren, bei dem die Bedingungen, unter denen Gemeinwohl gefunden wird im Vordergrund stehen?

Der Gemeinwohlbegriff ist konzeptionell nicht an den Staats- oder Rechtsbegriff gebunden, allerdings wird er sowohl in der Literatur als auch in der Praxis zumeist implizit mit diesen verbunden und zwar auf zweierlei Arten: inhaltlich wird das Gemeinwohl zumeist nationalstaatlich verstanden und es sind auch

1 Vgl. nur *C. Engel* Offene Gemeinwohldefinitionen, in: Rechtstheorie 32 (2001), S. 23. Umfassend zu Gemeinwohl, *M. Anderheiden* Gemeinwohl in Republik und Union, 2006, der allerdings einen materialen Gemeinwohlbegriff entwickelt.

nationalstaatliche Akteure, die das Gemeinwohl definieren und zwar mittels Rechtsnormen. Aber ist das so noch richtig in Zeiten der Globalisierung oder nicht eher konzeptionell wie auch faktisch verkürzt? Und kann Gemeinwohl nur hierarchisch durch den Staat definiert werden? Gibt es andere Gemeinwohlfindungsinstitutionen? Und inwieweit sind die institutionellen Bedingungen, unter denen Gemeinwohl gefunden wird, ausschlaggebend für die Legitimation des Gemeinwohls? Gibt es Gemeinwohlnormen, die nicht Rechtsnormen[2] sind? In Folge der Globalisierung ändern sich Akteure, Ebenen und Prozesse der Gemeinwohldefinition. Daher stellt sich die Frage, wie das Gemeinwohl ggf. neu und anders definiert wird und sich dieses am besten theoretisch erfassen lässt. Hierzu wird auf institutionenökonomische Erkenntnisse zurückgegriffen, die aber deliberativ und verhaltensökonomisch angereichert werden. Dabei wird ein adäquates Verhaltensmodell entwickelt, welches bei einer Gemeinwohlentwicklung nicht eine rein strategische Interessensdurchsetzung unterstellt, sondern vielmehr Legitimationsbedingungen prozesshafter Gemeinwohlfindung verhaltenstheoretisch rückbindet.

Zur Beantwortung der aufgeworfenen Fragen wird wie folgt vorgegangen. Zunächst erfolgt eine Bestandsaufnahme, wer wo wie Gemeinwohl definiert. Es wird hier nach der Veränderung der Akteure, der Ebenen der Gemeinwohldefinition sowie der Veränderung der Prozesse gesucht (II.). In einem weiteren Schritt wird eine theoretische Aufarbeitung dieser Veränderung versucht. Dabei wird zunächst ein Hintergrundmodell aufgezeigt, welches durch die verhaltensökonomische Forschung angereicht wird. Dies erlaubt es, das Zusammenwirken von Werten und Interessen bei der Gemeinwohlfindung theoretisch zu erfassen (III.), um sodann auf die Bedingungen einzugehen, unter denen Gemeinwohldefinitionen als solche normativ anerkannt werden können. Dies geschieht jeweils mit Blick auf das Wirtschaftsstrafrecht, insbesondere Korruptionsdelikte und Geldwäschebestimmungen (IV.). Der letzte Abschnitt gibt einen Ausblick (V.).

---

2 In dem rechtstheoretischen Sinne des Rechtspositivismus Hans Kelsens, siehe *H. Kelsen* Reine Rechtslehre (Pure Theory of Law), 1994, 2. Aufl. sowie zur Grundnorm verstanden als Konsens, *A.van Aaken/H. Hegmann* Konsens als Grundnorm? Chancen und Grenzen der Ordnungsökonomik in der normativen Theorie des Rechts, in: Archiv für Rechts- und Sozialphilosophie 88 (2002), S. 28.

II. Bestandsaufnahme der Gemeinwohldefinitionsmacht: wer, wo, wie?

Je nach politschem und staatstheoretischem Hintergrund wird Gemeinwohl ganz unterschiedlich definiert. Hier ist nicht die Stelle dies wiederzugeben.[3] Soviel sei aber hier gesagt: eine Grundunterscheidung liegt in der Frage, ob Gemeinwohl individuelle Interessen nur aggregiert oder ob es ein „Mehr" gibt, welches durch das Gemeinwohl festgehalten wird. Ökonomen tendieren aufgrund des wohlfahrtstheoretischen und damit utilitaristischen Hintergrunds zu der ersten Auffassung. Dann wäre auch ein Markt allein ausreichend, um Gemeinwohl zu definieren, keine hierarchischen Strukturen wären notwendig. Allerdings ist ein klassisches Marktversagen die Existenz von Externalitäten oder/und öffentlichen Gütern:[4] Diese machen hierarchische Entscheidungen überhaupt erst notwendig. Darin treffen sich Rechtswissenschaft und Ökonomik: dass es die Demokratie ist, welche die Gemeinwohldefinition hervorbringt.[5] Im Rahmen der Globalisierung und überstaatlicher Probleme bedeutet dies, dass diesbezüglich nicht mehr nur auf nationaler Ebene hierarchisch entschieden wird, sondern auch auf europäischer bzw. internationaler Ebene. Damit ist der Markt als Gemeinwohlentdeckungsverfahren nicht per se ausgeschlossen. Aber sowohl bei Marktentscheidungen als auch bei hierarchischen Entscheidungen über das Gemeinwohl zeigen sich im Zuge der Globalisierung erhebliche Veränderungen. Dies wird im Folgenden aufgezeigt: im Hinblick auf die Veränderungen der Ebenen, der Akteure sowie der Prozesse.

1. Veränderung der Ebenen

Während in den Hochzeiten des Nationalstaates Gemeinwohl in Bezug auf das nationalstaatliche Territorium noch verstanden werden konnte, so hat sich dies grundlegend im Rahmen der Europäisierung und Globalisierung verändert. Grenzüberschreitende Externalitäten und globale öffentliche Güter oder Prob-

---

3 Ausführlich *Anderheiden* Fn. 1, Kapitel 1 mit einem Überblick über die „Gemeinwohldenker" in der Staatstheorie.

4 Vergleiche zu dem Rekurs auf Externalitäten und öffentliche Güter auch Wieland in diesem Band, wie auch *Anderheiden* Fn. 1, S. 110 ff.

5 Die Sozialwahltheorie hat allerdings aufgezeigt, dass es gerade keine Möglichkeit gibt, hier konsistente Ergebnisse hervorzubringen, vgl. *K.J. Arrow* Social Choice and Individual Values, 1951.

leme, sind nur noch überstaatlich zu beherrschen und zu verstehen: ihre Lösung verlangt nach überstaatlichen Gemeinwohldefinitionen.[6] Und diese sind in der Tat auch zu finden, sowohl im Europarecht als auch im Völkerrecht. Die Macht über die Gemeinwohldefinition wird daher auf allen Ebenen ausgeübt: auf nationaler, europäischer und internationaler Ebene. Nehmen wir Beispiele aus dem Wirtschaftsstrafrecht, etwa Geldwäsche und Korruption. Beide Straftatbestände betreffen Sachverhalte, die grenzüberschreitende Externalitäten betreffen. Sie sind zwar im nationalen Recht verankert, aber beide werden sowohl auf europäischer als auch auf völkerrechtrechtlicher Ebene vorgeprägt. Die Financial Action Task Force (FATF) zur Geldwäschebekämpfung wurde durch die Staatschefs der G7 Staaten und dem Präsidenten der Europäischen Kommission 1989 in Paris innerhalb der Organisation für wirtschaftliche Zusammenarbeit und Entwicklung (OECD) als eine Expertengruppe mit dem Auftrag eingesetzt, die Methoden der Geldwäsche zu analysieren und die Aufdeckung von Vermögenswerten aus illegaler Herkunft zu ermöglichen. Die Bekämpfung der Geldwäsche wird als wichtiges Element im Kampf gegen organisierte Kriminalität betrachtet; diese kann als öffentliches Gut betrachtet werden. Die FATF arbeitet durch Empfehlungen an Staaten, die zwar soft law darstellen, aber bei Nichtumsetzung dazu führen, dass die Staaten auf eine schwarze Liste gesetzt werden, die es ihren Unternehmen (insbesondere Banken) durch Erhöhung der Transaktionskosten sehr schwer macht, weiterhin international Geschäfte zu tätigen.[7] Die EU hat diverse Richtlinien zur Geldwäschebekämpfung erlassen.[8]

Korruption ist nicht nur, aber auch ein transnationales Delikt. Völkerrecht setzt bei der Korruptionsbekämpfung im transnationalen Bereich an,[9] etwa bei der Bestechung ausländischer Amtsträger, mit Rechtshilfebestimmungen oder Bestimmungen zur Vermögensrückgabe. Es verpflichtet jedoch die Staaten zudem Regelungen einzuführen, die sich auf rein nationale Sachverhalte beziehen. Völkerrecht im Bereich Korruption entstand nicht nur aufgrund des geschärften Problembewusstseins der internationalen Gemeinschaft bezüglich der Schädlichkeit von Korruption. Es waren auch handfeste Interessen im Spiel; inwieweit diese theoretisch in den Prozess der Gemeinwohlfindung einfliessen (sollen), wird in Abschnitt II behandelt. Im Bereich der transnationalen Korruption hat ein Staat,

6 So auch *Anderheiden* Fn. 1, S. 614 ff.

7 Im Detail dazu, siehe *A.van Aaken* Effectuating Public International Law through Market Mechanisms, in: Journal of Institutional and Theoretical Economics 165 (2009), S. 33.

8 Zuletzt die dritte Geldwäscherichtlinie (2005/60/EG vom 26. Oktober 2005, ABl. Nr. L 309 S. 15).

9 Im Detail zu den völkerrechtlichen Instrumenten, *A.van Aaken* Die UN-Konvention gegen Korruption: Alter Wein in neuen Schläuchen?, in: Hofman/Pfaff (Hrsg.), Die Konvention der Vereinten Nationen zur Bekämpfung der Korruption (2006), S. 9.

der seine eigenen Unternehmen strafrechtlich verfolgt und diesen somit einen Wettbewerbsnachteil auferlegt, ein Interesse daran, andere Staaten zu gleicher Strafbewehrung zu bewegen. Korruptionsbekämpfung lässt sich als klassisches Gefangenendilemma beschreiben: alle stellen sich besser, wenn sie kooperieren, aber für einzelne Staaten (und ihre Unternehmen) ist es ggf. vorteilhaft, weiterhin straffrei bestechen zu können (zu defektieren). In der Korruptionsbekämpfung sind sowohl Werte der internationalen Gemeinschaft als auch Interessen verbunden: dies erklärt die Proliferation von Instrumenten der Korruptionsbekämpfung.[10] Im Umweltrecht, unter anderem im Klimaschutz, ist die Internationalisierung und Europäisierung nicht mehr wegzudenken.

Tendenziell kann festgehalten werden, dass Gemeinwohl früher primär in nationalen demokratischen Prozessen gefunden wurde, geronnen in nationalen Rechtsnormen, während das Völkerrecht eher sporadisch und nur transformiert Einfluss fand. Heute hat sowohl das Europarecht als auch das Völkerrecht eine erheblich höhere Bedeutung.

2. Veränderung der Akteure

Auch bei der Frage, wer die Akteure sind, die das Gemeinwohl definieren, zeigen sich Veränderungen. Folke Schuppert bezeichnet in diesem Band bereits die gängigen Akteure: der Staat, die Bürger, die Interessenverbände.[11] Er fügt hinzu die „absichtsvoll installierte(n) Hüter von Gemeinwohlbelangen", Institutionen wie das Bundesverfassungsgericht, die Zentralbank, den Rechnungshof, das Kartellamt, die Europäische Kommission. Betrachten wir diese funktional, dann sind hier Unterschiede zu machen. Denn die Institutionen betrachten Gemeinwohl immer nur partiell: Das Bundesverfassungsgericht betrachtet Gemeinwohlbelange, die in der Verfassung verankert sind bzw. die es darin erblickt,[12] das Kartellamt den freien Wettbewerb, die Zentralbank die Geldwertstabilität als

---

10 Ausführlich dazu *K.W. Abbott/D. Snidal* Values and Interests: International Legalization in the Fight Against Corruption, in: Journal of Legal Studies 31 (2002), S. 141.

11 Vgl. auch *F. Schuppert* Gemeinwohldefinition im kooperativen Staat, in: Herfried Münkler/Karsten Fischer (Hrsg.), Gemeinwohl und Gemeinsinn im Recht. Konkretisierung und Realisierung öffentlicher Interessen, Berlin 2002, S. 67 ff., 69 f.

12 M.w.N. zu der extensiven Verwendung des Begriffs durch das BVerfG, siehe *Anderheiden* Fn. 1, S. 49. Das Grundgesetz kennt keine allgemeine Norm, die das Konzept verfassungsrechtlich verankern würde: der Begriff taucht nicht auf. Anders die Schweizer Verfassung, in der in Art. 5 Abs. 2 das staatliche Handeln auf das öffentliche Interesse verpflichtet.

Gemeinwohlaspekt. Die Kommission hat ebenfalls kein umfassendes Gemeinwohlmandat, sondern agiert nur im Rahmen der Verträge.

Wichtig hier ist aber, dass schon bei dieser Aufzählung klar wird, dass diese Gemeinwohlaspekte nun teilweise auf anderen Ebenen wahrgenommen werden und teilweise auch weniger über die Parlamente als über die Exekutiven. Die Exekutiven sind in Ausschüssen vertreten und generieren teilweise hartes Recht, aber auch soft law, welches sodann durch Parlamente umgesetzt wird. Auch beim Gemeinwohl steckt der Teufel im Detail und gerade hier sind die Exekutiven ausschlaggebend, sei es in den Komitologieverfahren der EU[13] oder in den soft law Ausschüssen zur Regulierung der Finanzmärkte.[14] Internationale Exekutivnetzwerke sind in der „neuen Weltordnung" dominant.[15]

Auch regionale und internationale Gerichte und Institutionen nehmen die Aufgabe wahr „Hüter des Gemeinwohls" zu sein. Dies betrifft etwa die Garantie von Menschenrechtsstandards (soweit man diese als Gemeinwohl bezeichnen möchte[16]), oder auch die Bereitstellung kollektiver Güter, wie Wettbewerb (Kommission) oder Geldwertstabilität (Europäische Zentralbank).[17] Aber auch andere internationale Organisationen müssen als Akteure in der Gemeinwohlfindung vermehrt einbezogen werden. Exemplarisch kann der Sicherheitsrat der Vereinten Nationen genannt werden, der zuständig ist für die Sicherung des Weltfriedens.

Nichtregierungsorganisationen bezeichnet Schuppert als „Wächter und Anwälte des Gemeinwohls",[18] die Interessen in den Gemeinwohlfindungsprozess einbringen, die sonst nicht vertreten werden (etwa im Umweltschutz). Nun sind auch diese Akteure nicht mehr nur auf nationalstaatlicher Ebene aktiv. Sie sind immer dort aktiv, wo Gemeinwohlfindung gebündelt wird: sei es in Brüssel bei der Kommission, sei es in Basel bei der Finanzmarkt-Standardsetzung, bei den

---

13 *C. Joerges/J. Neyer* From Intergovernmental Bargaining to Deliberative Political Processes: The Constitutionalisation of Comitology, in: European Law Journal 3 (1997), S. 273.

14 *A.van Aaken* Transnationales Kooperationsrecht nationaler Aufsichtsbehörden als Antwort auf die Herausforderung globalisierter Finanzmärkte, in: Möllers/Voßkuhle/Walter (Hrsg.), Internationales Verwaltungsrecht (2007), S. 219.

15 *A.-M. Slaughter* A New World Order, 2004; *A.-M. Slaughter* Global Government Networks, Global Information Agencies, and Disaggregated Democracy, in: Michigan Journal of International Law 24 (2003), S. 1041.

16 So etwa *Anderheiden* Fn. 1, S. 67 ff. sowie 109 und *B. Fassbender* Der Schutz der Menschenrechte als zentraler Inhalt des völkerrechtlichen Gemeinwohls, in: EuGRZ 30 (2003), S. 1.

17 Art. 282 Abs. 2 AEUV.

18 *Schuppert* in diesem Band. Umfassend für die internationale Ebene, siehe *A. Peters* et al. (Hrsg.) Non-State Actors Standard-Setters, 2009.

Vereinten Nationen oder anderen internationalen Organisationen. Das Beispiel der Korruptionsbekämpfung zeigt dies exemplarisch auf: bei der Erarbeitung der UN Konvention gegen Korruption war die NGO Transparency International (TI) stark engagiert und beteiligt.[19] Dies ist nicht einzigartig, sondern mittlerweile institutionalisiert. Der EUV sieht in Art. 11 Abs. 2 vor, dass „(d)ie Organe (...) einen offenen, transparenten und regelmäßigen Dialog mit den repräsentativen Verbänden und der Zivilgesellschaft (pflegen).“ [20] Ähnlich verpflichten sich auch die World Trade Organisation (WTO), der Internationale Währungsfond (IMF) sowie die Organisation für Sicherheit und Zusammenarbeit in Europa in ihren Gründungsdokumenten.[21] Die WTO beispielsweise hat zwar keine formalen Beziehungen mit NGOs, aber es gibt Richtlinien für die Beziehungen mit der WTO, sodass NGOs an den Ministerkonferenzen und an dem WTO Public Forum teilnehmen können. Zudem sehen auch einige internationale Verträge den Einbezug von Nichtregierungsorganisationen vor, so etwa im Klimaschutz.[22] Noch andere Organisationen, die diesen Dialog nicht in ihren Gründungsdokumenten vorsehen, haben spezielle Konsultationsmechanismen entwickelt, etwa die Weltbank.[23]

---

19 *P. Eigen* Removing a Roadblock to Development: Transparency International Mobilizes Coalitions Against Corruption, in: Innovations 3 (2008), S. 19.

20 Siehe auch Kommission, White Paper of European Governance (2000), COM (2001) 428. Für eine Post-Lissabon Analyse, siehe *H. Hauser* European Union Lobbying Post-Lisbon: an Economic Analysis, in: Berkeley Journal of International Law 29 (2011), S. 680.

21 Art. V (2) des WTO Übereinkommens und die WTO General Council Decision WT/L/162; Art. X der Articles of Agreement des IMF; Helsinki Dokument 1992 der Konferenz für Sicherheit und Zusammenarbeit in Europa (Vorgängerorganisation).

22 Art. 4(1) (i) der Rahmenübereinkommen der Vereinten Nationen über Klimaänderungen (United Nations Framework Convention on Climate Change, UNFCCC (1992) verpflichtet die Vertragsstaaten öffentliches Bewusstsein zu fördern sowie „to encourage the widest participation in this process including that of [NGOs].“

23 Die International Bank for Reconstruction (IBRD) und die International Development Association (IDA) (zusammen Weltbank) haben ihre Politik diesbezüglich radikal geändert und festgehalten, dass es eine Beziehung mit NGOs erwünscht ist. World Bank, *Issues and Options for Improving Engagement between the World Bank and Civil Society Organizations* (March, 2005) 7 para. 17, <http://siteresources.worldbank.org/CSO/Resources/Issues_and_Options_PUBLISHED_VERSION.pdf> NGOs können auch akkreditiert werden für die jährlichen Treffen von Weltbank und IMF. Grundsätzlich bezieht sich dieses Engagement bei der Weltbank auf drei Ebenen: Dialog über die „policies“, Einbezug bei der Implementierung von Projekten sowie Einbezug bei den Verfahren vor den World Bank Inspection Panel. Vgl auch das Buch Civil Society Team, World Bank, Consultations with Civil Society-A Sourcebook, 2007, http://siteresources.worldbank.org/CSO/Resources/ConsultationsSourcebook_Feb2007.pdf, zuletzt besucht am 5. April 2013.

Vermehrt sind aber auch hybride Gemeinwohlakteure zu finden, etwa indem sich internationale Organisationen mit NGOs und ggf. auch Unternehmen[24] zusammenschliessen, um Gemeinwohlziele zu erreichen, etwa im Umweltschutzbereich. Bekannt sind etwa der Forest Stewardship Council (FSC) sowie der Marine Stewardship Council, Zertifizierungsorganisationen, die durch NGOs und Unternehmen gegründet wurde. Diese Hybride gleichen tatsächliche oder vermeintliche Governance Lücken in Gemeinwohlbelangen aus.[25]

3. Veränderung der Prozesse

Verändert haben sich aber auch die Prozesse der Gemeinwohlfindung. Während selbstverständlich auf nationaler Ebene die demokratischen Prozesse bestehen bleiben, so werden sie auf europäischer Ebene simuliert. Konnte Tocqueville noch die lokalen Treffen der Bürger in den Vereinigten Staaten loben,[26] so haben sich auch diese internationalisiert und anonymisiert, denn Gemeinwohl wird nun auch über das Internet gemacht, eine globale Kommunikationsplatform par excellance. Dies ist weder Staat, noch Markt, es ist eine virtuelle Weltenbürgergesellschaft per crowd-sourcing.[27] Das Internet verdrängt die traditionellen Prozesse nicht, es ergänzt sie[28] und macht sie effektiver. Internet verringert, öko-

24 *K.D. Wolf* Unternehmen als Normunternehmer. Global Governance und das Gemeinwohl, in: Kadelbach/Günther (Hrsg.), Recht ohne Staat? Zur Normativität nicht-staatlicher Rechtssetzung (2011), S. 101.

25 *K.W. Abbott/D. Snidal* Strengthening International Regulation Through Transnational New Governance: Overcoming the Orchestration Deficit, in: Vanderbilt Journal of Transnational Law 42 (2009), S. 501. OECD, International Regulatory Cooperation: Rules for a Global World, 2013; siehe auch die Beiträge in European Journal of International Law 23 (2012): „Symposium: Global Public Goods and the Plurality of Legal Orders".

26 Alexis de Tocqueville, Über die Demokratie in Amerika, (1835/40). 1. Buch, II. Teil, Kapitel 6, S. 279.

27 *J. Howe* The Rise of Crowdsourcing, Wired Magazine 14.06 (2006), abgerufen unter <http://www.wired.com/wired/archive/14.06/crowds_pr.html>, zuletzt besucht am 05. April 2013. Auch wenn sich das crowd-sourcing von Outsourcing herleitet und primär auf Arbeitsaufgabenerledigung im Internet durch Gruppen bezieht, so kann es sich auch für die Gemeinwohlfindung durch Gruppen beziehen.

28 *M. Emmer/G. Vowe* Mobilisierung durch das Internet? Ergebnisse einer empirischen Längsschnittuntersuchung zum Einfluss des Internets auf die politische Kommunikation der Bürger, in: Politische Vierteljahresschrift 45 (2004), S. 191. Die Autoren finden auf Basis einer repräsentativen Befragung in einem Paneldesign, dass diejenigen, die neu ins Internet gehen, die herkömmlichen Formen politischer Kommunikation nicht weniger als vorher nutzen, sondern das Internet komplementär für politische Zwecke einsetzen.

nomisch gesprochen, sowohl die politischen Informationskosten, die Meinungsäußerungskosten und auch die „Versammlungskosten" bzw. Petitionskosten. Websiten wie „www.change.org" geben zudem jedem Individuum die Gelegenheit ein politischer Unternehmer zu sein.[29]

Die Prozesse der institutionalisierten Anhörung auf internationale Ebene wurden bereits angesprochen. Weiterhin finden vermehrt sog. notice-and-comment Verfahren statt, in denen bestimmte Fragen der interessierten Öffentlichkeit gestellt werden und diese in den Deliberationsprozess der jeweiligen Gremien eingehen. Es muss nicht betont werden, dass hier selbstverständlich auch Interessen formuliert werden und etwa im Baseler Bankenausschuss die Bankenverbände zu den aktivsten Beteiligten gehören.[30] Die EU Kommission verwendet regelmässig notice-and-comment Verfahren.[31]

Zusammenfassend lässt sich feststellen, dass Gemeinwohl vermehrt auch auf supranationaler und internationaler Ebene gefunden wird. Zudem ist der Einfluss ausserhalb des demokratischen Prozesses stärker geworden. Damit ist neben die staatlich gesetzte Gemeinwohlnormierung auch private Normgenerierung getreten, etwa transnationales Recht bzw. Selbstverpflichtungen von Marktteilnehmern; wir sehen uns mit „polyzentrischen Normenwelten"[32] konfrontiert, die nicht mehr nur hartes Recht im Sinne Kelsens beinhalten sondern auch ausserordentlich verhaltenswirksames soft law; beide Normenarten sind auf allen Ebenen zu finden. Während früher Gemeinwohl primär über den demokratischen Prozess durch nationale Parlamente definiert und sodann durch die nationale Verwaltung konkretisiert wurde, sehen wir heute vermehrt nicht-staatliche Akteure wie NGOs, Unternehmensverbände und „Crowds" auf dem Internet mit Petitionen und Aufrufen. Auf internationaler Ebene, aber auch auf nationaler Ebene beobachten wir zusätzlich die nationalen Exekutiven, die über Netzwerkstrukturen agieren, internationale Organisationen sowie Hybride. Damit wird das Gemeinwohl nicht mehr allein „repräsentativ" (durch parlamentarische Delegation) definiert; vielmehr sind die Beteiligungsformen aller Akteure vielfältig, direkter. Auf internationaler und europäischer Ebene finden wir Verfahren des notice-and-

---

29 Dazu im internationalen Recht, *M. Finnemore/K. Sikkink* International Norm Dynamics and Political Change, in: International Organization 52 (1998), S. 887.

30 *D.R. Wood* Governing Global Banking. The Basel Committee and the Politics of Financial Globalisation, 2005.

31 Ausführlich dazu *A.van Aaken* Democracy in Times of Transnational Administrative Law: The Case of Financial Markets, in: Eberhard/Lachmayer/Ribarov/Thallinger (Hrsg.), Perspectives and Limits of Democracy (2008), S. 41.

32 *S. Kadelbach/K. Günther* Recht ohne Staat?, in: Kadelbach/Günther (Hrsg.), Recht ohne Staat? Zur Normativität nicht-staatlicher Rechtssetzung (2011), S. 9, S. 40.

comment für stakeholder, wir finden Beobachterstatus von stakeholdern mit Eingaberechten (NGOs und Unternehmen auf internationaler Ebene) und wir finden das Internet und Crowds (insbes. NGOs), welches immer auch grenzüberschreitend wirken kann über kommunikative spill-over Effekte (vergleiche die Ansteckungseffekte des arabischen Frühlings oder der Korruptionsbekämpfung) oder aber weil das Gemeinwohl (wie etwa Umweltschutz) gemeinsam wahrgenommen und definiert wird. Kurz: „Gemeinwohl" wird prozesshaft definiert, durch viele Akteure auf viele Ebenen.

III. Theoretischer Hintergrund: Deliberative Institutionenökonomik

Wie können diese Phänomene theoretisch und juristisch eingefangen werden? Es sind Fragen nach der Legitimation von Macht über die Gemeinwohldefinition und diese sind eng verbunden mit Gerechtigkeitstheorien. Wie bereits angedeutet, wird hier die These vertreten, dass die Bedingungen der Entscheidungsprozesse relevant sind für den Inhalt des Gemeinwohls; mithin wird ein prozedurales Gemeinwohlverständnis zugrunde gelegt. Die Legitimation des Ergebnisses hängt damit von der Legitimation der Prozesse der Gemeinwohlfindung ab. Wird, wie hier, die Grundentscheidung für den normativen Individualismus getroffen bzw. jegliche Gemeinwohldefinition individualistisch rückgeführt,[33] dann stellen sich dennoch erhebliche weitere Probleme. Denn die Ansätze variieren beträchtlich in der konkreten Umsetzung des normativen Individualismus und insbesondere in der Frage, ob die Präferenzen rein subjektivistisch erfasst und akzeptiert werden, oder ob „objektivistische Filter" eingebaut werden. Auch in Ethiktheorien findet man die Unterscheidung zwischen objektivistischen und subjektivistischen Ansätzen.[34] Insbesondere hängt davon ab, welche Präferenzen

---

33 Der normative Individualismus „rests in the premise that the ultimate judges on the 'goodness' of social transactions and arrangements are the individuals who are affected by the respective transactions or arrangements.", Vgl. zu der Definition, siehe *V. Vanberg* Rules and Choice in Economics, 1994, S. 209. Grundsätzlich wird von allen liberalen Theorien diese Basis verwendet.

34 Siehe zum folgenden insbesondere *F.v. Kutschera* Grundlagen der Ethik, 1999, S. 59 ff., an den sich diese Ausführungen anlehnen. Auch in der ökonomischen Analyse des Rechts wird diese Unterscheidung getroffen, siehe *J.L. Coleman* Markets, Morals, and the Law, 1988, S. 144. Die Probleme in der Wohlfahrtsökonomie (und des Utilitarismus) bezüglich der Nutzeninformation und ihrer moralischen Relevanz findet man zusammengefasst bei *A.K. Sen* (Hrsg.), Choice, Welfare and Measurement, Cambridge (Mass.), 1997.

und welcher Nutzen (dieser drückt die Präferenzintensität aus) wie in die „gesellschaftliche Wohlfahrtsfunktion“ eingehen und wie diese aggregiert werden kann.[35] Gehen alle Interessen ungefiltert in eine Gemeinwohldefinition ein (so manche Spielarten des Utilitarismus (individueller Nutzen)[36] und aggregiert in der alten Wohlfahrtsökonomie) oder wie werden „gute“ von „schlechten“ Interessen geschieden? Die Versuche sind bekannt: Die Filterung von einmischenden Präferenzen,[37] die Neutralisierung der Individualinteressen durch den Schleier des Nichtwissens[38] oder die Auswahl zwischen „berechtigten“ und „unberechtigten“, erheblichen und unerheblichen Interessen und Präferenzen über Verfahren und Deliberation.[39]

Hier wird die These vertreten, dass eine verhaltenstheoretisch basierte „deliberative Institutionenökomomik“[40] in der Lage ist, Anhaltspunkte für Gemeinwohlfindung zu formulieren. Dazu wird zunächst die deliberative Institutionenökonomik skizziert, um sodann die verhaltenstheoretischen Grundlagen psychologisch abzusichern. Dies gibt Anhaltspunkte, wie Verfahren gestaltet sein könnten, um Gemeinwohlergebnisse auch in einer globalisierten Welt zu fördern. Die deliberative Institutionenökonomik ist ein Ansatz, der Institutionenökonomik und deliberative Theorien kombiniert. Es wird auf beide im Folgenden kurz eingegangen, um den Ansatz zu skizzieren.

---

35 In der Regel wird der Begriff „Nutzen“ für individuelles Wohlergehen und der Begriff „Wohlfahrt“ für das gesellschaftliche Wohlergehen verwendet.

36 *J.L. Coleman* Efficiency, Utility, and Wealth Maximization, in: Hofstra Law Review 8 (1980), S. 509; *J.C. Harsanyi* Cardinal welfare, individualistic ethics, and interpersonal comparisons of utility, in: Journal of Political Economy 63 (1955), S. 309; *J.C. Harsanyi* Rule Utilitarianism and Decision Theory, in: Gottinger/Leinfellner (Hrsg.), Decision Theory and Social Ethics (1978), S. 3; *A.K. Sen* Personal Utilities and Public Judgement: Or what's wrong with welfare economics?, in: Economic Journal 89 (1979), S. 537; *A.K. Sen* Utilitarianism and Welfarism, in: Journal of Philosophy 76 (1979), S. 463.

37 *A.K. Sen* The Impossibility of a Paretian Liberal, in: Journal of Political Economy 78 (1970), S. 152.

38 *J. Rawls* Eine Theorie der Gerechtigkeit, 1990.

39 Im Detail, *A.van Aaken* Rational-Choice in der Rechtswissenschaft, 2003, S. 186 ff. und *J. Fishkin* The „Filter“, the „Mirror“ and the „Mob“: Reflections on deliberative democracy. Paper presented at the conference „Deliberating about Deliberative Democracy“ February 4–6, University of Texas at Austin, Austin, TX. Heruntergeladen am 2. September 2007, von http://www.svet.lu.se/links/Demokratiresurser/papers_deliberativ_demokrati/FilterMirrorMob.pdf.

40 Ausführlich dazu: *A. van Aaken* Deliberative Institutional Economics, or Does Homo Oeconomicus argue?, in: Aaken/List/Lütge (Hrsg.), Deliberation and Decision. Economics, Constitutional Theory and Deliberative Democracy (2004), S. 3.

1. Institutionenökonomischer Ansatz

Die Neue Institutionenökonomik und insbesondere die Verfassungsökonomik sind auf der Grundlage gegebener Präferenzen an der Effizienz und der Legitimation von Institutionen interessiert.[41] Vermittels einer zweckmäßigen Mischung der Koordinationsverfahren Staat und Markt sucht sie nach Institutionen, mit Hilfe derer sich Zustände hervorbringen lassen, die den gegebenen Präferenzen bestmöglich entsprechen (und damit gemeinwohlverträglich sind gemäß der ökonomischen Theorie). In der Neuen Institutionenökonomik finden wir in der Regel den Vorschlag, (hypothetischen) Konsens als Kriterium zur Beurteilung der Richtigkeit von Institutionen heranzuziehen. Jeglicher Konsens ist als gemeinwohlverträglich legitimiert, solange er ohne Zwang und Drohung zustande gekommen ist (*volenti non fit iniuria*); es gibt dann keine weiteren Beurteilungskriterien für die Gemeinwohlverträglichkeit. Diesem Konzept liegt ein prozedurales Rationalitätsverständnis[42] zugrunde. Bei der Konsensfindung folgen die Akteure einem *individuellen* Vorteil-Nachteil-Kalkül (Eigennutz, *interests*), sind aber dabei keineswegs auf monetäre oder materielle Vor- und Nachteile beschränkt. Vorteile sind alles, was die Akteure selbst als Vorteile ansehen. Es wird angenommen, dass Individuen einer Verschlechterung ihrer eigenen Lage durch Regeln nicht zustimmen würden. Regeln, die – aus individueller Sicht – Verbesserungen ermöglichen, werden als effizient betrachtet, *wenn und weil* sie in der Lage sind,

41 Die Neue Institutionenökonomik ermangele wegen der Probleme mit der Allokationseffizienz überhaupt eines normativen Maßstabes, so *R. Richter/E. Furubotn* Neue Institutionenökonomik: eine Einführung und kritische Würdigung, 1996, S. 477, S. 493 ff. *M. Erlei/M. Leschke/D. Sauerland* Neue Institutionenökonomik, 1999, S. 54 und insbesondere *K. Homann/C. Kirchner* Ordnungsethik, in: Herder-Dorneich/Schenk/Schmidtchen (Hrsg.), Jahrbuch für Neue Politische Ökonomie (1995), S. 189, S. 192 bemängeln das normative Defizit der Neuen Institutionenökonomik und schlagen hypothetischen Konsens vor. Der Konsensbegriff der Ordnungsökonomik und der Verfassungsökonomik differiert allerdings ebenfalls, vgl. S. 203, sowie *C. Kirchner* Ökonomische Theorie des Rechts, 1997, S. 20: „Während das vertragstheoretische Paradigma (der Verfassungsökonomik, Anm. A.v.A.) auf den tatsächlichen Konsens der Regelungsadressaten abstellt und damit zwangsläufig auf das Einstimmigkeitskriterium als Legitimationskriterium abstellen muss, kann das konsenstheoretische Paradigma (der Ordnungsökonomik, Anm. A.v.A.) nach der Zustimmungsfähigkeit von Kollektiventscheidungen fragen und Ableitungszusammenhänge zwischen den aus einer Kollektiventscheidung zu erwartenden Kooperationsvorteilen und der Zustimmungsfähigkeit in Bezug auf die betreffende Kollektiventscheidung aufstellen."

42 Vgl. generell zu prozeduralen Rationalitätsbegriffen in der Sozialphilosophie *A. Tschentscher* Prozedurale Theorien der Gerechtigkeit: Rationales Entscheiden, Diskursethik und prozedurales Recht, 2000.

Einstimmigkeit zu erreichen.[43] Es wird von einem Gleichklang zwischen individueller Nutzenmaximierung und überindividueller Richtigkeit ausgegangen. Das Augenmerk der Ökonomik liegt dabei bei dem rationalen Entscheidungsakt der Individuen; ein eventuell vorgeschalteter Prozess der Deliberation und die diesen Prozess fördernden oder sogar dazu eingerichteten Institutionen werden nicht betrachtet. Wenn Spieler kommunizieren und interagieren, dann nur im Sinne von *bargaining*[44] und nicht im Sinne von *arguing*.[45]

Allerdings gibt es Ansätze in der konstitutionellen Ökonomie, die auf *konstitutioneller* Ebene Präferenzen nicht mehr als gegeben annehmen.[46] Vanberg und Buchanan[47] unterscheiden bei den konstitutionellen Präferenzen (analytisch) zwei Komponenten: die „konstitutionellen Theorien" (*theories*) und die „konstitutionellen Interessen" (*interests*). Theorien sind die kognitiven Teile der Präferenzen, die sich auf Fakten beziehen, also auf die (subjektive) Prognose,

---

43 Siehe dazu grundlegend *J.M. Buchanan* Positive Economics, Welfare Economics, and Political Economy, in: Journal of Law and Economics 2 (1959), S. 124 mit der Diskussion über hypothetischen versus realen Konsens.

44 Das ökonomische Verhandlungsproblem wird von *A. Rubinstein* Perfect Equilibrium in a Bargaining Model, in: Econometrica 50 (1982), S. 97, S. 97 folgendermaßen definiert: „Two individuals have before them several possible contractual agreements. Both have interests in reaching agreement but their interests are not entirely identical. What will be the agreed contract, assuming that both parties behave rationally?" Die ökonomische Verhandlungstheorie als Teil der Spieltheorie sucht in kooperativen Spielen nach „uniquely rational solutions". Und „(g)iven that the participants are sufficiently rational and intelligent, they will *somehow* bring this solution about. In other words: Cooperative bargaining theory neglects the process, i.e., the individual acts by which a solution is brought about." So *S. Voigt* Positive Constitutional Economics, in: Rowley (Hrsg.), Constitutional Political Economy in a Public Choice Perspective (1997), S. 11, S. 114.

45 Vgl. zu dieser Unterscheidung *J. Elster* Introduction, in: Elster (Hrsg.), Deliberative Democracy (1998), S. 115.

46 Vgl. aber auch an anderer Stelle *Buchanan* Fn. 43, S. 136 f.: „The purpose of political discussion is precisely that of changing "tastes" among social alternatives. The economist ... must try to incorporate the predicted preferences of individuals, not as they exist at a given moment, but as they will be modified after responsible discussion." und *J.M. Buchanan* Kommentar, in: Koslowski (Hrsg.), Ethik des Kapitalismus (1986), S. 81, 89 f.: „Auf einer zweiten oder ‚konstitutionellen' Ebene des Diskurses müssen aber vorhandene Sets von Präferenzen nicht als gegeben akzeptiert werden, und eines der Ziele eines solche Diskurses ist ja in der Tat eine wirksame Kritik solcher Präferenzen, die auf eine Verbesserung durch angemessenen institutionellen Wandel abzielt. Präferenzen für Kitsch sind auf dieser Ebene nicht so gut wie Präferenzen für Dichtung, und eine der Hauptaufgaben des Sozialphilosophen und Wissenschaftlers ist die Gestaltung einer konstitutionell-institutionellen Struktur, welche die Hervorbringung ‚besserer' Präferenzen (z.B. Dichtung) fördert."

47 Siehe zu dem folgenden *V. Vanberg* Rules and Choice in Economics, 1994, Kap. 10 und 11.

wie sich die verschiedenen Regeln auf die Ergebnisse auswirken. Die Interessenkomponente dagegen bezieht sich auf die subjektive Beurteilung der erwarteten Ergebnisse der Regeln, ist mithin ein reines Werturteil.[48] Beide Komponenten können zu Meinungsverschiedenheiten führen und einen Konsens über Gemeinwohl verhindern. Ein Dissens der Individuen kann einmal vermieden werden, indem die Theorie-Komponente der Präferenzen durch vermehrte Information (mittels Experten) und/oder auch Diskurs[49] zu einer Annäherung gebracht wird. Die Interessenskomponente der Präferenzen wird allerdings weiterhin konstant gehalten, was bedeuten würde, dass *eine Änderung der Interessenskomponente durch Diskurs weiterhin ausgeschlossen wird.* Folglich wird auch nicht thematisiert, *weswegen* bzw. aufgrund welcher Prozesse die Menschen möglicherweise auch die Interessenskomponente ändern könnten.[50]

Allerdings bleibt ein von Vanberg thematisiertes Problem, nämlich dass es weder eine rein prozedurale noch eine prozedur-unabhängige Auffindung des „Guten" in Demokratien als Lösung für die Legitimationsfrage gibt. Michelman nennt dies das Paradox der Demokratie.[51] Festzuhalten bleibt an dieser Stelle, dass daher materiale Mindestinhalte („substantive criteria") für die regelhervorbringenden Institutionen gefunden werden müssen, da sonst ein unendlicher Legitimationsregress entstünde.[52] Hier kann m.E. ein Blick zu den Diskurstheorien helfen, die sich ja gerade mit den Bedingungen und auch der Freiwilligkeit

---

48 Ebd., Kap. 10, insbes. S. 169.

49 Die Verknüpfung von Diskurstheorie und Verfassungsökonomik wird hier auf die Theorie-Komponente beschränkt. Einen anderen Weg der Verknüpfung gehen *B.S. Frey/G. Kirchgässner* Diskursethik, Politische Ökonomie und Volksabstimmungen, in: Analyse&Kritik 15 (1993), S. 129, die den Diskurs als der Entscheidung vorgelagert betrachten.

50 Vgl. zu einem anschaulichen Überblick zu den verschiedenen Konsenskonzepten unter Berücksichtigung der Theorie- und der Interessenskomponente der Präferenzen *D. Aufderheide* Konstitutionelle Ökonomik versus Theorie der Wirtschaftspolitik: Herausforderung des Herausforderers?, in Pies/Leschke (Hrsg.), James Buchanans konstitutionelle Ökonomik, 1996, S. 184, S. 187.

51 *F.I. Michelman* Brennan and Democracy, 1999, S. 34.

52 Grundsätzlich so auch *G. Brennan/J.M. Buchanan* Die Begründung von Regeln: konstitutionelle politische Ökonomie, 1993, S. 60: „Endzustände können nur daran gemessen werden, dass man das Verfahren bewertet, durch das sie zustande kommen." Denn für die Legitimität eines verfassungsökonomischen Konsenses gilt dasselbe, wie es *J. Cohen* Deliberation and Democratic Legitimacy, in: Hamlin/Pettit (Hrsg.), The Good Polity (1991), S. 17, S. 26 für die deliberative Demokratie formuliert hat: „Neither the commitment nor the capacity for arriving at deliberative decisions is something we can simply assume to obtain independent from the proper ordering of institutions. The institutions themselves must provide the framework for the formation of the will; they determine whether there is equality, whether deliberation is free and reasoned, whether there is autonomy, and so on."

des Konsenses, die durch die (herrschaftsfreien) Diskursbedingungen sichergestellt werden soll, auseinandersetzen.

2. Deliberativer Ansatz

Deliberative Theorien, insbesondere die deliberative Demokratietheorie,[53] sehen sich in der Nachfolge der Diskurstheorien und der Gerechtigkeitstheorie von Rawls (Überlegensgleichgewicht).[54] Die Diskurstheorien betrachten menschliche Kommunikation nicht nur als anthropologische Eigenschaft der Menschen, sondern stellen die kommunikative bzw. diskursive Rationalität in den Mittelpunkt des Interesses ihrer Gesellschaftstheorie.[55] Im Gegensatz zur Ökonomik und, allgemeiner, der Theorie rationaler Wahlhandlungen, geht es deliberativen Theorien nicht um die *Aggregation von Präferenzen*, sondern um die *Transformation der Präferenzen* durch deliberative Prozesse. Die Individuen stellen also ihre Präferenzen bzw. Interessen prinzipiell zur Disposition.[56] Der Deliberationsprozess ist dabei durch einen Begründungszwang gekennzeichnet.

---

53 Zu den deliberativen Demokratietheorien, siehe *J.S. Dryzek* Deliberative Democracy and Beyond: Liberals, Critics, Contestations, 2000; *J.S. Dryzek* Discursive Democracy: Politics, Policy, and Political Science, 1990 sowie *J. Elster* Deliberation and Constitution Making, in: Elster (Hrsg.), Deliberative Democracy (1998), S. 97. Für eine Kurzübersicht, siehe *Cohen* Fn. 51, S. 17 mit folgender Definition: „By a deliberative democracy I shall mean, roughly, an association whose affairs are governed by the public deliberation of its members." Und weiter auf Seite 21: „The notion of a deliberative democracy is rooted in the intuitive ideal of a democratic association in which the justification of the terms and conditions of associations proceeds through public argument and reasoning among equals."

54 Vgl. *Rawls* Fn. 38, S. 38 ff. Siehe zu einer (kritischen) Auseinandersetzung mit Rawls auch *Cohen* Fn. 51, S. 18ff. sowie *S. Benhabib* Deliberative Rationality and Models of Democratic Legitimacy, in: Constellations: An International Journal of Critical and Democratic Theory 1 (1994), S. 1, S. 35 ff. Zur (kritischen) Auseinandersetzung mit *J. Habermas*, Faktizität und Geltung. Beiträge zur Diskurstheorie des Rechts und des demokratischen Rechtsstaates, 1992, *Sabel, C.F./ Cohen, J.* (2001): Directly Deliberative Polyarchy. <http://www.law.columbia.edu/sabel/papers/Design.html>, zuletzt besucht am 05. April 2013, S. 11 f.

55 Vgl. grundlegend *J. Habermas*, Theorie des Kommunikativen Handelns, 1988, bes. Bd. 1 sowie *Habermas* Fn. 54.

56 *J. Ferejohn/P. Pasquino* Deliberative Institutions, 2000, Working Paper erhältlich unter: < http://politics.as.nyu.edu/docs/IO/4758/ferejohn.pdf>, zuletzt besucht am 5. April 2013, S. 3 f.: „But whether goals or purposes change as a result of deliberation or whether they merely remain open to revision, the way that deliberation changes or reinforces goals or purposes is by giving reasons or arguments. Deliberation in this sense is participating in the process of reasoning about public action. This entails being open to reasons, being willing to alter your preferences,

Die Definitionen von Deliberation variieren.[57] Unterschiede ergeben sich, je nachdem, ob sie eher ergebnisorientiert[58] oder verfahrensorientiert[59] sind, aber ein gemeinsamer Kern der deliberativen Theorien kann ausgemacht werden:[60] Alle Betroffenen sind – wie in der Verfassungsökonomik – an der kollektiven Entscheidung beteiligt (demokratischer Teil), die Entscheidungsfindung erfolgt durch Argumente, die von den Diskursteilnehmern offeriert und angenommen werden, die Diskursteilnehmer fühlen sich der Rationalität und der Unparteilichkeit (jedenfalls offiziell[61]) verpflichtet (deliberativer Teil). Der deliberative Teil unterscheidet die Diskurstheorien von der Verfassungsökonomik, da dort nicht nur auf die Theorie-Komponente, sondern auch auf die Interessens-Komponente der Präferenzen eingewirkt werden kann (nicht muss).

Dies geschieht durch Lernprozesse, die sowohl die Interessen als auch die Meinungen (Theorien) verändern können. Diese Lernprozesse ergeben sich aufgrund mehrerer Komponenten. Zum ersten kann durch das jeweilige deliberative Forum verstreute Information gesammelt und somit auch verteilte Intel-

---

beliefs or actions if convincing reasons are offered to do so – and being willing to base attempts to persuade others in giving reasons rather than threatening coercion or duplicity."

57 Vgl. dazu ausführlich die Beiträge in *J. Elster* (Hrsg.), Deliberative Democracy, Cambridge, 1998.

58 *S. Stokes* Pathologies of Deliberation, in: Elster (Hrsg.), Deliberative Democracy (1998), S. 123 gibt eine ergebnisorientierte Definition, nach der Deliberation „the endogenous change of preferences resulting from communication" ist.

59 *Cohen* Fn. 51, S. 23, *S. Benhabib* Fn. 53, Fn. 13 und *D. Gambetta* „Claro!": An Essay on Discursive Machismo, in: Elster (Hrsg.), Deliberative Democracy (1998), S. 19 dagegen fokussieren auf den Prozess selbst; weshalb Deliberation schon bei einer „conversation whereby individuals speak and listen sequentially before making a collective decision" gegeben ist.

60 Unter deliberativen Verfahren werden Verfahren verstanden, die zusammengefasst auf drei Postulaten beruhen: Beteiligung aller Betroffenen, Entscheidung durch Argumente von Teilnehmern und für Teilnehmer sowie Entscheidung anhand der Leitwerte der Unparteilichkeit und Vernunft. Vgl. dazu *Elster* Fn. 44, S. 8 sowie *P. Feindt* Regierung durch Diskussion? Diskurs- und Verhandlungsverfahren im Kontext von Demokratietheorie und Steuerungsdiskussion, 2001, S. 49.

61 Gemäß *R. Alexy* Diskurstheorie und Menschenrechte, in: Alexy (Hrsg.), Recht, Vernunft, Diskurs: Studien zur Rechtsphilosophie (1995), S. 127, S. 133, S. 142 ff. besteht ein individueller Nutzen, auch von Eliten und Tyrannen, Gesellschaftsordnungen zu legitimieren, da eine Legitimation langfristig billiger und stabiler ist als bloße Gewalt („offizielle Unparteilichkeit"). Legitimation ist dann gegeben, wenn den Interessen der Bevölkerung an Richtigkeit seitens der Eliten (wenn auch nur vorgeblich) Rechnung getragen wird. Die Diskursregeln können dann mit dem Interesse an Stabilität (langfristige Vorteilhaftigkeit) begründet werden. Selbst wenn kein subjektives Interesse an den Diskursregeln bestünde, bzw. dieses nur (machiavellistisch) geheuchelt wäre, so ändert das nichts an einer zumindest objektiven bzw. institutionellen Geltung der Regeln.

ligenz gebündelt werden.[62] Zum zweiten werden Begründungen gegeben, die für alle einleuchtend sein müssen. Selbst wenn über die Theorie-Komponente Einigkeit herrscht, so muss dennoch weiterhin abgewogen werden zwischen den betroffenen Interessen. Diese Abwägung kann strukturiert werden, indem manche Gründe mehr Gewicht erlangen als andere. Dies gilt insbesondere für verfassungsrechtliche, bzw. grundrechtlich relevante Argumente, die ein höheres Gewicht bekommen (können und sollten) als alle übrigen.[63]

Ausgegangen wird dabei von einer sich ergänzenden privaten Autonomie und einer öffentlichen Autonomie des Individuums. Die private Autonomie betrifft die individuell zu treffende Wahl sowie die Realisierung einer persönlichen Konzeption des Guten. Gegenstand der öffentlichen Autonomie ist die gemeinsam mit anderen zu treffende Wahl und die Realisierung einer politischen Konzeption des Gerechten oder Guten.[64] Interessant ist Letzteres insbesondere für die Gemeinwohldefinitionen der Diskurstheorien. Diese sind grundsätzlich offen, legen also keine Gemeinwohldefinition *ex ante* fest, sondern überlassen die (immer reversible) Definition dem deliberativen Prozess.[65]

Problematisch an der Diskursethik ist allerdings, dass sie das Phänomen der Knappheit und daher auch der Opportunitätskosten nicht genügend berücksichtigt.[66] Das aber ist von eminenter Bedeutung. Der Einwand, dass es sich ja um einen idealen Diskurs handele, ist nur bedingt stichhaltig, wenn es darum geht, zu entscheiden, welche Diskursergebnisse legitimiert sind und welche nicht, da aufgrund der realen Knappheitsproblematik Diskurse nicht nur beschränkt, sondern auch abgebrochen werden müssen. Die Entscheidung, ob ein Diskurs legitim ist oder nicht, richtet sich dann danach, ob die Diskursteilnehmer ihn als legitim anerkennen. Damit muss die Frage dann letztlich empirisch (und psychologisch) entschieden werden.

---

62 Zu dieser Notwendigkeit der Informationssammlung insbesondere für (gute) staatliche Entscheidungen, seien sie legislativer oder exekutiver Natur, *D. Stark/L. Bruszt* Postsocialist Pathways: Transforming Politics and Property in East Central Europe, 1998, S. 123.

63 Vgl. *Sabel/Cohen* Fn. 53, S. 6 f. Allerdings ist damit die Abwägung zwischen den widerstreitenden Interessen selbst noch nicht vorgegeben.

64 Diese Unterscheidung folgt *Alexy* Fn. 61. Ebenso *Habermas* 1992, Fn. 54, S. 112 ff. mit einer Analyse der Begriffe in der Ideengeschichte.

65 Vgl. dazu auch ausführlich *Engel* Fn. 1. Vgl. auch *Sabel/Cohen* Fn. 53, S. 4: „(T)he deliberate conception of collective decision making extends the idea of treating people with respect from rights and procedures to justifications themselves."

66 Vgl. *K.L. Avio* Habermasian Ethics and Institutional Law and Economics, in: Kyklos 52 (1999), S. 511, 528 f.

3. Die psychologische Wende in der Gemeinwohldefinition

Die These hier lautet, dass Deliberation relevant ist sowohl für die Präferenzformung als auch für die Kognition der Individuen, die an Gemeinwohlentscheidungen beteiligt sind. Deliberation kann nicht nur „Theorien" über das Gemeinwohl ändern, sondern auch „Interessen". Die Neue Institutionenökonomik und die Ordnungsökonomik betrachten, wie die Ökonomik insgesamt, nur den *Ergebnisnutzen* von Entscheidungen.[67] Es gibt allerdings neuere Ansätze in der sogenannten Verhaltensökonomie,[68] die sich primär auf kognitive Psychologie stützen, und ihr Augenmerk auch auf die speziellen (insbesondere kognitiven) Bedingungen, unter denen Individuen ihre Entscheidungen fällen, lenken. Dies kann auch die Gemeinwohlentscheidung ändern.

Interessant in unserem Zusammenhang sind dabei insbesondere die Erkenntnisse zu den Referenzpunkten. Im Standardmodell der Ökonomie wird angenommen, dass Präferenzen unabhängig sind von der Situation, in der sie offenbart werden und dass daher die Beschreibung und Darstellung der Entscheidungsalternativen keinen Einfluss auf die Entscheidung ausübt.[69] Aber nicht nur die Endvermögenszustände als absolute Größen beeinflussen den Nutzen der Individuen (wie das Standardmodell annimmt), sondern ebenso sogenannte *Referenzpunkte*.[70] Ein alltägliches Beispiel mag den Zusammenhang verdeutlichen: Je nachdem, ob man an warme oder kalte Temperaturen gewöhnt ist, fühlt sich dieselbe Temperatur anders an. Dieses Phänomen gilt nicht nur physisch, sondern auch psychisch und findet sich in allen denkbaren Lebensbereichen. Das bedeutet, dass die *primären Nutzenträger keine Zustände, sondern Ereignisse in einem dynamischen Prozess* sind. So wird Nutzen den Gewinnen oder Verlusten relativ zu einem Referenzpunkt zugewiesen. Der Referenzpunkt ist oft der *Status Quo*, aber er kann selbstverständlich auch beeinflusst werden mittels Darstellung

---

67 Vgl. ausführlich *D. Kahneman* New Challenges to the Rationality Assumption, in: Legal Theory 3 (1997), S. 105 und folgend *M. Rabin* Psychology and Economics, in: Journal of Economic Literature 36 (1998), S. 11, insbes. S. 33.

68 Siehe zu einem Überblick über die Forschungsergebnisse mit Nachweisen zu dem Experimenten und Hinweisen auf die Implikationen für institutionelle Gestaltung *C. Jolls/C.R. Sunstein* Debiasing Through Law, in: Journal of Legal Studies 35 (2006), S. 199; *C. Jolls/C.R. Sunstein/R.H. Thaler* A Behavioral Approach to Law and Economics, in: Stanford Law Review 50 (1998), S. 1471; *C.R. Sunstein (Hrsg.)* Behavioral Law and Economics, Cambridge, 2000 m.w.N.

69 Vgl. ausführlich *van Aaken* Fn. 38, S. 82 ff.

70 *D. Kahneman/A. Tversky* Prospect Theory: An Analysis of Decisions under Risk, in: Econometrica 47 (1979), S. 312.

durch interessierte Akteure. Insbesondere bei Verhandlungen hängen die Entscheidungen und der Konsens auch von der Wahl des Referenzpunktes ab.

Menschen haben Fairnesspräferenzen und soziale Präferenzen.[71] Dennoch tendieren sie dazu, Dinge in einem für sie selbst günstigen Licht zu sehen,[72] d.h. Menschen sind geneigt, als „faire“ Referenzpunkte solche zu wählen, die ihrem Interesse nahekommen. Selbst wenn ihnen „Fairness“ wichtig ist, werden doch die Fakten in einem für sie günstigen Licht interpretiert. Es taucht natürlich die Frage auf, was „fair“ bedeutet. Die Wahrnehmung von „unfairem“ Verhalten oder „unfairen“ Regeln hängt aber wiederum von einem Referenzpunkt ab.[73] Die Verzerrung des „fairen“ Referenzpunktes ist interessant bei Gemeinwohlentscheiden, die Verteilungsaspekte beinhalten und verhindert oftmals eine Einigung der Parteien.[74] Auch hier findet sich ein Anknüpfungspunkt zu den deliberativen Ansätzen. Denn Referenzpunkte und die Fairness eines solchen Punktes können ebenso durch Deliberation geändert und festgelegt werden. In diese Richtung kann auch der „focal point“ von Schelling[75] gedeutet werden, wenn nämlich die Deliberation das Auffinden eines „focal points“ ermöglicht bzw. eventuell ein „focal point“ durch Deliberation auch festgelegt werden kann.

Eine weitere bedeutsame Anomalie, die durch deliberative Prozesse gemildert werden kann, ist der „availability bias“, der die Tendenz von Individuen erfasst, sich zu stark auf augenfällige und hervorstechende Merkmale oder Ereignisse zur Schätzung der Wahrscheinlichkeiten zu verlassen und dabei die Grundwahrscheinlichkeit zu vernachlässigen, nur weil ein bestimmtes Ereignis frischer im Gedächtnis oder „sichtbarer“ ist. Es sei aber bemerkt, dass gerade dieser „bias“ auch missbraucht werden kann im politischen Diskurs. Augenfällige Vorkommnisse werden dann gebraucht, um Politik im Namen des Gemeinwohls zu machen; sog. Anlassgesetzgebung. Diese ist nicht immer die beste.

---

71 *D.J. Cooper/J. H. Kagel* Other-Regarding Preferences: A Selective Survey of Experimental Results, in: Handbook of Experimental Economics Vol 2, (2013), erscheint demnächst, erhältlich unter http://www.econ.ohio-state.edu/kagel/Other%20Regarding_All_2_12_13.pdf, zuletzt besucht am 5. April 2013.

72 *G.B. Dahl/M.R. Ransom* Does Where You Stand Depend on Where You Sit? Thithing Donations and Self-Serving Bias, in: American Economic Review 89 (1999), S. 703, S. 703: „A self serving bias occurs when individuals subconsciously alter their fundamental views about what is fair or right in a way that benefits their interests.“

73 Siehe dazu auch *E. Hoffmann/M.L. Spitzer* Willingness to Pay vs. Willingness to Accept: Legal and Economic Implications, in: Washington University Law Quarterly 71 (1993), S. 59.

74 Zu Beispielen und Experimenten, siehe oben Fußnote 65.

75 *T.C. Schelling* The Strategy of Conflict, 1960, S. 57 ff.

Kurzum: die Verhaltensökonomische und psychologische Forschung erhellt Prozesse der Gemeinwohlfindung und Verhalten in der Gemeinwohlfindung inklusive der Chancen und Risiken, die durch Abweichungen von Nationalverhalten entstehen.

IV. Gemeinwohldefinitionsmacht in einer globalisierten Welt

Die Gemeinwohldefinition ist offen, reversibel und prozesshaft, solange die Bedingungen der Deliberation eingehalten werden. Dies wird jetzt, auch unter globalisierten Bedingungen, durch neue Kommunikationstechnologien befördert. Diese neuen Prozesse und Akteure der Gemeinwohlfindung erlauben vermehrte Stakeholder-Beteiligung und Deliberation. Ohne den real-existierenden Schleier des Nichtwissens als Filter (Rawls) und damit der Unparteilichkeit wird ein Begründungszwang umso wichtiger für die Legitimation der Gemeinwohldefinition. Denn dass Interessen immer auch in die Deliberation über Gemeinwohl eingehen, ist erstens unvermeidlich, zweitens aber auch notwendig. Die Deliberation, die aber durch das Internet zwanglos zustande kommt, ist zugleich ein „Entmachtungsinstrument" über der Gemeinwohlmacht der klassischen Akteure.

Vernachlässigt wurde bei der Institutionenökonomik die eventuelle Veränderung auch der Interessenskomponente der Präferenzen im Deliberationsprozess. Diese Lücke füllen deliberative Theorien, indem sie auf den Diskurs verweisen, der durch Überlegungen und Austausch von Argumenten zu einem Konsens auch bei der Interessenskomponente führen kann. Zudem ist denkbar, dass Menschen durch den öffentlichen Begründungszwang, der ihnen durch die Diskursregeln auferlegt wird, einen anderen Standpunkt einnehmen werden, nämlich dann, wenn sich ihr eigennütziger Standpunkt nicht gut öffentlich vertreten lässt.[76] Der Begründungszwang kann so strategisches oder opportunistisches Verhalten zumindest einschränken.[77] Das Internet und die Reputationsrisiken,[78] denen auch immer mehr Unternehmen unterliegen, zwingen so zu einem Diskurs, in dem nicht gemeinwohlfördernde Interessen gefiltert werden (schon aus Eigen-

76 So auch *Benhabib* Fn. 53 und *Cohen* Fn. 51. Die Kehrseite der Medaille, Präferenzverfälschung durch öffentliche Diskurse, beschreibt *T. Kuran* Leben in Lüge: Präferenzverfälschungen und ihre gesellschaftlichen Folgen, 1997.

77 Vgl. *Elster* Fn. 53.

78 Siehe dazu auch Schuppert in diesem Band.

interesse). Dies gilt nicht nur rein national, sondern auch – für multinationale Unternehmen und NGOs wie auch für internationale Organisationen – global, denn Reputation wird in Zeiten des Internets global gewonnen, aber auch wieder verloren.

Kehren wir zu dem Beispiel der Korruption zurück. Wie oben bereits angedeutet, waren aufgrund der Wettbewerbsnachteile der Unternehmen, die im eigenen Recht der Korruptionsstrafbarkeit unterlagen und Bestechungsgelder nicht absetzen konnten, handfeste Interessen im Spiel bei dem Impetus für die völkerrechtlichen Konventionen gegen die Korruption. Die erste Maßnahme gegen Korruption mit internationaler Dimension war das US-amerikanische Gesetz zum Verbot transnationaler Bestechung von 1977[79] in der Nachfolge des Watergate-Skandals, dass den US Unternehmen im Ausland erhebliche Wettbewerbsnachteile brachte. Schon damals regten die Vereinigten Staaten an, dass der ECOSOC eine internationale Konvention entwerfen solle. Nach einer Unterbrechung von 15 Jahren existiert nun seit etwa 15 Jahren eine Proliferation von völkerrechtlich bindenden Instrumenten zur Korruptionsbekämpfung.[80] Politikwissenschaftliche Untersuchungen konnten aufzeigen, wie hier ein Zusammenspiel von Werten und Interessen zu einer Änderung der Gemeinwohldefinition führte. [81] Wurde Korruption lange noch als gar nicht so unschädlich wahrgenommen,[82] so führte sowohl der wissenschaftlichen Diskurs[83] als auch eine andere Wahrnehmung der eigenen Interessen zu einem Wertewandel. Dazu trug auch die Wahrnehmungsbeeinflussung etwa durch die Öffentlichkeitsarbeit von TI bei, die von der Welt-

79 Foreign Corrupt Practices Act (FCPA), 15 U.S.C. §§ 78dd-1 et seq. Ausführlich dazu *J. Serafini* Foreign Corrupt Practices Act, American Criminal Law Review 41 (2004), S. 721. Für eine Liste der Fälle, welche die Securities and Exchange Commission untersucht vgl.: www.sec.gov/spotlight/fcpa/fcpa-cases.shtml, zuletzt besucht am 05. April 2013.

80 Zuletzt und am umfassendsten VN-Konvention gegen Korruption (UN Convention Against Corruption, UNCAC) G.A. Res. 58/4, U.N. GAOR, 58th Sess., U.N. Doc. A/RES/58/4 (11. Dezember 2003), I.L.M 43 (2004), S. 37. Die Konvention trat am 14. Dezember 2005 in Kraft; sie hat 165 Vertragsstaaten und 140 Unterzeichnerstaaten (Stand 24. Dezember 2012).

81 Vgl. *Abbott/Snidal* Fn. 10, S. 141 und *M. Pieth* Der Beitrag der UN Konvention zur Bekämpfung der transnationalen Korruption, in: Balmelli/Jaggy (Hg.), Les traités internationaux contre la corruption, 2004, S. 7, 8 m.w.N.

82 „(T)he only thing worse than a society with a rigid, over-centralized and dishonest bureaucracy is one with a rigid, over-centralized and honest bureaucracy" – so noch *S. Huntington* Political Order in Changing Societies, 1968, S. 69; ähnlich auch *N.H. Leff* Economic Development through Bureaucratic Corruption, in: American Behavioral Scientist 8 (1964), S. 8.

83 Statt vieler, *J. v. Lambsdorff* Causes and Consequences of Corruption: What do We Know from Cross-Section of Countries?, in: Rose-Ackerman (Hg.), International Handbook on the Economics of Corruption, 2006, S. 3.

bank aufgenommen wurde.[84] Der Corruption Perception Index etwa fliesst in die Länderrisikoeinschätzung von Ratings ein, was wiederum auch die Interessen der Staaten beeinflusst, welche aktiver in der Korruptionsbekämpfung wurden. Korruptionsbekämpfung ist nicht nur ein Resultat der Einsicht der Schädlichkeit der Korruption für Entwicklung als normatives Anliegen (*values*), sondern auch ein Resultat der Interessen der Unternehmen zur Herstellung der Wettbewerbsgleichheit (*interests*).[85] Um die starken Anreize der Korruption wirksam bekämpfen zu können, wird nicht allein auf die Veränderung des normativen Bewusstseins hingewirkt. Eine Vielzahl von Normen und eine Vielzahl von Akteuren streben eine Änderung der Anreize für korruptive Praktiken an, teilweise auch durch neuartige Prozesse.

Seit der VN-Konvention, die umfassend ist – wenn auch nicht in allen Teilen verbindlich – dient diese als Orientierung der internationalen Normen; sie kann als Hauptordnungsnorm bezeichnet werden. Die G20, die OECD und die Weltbank nehmen darauf Bezug und sie dient als Benchmark für die Selbstregulierung der Industrie. Die Korruptionsbekämpfung ist auch exemplarisch im Einbezug der betroffenen Akteure: NGOs und auch Unternehmen. Beide treten nicht nur als Rechtsadressaten oder in Überwachungsfunktion auf, sondern sind maßgeblich auch an der Normengenerierung beteiligt, bspw. TI bei VN-Konvention und Unternehmen bei der OECD.

Die Durchsetzung der Völkerrechtsinstrumente mit ihren Überwachungsmechanismen greift wiederum auf die Zivilgesellschaft zurück, so ist etwa TI bei dem Monitoring der VN-Konvention beteiligt, aber die Zivilgesellschaft erfindet auch „Transparenzmittel" wie die Website „Ipaidabribe.com", die zwar in Indien „erfunden" wurde, aber mittlerweile nachgeahmt wird in einer Vielzahl von Staaten. Die NGOs haben auch eine Sprachrohrfunktion für die Zivilgesellschaft insgesamt. Wichtig ist aber nicht nur das Monitoring der an der Korruption

---

84 1996 bekannte sich der damalige Präsident der Weltbank Wolfensohn klar zu einer Anti-Korruptionsstrategie: „We need to address transparency, accountability, and institutional capacity. And let's not mince words: we need to deal with the cancer of corruption.", Rede gehalten am 6. Oktober 1996. Die Weltbank arbeitet seither in Korruptionsbekämpfung engagiert, vgl. die Berichte Helping Countries Combat Corruption: The Role of the World Bank, 1997; den World Development Report 1997 sowie das Weltbank Strategiepapier Reforming Public Institutions and Strengthening Governance aus dem Jahr 2000. Die neueste Strategie ergibt sich aus Weltbank, Dealing with Governance and Corruption Risks in Project Lending: Emerging Good Practices. Erhältlich unter: http://siteresources.worldbank.org/EXTGOVANTICORR/Resources/3035863-1281627136986/EmergingGoodPracticesNote_8.11.09.pdf (zuletzt besucht am 30. März 2013).

85 *Abbott/Snidal* Fn. 10.

beteiligten Akteure durch unbeteiligte Akteure, sondern zusätzlich der Einbezug und die Veränderung der Anreize der beteiligten Akteure. So sind nicht nur die Selbstverpflichtungen der Unternehmen als erster Schritt zu nennen, sondern auch die Veränderung der organisationsinternen Strukturen der Unternehmen, die dadurch in Gang gesetzt werden soll. Dieses Bestreben wird durch die Empfehlungen der OECD von 2009 überdies international unterstützt. Die Anreize für die andere Seite der Korruption, die Amtsträger, werden zumeist durch die internationalen Verträge angegangen, die Transparenz durch Offenlegung und Anti-Korruptionsbehörden fordern. Die Klagemöglichkeit der Wettbewerber, die durch Korruption geschädigt werden, die in manchen Instrumenten vorgesehen ist, schafft eine „private Staatsanwaltschaft im öffentlichen Interesse“, hier werden die Anreize des Marktes gleich mitgenutzt. *Whistle-blower*-Vorschriften fördern die Aufdeckung von Korruption. Nicht zuletzt erhöhen Selbstverpflichtungen die Reputationskosten von Unternehmen, da sie gegen selbst auferlegte Normen verstossen.

Das Beispiel zeigt, wie Werte und Interessen die Entwicklung der Gemeinwohldefinition bestimmen; Werte- und Normspiralen können Interessen verändern und normative feedback-loops entstehen lassen. Hinzuweisen ist aber dennoch – auch hierfür liefert die Korruption ein gutes Beispiel – darauf, dass interkulturelle Differenzen die Entstehung eines Konsenses über Gemeinwohldefinitionen behindern können. Auch hier kann die Verhaltensökonomik beitragen: Experimente zeigen etwa unterschiedliche Fairnesspräferenzen in verschiedenen Kulturen.[86] Wie genau sich das auswirkt, bleibt (noch) unklar, wie auch, ob im Zeitalter globaler Kommunikation und globaler Probleme eine Konvergenz stattfinden kann.

V. Ausblick

In einer globalisierten Welt ist auch das Gemeinwohl globalisiert zu definieren, zumindest immer dann, wenn es Sachverhalte betrifft, die über den Nationalstaat hinausgehen. Und genau wie sich die Wirtschaft globalisiert hat, so hat sich auch das Wirtschaftsstrafrecht internationalisiert durch internationale Normen. Wie genau das stattfinden kann, ist immer noch ein Problem der Demokratietheorien,

---

86 Vgl. *Abigail Barr et al.* Homo Æqualis: A Cross-Society Experimental Analysis of Three Bargaining Games, 2009, Documento CEDE No. 2009-09. Erhältlich unter: <http://ssrn.com/abstract=1485862> or http://dx.doi.org/10.2139/ssrn.1485862, zuletzt besucht am 5. April 2013.

die Debatte um das Demokratiedefizit in Europa allein ist zur Genüge bekannt. Dennoch gibt es Prozesse, die auch ausserhalb der klassischen Repräsentation Gemeinwohldefinitionen generieren. Die neuen Prozesse werden gerade auch durch die neuen Kommunikationstechnologien gefördert. Insbesondere die neuen Akteure – wie etwa die NGOs, die global agieren und kooperieren – können Gemeinwohl befördern. Der Einbezug aller betroffenen Stakeholder durch neue Verfahren und durch neue Kommunikations- und Kooperationsformen, wie etwa die hybriden Strukturen auf internationaler Ebene, in denen Unternehmen, internationale Organisationen und NGOs nicht nur ihre Interessen einbringen, sondern auch deliberieren, lässt für die Gemeinwohldefinitionsmacht auf eine Entmachtung der Einzelinteressen und auf einen legitimen, offenen und reversiblen[87] Gemeinwohlbegriff hoffen. Gesichert werden müssen nur die Verfahren der Gemeinwohlfindung. Die Macht über die Gemeinwohldefinition liegt bei einer Vielzahl von Akteuren; sie ist verstreut und soll dies auch sein. Die Gemeinwohldefinition ist nicht mehr rein national begrenzt; Gemeinwohl wird prozesshaft gefunden. Die Institutionen der Gemeinwohlformung verändern sich durch neue Technologien, in dem Masse der Zunahme der Kommunikationsmöglichkeiten nimmt die Definitionsmacht der Marktakteure und des Staat ab, welche nicht mehr die alleinige Definitionsmacht innehaben. Die Legitimation der Gemeinwohldefinition hängt maßgeblich von den Prozessbedingungen ab; prozedurale Rationalität muss beachtet und auch juristisch eingehegt werden: Dort muss die juristische Forschung ansetzen!

87 Denn ob die jeweils gefundenen Gemeinwohlkonsense „richtig" sind, oder ggf. zu weit gehen (wie etwa im Rahmen bestimmter Wirtschaftsstraftaten argumentiert werden kann) und v.a. rein politisch motiviert sind und sich den „availability bias" zunutze machen, kann zumindest gefragt werden.

Klaus Lüderssen

Demokratie und Gemeinwohl im Wirtschaftsstrafrecht – Strukturen der Argumentation

Inhalt

A. Strafrechtliche Anknüpfungsbegriffe für das Gemeinwohl

Wir pflegen eigentlich nicht vom Gemeinwohl zu sprechen, wenn wir an das Strafrecht denken, denn der Platz wird dort schon von anderen Begriffen eingenommen[1]. Und selbst das geschieht auch nur in Bezug auf Einzelheiten[2]. Von genereller Bedeutung ist lediglich die Rede vom öffentlichen Strafanspruch und den *kollektiven* Rechtsgütern. *Gemeinwohl* hingegen ist eher eine Sache des öffentlichen Rechts im engeren Sinn[3], aber auch der Ökonomie und Soziologie.

1 Das registriert schon *Peter Häberle* Öffentliches Interesse als juristisches Problem, Bad Homburg 1970, S. 322.

2 Darüber informiert kursorisch und exemplarisch die abgedruckte Zusammenstellung im Anhang.

3 Interesse verdient deshalb die einschlägige Systematisierung durch einen Öffentlichrechtler (*Häberle* aaO., S. 321, unter Beschränkung auf die „Gemeinwohlkonkretisierung und Öffentlichkeitsaktualisierung in der Rechtsprechung des Bundesgerichtshofs für Strafsachen". Danach gibt es drei Problemkreise: Erstens „Gemeinwohltatbestände" (aaO., S. 322; in der Fußnote 146 werden sie aufgezählt). Zweitens: „Die Öffentlichkeit". Dafür stehen einige Vorschriften in der Strafprozessordnung und im GVG (aaO., S. 322). Drittens: Es „kommt die ‚Allgemeinheit' ins Spiel",

Das Strafrecht geht seit langem einen eigenen, fast isolierten Weg[4]. Wenn dort vom „staatlichen Strafanspruch" gesprochen wird, so ist das keineswegs ein Zeichen für verfassungsrechtliche Anbindung, sondern Ausdruck einer selbständigen, abgehobenen Tradition, deren Ursprünge von der Strafrechtswissenschaft nur mäßig reflektiert werden, weil diese sich geschichtlich in erster Linie nur für die Entwicklungen seit der Aufklärung interessiert[5]. Hier ist aber das Mittelalter gefragt, genauer das hohe Mittelalter, das sich in einer Verknüpfung von Religion und Konstitution souveräner Staaten zu einer hoheitlichen Emphase des Strafrechts herauf stilisierte, die alle nachfolgenden Säkularisierungen und Liberalisierungen überdauert hat[6]. Erst bei der Suche nach einer zeitgemäßen Lokalisierung des zu lange mit dem Begriff des Staates gleichgesetzten Moments des Öffentlichen im Strafrecht stößt man auf das Gemeinwohl[7] und befindet sich damit auf einmal in einer begrifflichen Landschaft mit ungeahnten Konkreti-

---

wenn Rechtsfiguren wie der „Durchschnittsmensch" oder „allgemeine Rechtsanschauungen" in der Judikatur verwendet werden (aaO., S. 323). Überall wird „das Ja oder Nein zum Interesse (...) das Ergebnis eines *komplexen* Abwägungs- und Interpretationsvorgangs, so undifferenziert es tatbestandlich gefasst ist. Die Rechtsprechung ist hier moderner als der Strafgesetzgeber. Sie interpretiert aus dem Kontext des gesamten Strafrechts" (aaO., S. 324). Im Übrigen gibt es natürlich auch keine Einigkeit darüber, ob Gemeinwohl und öffentliches Interesse synonym verwendet werden dürfen. Unter anderem wird behauptet, das Gemeinwohl sei „das Ergebnis einer Abwägung privater mit öffentlichen Interessen" (*Michael Anderheiden* Gemeinwohl in Republik und Union, Tübingen, 2006, S. 53, mit Nachweisen); eine *Gleichsetzung* von öffentlichem Interesse mit Gemeinwohl empfiehlt *Klaus von Beyme* Gemeinwohlorientierung und Gemeinwohlrhetorik bei Parteieliten und Interessengruppen, in: Herfried Münkler/Karsten Fischer(Hrsg.), Gemeinwohl und Gemeinsinn, Rhetoriken und Perspektiven sozial-moralischer Orientierung, Berlin, 2002, S. 137 ff.; freilich sei das öffentliche Interesse der bessere Begriff – demokratischer und säkularisierter. Der Begriff des Interesses habe es in Deutschland schwer, sich gegen „die Metaphysik des Gemeinwohls und ein holistisches System der Staatsziele" durchzusetzen (S. 138).

4 Von den Verfassungsrechtlern zunehmend beklagt, vgl. jetzt *Klaus Ferdinand Gärditz* Strafbegründung und Demokratieprinzip, in: Der Staat, 2010, S. 331 ff.; wenig ergiebig die kritische Erwiderung von *Rainer Zaczyk* Demokratieprinzip und Strafbegründung, in: Der Staat, 2011, S. 295 ff.

5 S. hierzu *Klaus Lüderssen (Hrsg.)* Die Durchsetzung des öffentlichen Strafanspruchs, Köln/Weimar/Wien, 2002.

6 *Lüderssen* Die Durchsetzung des öffentlichen Strafanspruchs, aaO., S. VII ff., 235 ff., 268 ff.; ders., Präventionsorientierte Zurechnung – Aktuelle Programme für die Strafverteidigung? In: *Strafverteidiger* 2011, S. 377 ff. (378/379).

7 *Lüderssen* Der öffentliche Strafanspruch im demokratischen Zeitalter – Von der Staatsräson über das Gemeinwohl zum Opfer? In: Cornelius Prittwitz/Joannis Manoledakis (Hrsg.), Strafrechtsprobleme an der Jahrtausendwende, Baden-Baden, 2000, S. 63 ff. (wieder abgedruckt in *Lüderssen* Rechtsfreie Räume? Berlin, 2012, S. 482 ff.). *Lüderssen* Methodenfragen im Umgang mit der „Sachloglik des Finanzmarkts" – Grenze oder Herausforderung juristischer Intervention?

sierungsmöglichkeiten. Deren verfassungsrechtliche Grundlagen sind bisher – obwohl inzwischen große Monographien vorliegen[8] – für das Strafrecht immer noch nicht hinreichend erforscht,[9] Angesichts seiner Expansion wäre gerade für die Legitimation des Wirtschaftsstrafrechts[10] eine Klärung aber dringend erforderlich.

Wir können uns dabei freilich an Diskussionen orientieren, die bereits im Rahmen der bisherigen Symposien eine große Rolle gespielt haben, insbesondere im Zusammenhang mit den verschiedenen Spielarten einer Unternehmens- und Wirtschaftsethik[11]. Relativ plausibel ist das mit Blick auf die *Rechtsgüter*, die in den verschiedenen wirtschaftsstrafrechtlichen Tatbeständen geschützt sind. Aber *Rechtsgüter* sind auch im übrigen Recht geschützt, es bedarf also einer zusätzlichen „Auszeichnung" für das Strafrecht. Sie ist nicht in einer besonderen Qualifizierung oder Quantifizierung eines Gutes zu sehen, sondern darin, dass mit dem Urheber der Verletzung dieses Gutes etwas Besonderes geschehen soll, etwas, das über Schadensersatz und Wiedergutmachung hinausgeht[12]. Da

---

In: Eberhard Kempf/Klaus Lüderssen/Klaus Volk (Hrsg.); Ökonomie versus Recht im Finanzmarkt?, Berlin 2011, S. 242 ff. (282 f.).

8 *Otto Lagodny* Strafrecht vor den Schranken der Grundrechte, Tübingen, 1996; *Ivo Appel* Verfassung und Strafe, Berlin, 1998; *Gregor Stächelin* Strafgesetzgebung im Verfassungsstaat, Berlin, 1998.

9 *Gärditz* aaO.

10 Das zunehmend zur allgemeinen Reflexion herausfordert, s. *Marco Mansdörfer* Zur Theorie des Wirtschaftsstrafrechts, zugleich eine Untersuchung zu funktionalen Steuerungs- und Verantwortlichkeitsstrukturen bei ökonomischem Handeln, Heidelberg u.a., 2011; *Cornelius Trendelenburg* Ultima ratio? Subsidiaritätswissenschaftliche Antworten am Beispiel der Strafbarkeit von Insiderhandel und Firmenbestattungen, Frankfurt am Main, 2011; *Michael Lindemann* Voraussetzungen und Grenzen legitimen Wirtschaftsstrafrechts. Eine Untersuchung zu den Strukturmerkmalen der Wirtschaftskriminalität und daraus resultierenden Problemen ihrer strafrechtlichen Aufarbeitung, 2012; *Charlotte Schmitt-Leonardy* Unternehmenskriminalität ohne Strafrecht? 2013.

11 Vgl. die Nachweise bei Eberhard Kempf/Klaus Lüderssen/Klaus Volk (Hrsg.), Unternehmensstrafrecht, Berlin, 2012, S. V.

12 Diese Folgenorientierung bei der Suche nach der Substanz des strafrechtlichen Unrechts und der Schuld ist schon bei *Franz Exner* Das Wesen der Fahrlässigkeit, Leipzig, 1910, S. 1, und *Gustav Radbruch* Zur Systematik der Verbrechenslehre, in: Festgabe für Reinhard Frank, Band I, 1930, S. 153 ff., hier zitiert nach dem Wiederabdruck in *Arthur Kaufmann (Hrsg.)* Gustav Radbruch, Gesamtausgabe, Band 8, Heidelberg, 1998, S. 207 ff. (211/212) formuliert; für die gegenwärtige Epoche besonders eindringlich und plausibel *Claus Roxin* Mein Leben und Streben, in: Eric Hilgendorf (Hrsg.), Die deutschsprachige Strafrechtswissenschaft in Selbstdarstellungen, Berlin, 2010, S. 449 ff. (460). S. jetzt auch *Dirk Fabricius* Kriminalwissenschaften: Grundlagen und Grundfragen, Band II. Allgemeiner Teil – Grundlegende Kritik, grundlegende Begriffe. Berlin, 2011, S. 82 ff. Bei *Lothar Kuhlen* Grundfragen der strafbaren Steuerhinterziehung, Heidelberg

der Strafzweck der Vergeltung aus vielerlei Gründen ausscheidet[13], kommt ernstlich nur die Prävention und zwar deren zentrale Funktion „Resozialisierung“ in Betracht[14]; die entscheidende Frage lautet daher, unter welchen Voraussetzungen die staatliche Gesellschaft von jemand verlangen kann, dass er sich einem Resozialisierungsprogramm unterwerfen möge – in Gestalt der diesem Ziel dienende Bestrafung. Damit scheint ein circulus virtiosus eröffnet zu sein, denn die Frage nach den Voraussetzungen für die Resozialisierungsbedürftigkeit führt ja wieder zurück zur Frage nach dem Gewicht der verletzten Güter[15]. Doch dass dies nicht selbständig, isoliert geprüft wird, sondern mit Blick auf die Folge, die sich an die Verletzung knüpfen könnte, gibt dem Gewicht des Gutes eine zusätzliche Bedeutung und auf diese Weise eine Qualität, die es für sich genommen nicht hat. Ein vergleichbarer Bedeutungswandel zeigt sich bei den Kriterien der Zurechnung. Ein Verhalten wird nur dann strafrechtlich zugerechnet, wenn eine entsprechende Folge, hier wieder die Resozialisierung, indiziert ist. Das ist für

u.a. 2012, S. 87, erscheint die Folgenorientierung der strafrechtlichen Legitimation unter dem Aspekt des Strafbedürfnisses, „wenn die Rechtsfolge Strafe zur Verhinderung des Verhaltens in einem gewissen Umfange geeignet und erforderlich ist (Kriterium der Effektivität)“, mit weiteren Belegen in Fußnote 661. Wenn vom Strafbedürfnis die Rede ist, taucht auch bald der Terminus „Strafwürdigkeit“ auf, und dazu heißt es bei *Kuhlen*: „Strafwürdig ist ein Verhalten, wenn es nach seinem Unrechtsgehalt Strafe verdient (normatives Kriterium)“, aaO. Hier wäre vielleicht die letzte Konsequenz, dass das Surplus der Strafe die Definition des Unrechts mitbestimmt, noch zu ziehen, vielleicht auch durch Rückgriff auf ältere grundlegende Arbeiten, vgl. etwa *Klaus Volk* Entkriminalisierung durch Strafwürdigkeitskriterien jenseits des Deliktsaufbaus, ZStW 1985, S. 871 ff.

13 Das ist inzwischen herrschende Lehre. Gleichwohl muss man aufmerksam registrieren, dass in der strafrechtlichen Theorie eine Art Renaissance der absoluten Straftheorie zu beobachten ist, auch unter Rückgriff auf neue Interpretationen historischer Texte (vgl. dazu *Joachim Hruschka* Die ‚Verabschiedung‘ Kants durch Ulrich Klug im Jahre 1968, einige Korrekturen, in: ZStW 2010, S. 492 ff. Dazu *Lüderssen* Präventionsorientierte Zurechnung – Aktuelle Programme für die Strafverteidigung? In: Strafverteidiger 2011, S. 377 ff. (377); dazu wiederum (kritisch) *Joachim Hruschka* Die Interpretation von Kants Strafrechtsphilosophie – Eine Wissenschaft oder eine Ideologie? ZStW 2012, S. 232 ff.

14 S. *Lüderssen* The aggregative Model: Jenseits von Fiktionen und Surrogaten, in: Eberhard Kempf/Klaus Lüderssen/Klaus Volk (Hrsg.), Unternehmensstrafrecht, Berlin, 2012, S. 79 ff. (94 ff. mit Nachweisen).

15 Vgl. die Formulierung von *Ulfrid Neumann* Ontologische, funktionale und sozialethische Deutung des strafrechtlichen Schuldprinzips, in Klaus Lüderssen (Hrsg.), Aufgeklärte Kriminalpolitik oder Kampf gegen das Böse, Band I, Legitimationen, Baden-Baden 1998, S. 391 ff. (400): „Ein Schuldbegriff, dessen Gehalt vollständig von präventiver Notwendigkeit bestimmt wird, ist nicht geeignet, die präventiv erforderliche Strafe nach dem Maß ihrer Schulangemessenheit zu begrenzen. Es droht eine Gleichschaltung von Prinzipien, deren Gegenläufigkeit Voraussetzung einer rechtsstaatlich gebotenen Begrenzung strafrechtlicher Interventionen ist“.

die Schuldausschließungsgründe weitgehend anerkannt[16], muss dann aber auch für diejenigen Elemente der Zurechnung gelten[17], die „positiv" zu fixieren sind, mit Konsequenzen sowohl für die normative Auslegung wie für die Subsumtion.

Für das allgemeine Strafrecht müssen diese Thesen vielleicht noch an Überzeugungskraft gewinnen. Im Wirtschaftsstrafrecht aber, jedenfalls dort, wo es im wesentlichen ein Risiko-Strafrecht ist, liegen diese Interdependenzen auf der Hand und machen im Grunde die ganze mit der Rechtsanwendung verbundene kriminalpolitische Diskussion aus.

Spielt das „Gemeinwohl" – über Rechtsfolgen, Zurechnung und Rechtsgut – im Strafrecht eine so eminente Rolle, dann ist es an der Zeit, seiner genauen Bestimmung näher zu treten. Dabei muss der Strafrechtler sich eingestehen, dass Strafgesetzgebung, Strafrechtswissenschaft und Strafrechtssprechung sich dieser Aufgabe bisher nicht angenommen haben; wir sind vielmehr vorläufig auf öffentliches Recht, Wirtschaftswissenschaften und Soziologie angewiesen.

B. Interdependenzen zwischen individuellen und kollektiven Interessen

Bei der Suche nach einer Definition, die wenigstens einen vorläufigen allgemeinen Ausgangspunkt[18] bietet[19], stößt man sofort auf die größten Kontroversen. Sie gipfeln in verzweifelten Feststellungen von der Art, dass, „was im Interesse aller liegt im Sinne eines generalisierenden Utilitarismus gar nicht fixierbar"[20] sei. Oder: Es sei nicht möglich, die verschiedenen „individuellen Präferenzen

---

16 Nachweise bei *Lüderssen* Rechtsfreie Räume, aaO., S. 639.

17 *Lüderssen* Präventionsorientierte Zurechnung, aaO., S. 379 f.

18 Enzyklopädischer Überblick bei *Roman Herzog* in: Joachim Ritter (Hrsg.), Historisches Wörterbuch der Philosophie, Band 3, Darmstadt 1974, S. 248–258. S. Anhang 2.

19 Über die Schwierigkeiten, die sich hier ergeben, besonders eindringlich *Peter Graf Kielmansegg* Gemeinwohl durch politischen Wettbewerb, in: Hans Herbert von Arnim/Karl-Peter Sommermann (Hrsg.), Gemeinwohlgefährdung und Gemeinwohlsicherung, Berlin, 2004, S. 125 ff. (125); anschaulich die Mitteilungen bei *Christoph Engel* Offene Gemeinwohldefinitionen, in: Rechtstheorie, 2001, S. 22 ff.: „Geht nicht. Ist gescheitert. Apolitisch. Ahistorisch. Naiv und vormodern. Unwissenschaftlich. Schädlich" (S. 23).

20 *Wolfgang Kersting* Wie gerecht ist der Markt? Ethische Perspektiven der Sozialen Marktwirtschaft, Hamburg, 2012, S. 177; ähnlich Paul Nolte, Was ist Demokratie? Geschichte und Gegenwart, München, 2012, S. 417: Zu beobachten sei der Übergang von den liberalen Modellen pluralistischer Demokratie zur anwaltschaftlichen Demokratie, „politische Entscheidungen bilden sich im Wettbewerb verschiedener Interessen heraus" (aaO.).

der Bürger eines Landes in eine logisch widerspruchsfreie kollektive Konkurrenzordnung zu überführen“[21], oder schließlich: „im Falle dysfunktionaler Präferenzen kann utilitaristische Wohlfahrtsmaximierung sogar den Systemtod bedeuten“[22]. Das sind Äußerungen aus der Perspektive des Individuums, in dem Sinne, dass die „Individualfreiheit das Primäre sei und nur Begrenzung erfahre durch das Gemeinwohl“ – oder, dass im Gemeinwohl die Freiheit des Einzelnen immer schon mitgedacht werde. Gemeinwohlbestimmungen, die von Individuen – jedenfalls als unmittelbare Adressaten – abstrahieren und dementsprechend nur staatliche oder gesellschaftliche Ziele, etwa des Fortschritts in der Industrie, fixieren, gibt es lediglich in Diktaturen und autoritären Staaten[23]. Von diesen Modellen wird deshalb im folgenden abgesehen.

---

21 *Renate Mayntz* Wohlfahrtsökonomische und systemtheoretische Ansätze zur Betimmung von Gemeinwohl, in: Herfried Münkler/Karsten Fischer (Hrsg.), Gemeinwohl und Gemeinsinn. Rhetoriken und Perspektiven sozial-moralischer Orientierung, Band II, Berlin, 2002, S. 111 ff. (114), unter Bezugnahme auf *Kenneth Arrow*. Zu diesem „Möglichkeitstheorem“, das Arrow den Nobelpreis einbrachte, und auch Arrow Paradoxon genannt wird, vgl. *Bernd Ziesemer* Eine kurze Geschichte der ökonomischen Unvernunft. Die deutsche Wirtschaftspolitik und das Gesetz der unbeachtlichen Folgen, Frankfurt/New York 2007, S. 171 ff. Dem entsprechen auch aktuelle allgemeine Reflexionen über Gerechtigkeit, vgl. etwa jetzt *Amartya Sen* Die Idee der Gerechtigkeit, München 2010: „Es gibt eine Vielzahl von wirklichen und manchmal einander widersprechenden allgemeinen Interessen, die sich auf unser Verständnis von Gerechtigkeit auswirken. Sie unterscheiden sich nicht notwendig auf bequeme, das heißt die Wahl erleichternde Art und Weise, so dass nur ein einziger Satz von Prinzipien wirklich Unparteilichkeit und Fairness garantieren würde, die anderen aber nicht. Viele von ihnen sind ebenfalls unvoreingenommen und leidenschaftslos“ (aaO., S. 185); Dazu kritisch *Michael Pawlik* in: ZStW 2012, S. 528 ff.: „Nicht der Verzicht auf umfassende Gerechtigkeitstheorien, sondern deren Anreicherung um Mechanismen und Institutionen der Selbstprüfung ist die angemessene Antwort auf die Komplexität des Praktisch-Vernünftigen“ (S. 531).

22 *Renate Mayntz* aaO., S. 119; Luhmann sieht im „Gemeinwohl“ deshalb eine „Kontingenzformel“ (*Niklas Luhmann* Die Politik der Gesellschaft, Frankfurt am Main, 2000, S. 120 ff.). Ins einzelne gehende Auseinandersetzung mit dieser These bei *Michael Anderheiden* Gemeinwohl in Republik und Union, Tübingen, 2006, S. 46 ff.; vgl. auch *Wolfgang Kersting* aaO., „Eine trennscharfe Sortierung der illegitimen und legitimen Ungleichheitsursachen ist (...) ebenso unmöglich wie eine genaue Bestimmung des Kompensations- und Umverteilungsausmaßes“ (S. 178).

23 „Im demokratischen Verfassungsstaat, in der grundgesetzlichen Res publica, gibt es (...) keine materielle und keine ‚allgemeine‘ Offenbarungsgrundlage für das öff. Interesse als Emanation einer ‚höchsten‘ öffentlichen Gewalt“ (*Häberle* aaO., S. 17).

I. Wirtschaftswissenschaftliche und soziologische Anregungen

Die verbleibenden Modelle wechselseitiger Implikation von Individualfreiheit und kollektivem Interesse sind es also, die genauer betrachtet werden müssen. Wie man schnell sehen kann, hängt es nicht nur von der *Wahl* des Ausgangspunkts ab, was jeweils als integriert oder impliziert angesehen werden darf oder aber extern ergänzt werden muss, sondern auch davon, wie man das, was man als Erscheinung des Gemeinwohls begreifen möchte, *definiert*. Das zeigt beispielsweise der Umgang mit dem Wettbewerb. Definiert man ihn als das Ergebnis konkurrierender Betätigung der Freiheit wirtschaftlichen Handelns des einzelnen Unternehmers[24], dann treten für die Gesamtbewertung externe Überlegungen, etwa mit Blick auf die ökonomische Effizienz, hinzu[25]. Sieht man aber im Wettbewerb eine Institution, die wohlverstandene kollektive Interessen bedient[26], dann ist die Funktion der Wettbewerbsfreiheit schon im Begriff Gemeinwohl enthalten und bedarf keiner zusätzlichen Berücksichtigung. Geht man schließlich umgekehrt davon aus, dass die Wettbewerbsfreiheit des Unternehmers seine Verantwortung für die – mit der Betätigung dieser Freiheit verbundene – Wahrnehmung kollektiver Interessen einschließt, so steht gar keine zusätzliche Gemeinwohlposition zur Abwägung[27].

Dass die Rechnung in diesen wechselseitigen Vorwegbestimmungen des Definitionsvolumens nicht aufgeht, wird man vermuten müssen. Beim im Gemeinwohl enthaltenen Wettbewerbsmodell müsste der Teil der Freiheit wettbewerblichen Verhaltens, der nicht primär auf Effizienz, sondern auf höchst persönliche Freiheit pocht, hinzugedacht werden, es sei denn, man sieht auch sogar in der Zuerkennung dieser persönlichen Freiheit einen Akt kollektiver Vereinnahmung – dann ist die Abwägung zwischen Gemeinwohl und Individualwohl gar

24 Vgl. dazu grundlegend *Tonio Gas* Gemeinwohl und Individualfreiheit im nationalen Recht und Völkerrecht, Hamburg, 2012, S. 292 ff.; s. auch *Anderheiden* aaO., S. 25 ff.

25 Vgl. dazu *Lüderssen* Das problematische Verhältnis von Effizienz und Wettbewerb im Finanzmarkt, in: Eberhard Kempf/Klaus Lüderssen/Klaus Volk (Hrsg.), Ökonomie versus Recht im Finanzmarkt? Berlin, 2011, S. 240 ff.

26 Vgl. *Gas* aaO., S. 352 f., mit der Zuspitzung, dass „das Gemeinwohl vermutungsweise durch Wettbewerb erzeugt wird“ (*Gas* aaO., S. 289, oder: „Gemeinwohlförderung durch Verfolgung von Eigenwerten“ geschieht (aaO., S. 290).

27 Ökonomen sprechen hier inzwischen von Antinomien; s. dazu *Viktor J. Vanberg* Wettbewerbsfreiheit und ökonomische Effizienz: Die ordnungsökonomische Perspektive, in: Viktor J. Vanberg (Hrsg.), Evolution und freiheitlicher Wettbewerb, Tübingen 2009, S. 107 ff. (117 ff.).

kein Thema mehr – eine längst geläufige Position im Rahmen der Erörterung der Frage nach dem Ursprung persönlicher Rechte[28].

An dem sachlichen Ergebnis scheinen diese unterschiedlichen Lokalisierungen der jeweils fälligen Abwägungen nichts zu ändern. Indessen müsste man sich mit der suggestiven Wirkung auseinandersetzen, die darin besteht, dass durch die Wahl eines entsprechend engen oder weiten Begriffs Abwägungen vorprogrammiert werden[29]. Starke Begriffe haben diese Funktionen überall in der Rechtsordnung, werden deshalb häufig auch aus diesem Grunde favorisiert[30].

II. Die Funktion sekundärer Normen für die Gemeinwohldefinitionen

Die Anregungen, die das Strafrecht, insbesondere das Wirtschaftsstrafrecht für die auf seinem Gebiet relevanten Gemeinwohlbezüge aus der allgemeinen Gemeinwohldiskussion aufnehmen muss, beziehen sich aber keineswegs nur auf *Inhalte*. Vielmehr muss sich das Strafrecht auch für die *Quellen* der – sei es implikativen oder externen – Gemeinwohlfixierung anderweit orientieren.

Die Diskussion im öffentlichen Recht ist längst dabei angelangt, die staatliche Zwecksetzungskompetenz zu relativieren. Die „staatszentrierte Logik des

---

28 *Ulrich K. Preuss* Die Internalisierung des Subjekts, Frankfurt am Main, 1979, S. 33 und öfter. Philosophische Rekonstruktionen des Problems bei *Axel Honneth* Das Recht der Freiheit, Berlin, 2011, S. 132 ff.

29 Auf diese Weise kommt es beispielsweise zu folgenden Gegenüberstellungen: „Die bürgerlichen Freiheitsgrundrechte sind (...) nicht deshalb besonders werthaltig, weil und insoweit sie einen Dienst für die Gemeinschaft leisten, sondern sie leisten diesen Dienst für die Gemeinschaft dadurch, dass sie frei sind", *Hans Heinrich Rupp* Ungeschriebene Grundrechte unter dem Grundgesetz, in: Juristenzeitung, 2005, S. 147 ff. (148); dazu *Gas* aaO., S. 297. Will man einen Begriff von vornherein restriktiv auslegen, so muss man alle Abwägungen in ihn verlagern. Beispielsweise konkurrieren im Strafvollzug nicht Menschenwürde und Freiheitsrechte, vielmehr wird die Menschenwürde so ausgelegt, dass sie durch den Strafvollzug überhaupt nicht betroffen ist.

30 Der Hauptanwendungsfall ist im Strafrecht der ärztliche Heileingriff. Lange ist die Auffassung vertreten worden – unter dem Einfluss der Ärzteschaft – , dass eine lege artis ausgeführte Operation den Tatbestand der Körperverletzung von vornherein nicht erfüllen dürfe, weil mit dem Wort Körperverletzung sich eine negative Bewertung verbinde; man müsse vielmehr nach der Körperinteressenverletzung fragen. Inzwischen ist diese Auffassung zwar aufgegeben, und es kommt alles auf Einwilligung an, aber das Konstruktionsmodell taucht immer auf bei neuen Problemen, etwa bei der Beschneidung. Sie soll als religiöser Akt von vornherein nicht unter den Begriff der Körperverletzung fallen, so dass es auf den Rechtfertigungsgrund einer Einwilligung nicht ankommt.

Öffentlichen“[31] (von Hayek)[32] ist nicht mehr unangefochten[33]. „In einer liberalen Ordnung ist der ‚Einschätzungsspielraum‘ unter Ungewissheitsbedingungen für die Mehrheit bei der Gesellschaft unter den Grundrechtsträgern selbst zu situieren“. Das heißt, „dieser muss von vornherein aus einer heterarischen Position, also in Kooperation mit privaten Rechtsträgern ausgeübt werden. Dies ist ein notwendiges Komplement der Annahme, dass in einer liberalen Gesellschaft die Intelligenz der selbstorganisierten Handlungsnetze und der darin gespeicherten Erfahrungen den Vorrang vor den staatlich gesetzten Zielen der ‚Gesellschaftssteuerung‘ haben müssen“[34]: „Dies ist zugleich auch die Voraussetzung für eine distribuierte Grundrechtsordnung, innerhalb derer die kollektive Ordnung primär von unten, durch individuelle Nutzung diffusen Wissens, in einer experimentellen Ordnung erzeugt wird; daran ist auch das gesellschaftliche Wissen als kollektives „Gut gebunden“[35]. Und umgekehrt wird dann aber auch „der kollektive Effekt der subjektiven Rechte“ apostrophiert[36]. Dabei wird freilich eine „paradoxe Gewährleistung einer kollektiven nichtstaatlichen Ordnung“ diagnostiziert, „die durch Selbstorganisation zwischen den Individuen von Organisatoren aufgebaut wird und deren ‚relationale Rationalität‘ dem explizit staatlich geschützten Recht, auch soweit es sich um die ‚besseren Argumente‘“ handelt, als „Infrastruktur voraus liegt“[37].

Dem entspricht es, wenn die Entwicklungspolitik der UNO von Anfang an auf „nichtstaatliche, zivilgesellschaftlich getragene Vereinigungen“ gerichtet

---

31 Eine Logik, die ihrerseits erst mit der Verstaatlichung des bonum commune im 16. Jahrhundert begonnen hat (*Peter Blickle* Der gemeine Nutzen, ein kommunaler Wert und seine politische Karriere, in: Herfried Münkler/Harald Bluhm (Hrsg.), Gemeinwohl und Gemeinsinn, historische Semantiken politischer Leitbegriffe, Berlin, 2001, S. 85 ff. (99 ff.); dazu auch *Thomas Simon* Gemeinwohltopik in der mittelalterlichen und frühzeitlichen Politiktheorie, in: Münkler/Bluhm, aaO., S. 129 ff. (131 ff.); interessant und bezeichnend ist, dass parallel zu dieser Entwicklung der öffentliche, das heißt, der staatliche Strafanspruch entsteht oder sich jedenfalls durchsetzt (s.dazu oben Fußnote 5).

32 Zitiert nach *Karl-Heinz Ladeur* Kritik der Abwägung in der Grundrechtsdogmatik, Tübingen, 2004, S. 28.

33 „Dem kooperativen Staat obliegt, Gemeinwohlbeiträge nichtstaatlicher Akteure zu induzieren, sie in sein Verwaltungshandeln zu integrieren, sogar sie mit rechtlicher Bindungswirkung auszustatten“ (*Herfried Münkler/Karsten Fischer* Einleitung: Gemeinwohl-Konkretisierungen und Gemeinsinnerwartungen im Recht, in: dieselben (Hrsg.), Gemeinwohl und Gemeinsinn im Recht, Konkretisierung und Realisierung öffentlicher Interessen, Berlin, 2002, S. 9 ff. (11, unter Bezugnahme auf Arbeiten von *Schuppert*).

34 *Ladeur* S. 41/42.

35 *Ladeur* aaO., S. 42.

36 *Ladeur* aaO., S. 43.

37 aaO.

gewesen ist, denen Artikel 71 der UN-Charta „Beraterstatus für den Wirtschafts- und Sozialrat der Vereinigten Nationen gab“[38]. Es handelt sich um Entwicklungen „außerhalb des Marktes und der kapitalistischen Interessenverfolgung“[39]. „Auch die neuen Gruppierungen verfolgen Interessen und sind ‚Stakeholder‘ im Kampf um Positionen und Prägekraft in der Gesellschaft. Nicht selten umgeben sie sich erfolgreich mit einer höheren moralischen Legitimation ihres Tuns“[40]. Das heißt, die Zuständigkeit des Staates wird „jetzt in die vielfältigen horizontalen Beziehungen zwischen polyzentrischen Normenwelten aufgelöst“[41]. Diese Heterogenität der Rechtsquellen führt notwendig auf Verfahrensfragen. Deshalb nimmt es nicht wunder, dass „Theorien demokratisch-prozeduraler Gemeinwohlkonzepte“ entwickelt werden[42]. Als Gemeinwohl gilt, „was im verfassungsstaatlich organisierten, kanalisierten und als freiheitlich gewährleisteten Willensbildungsprozess als solches beschlossen wird“[43]. Gemeinwohl ist zwar „zu einem Gutteil, was der Gesetzgeber daraus macht“[44]. Aber die pluralistischen Varianten schieben sich in den Vordergrund[45]. Diesen Konzepten wird eine „republikanische

38 *Paul Nolte* Was ist Demokratie, München, 2012, S. 415.

39 *Nolte* aaO., S. 417.

40 *Nolte* aaO., S. 417. Gegen diese ökonomischen Verselbständigungen *Peter Bofinger/Jürgen Habermas/Julian Nida-Rümelin* Einspruch gegen die Fassadendemokratie, in: Frankfurter Allgemeine Zeitung v. 4.8.2012.

41 *Stefan Kadelbach/Klaus Günther* Recht ohne Staat? in: Stephan Kadelbach/Klaus Günther (Hrsg.), Recht ohne Staat? Zur Normativität nichtstaatlicher Rechtsetzung, Frankfurt/New York, 2011, S. 9 ff. (...).

42 Vgl. *Gas* aaO., S. 316.

43 *Gunnar Folke Schuppert* Gemeinwohldefinition im pluralistischen Verfassungsstaat, in: Gewerbearchiv 2004, S. 441 ff. (443; weitere grundlegende Arbeiten des Verfassers zum Thema (Auswahl): Das Gemeinwohl, oder: Über die Schwierigkeiten, dem Gemeinwohlbegriff Konturen zu verleihen, in: Gunnar Folke Schuppert/Friedhelm Neidhardt (Hrsg.), Gemeinwohl – Auf der Suche nach Substanz, Berlin, 2002, S. 19 ff.; Gemeinwohldefinition im kooperativen Staat, in: Herfried Münkler/Karsten Fischer (Hrsg.), Gemeinwohl und Gemeinsinn im Recht, Konkretisierung und Realisierung öffentlicher Interessen, Berlin, 2002, S. 67 ff.; Möglichkeiten und Grenzen der Privatisierung von Gemeinwohlsorge, in: H. H. von Arnim/K. P. Sommermann (Hrsg.), Gemeinwohlsicherung und Gemeinwohlgefährdung, Berlin 2004, S. 269 ff.

44 *Gas* aaO., S. 315 aaO., mit Hinweis auf den sich hier abzeichnenden Zirkelschluss: „Wenn der Gesetzgeber an das Gemeinwohl gebunden ist, aber gleichwohl das Gemeinwohl definiert, so ist er nur noch an sich selbst gebunden“. Einen ähnlichen Zirkel führt *Peter Graf Kielmansegg* aaO., S. 128. vor: „Repräsentative Demokratie ist *responsible government* in einem besonderen, im demokratischen Sinn: Vor der Gesamtheit der Bürger zu Verantwortendes wird von der Gesamtheit der Bürger kontrolliertes Regieren“.

45 So auch – entgegen erstem Anschein – das Bundesverfassungsgericht in seiner Stellungnahme zu divergierenden Gruppeninteressen, s. die Nachweise bei *Gas* aaO., S. 323 f. Grundlegend *Hans Herbert von Arnim* Gemeinwohl und Gruppeninteressen. Die Durchsetzungsschwäche

Variante“ gegenüber gestellt, danach hat der Inhalt des Gemeinwohls wiewohl zunächst offen, doch einen „vorgegebenen Charakter“[46]: Es ist Ziel, der demokratische Entscheidungsprozess ist Mittel[47]. Freilich taucht dann das Problem auf, „dass es verschiedene Rechtsbegriffe“ gibt, „die danach divergieren, ob die Rückführung auf eine oberste Grundnorm und die durch sie statuierte Befugnis zur Ausübung von Zwang, das Faktum formalisierter Anerkennung oder der Bindungswille der Betroffenen maßgeblich sein soll“[48]. Das Problem ist damit nicht gelöst[49]. Denn noch ist der Einwand nicht widerlegt, dass „hinter den Theorien des hypothetischen Konsenses (...)“[50] sich „die Gefahr der Substitution durch die Intuition des jeweiligen Wissenschaftlers, der dann doch wieder externe Beurteilungen über das Wohlergehen und die Präferenzen der Betroffenen anstellen muss“, verbirgt[51].

Hier kann vorerst nur die Prüfung der verfassungsrechtlichen Grundlagen weiterhelfen.

---

allgemeiner Interessen in der pluralistischen Demokratie, ein Beitrag zu verfassungsrechtlichen Grundfragen der Wirtschaftsordnung, Frankfurt am Main 1977; *Peter Graf Kielmansegg* aaO., S. 125 ff. (125).

46 Deshalb wird von *Anderheiden* „ein materialer Gemeinwohlbegriff“, aaO., entwickelt (Ausgangspunkt: S. 1; dann S. 55 ff. (unter Hinweis auf die These von Ernst-Wolfgang Böckenförde, der „demokratische Staat lebe von Voraussetzungen, deren Erhalt er nicht garantieren könne“, S. 65 f., S. 218 ff. [mit Blick auf das Sozialstaatsprinzip und öfter]); instruktive, umfassende Behandlung des Problems bei *Engel* aaO.

47 Nachweise bei *Gas* S. 325.

48 *Günther/Kadelbach* aaO., S. 11; *Gunnar Folke Schuppert* Zum Umgang mit unterschiedlichen Konzeptualisierungen der *Rule of Law* als Anwendung für eine normative Pluralität, in: Matthias Kötter/Gunnar Folke Schuppert (Hrsg.), Normative Pluralität ordnen. Rechtsbegriffsnormenkollisionen und Rule of Law in Kontexten dies- und jenseits des Staates, Baden-Baden, 2009, S. 209 ff., unterscheidet „‚schwachen‘ Rechtspluralismus“; er liegt dann vor, „wenn das staatliche Recht selbst die Geltung anderer Rechtssysteme (zumindest teilweise) anerkennt von einem ‚starken‘ (...) oder eigentlichen Rechtspluralismus, der von solchen juristischen Konstruktionen wenig hält und sich stattdessen für komplexe Rechtskonstellationen unabhängig davon interessiert, ‚ob und wie die unterschiedlichen Teilrechtssysteme einander anerkennen‘“ (aaO., S. 210).

49 Durch die vielen Abstufungen des großen Gegensatzes, der sich hier zeigt, führt *Michael Stolleis* materialreich und mit sicherem Urteil: Geschichte des öffentlichen Rechts in Deutschland, vierter Band, München 2012, mit Schwerpunkten auf S. 352, 377, 392, 463, 673.

50 *Günther/Kadelbach* aaO., S. 11. *Gas* aaO., S. 309.

51 *Anne van Aaken* Vom Nutzen der ökonomischen Theorie für das öffentliche Recht: Methode und Anwendungsmöglichkeiten, in: Marc Bungenberg u.a. (Hrsg.), Recht und Ökonomik, 44. Assistententagung öffentliches Recht, München 2004, S. 1 ff. (28).

C. Zum Gemeinwohl im Grundgesetz der Bundesrepublik Deutschland

Die Diskussion darüber ist verzweigt. Immerhin fällt auf, dass unter den miteinander konkurrierenden Konzeptionen eines Wirtschaftsverfassungsrechts in letzter Zeit die ordoliberale theoretisch und praktisch an Bedeutung gewinnt[52].

Den Einstieg bietet die „mit der Chiffre ‚soziale Marktwirtschaft' bezeichnete Synthese von Wettbewerb und staatlicher Kontrolle"[53]. Dem entspreche „die zwischen Privatisierungseuphorie und Neu-Etatismus oszillierende politische Debatte", die „sich (...) im verwaltungswissenschaftlichen Diskurs um neue Steuerungsmodelle und Gewährleistungsverwaltungsrecht" widerspiegele[54]. Der „Nukleus aller ordoliberalen Verfassungstheorie" liege „in der Verbindung von Wettbewerbstheorie und Verfassungsdogmatik"[55]. Als „Wettbewerbsgrundrechte" werden Art. 9 Abs. 1 Satz 3 und Art. 5 GG genannt. „Der Wettbewerbstopos" trage aber „darüber hinaus gerade auch zur Konturierung der geistigen und kommunikativen Freiheiten" bei. Gemeint sind die Art. 4, 5 Abs. 1, 3, Art. 8 GG[56].

Daraus wird ein den „Eigenwillen des Individuums" hervorhebender „Gesellschaftsentwurf" abgeleitet. Diese Konstruktion unterscheidet sich von „holistischen Konzeptionen sozialer Ordnung", die aus gesamtgesellschaftlicher Perspektive die „Stabilisierungsfunktion des Rechts" betonen"[57]. Daraus folgt, dass es die Aufgabe des Staates sein muss, die freie „Konkurrenz der Individuen untereinander" zu gewährleisten, das heißt insbesondere, Monopolbildung zu verhindern[58]. Die damit verbundene „Missbrauchsaufsicht" vertraut also keineswegs

---

52 Zu den Ausgangspunkten: *Hans Carl Nipperdey* Die Soziale Marktwirtschaft in der Verfassung der Bundesrepublik, Karlsruhe, 1954.

53 *Jan Philipp Schaefer* Ordoliberale Theorie der Grundrechte des Grundgesetzes, Der Staat, 2009, S. 215; derselbe, „Markt" und „Gemeinwohl" als Integrationsprinzipien zweier ineinander greifender Normenordnungen, in: Emanuel V. Towfigh u.a. (Hrsg.), Recht und Markt – Wechselbeziehungen zweier Ordnungen, 49. Assistententagung Öffentliches Recht, Baden-Baden 2009, S. 137 ff.

54 *Schaefer* Ordoliberale Theorie der Grundrechte des Grundgesetzes, aaO.

55 aaO.

56 aaO., S. 216. Weitere Anwendungsfälle für die Rolle des Wettbewerbs in unserem Verfassungsleben bei *Kielmannsegg* aaO., S. 125. Zu den Hintergründen: *Viktor J. Vanberg* Wettbewerb und Regelordnung, Tübingen, 2008, S. 101 ff., 155 ff.; vgl. auch die zugespitzte Formulierung bei *Gas* aaO., S. 289: „Gemeinwohl" werde „vermutungsweise durch Wettbewerb erzeugt".

57 *Schaefer* aaO., S. 219.

58 aaO., S. 220.

der „individuellen" des Marktes, hat aber keine Steuerungsfunktion[59]. Vielmehr verkörpern die Grundrechte eine „dezentrale Zuständigkeitsordnung" für die Schaffung „des Gemeinwohls"[60]. Dazu gehört, dass man eine „Gestaltungsmacht des Individuums zur Setzung eigener Standards" zugesteht[61].

Die Wettbewerbsgrundnorm ist Art. 2 Abs. 1 GG[62]. Die durch die Rechte anderer gezogenen Grenzen werden geschützt durch „eine Einbeziehung objektiver Verfassungsnormen in den subjektiv-rechtlich strukturierten Rechtsschutz"[63]. Die Rangfolge – vom Subjektiven zum Objektiven – ist dadurch gewahrt. Eine weitere Basis ist Art. 12 GG. „Der großzügige Schutz konventioneller Berufsbilder, Geschäftsideen und Erwerbschancen ermöglicht einen Wettbewerb für die bestmögliche Ausübung kreativer Potentiale im Geschäftsleben"[64]. Wieder erscheint die Rücksicht auf Gemeinschaftsgüter als mögliche Legitimation für einen Eingriff, bedarf also der Rechtfertigung. Das wird noch deutlicher anhand des durch das Apotheken-Urteil etablierten Dreistufenmodells. Man kann es „unter wettbewerbstheoretischen Gesichtspunkten als Typisierung eines Regel-Ausnahmemodells zulässiger Regulierungskriterien interpretieren"[65].

Die Lokalisierung der ordoliberalen Position bei den Grundrechten ist deshalb so wichtig, weil sie nach Ansicht des Bundesverfassungsgerichts „Multiplikatoren der Individualinteressen gegenüber dem Staat" sind. Das ist in Deutschland ein „Paradigmenwechsel"; die alte Maxime „Gemeinnutz geht vor Eigennutz" soll nicht mehr gelten. Der Staat ist „nicht mehr in erster Linie der überindividuellen menschlichen Gemeinschaft, sondern dem Schutz der Selbstverwirklichung der Person" verpflichtet[66].

Dieses ordoliberale Modell, das die wettbewerbstheoretische Perspektive des Bundesverfassungsgerichts prägt[67], grenzt sich also sowohl von dem Modell ab, in dem „individuelle Präferenzentscheidungen mit gleichsam unsichtbarer Hand

---

59 aaO., S. 221.

60 *Josef Isensee* Das Volk als Grund der Verfassung. Mythos und Relevanz der Lehre von der verfassungsgebenden Gewalt bis 1995, S. 103.

61 *Schaefer* aaO. Im Anschluss an *Isensee* aaO.

62 Als grundlegende Entscheidung gilt das „Elfes-Urteil", BVerfG 6, S. 32. Dazu *Schaefer* S. 226, mit weiteren Nachweisen aus der Rechtsprechung des Bundesverfassungsgerichts.

63 *Schaefer* aaO., S. 227.

64 aaO., S. 220.

65 *Schaefer* aaO., S. 229.

66 Historische Herleitung bei *Rolf Stürner* Markt und Wettbewerb über alles? Gesellschaft und Recht im Fokus neoliberaler Marktideologie, München, 2007, S. 33 ff. S. ferner *Gas* aaO., S. 353 ff.

67 *Schaefer* aaO., S. 238.

zu einer spontan ungeplanten Ordnung zusammen zu fügen“, sind[68], wie von einem kommunitaristischen Gemeinwohlbegriff, wonach „die menschliche Existenz wesenhaft eine gemeinschaftsbezogene und – gebundene ist (...)[69] In allen drei Modellen wird aber das Individualwohl als eine selbständige Größe sehr ernst genommen. Nur diese Modelle können in einem liberalen demokratischen Verfassungsstaat noch zur Diskussion stehen. Holistische Modelle, wonach das Individuum nur gewissermaßen der sekundäre Nutznießer der zentralen Gemeinwohlkonzeption ist, bleiben deshalb im folgenden beiseite[70]. Für die anderen Gemeinwohltheorien gilt, dass ihre „zentrale Frage (...) die Gemeinwohlwertigkeit kollidierender Interessen“ ist[71]. Es muss mit der Konzentration aller drei noch bleibenden Konzepte auf das Subjekt[72] zusammenhängen, dass sie gekennzeichnet sind durch skeptische Aspekte der Wahrheit[73] und – folgerichtig – die Überzeugung, dass das Gemeinwohl sich im Verfahren konkretisiere[74]. Da es auf „das

---

68 *Jan Philipp Schaefer* Grundlegung einer ordoliberalen Verfassungstheorie, Berlin 2007, S. 259. Hier gehören auch die Anhänger des so genannten methodologischen Individualismus, für die „eine ethisch-politische Zweckvorgabe – und damit auch Wirtschaftsethik – überhaupt nicht nötig ist“ (*Peter Ulrich* Integrative Wirtschaftsethik, 4. Auflage, Bern/Stuttgart/Wien, 2008, S. 201).

69 *Ernst-Wolfgang Böckenförde* Staat – Nation – Europa – Studien zur Staatslehre, Verfassungstheorie und Rechtsphilosophie, 2. Auflage, Frankfurt am Main, 2000, S. 211 ff.

70 Das gilt insbesondere für die „Gemeinwohlformeln“ im nationalsozialistischen Recht; vgl. dazu die gleichnamige Monographie von *Michael Stolleis* Berlin, 1974; zu dieser Einordnung auch *Jan Philipp Schaefer* Grundlegung einer ordoliberalen Verfassungstheorie, aaO., S. 563. Wie unsicher man in der dem Nationalsozialismus unmittelbar vorangehenden Zeit, den legendären zwanziger Jahren, über das Verhältnis der Privatautonomie zu gesellschaftlichen Zwecken war, zeigt die Position *Radbruchs*: „Diese Zeit ist gekennzeichnet durch den Übergang vom individualistischen zum sozialen Zeitalter“ (Gesamtausgabe, aaO., Band 2, S. 486), oder „Der Gemeinschaftsgedanke (...) ist wieder erwacht. Ein soziales Zeitalter ist angebrochen“ (aaO., S. 485). Weil das in den Augen der Nationalsozialisten der falsche Sozialismus war, wurde Radbruch schon Anfang 1933 aus dem Amt entlassen. Es hat lange gedauert, bis erkennbar wurde, dass es so etwas wie einen sozialen Liberalismus geben kann. Über die noch heute andauernden Schwierigkeiten, insoweit Radbruch richtig zu begreifen, vgl. *Lüderssen* Rechtsfreie Räume, aaO., S. 410 ff. Eine vergleichbar schwierige Stellung hatte Walter Rathenau, vgl. dazu *Lüderssen* in: Eberhard Kempf/Klaus Lüderssen/Klaus Volk (Hrsg.), Unternehmensstrafrecht, Berlin, 2012, S. 89 ff.

71 *Schaefer* Grundlegung einer ordoliberalen Verfassungstheorie, aaO., S. 560.

72 Das gilt auch für den Kommunitarismus. Zwar ist nach dieser Lehre das Subjekt von vornherein gewissermaßen gemeinwohlorientiert imprägniert, das ändert aber nichts daran, dass die Betrachtung vom Subjekt ausgeht. Dazu *Schaefer* Grundlegung einer ordoliberalen Verfassungstheorie, aaO., S. 558 ff. mit zahlreichen Nachweisen.

73 *Schaefer* aaO., S. 563.

74 *Schaefer* aaO., S. 563.

im Einzelfall adäquate Verhältnis der Grundwerte zueinander" ankommt[75], soll es keine macht- und interessenorientierte Verfahren geben.

Der in der wirtschaftswissenschaftlichen und sozialwissenschaftlichen Literatur häufig anzutreffenden Hypothese, dass bis zu einem gewissen Grade mit der Gewährleistung der individuellen Unternehmerfreiheit auch Gemeinwohlinteressen bedacht sind, derentwegen es deshalb keiner die Unternehmensfreiheit eingrenzender Regeln bedarf, kommt also ein erhebliches Gewicht zu, weil das Grundgesetz offenbar von diesem Modell ausgeht. Soweit dennoch Regeln für die Begrenzung der Unternehmensfreiheit erforderlich sind, weil zusätzliche, mit der Ausübung der freien Unternehmerentscheidung noch nicht implizierte Gemeinwohlinteressen berücksichtigt werden müssen, können diese nur in offenen, mit keinen „vorgegebenen" Wahrheiten arbeitenden Verfahren gefunden werden. Ferner ist für diese Regeln typisch, dass sie keine Erlaubnisse gewähren, sondern bereits vorhandene Erlaubnisse durch Verbote begrenzen, deren Inhalt ausschließlich diejenigen Gemeinwohlbelange umfasst, die nicht schon als Funktion des erlaubten Verhaltens begriffen werden können. Die Suche nach dem Gemeinwohlgehalt verläuft also nach dem Schema Regel/Ausnahme. Das heißt, man verifiziert zunächst die Gemeinwohlanteile des Verhaltens, das die Regel sein soll – die freie Unternehmerentscheidung – und findet dann für die außerdem zu berücksichtigender Gemeinwohlbelange eine entsprechende Verbotsnorm.

D. Das Gemeinwohl als soziale Tatsache

Wenn davon ausgegangen wird, dass ordoliberale Modelle die Wirtschaftsform kennzeichnet, die das Grundgesetz favorisiert oder voraussetzt, werden Bezüge zu Sachverhalten und sozialen Regeln hergestellt, die sich der normativen deduktiv-analytischen Argumentation entziehen. Was stattdessen geschieht, hat, obwohl das Phänomen seit langem bekannt ist, keinen festen Platz im Kanon der Kriterien für die Auslegung rechtlicher Normen. Diese Lücke zu schließen, fällt so lange besonders schwer, wie kein Verfahren sichtbar wird, das ohne weiteres erlaubt, Tatsachen und Wertungen klar zu unterscheiden. Der erste Schritt, der vielleicht möglich ist, besteht in der Fixierung des Erkenntnisinteresses. Es richtet sich auf Handlungen, denn diese sind es allein, die strafrechtliche Reakti-

---

75 *Schaefer* aaO., S. 561. Weitere Einzelheiten S. 563–564.

onen auslösen. Das kann man als eine gewohnheitsrechtlich gesicherte Einsicht notieren[76].

Handlungen realisieren Intentionen und haben Wirkungen. Das Gemeinwohl erscheint sowohl bei den Intentionen wie bei den Wirkungen. Das Problem von Verifizierung oder Falsifizierung ist hier, dass auf jeder Stufe der Konkretisierung Wertung und Feststellung bei dem, was wir jeweils so nennen, zusammentreffen. Wenn gesagt wird, dass der Wettbewerb notwendig Handlungen hervorbringt, denen die Gemeinwohlorientierung inhärent ist, dann wird stillschweigend angenommen, oder es geht ein entsprechender Entscheidungsprozess voran, dass der Wettbewerb unter gleichen Bedingungen erfolgt und mit Gemeinwohl bestimmte Gruppeninteressen gemeint sind. Will man diese Gruppen nicht isolieren, sondern strebt ein größeres „Ganzes" an, kann wahrscheinlich die noch so egalitär angelegte Beurteilung der Wettbewerbshandlung das Gemeinwohl nicht einschließen. Vielmehr muss es den Handlungen als spezielles Ziel oder als begrenzender Rahmen vorgegeben werden. Was insoweit als „Natur der Sache" in den Blick gerät, ist anderwärts schon behandelt[77]. Es besteht jetzt aber Anlass, das durch neuere Forschungsergebnisse zu ergänzen.

Gemeint ist das von Searle aktualisierte Konzept der „institutionellen Realität menschlicher Gesellschaften"[78]. Searle präsentiert zunächst seine schon bekannte These: „Institutionelle Tatsachen sind ausnahmslos sprachlich konstituiert". Aber er fügt noch hinzu, dass „das Funktionieren der Sprache (...) nicht leicht zu sehen" sei. Das heißt, wir seien uns „nicht über die Rolle klar (...), welche die Sprache bei der Konstitution der sozialen Realität spielt"[79]. Als er „die Kon-

---

76 In der Soziologie gibt es deutliche Zeichen für einen Rückzug von „der positivistischen Metaphysik-Kritik", der gleichbedeutend ist mit einer „Rückkehr (...) zur Ontologie (*Gerd Albert* Sachverhalte in der Badewanne. Zu den allgemeinen ontologischen Grundlagen des Makro-Mikro-Makro-Modells der soziologischen Erklärung. In: Greve, Jens/Schnabel, Annette/Schützeichel, Rainer [Hrsg.], Das Mikro-Makro-Modell der soziologischen Erklärung – zur Ontologie, Methodologie und Metatheorie eines Forschungsprogramms, Wiesbaden 2008, S. 21 ff. [21]). Zum rechtsphilosophischen status quo vgl. *Winfried Hassemer* „Sachlogische Strukturen" – noch zeitgemäß?", in: Festschrift für Hans-Joachim Rudolphi zum 70. Geburtstag, Neuwied, 2004, S. 61 ff.; zu den insoweit einschlägigen systemtheoretischen Aspekten: *Hans Theile* Das Verhältnis zwischen Zuschreibung und Fakten in einem Unternehmensstrafrecht, in: Eberhard Kempf/Klaus Lüderssen/Klaus Volk (Hrsg.), Unternehmensstrafrecht, Berlin, 2012, S. 175 ff. (178 ff.).

77 *Lüderssen* Methodenfragen im Umgang mit der „Sachlogik" des Finanzmarkts, aaO., S. 273 ff.

78 *John R. Searle* Wie wir die soziale Welt machen. Die Struktur der menschlichen Zivilisation, Berlin 2012 (Titel der Originalausgabe: Making the social World, The Structure of Human Civilization, Oxford University Press, 2010). Die Untersuchung führt frühere Ansätze (The Construction of Social Reality, 1995) fort.

79 aaO., S. 153.

struktion der gesellschaftlichen Wirklichkeit" geschrieben habe, sei das Problem offen geblieben, „inwiefern die Sprache konstruktiv ist, *genau:* welches die Form des Sprechakts" sei, „durch den die institutionelle Realität geschaffen wird". Denn wenn es richtig sei, dass „die gesamte institutionelle Realität durch Deklaration geschaffen und (...) fortwährend aufrecht erhalten" werde, dürfe man nicht übersehen, dass das Instrument der Deklaration, „die Sprache selbst (...) nicht durch Deklaration geschaffen werde"[80]. Daher erhebe sich die Frage, „warum besteht diese Asymmetrie zwischen Sprache und den übrigen gesellschaftlichen Institutionen?"[81]. Die angekündigte Erklärung beginnt freilich sofort mit einer Relativierung des Problems. Searle meint, „dass performative Äußerungen im Hinblick auf die Hervorbringung von Sprechakten durch Deklaration offenbar genauso funktionieren wie bei der Schaffung institutioneller Tatsachen nichtsprachlicher Art"[82]. Danach ist man nicht mehr überrascht zu lesen, „dass die Existenz nichtsprachlicher institutioneller Tatsachen sprachliche Repräsentation voraussetzt"[83]. Folgerichtig wird vermutet, dass „eine solche Repräsentation (...) in einen unendlichen Regress" führe[84]. Weil das offenbar inakzeptabel ist, wird die Behauptung aufgestellt, dass die „performative Schaffung institutioneller Tatsachen sprachlicher Art (...) etwas völlig anderes" sei, „als die performative Schaffung institutioneller Tatsachen nichtsprachlicher Art"[85]. Aber bei dieser Behauptung bleibt es im Wesentlichen. Zwar wird von einer außersprachlichen Konvention gesprochen, die die Macht verleihe, „die entsprechenden institutionellen Tatsachen zu schaffen". Dann heißt es aber weiter „diese spezielle Macht muss ihrerseits durch Sprache geschaffen werden"[86]. Wenn man sich gleichwohl weigert, eine losgelöste objektive Realität der Sprache anzunehmen, dann bleibt nur der Rekurs auf das nicht hintergehbare Ich, und auf die ebenso unhintergehbare Kommunikation. Das mögen in letzter Konsequenz wiederum Absolutheiten sein, die theoretisch ebenso unergründlich wie für die Rechtspraxis unbrauchbar sind. Das bedeutet jedoch nicht, dass man sich von diesen erkenntnistheoretischen Mühseligkeiten einfach abwenden darf. Vielmehr bleibt es dabei, dass Verständigungen auch dort, wo sie nicht perfekt sind, ehrlicher sind als die Rückkehr zum subjektunabhängigen Objektivismus. Der Mut zur Empirie auf diesem Gebiet

80 aaO., S. 186.
81 aaO., S. 186.
82 aaO., S. 187.
83 aaO., S. 187/188.
84 aaO., S. 188.
85 aaO., S. 189.
86 aaO., S. 189.

bedeutet nicht den Missbrauch des philosophischen Höhenflugs der Suche nach der idealen Sprechsituation, ist eben kein aliud, sondern nur ein „weniger".

Searle ist in dieser Hinsicht ganz explizit, was am Ende nicht verwundert, da er als Voraussetzung für die staatlichen Funktionen der Gesellschaft „kollektive Intentionalität"[87] fordert, das heißt, „dass die Status-Funktionen dann wirklich ihren Dienst tun können, wenn es kollektiv *akzeptiert* oder *anerkannt* ist, dass der betreffende Gegenstand oder die betreffende Person diesen Status hat"[88]. Dabei umfasse „Akzeptierung die ganze Bandbreite von begeisterter Billigung bis hin zu widerwilliger Anerkennung, selbst wenn damit anerkannt wird, dass man außerstande ist, irgendetwas zur Veränderung oder Ablehnung des gegebenen institutionellen Rahmens beizutragen (...). Hass, Gleichgültigkeit und sogar Verzweiflung sind durchaus vereinbar mit der Anerkennung dessen, was einem verhasst oder gleichgültig ist oder dessen Veränderbarkeit man für aussichtslos hält"[89].

Damit ist die Verbindung zu Formeln hergestellt, die ihre erste Ausprägung schon in der Epoche der wachsenden Bedeutung von Anerkennungstheorien des Rechts[90] gefunden haben[91]. Für die moderne Diskussion werden sie anschaulich mit der Etablierung rechtlicher Regelungen jenseits des Staates – in gruppenbezogenen, stellenweise regionalen oder thematisch begrenzten Institutionen. Hier kommt es zu *den* Festlegungen oder Konstruktionen von *Gemeinwohl*, wie sie die gegenwärtige Rechtspraxis manifest oder latent beeinflussen. Diese Problematik ist im folgenden genauer zu entfalten.

E. Das Gemeinwohl als prozedurales Problem

Wenn der Akzent so eindeutig auf dem wirtschaftenden Individuum liegt, können die Gemeinwohlüberlegungen sich erst verselbständigen, wenn geprüft ist, dass das Gemeinwohl nicht schon ein Implikat des unternehmerischen Verhaltens ist. Dann muss natürlich dieses unternehmerische Verhalten genauer angesehen werden. Die Idee, dass die Welt gewissermaßen um einen *homo oeconomicus* kreist, der gleichsam demiurgisch die ökonomische Wohlfahrt befördert, kann

---

87 aaO., S. 18.
88 aaO., S. 18/19.
89 aaO., S. 19.
90 *Lüderssen* Genesis und Geltung in der Jurisprudenz, Frankfurt am Main, 1996, S. 20 f.
91 *Ernst Rudolph Bierling* Juristische Prinzipienlehre, Aalen, 1975 (2. Neudruck, Ausgabe Tübingen 1917), S. 193/194.

ja nur absurd sein[92]. Um so mehr sind hier jetzt neue Studien und Berichte über anthropologische und sozio-ökonomische Voraussetzungen des wirtschaftlichen Handelns von Interesse[93].

Die besondere Pointe, dass im unternehmerischen Handeln – wohl erwogen – ein Stück der Gemeinwohlorientierung bereits enthalten ist, führt zu der Frage, mit welchen Interessen und Motiven dabei gearbeitet wird[94]. Nicht jede kurzfris-

---

92 Dazu die Rezension des Buches von *Robert Shiller* Finance and the Good Society, Oxford, 2012, in der Frankfurter Allgemeinen Zeitung vom 24.7.2012.

93 Primärer Anknüpfungspunkt ist die „ethische Rationalität im Kontext neuzeitlicher Vernunft- und Freiheitsgeschichte", s. *Wilhelm Korff u.a. (Hrsg.)* Handbuch der Wirtschaftsethik, Band 1, 1, Berlin, 1999, S. 152 ff.; spezieller: „Konsens und Konflikt: Herausforderungen an die Ethik in einer pluralen Gesellschaft", aaO., S. 198 ff. Gesprochen wird auch von Strukturethik, und da sind besonders interessant: „Perspektiven der Institutionenökonomik und die gesellschaftliche Indikation individueller Interessen", aaO., S. 272 ff. Ferner „Die Relevanz der Ökonomik für die Implementation ethischer Zielsetzungen", aaO., S. 322 ff., speziell mit Theoriebildungen im 20. Jahrhundert, vgl. aaO., S. 461 ff., und dann der Übergang zu „Wirtschaftlichen Theoriebildungen", dort „Einzelwirtschaftliche Theoriebildungen", und besonders „Die bisherige Behandlung der ‚Ethik' in der Betriebswirtschaftslehre, aaO., S. 126 ff. Ein weiterer Zugang eröffnet sich über „Das Zuordnungsverhältnis von Ethik und Ökonomik als Grundproblem der Wirtschaftsethik", aaO., S. 834 ff.

94 Hier kann nur auf einige einschlägige neuere Literatur verwiesen werden: Es geht um Verhaltensökonomie. Zur juristischen Aufarbeitung: *Horst Eidenmüller* Der homo oeconomicus und das Schuldrecht: Herausforderungen durch Behavioural Law and Economics, Juristenzeitung 2005, S. 216 ff.; *Dorothea Kübler/Friedrich Kübler* Zur Einführung: Recht und Sozialwissenschaft, Herausforderungen und Chancen der Verhaltensökonomie. Kritische Vierteljahresschrift für Gesetzgebung und Rechtswissenschaft, 2007, S. 94 ff.; weitgespannter Überblick in: Christoph Engel u.a. (Hrsg.), Recht und Verhalten. Beiträge zu *Behavioural Law and Economics,* Tübingen 2007; umfassende und tiefdringende, auch auf einzelne Rechtsgebiete sich erstreckende Orientierung in dem Sammelband von *Holger Fleischer/Daniel Zimmer (Hrsg.)* Beiträge der Verhaltensökonomie (Behavioural Economics) zum Handels- und Wirtschaftsrecht. Beihefte der Zeitschrift für das gesamte Handelsrecht und Wirtschaftsrecht, Heft 75, Frankfurt am Main, 2011. Aus wirtschaftswissenschaftlicher Sicht: *Robert J.Shiller* Irrational Exuberance, 2nd Edition, New York, 2005; *Bernd Ziesemer* Eine kurze Geschichte der ökonomischen Unvernunft. Die deutsche Wirtschaftspolitik und das Gesetz unbeabsichtigter Folgen; *Roman Frydman/Michael D. Goldberg* Imperfect Knowledge Economics, Princeton and Oxford, 2007; *George A. Akerlof/Robert J. Shiller* Animal Spirits. How human psychology drives the economy and why it matters for global capitalism. Princeton/Oxfordshire, 2009; *Carl Christian von Weizsäcker* Homo Oeconomicus Adaptivus Die Logik des Handelns bei veränderlichen Präferenzen. In: Volker Caspary/Bertram Schefold (Hrsg.), Wohin steuert die ökonomische Wissenschaft? Ein Methodenstreit in der Volkswirtschaftslehre, Frankfurt am Main 2011, S. 221 ff.; *Claudia Nagel* Was ist ein Unternehmen aus psychodynamischer Sicht, und wie sollte es haften? – Unternehmensstrafrecht aus Sicht von Behavioural Economics, Behavioural Strategy, in: Eberhard Kempf/Klaus Lüderssen/Klaus Volk (Hrsg.), Unternehmensstrafrecht, Berlin, 2012, S. 153 ff.

tige Nutzenmaximierung ist insoweit schon aufschlussreich; es gibt Rahmenbedingungen, die zu fast zwangsläufigen Reaktionen führen. Wenn z.B. beim Insider-Handel „Aktienoptionen (...) bei der Führungskräfteentlohnung immer mehr an Bedeutung" gewinnen, dann begünstigt das einen Unternehmertyp, der ohne weiteres in Versuchung gerät, „Maßnahmen der Kurspflege vorzunehmen, die nicht mehr durch reale langfristige Vertragsaussichten gestützt sind, sondern nur kurzfristige Einkommenssteigerungen durch Wertpapiergeschäfte aufgrund von Insider-Wissen bezwecken"[95].

Man muss also bei den am Gemeinwohl orientierten Individualinteressen unterscheiden, ob diese Orientierung gleichsam eine automatische Zutat ist, oder ob das *Planungsverhalten* der Unternehmer diese Seite des unternehmerischen Effekts bewusst mit berücksichtigt[96]. Allerdings muss man dann nochmal unterscheiden: Wenn diese erweiterte Zwecksetzung, etwa bezogen auf die Nachhaltigkeit realwirtschaftlicher Gewinne, schon ein Stück des Gemeinwohlimplikats darstellt, dann zählt das noch zur ökonomischen Motivation. Wer allerdings die ökonomischen Ziele anders, enger sieht, muss hier schon eine im Unternehmerverhalten selbst angelegte Außenorientierung vermuten und kann das dementsprechend kritisieren. Umgekehrt können diejenigen, die so handeln, die anderen – die diese Gemeinwohlorientierung nicht anstreben, sondern kurzfristig operieren – mit ökonomischen Argumenten kritisieren. Jedenfalls gehört auch diese weitere Definition unternehmerischen Handelns noch in den Kreis der Selbstregulierung und nicht zu den von außen herankommenden Gemeinwohlaspekten, die das unternehmerische Handeln begrenzen.

Dass die Fixierung des Gemeinwohlimplikats im unternehmerischen Handeln schwierig bleibt, ist ein Grund, das unternehmerische Handeln psychologisch und soziologisch genauer zu prüfen. Die Frage ist, ob man versuchen könnte, aus Gemeinwohlgründen einen Unternehmer-Typus zu favorisieren (bis hin zu akademischen Prüfungsordnungen), der die Gemeinwohlimplikation sieht. Dann wäre die Gemeinwohlimplikation unternehmerischen Handelns aber nur extern, von den Rahmenbedingungen her, gesteuert. Hier würden dann Modelle eine Rolle spielen, die im Wettbewerbsverhalten eine anthropologische Konstante sehen. Keineswegs geht es darum, nun nur noch die irrationalen Momente zu finden;

---

95 *Victoria Gisella Villeda* Prävention und Repression von Insider-Handel, Frankfurt am Main, 2010, S. 64/65.

96 Instruktive Differenzierungen bei *Olaf Müller-Michaelis/Wiebke Ringel* Muss sich Ethik lohnen? Wider die ökonomistische Rechtfertigung von Corporate Social Responsibility, in: Die Aktiengesellschaft, 2011, S. 101 ff.

vielmehr interessiert die Ausdifferenzierung des rationalen Handelns, bezogen auf (Normatives einschließende) Kommunikationsprozesse.

Man muss daher wohl Grade der Verständigung unterscheiden – inmitten eines eigendynamisch systemischen und mit Irrationalitäten durchsetzten Parallelogramms der Kräfte. Auch wenn hinterher in einem nicht bestimmbaren Umfang die Kalkulation auf die Wirkungsmächtigkeit persönlichen unternehmerischen Handelns kontrafaktisch ist, kann auf diesen Posten in der Gesamtrechnung der Selbstregulierung nicht verzichtet werden. Sie nimmt Gestalt an in Kommunikationen über die Gemeinwohlimplikationen des unternehmerischen Handelns, die dort beginnen, wo die externen Regeln der Selbstregulierung ihn explizit oder konkludent eröffnen. Dass diese Kommunikationen nicht willkürlich verlaufen, ist eine stillschweigende Annahme. Was sind denn dann aber die Kriterien für die Konkretisierung und Valutierung dieser Kommunikationsprozesse?

Diese Frage wird bisher, wenn überhaupt, durchweg globalisierend behandelt. Dabei fällt auf, dass – eigentlich ohne Not – auf die philosophischen Theorien des Diskurses zurückgegriffen wird, mit der Folge, dass dann sehr bald gesagt wird, die geforderten idealen Sprechbedingungen seien „in der sozialen Wirklichkeit kaum jeweils auffindbar und auch kaum herstellbar“[97]. Was den Gesetzgeber angeht, so hat sich mit einer gewohnheitsrechtlichen Akzentuierung die Trias von Zielsetzung, Mittelauswahl und Abwägung von Zielkonflikten allmählich bewährt. Auch der das Recht auslegende und anwendende Jurist hat seine Canones. Dass die Methoden der Fortbildung und Interpretation des Rechts nun indessen um ein Diskurselement zu ergänzen und dabei mehr oder weniger Abstriche zu machen sind von den bisher nur für die ethischen Diskurse entwickelten Maßstäbe, ist inzwischen sogar den prinzipiellen Gegnern einer Übertragung diskurstheoretischer Forschungen der Moralphilosophie auf die Jurisprudenz klar geworden. Sie suchen ausdrücklich nach „Theorieangeboten“, „die Vielheit, Polyzentrismus der Rechtserzeugung und divergente Geltungsansprüche explizit machen kann“[98]. Bei der „Normgeltung“ werde ja „darüber debattiert, ob faktische Anerkennung und Befolgung bereits hinreichen, so dass es einer expliziten sekundären Normierung rechtssetzender (staatlicher) Auto-

---

97 *Erhard Denninger* Staatliche Hilfe zur Grundrechtsausübung durch Verfahren, Organisation und Finanzierung, in: Josef Isensee/Paul Kirchhof (Hrsg.), Handbuch des Staatsrechts für die Bundesrepublik Deutschland, Band IX, Allgemeine Grundrechtslehren, 3. Auflage, Heidelberg, 2011, S. 621 ff. (626). Übersichtliche Darstellung und Kritik der philosophischen Diskurstheorien bei *Armin Engländer* Diskurs als Rechtsquelle, Tübingen, 2002.

98 *Stefan Kadelbach/Klaus Günther* aaO., S. 33.

rität womöglich gar nicht mehr bedarf, und die (staatliche) Zwangsandrohung nicht mehr als konstitutiv für die Unterscheidung des Rechts von anderen sozialen Normen erscheint“[99]. Diese Entwicklung lege „eine Kultur des Dialogs nahe, die auf Anerkennung, Koordination, wechselseitige Kompatibilität und größtmögliche Autonomie gerichtet ist“[100]. Es wird darauf hingewiesen, dass „für den Bereich des Völkerrechts (...) in den letzten Jahren eine eigene Legitimationsdebatte entstanden“ sei, „in der liberal-pluralistische, deliberative, kosmopolitische und Mehr-Ebenen-Modelle versuchen, das Prinzip demokratischer Legitimation auf die zwischenstaatliche Ebene zu übertragen“[101]. Vertieft wird diese Perspektive durch die Erinnerung an einschlägige Groß-Kontroversen der Vergangenheit: „Der offensichtliche Gegensatz zwischen *Ehrlichs* ‚Vielfalt der Rechte‘ und *Kelsens* monistischer Normenarchitektur, zwischen einer sozialpsychologischen Anerkennungstheorie der Normgeltung und einer entpsychologisierten, normativistischen Theorie der Rechtsgeltung, hat zu epischen Streitigkeiten zwischen den beiden Protagonisten geführt“[102]. In jüngerer Zeit hat Ehrlichs heimatliche Basis für seine Analysen neues wissenschaftliches Interesse gefunden. „Die Fragmentierung der Normenwelt im transnationalen Raum wird als Globalisierung der Bukovina gedeutet, in der in nicht-hierarchischen Netzwerken und Diskursen funktional differenzierte autonome Ordnungen entstehen“[103]. Gleichwohl bleibt zu registrieren, dass zur Technik der hier abzurufenden Verfahren so recht niemand vordringt. Drei Fragen sind offen:

Zunächst geht es um das Ziel des Diskurses: Findet er die Lösung oder produziert er sie, oder kommt es auf das Ergebnis nicht mehr an, wenn nur das Verfahren in Ordnung ist? Da auf sachliche Argument im Zuge des Diskurses schlechterdings nicht verzichtet werden kann, bleibt für die Diskurstheorien der logische Status des substantiellen Argumentes noch zu klären[104].

---

99 aaO., S. 32.

100 aaO., S. 37.

101 aaO., S. 37, unter Hinweis auf Andreas Niederberger, Demokratie unter Bedingungen der Weltgesellschaft, Berlin, 2009, S. 406 ff.

102 aaO., S. 15. Dazu *Lüderssen* Einführung, in: Hans Kelsen/Eugen Ehrlich, Rechtssoziologie und Rechtswissenschaft, Eine Kontroverse (1915–1917), Baden-Baden 2003, S. V ff.

103 *Kadelbach/Günther*, aaO., S. 15.

104 Vgl. dazu *Lüderssen* Rechtsfreie Räume, aaO., S. 535; scharfsinnige Beurteilung des hier auftretenden Dilemmas bei Stephan Stübinger, Das „idealisierte“ Strafrecht, Baden-Baden 2008, S. 574 f.; ingeniös Engel: „Durch Ideen kontrollierte Dezision“, aaO., S. 48 f. Einen interessanten Versuch der Überbrückung materieller und formeller Argumente, unternimmt *Anne van Aaken* Deliberative Institutionenökonomik oder: Argumentiert der Homo Oeconomicus? Entwurf zu einer Kombination von Neuer Institutionenökonomik und Diskurstheorie. In: Walter Ötsch/Stefan Banther (Hrsg.), Ökonomik und Sozialwissenschaft., Marburg 2002, S. 211 ff.

Die zweite Frage gilt der Qualität des Einigungsprozesses. Hier kann man sich zunächst auf Formulierungen stützen, die schon in ganz frühen Konkretisierungen einer nicht direkt durch den Staat geschaffenen *Rechtsgeltung* zusammengestellt worden sind. Unter den Begriff der Anerkennung fallen, heißt es, „mannigfaltige Grade und Weisen eines den Gemeinschaftsbedürfnissen entsprechenden inhaltlich gebundenen Verhaltens – von begeisterter Bestätigung der Gemeinschaftsordnung und vollem, klaren Pflichtbewusstsein bis zum unbewussten oder doch nur gefühlsmäßigen Voraussetzen und widerwilligen sich Beugen“[105]. Moderner klingt das so: Es gibt verschieden starke Zustimmungen zu Rechtssätzen, „von widerstrebender, vielleicht sogar nicht ohne Druck zustande gekommener Anpassung, über schlicht oberflächlich indolente Akzeptanz, bewusste und kenntnisreiche Anerkennung bis hin zu auch Tiefenstrukturen erfassenden habituellen oder reflektierten Internalisierungen“[106].

Für die praktische Handhabung sind ganz sicher auszuscheiden die beiden Extreme: einerseits die „Tiefenstrukturen erfassenden Internalisierungen“, andererseits die „unter Druck zustande gekommene Anpassung“. Die dazwischen liegenden Formen „oberflächlich-indolenter Akzeptanz“ oder „bewusste und kenntnisreiche Anerkennung“ scheinen eher geeignet als Basis. Allerdings müsste noch eine Präzisierung erfolgen. Indolent ist zu wenig, kenntnis*reich* ist zu viel. Hier entscheidet der Status der Demokratie, der eine Gesellschaft prägt. Sie ist Ausdruck einer bestimmten politischen Reife, zu der sich die moderne Gesellschaft auf vielfältige Weise bekennt[107].

Die dritte Frage konzentriert sich auf die Institutionen und Gruppen, in denen der Diskurs stattfindet. Zentrale Bedeutung für die hier interessierende Gemeinwohlorientierung hat die *Corporate Social Responsibility*-Bewegung[108],

---

105 *Ernst Rudolf Bierling* Juristische Prinzipienlehre, Ahlen 1975 (zweiter Neudruck der Ausgabe 1917, Band 5, S. 193/194).

106 *Lüderssen* Genesis und Geltung in der Jurisprudenz, aaO., S. 216; s. auch schon den Hinweis von *John R. Searle*, aaO.

107 Die vorstehenden Ausführungen sind zum Teil entnommen aus Lüderssen Methodenfragen im Umgang mit der „Sachlogik des Finanzmarkts“ – Grenze oder Herausforderung juristischer Intervention? In: Eberhard Kempf/Klaus Lüderssen/Klaus Volk (Hrsg.), Ökonomie versus Recht im Finanzmarkt? Berlin 2011, S. 241 ff. (271 ff. mit weiteren Belegen).

108 Auch diese Frage ist bei den vorangegangenen Tagungen gründlich diskutiert worden, vgl. Hinweise im Vorwort zu Kempf/Lüderssen/Volk, Unternehmensstrafrecht aaO., S. V, Fußnote 1; s. ferner *Lüderssen* Finanzmarktkrise, Risikomanagement und Strafrecht, in: Eberhard Kempf/Klaus Lüderssen/Klaus Volk (Hrsg.), Die Finanzkrise, das Wirtschaftsstrafrecht und die Moral, Berlin 2010, S. 211 ff. (216 ff.); *Christine Hohmann-Dennhardt* „Gesellschaftliche Impulse für eine stärkere Gemeinwohlorientierung von Unternehmen“, aaO., S. 7 ff., *Sighard Neckel* „Kollektive und institutionelle Verantwortlichkeit aus soziologischer und philosophischer Perspektive,

und in deren Namen ist es deshalb der Deutsche *Corporate Governance* Kodex, auf den sich unsere Aufmerksamkeit besonders richten muss. Auch das Gutachten (Abteilung Wirtschaftsrecht) zum 69. Deutschen Juristentag „Staatliche und halbstaatliche Eingriffe in die Unternehmensführung"[109] setzt diesen Schwerpunkt. Die rechtstheoretischen Probleme einer neuen Rechtsquellenlehre, die damit verbunden sind, haben die bisherigen ECLE-Tagungen ständig begleitet und sind in den daraus hervorgegangenen Veröffentlichungen vielfach belegt. Das soll hier also nur noch einmal in Erinnerung gerufen werden[110].

Inzwischen ist die Debatte weiter gegangen[111]. Dem entspricht eine fast revolutionierende Diskussion über die möglichen Erweiterungen, Intensivierungen und Verallgemeinerungen des Demokratiegedankens[112]. Dabei treten freilich auch neue Gegensätze hervor. Die Normbildungen außerhalb des Staates provozieren nicht nur die Frage nach entsprechenden zu etablierenden neuen Demo-

---

aaO., S. 73 ff.; s. außerdem *Josef Wieland* CSR und Globalisierung – Über die gesellschaftliche Verantwortung von Unternehmen, in: Ludger Heidbrink/Alfred Hirsch (Hrsg.), Verantwortung als marktwirtschaftliches Prinzip, Zum Verhältnis von Moral und Ökonomie, Frankfurt am Main 2008, S. 97 ff.; *Wolfgang Starck* Gesellschaftliche Verantwortung in Unternehmen – Zwischen Legitimation und Innovation, in: Heidbrink/Hirsch, aaO., S. 340 ff.

109 *Matthias Habersack* Gutachten, in Verhandlungen des 69. Deutschen Juristentags, Band 1, Gutachten Teil E, München 2012.

110 Hinweise auf die Struktur „Gleichberechtigter Sekundärnormen" finden sich bei *Lüderssen* The aggregative Model – Jenseits von Fiktionen und Surrogaten, in Eberhard Kempf/Klaus Lüderssen/Klaus Volk (Hrsg.), Unternehmensstrafrecht, Berlin 2012, S. 79 ff. (89, Fußnote 34); vgl. ferner unter dem Stichwort „Verbindlichkeit nicht nur durch den Staat?", *Lüderssen* Methodenfragen im Umgang mit der ‚Sachlogik des Finanzmarkts' – Grenze oder Herausforderung juristischer Intervention? in: Eberhard Kempf/Klaus Lüderssen/Klaus Volk (Hrsg.), Ökonomie versus Recht im Finanzmarkt? Berlin 2011, S. 241 ff. (271 ff., mit weiteren Belegen); mit Blick auf „Kooperative Normensetzung" und „regulierte Selbstregulierung" sowie „Kooperation von staatlichem und privatem Funktionsbereich" vgl. *Florian Becker* „Die Demokratisierung des Finanzsystems", in Kempf/Lüderssen/Volk (Hrsg.), aaO., S. 195 ff. (198 ff.). *Lüderssen* „Regulierung, Selbstregulierung und Wirtschaftsstrafrecht". Versuch einer interdisziplinären Systematisierung, in Eberhard Kempf/Klaus Lüderssen/Klaus Volk (Hrsg.), Die Handlungsfreiheit des Unternehmers – Wirtschaftliche Perspektiven, strafrechtliche und ethische Schranken, Berlin 2009, S. 241 ff. (311 ff.).

111 Vgl. *Stefan Kadelbach/Klaus Günther* aaO., S. 9 ff.; *Gunther Teubner* Verfassungen ohne Staat? Zur Konstitutionalisierung transnationaler Regimes. In *Kadelbach/Günther* aaO., S. 49 ff.; *Anne van Aaken* Variable Strukturen der kooperativen Aufgabenwahrnehmung in der Architektur der Finanzmarktaufsicht. Die Umformung europäischer Finanzmarktregulierung in internationale Standards. In: Stephan Kadelbach (Hrsg.), Sechzig Jahre Integration in Europa, Variable Geometrien politischer Verflechtung jenseits der EU, Baden-Baden 2012, S. 75 ff.

112 S. schon *Nolte* aaO.; *Klaus Dieter Classen* Demokratische Legitimation im offenen Rechtsstaat, Tübingen, 2009; s. auch *Hans Meyer* Volksabstimmungen im Bund: Verfassungslage nach Zeitgeist? Juristenzeitung 2012, S. 138 ff.

kratiestrukturen, sondern nach der Wiederbelebung der Diskussion über staatliche Aufgaben unter dem Aspekt, dass nur der Staat die Demokratie garantieren könne[113].

F. Summarische Systematisierung von Gemeinwohlrelevanzen im Strafrecht

Die Strafrechtler sollten also von einem Begriff des Gemeinwohls ausgehen, der es sowohl als integrierendes Element einer Handlung, wie als zu dieser *Handlung* hinzu tretende oder mit ihr konkurrierende Größe definiert, dann aber auch dort nachforschen, wo es Bestandteil strafrechtlicher *Normen* ist. Der nächste Schritt wäre, dass zwischen den Handlungsbezügen und Normbezügen Verbindungen hergestellt werden. Dabei wird sich zeigen, dass Handlungen, die das Gemeinwohl integrieren, das Modell Selbstregulierung provozieren, mit der Folge, dass Fremdregelungen, also auch strafrechtliche Vorschriften, insoweit erst einmal ausscheiden. Wenn indessen das Gemeinwohl im Verhältnis zur Handlung eine externe Größe ist, sind Fremdregelungen angezeigt, wozu natürlich auch strafrechtliche Vorschriften gehören können. Bei der Selbstregulierung geht es um Formen mehr oder weniger institutionalisierter Anerkennung, während bei den Fremdregulierungen mehr oder weniger erzwingbare Normen konventionellen Zuschnitts vorherrschen.

Beide Lösungskonzepte sind aber zu relativieren. Der Status der Selbstregulierung kann gefährdet sein, und dann erhebt sich die Frage nach dem – womöglich auch strafrechtlichen – Schutz der mit dieser Selbstregulierung verbundenen Freiheitsrechte. Umgekehrt kann es sich auch bei den strafrechtlichen Rege-

113 Dazu *Stefan Haack* Demokratie mit Zukunft? Zwei Alternativen der Neukonzeption einer Staatsform, in Juristenzeitung 2012, S. 752 ff. S. auch *Kadelbach/Günther*: „Manche sehen in diesem Komplementärverhältnis von Privatisierung und gesteigerter Autonomie gesellschaftlicher Teilbereiche ohne den Staat einerseits, und Subjektivierung von Kontrolle sowie rechtzeitiger Inanspruchnahme des Staates als Garant eines wirksamen Straf- und Sicherheitsrecht andererseits auch die Gefahr von Freiheitsverlusten", aaO., S. 32. Zutreffend *Anne van Aaken* „Staatlichkeit und Rechtsstaatlichkeit" (Manuskript, im Druck): „Die Mutation des Staates vom Herrschaftsmonopolisten zum Herrschaftsmanager muss nicht notwendigerweise eine Verfallsgeschichte von Rechtsstaatlichkeit sein, der nun die demokratischen Rechts- und Interventionsstaaten, wie auch die Transformationsländer unterliegen. Allerdings hat sich das öffentliche Recht, wie auch das Völker- und Europarecht der wandelnden Staatlichkeit sich anzupassen und neue Formen der Rechtsstaatlichkeit herauszubilden".

lungen, die zur Wahrung der externen Gemeinwohlrelativierungen aufgeboten werden, darum handeln, dass für die einzelnen Stationen Verständigungen notwendig werden, deren Legitimation weitgehend auf der Kompetenz der an dem Diskurs beteiligten Gruppen beruht – ein Stück partikulärer Demokratie jenseits der Repräsentation, die wir gewohnt sind. Wenn das richtig ist, dann gilt dies wohl auch für die Teile der Regulierung der Selbstregulierung, die strafrechtlichen Charakter annehmen. Das heißt, der Diskurs mit seinen neuen Zuständigkeiten taucht in beiden Modellen auf, wechselt nur jeweils den Standort. Das ist aber nicht ohne praktische Bedeutung. Dort wo zunächst Selbstregulierung akzeptiert wird, bestimmt der Diskurs die Ausgangslage mit entsprechenden Suggestivwirkungen einer prästabilisierten Harmonie. Hingegen ist der Diskurs dort, wo zunächst die Fremdregelung dominiert, auf eine Korrekturfunktion reduziert, die dann allerdings auch das Modell der Selbstregulierung, sofern es strafrechtlichen Schutz erheischt, ergänzt – aber eben an späterer Stelle.

Wie sich bei dieser Sachlage das Strafrecht – generelle Begründung der Strafbarkeit, Auswahl des zu schützenden Rechtsguts usw. – ausnimmt, je nachdem ob es um das Gemeinwohl integrierende Handlungen oder um Handlungen mit externem Gemeinwohlbezug geht, wäre dann für die einzelnen Deliktsgruppen zu ermitteln.

Dieser Wechsel der Orientierungen und ihre Vielfalt ist neu für den an die Einheit hierarchisch obrigkeitlichen Denkens gewöhnten Strafrechtstheoretiker. Die Praktiker denken längst anders und kümmern sich wenig um die insofern zunehmende Theorielosigkeit. Diese Theorie nachzuliefern ist eine ernste Forderung an die Wissenschaft, wenn sie ihre Grundlagen nicht abgehoben von dem, was wirklich geschieht, verwalten möchte.

G. Zusammenfassung

Das „Öffentliche“ am Strafrecht ist lange mit dem Staat, ja sogar mit der Staatsräson identifiziert worden. In der Strafrechtswissenschaft ist zwar immer noch die Rede vom staatlichen Strafanspruch, aber in der Substanz ist etwas anderes gemeint. Das ist jedenfalls die herrschende Auffassung in Forschung und Praxis. Die Doktrin, in erster Linie verschaffe sich der Staat mit dem Strafrecht Respekt vor den von ihm gesetzten Normen, ist der primären Orientierung am Rechtsgutsschutz gewichen. Dass das noch immer nicht die ganz durchgehend vertretene Position ist, beruht auf den verfassungsrechtlichen und wissenschaftstheoretischen Mängeln der Rechtsgutslehre: Wer sagt uns, was ein Rechtsgut ist, welche

Rechtsgüter geschützt werden und warum das geschehen soll. In den Strafgesetzen steht es nicht, und die Auskünfte der Verfassung sind mager.

Das „Gemeinwohl" indessen könnte ein Bindeglied sein, denn es ist – mehr oder weniger genau – in der Verfassung fest verankert. Das Wirtschaftsstrafrecht ist zunehmend mit Ansprüchen konfrontiert, die sich auf den Schutz kollektiver Interessen richten, und deren Nähe zu dem, was man Gemeinwohl nennt, immer deutlicher wird. Gleichzeitig wird aber die Komplexität dieses Begriffes zu einem neuen Problem. Deshalb ist es für die Strafrechtler unumgänglich, in die sozialwissenschaftlichen, ökonomischen und verfassungsrechtlichen Diskussionen einzutreten.

Diese Diskussionen sind bestimmt durch das Spannungsverhältnis zwischen Individuum und Gesellschaft, nicht im Sinne eines „entweder/oder", sondern einer wechselseitigen Abhängigkeit und Implikation. Viele auf Gemeinwohlinteressen gerichteten Aktionen und Regelungen erweisen sich bei näherem Zusehen auch als Instrument für den Schutz individueller Interessen; andererseits ist die Verfolgung individueller Interessen und ihr Schutz häufig auch gut für eine – mehr oder weniger weitreichende – Gesamtheit.

Eine Wirtschaftsgesellschaft, die vom Einzelnen ausgeht, sich aber gleichzeitig den Anforderungen des Sozialstaats verpflichtet fühlt, richtet ihr Augenmerk ganz sicher erst einmal darauf, in welchem Umfang soziale Zwecke über die wohlverstandene ökonomische Aktivität des Einzelnen zu erreichen sind. Das ist aber nicht nur eine Frage der Theorie, sondern auch der Praxis – zwischen Kartellrecht und direkter staatlicher Intervention, Unternehmensethik und Finanzmarktaufsicht.

Dabei zeigt sich ein innerer Zusammenhang zwischen implizit gemeinwohlorientierten Typen unternehmerischen Handelns und Selbstregulierungen, mit der Folge, dass Kriminalisierungen insoweit überflüssig oder sogar dysfunktional sind. Zweckmäßig sind vielmehr Kontrollmechanismen, welche die Effizienz und auch Gleichheit verbürgenden Kräfte des Marktes und des Wettbewerbs einkalkulieren.

Literatur

Aaken, Anne van: Deliberative Institutionenökonomik oder: Argumentiert der Homo Oeconomicus? Entwurf zu einer Kombination von Neuer Institutionenökonomik und Diskurstheorie. In: Walter Ötsch/Stefan Banther (Hrsg.), Ökonomik und Sozialwissenschaft., Marburg 2002, S. 211 ff.

Aaken, Anne van: Vom Nutzen der ökonomischen Theorie für das öffentliche Recht: Methode und Anwendungs-Möglichkeiten. In: Marc Bungenberg u.a. (Hrsg.),Recht und Ökonomik, 44. Assistententagung Öffentliches Recht, München 2004, S. 1 ff.
Aaken, Anne van: Variable Strukturen der kooperativen Aufgabenwahrnehmung in der Architektur der Finanzmarktaufsicht. Die Umformung europäischer Finanzmarktregulierung in internationale Standards. In: Stephan Kadelbach (Hrsg.), Sechzig Jahre Integration in Europa, Variable Geometrien politischer Verpflichtung jenseits der EU, Baden-Baden 2012, S. 75 ff.
Aaken, Anne van: Staatlichkeit und Rechtsstaatlichkeit (Manuskript).
Akerlof, George A./Shiller, Robert J.: Animal Spirits. How human psychology drives the Economy and why it matters for global capitalism, Princeton/Oxfordshire 2009.
Albert, Gerd: Sachverhalte in der Badewanne. Zu den allgemeinen ontologischen Grundlagen des Makro-Mikro-Makro-Modells der soziologischen Erklärung. In: Jens Greve/Annette Schnabel/Rainer Schützeichel (Hrsg.), Das Mikro-Makro-Modell der soziologischen Erklärung – zur Ontologie, Methodologie und Metatheorie eines Forschungsprogramms, Wiesbaden 2008, S. 21 ff.
Anderheiden, Michael: Gemeinwohl in Republik und Union, Tübingen, 2006.
Arnim, Hans Herbert von: Gemeinwohl und Gruppeninteressen. Durchsetzungsschwäche Allgemeiner Interessen in der Pluralistischen Demokratie. Ein Beitrag zu Verfassungsrechtlichen Grundfragen der Wirtschaftsordnung, Frankfurt a.M. 1977.
Beyme, Klaus v.: Gemeinwohlorientierung und Gemeinwohlrhetorik bei Parteieliten und Interessengruppen, in: Herfried Münkler/Karsten Fischer (Hrsg.), Gemeinwohl und Gemeinsinn, Rhetoriken und Perspektiven sozial-moralischer Orientierung, Berlin, 2002, S. 137 ff.
Bierling, Ernst Rudolph: Juristische Prinzipienlehre, Band V, Aalen 1975 (zweiter Neudruck der Ausgabe Tübingen 1917).
Blickle, Peter: Der gemeine Nutzen, ein kommunaler Wert und seine politische Karriere, in: Herfried Münkler/Harald Bluhm (Hrsg.), Gemeinwohl und Gemeinsinn, historische Semantiken politischer Leitbegriffe, Berlin, 2001, S. 85 ff.
Böckenförde, Ernst-Wolfgang: Staat – Nation – Europa. Studien zur Staatslehre, Verfassungstheorie und Rechtsphilosophie, 2. Auflage, Frankfurt a.M. 2000.
Bofinger, Peter/Habermas, Jürgen/Nida-Rümelin, Julian: Einspruch gegen die Fassadendemokratie. In: Frankfurter Allgemeine Zeitung v. 4.8.2012.
Classen, Claus Dieter: Demokratische Legitimation im offenen Rechtsstaat, Tübingen 2009.
Denninger,Erhard: Staatliche Hilfe zur Grundrechtsausübung durch Verfahren, Organisation und Finanzierung. In: Josef Isensee/Paul Kirchhof (Hrsg.), Handbuch des Staatsrechts für die Bundesrepublik Deutschland, Band IX, Allgemeine Grundrechtslehren, 3. Auflage, Heidelberg, 2011.
Eidenmüller, Horst: Der homo oeconomicus und das Schuldrecht: Herausforderungen durch Behavioural Law and Economics, Juristenzeitung 2005, S. 216 ff.
Engel, Christoph: Offene Gemeinwohldefinitionen, in: Rechtstheorie 2001, S. 231 ff.
Engel, Christoph u.a. (Hrsg.), Recht und Verhalten. Beiträge zu *Behavioural Law and Economics*, Tübingen 2007.
Engländer, Armin: Diskurs als Rechtsquelle, Tübingen, 2002.
Exner, Franz: Das Wesen der Fahrlässigkeit, Leipzig 1910, S. 1.
Fabricius, Dirk: Kriminalwissenschaften. Grundlagen und Grundfragen, Band II, Allgemeiner Teil – Grundlegende Kritik, grundlegende Begriffe, Berlin 2011, S. 82 ff.

Fleischer, Holger/Zimmer, Daniel (Hrsg.), Beiträge zur Verhaltensökonomie (Behavioural Economics) zum Handels- und Wirtschaftsrecht. Beihefte der Zeitschrift für das gesamte Handelsrecht und Wirtschaftsrecht, Heft 75, Frankfurt am Main, 2011.

Forstmoser, Peter: Verallgemeinerbare Modelle für die Gemeinwohlorientierung von Unternehmen. In: Eberhard Kempf/Klaus Lüderssen/Klaus Volk (Hrsg.), Die Finanzkrise, das Wirtschaftsstrafrecht und die Moral, Berlin 2010, S. 107 ff.

Frydman, Roman/Goldberg, Michael D.: Imperfect Knowledge Economics, Princeton and Oxford 2007.

Gärditz, Klaus Ferdinand, Strafbegründung und Demokratieprinzip, in „Der Staat", 2010.

Gas, Tonio: Gemeinwohl und Individualfreiheit im nationalen Recht und Völkerrecht, Hamburg 2012.

Gas, Tonio/Gregory, Holly J.: International Comparison of Selected Corporate Governance, Guidelines and Codes of Best Practice, 2008, S. 4 ff.

Gercke, Björn: Außerstrafrechtliche Nebenfolgen in Wirtschaftsstrafrechtsverfahren, ein Überblick. In: Wistra, 2012, S. 291.

Görling,Helmut Inderst, Cornelia/Bannenberg, Britta (Hrsg.), Compliance: Aufbau-Management – Risikobereiche, Heidelberg u.a. 2010, S. 545 f.

Greve, Jens/Schnabel, Annette/Schützeichel, Rainer (Hrsg.): Das Mikro-Makro-Modell der soziologischen Erklärung: Zur Ontologie, Methodologie und Metatheorie eines Forschungsprogramms. Wiesbaden 2009.

Haack, Stefan: Demokratie mit Zukunft? Zwei Alternativen der Neukonzeption einer Staatsform. In: Juristenzeitung 2012.

Habermas, Jürgen: Einspruch gegen die Fassadendemokratie. In: Frankfurter Allgemeine Zeitung vom 4.8.2012, S. 33.

Habersack, Matthias: Gutachten, Verhandlungen des 69.Deutschen Juristentages, Band 1, Gutachten Teil E, München 2012.

Häberle, Peter: Öffentliches Interesse als juristisches Problem, Bad Homburg 1970.

Hassemer, Winfried: „Sachlogische Strukturen" – noch zeitgemäß? In. Festschrift für Hans-Joachim Rudolphi zum 70. Geburtstag. Neuwied 2004, S. 61 ff.

Herzog, Roman: Gemeinwohl. In: Joachim Ritter (Hrsg.): Historisches Wörterbuch der Philosophie. Band 3 G–H. Darmstadt 1974, S. 248 ff.

Hohmann-Dennhardt, Christine: Gesellschaftliche Impulse für eine stärkere Gemeinwohlorientierung von Unternehmen. In: Eberhard Kempf/Klaus Lüderssen/Klaus Volk (Hrsg.), Unternehmensstrafrecht. 2011, S. 7 ff.

Homann, Karl: Vorteile und Anreize, Tübingen 2002.

Honneth, Axel: Das Recht der Freiheit, Berlin 2011.

Hruschka, Joachim: Die ‚Verabschiedung' Kants durch Ulrich Klug im Jahre 1968, einige Korrekturen. In: ZStW 2010, S. 492 ff.

Hruschka, Joachim: Die Interpretation von Kants Strafrechtsphilosophie – Eine Wissenschaft oder eine Ideologie? In: ZStW 2012, S. 232 ff.

Hüffer, Uwe: Aktiengesetz, § 161, 10. Auflage, 2012.

Isensee, Josef. Das Volk als Grund der Verfassung. Mythos und Relevanz der Lehre von der verfassungsgebenden Gewalt, 1995.

Kadelbach, Stefan/Günther, Klaus: Recht ohne Staat? In: Stefan Kadelbach/Klaus Günther (Hrsg.): Recht ohne Staat? Zur Normativität nichtstaatlicher Rechtsetzung, Frankfurt/New York 2011, S. 9 ff.

Kersting, Wolfgang: Wie gerecht ist der Markt? Ethische Perspektiven der sozialen Marktwirtschaft, Hamburg 2012.
Kielmansegg, Graf, Peter: Gemeinwohl durch politischen Wettbewerb. In: Herbert von Arnim/ Karl-Peter Sommermann (Hrsg.): Gemeinwohlgefährdung und Gemeinwohlsicherung, Berlin 2004, S. 125 ff.
Korff, Wilhelm u.a. (Hrsg.): Handbuch der Wirtschaftsethik, Band 1–4, Berlin 1999.
Kübler, Dorothea/Kübler, Friedrich: Zur Einführung: Recht und Sozialwissenschaft, Herausforderungen und Chancen der Verhaltensökonomie. In: Kritische Vierteljahresschrift für Gesetzgebung und Rechtswissenschaft, 2007, S. 94 ff.
Kuhlen, Lothar: Grundfragen der strafbaren Steuerhinterziehung, Heidelberg u.a. 2012, S. 87.
Ladeur, Karl-Heinz: Kritik der Abwägung in der Grundrechtsdogmatik, Tübingen 2004.
Lagodny, Otto: Strafrecht vor den Schranken der Grundrechte, Tübingen 1996.
Leyens, Patrick C., in: Klaus J. Hopf/Herbert Wiedemann (Hrsg.), Großkommentar zum Aktiengesetz, 4. Auflage, 38. Lieferung, Nachtrag § 161, Berlin 2012.
Lindemann, Michael: Voraussetzungen und Grenzen legitimen Wirtschaftsstrafrechts. Eine Untersuchung zu den materiell- und prozessrechtlichen Problemen in der strafrechtlichen Aufarbeitung von Wirtschaftskriminalität, Tübingen, 2012.
Lübbe, Hermann: Gemeinwohl als Aufgabe der Ordnungspolitik. In: Herfried Münkler/Harald Bluhm (Hrsg.), Gemeinwohl und Gemeinsinn, Band IV, Berlin 2002, S. 292 ff (294).
Lüderssen, Klaus: Einleitung. In: Klaus Lüderssen/Fritz Sack (Hrsg.), Abweichendes Verhalten, Band 1, Frankfurt/M. 1975, S. 7 ff.
Lüderssen, Klaus (Hrsg.): Die Durchsetzung des öffentlichen Strafanspruchs, Köln/Weimar/ Wien 2002.
Lüderssen, Klaus: Einführung. In: Hans Kelsen/Eugen Ehrlich, Rechtssoziologie und Rechtswissenschaft. Eine Kontroverse (1915–1917) Baden-Baden 2003.
Lüderssen, Klaus: Genesis und Geltung in der Jurisprudenz, Frankfurt am Main 1996.
Lüderssen, Klaus: Methodenfragen im Umgang mit der „Sachlogik des Finanzmarkts" – Grenze oder Herausforderung strafrechtlicher Intervention? In: Eberhard Kempf/Klaus Lüderssen/ Klaus Volk (Hrsg.), Ökonomie versus Recht im Finanzmarkt?, Berlin 2011, S. 242 ff.
Lüderssen, Klaus: The aggregative Model. Jenseits von Fiktionen und Surrogaten. In: Eberhard Kempf/Klaus Lüderssen/Klaus Volk (Hrsg.), Ökonomie versus Recht im Finanzmarkt, Berlin 2011, S. 79 ff.
Lüderssen, Klaus: Präventionsorientierte Zurechnung – aktuelle Programme für die Strafverteidigung? Strafverteidiger 2011, S. 377 ff.
Lüderssen, Klaus: Das problematische Verhältnis von Effizienz und Wettbewerb, im Finanzmarkt. In: Eberhard Kempf/Klaus Lüderssen/Klaus Volk (Hrsg.), Ökonomie versus Recht im Finanzmarkt? Berlin 2011, S. 240 ff.
Lüderssen, Klaus: Regulierung, Selbstregulierung und Wirtschaftsstrafrecht – Versuch einer interdisziplinären Systematisierung, in: Eberhard Kempf/Klaus Lüderssen/Klaus Volk (Hrsg.), Die Handlungsfreiheit des Unternehmers – Wirtschaftliche Perspektiven, strafrechtliche und ethische Schranken, Berlin 2009, S. 241 ff.
Lüderssen, Klaus: Finanzmarktkrise, Risikomanagement und Strafrecht, in: Eberhard Kempf/ Klaus Lüderssen/Klaus Volk (Hrsg.), Die Finanzkrise, das Wirtschaftsstrafrecht und die Moral, Berlin 2010, S. 211 ff.
Lüderssen, Klaus: Rechtsfreie Räume, Berlin 2012.
Luhmann, Niklas: Die Politik der Gesellschaft, Frankfurt am Main 2000.

Mansdörfer, Marco: Zur Theorie des Wirtschaftsstrafrechts, zugleich eine Untersuchung zu funktionalen Steuerungs- und Verantwortungsstrukturen bei ökonomischem Handeln, Heidelberg u.a. 2011.
Mayntz, Renate: Wohlfahrtsökonomische und systemtheoretische Ansätze zur Bestimmung von Gemeinwohl. In: Herfried Münkler/Karsten Fischer (Hrsg.), Gemeinwohl und Gemeinsinn, Rhetoriken und Perspektiven sozial-moralischer Orientierung, Band II, Berlin 2002, S. 111 ff.
Meyer, Hans: Volksabstimmungen im Bund; Verfassungslage nach Zeitgeist? Juristenzeitung 2012, S. 538 ff.
Möllers, Thomas J./Hailer, Sabine: Möglichkeiten und Grenzen staatlicher und halbstaatlicher Eingriffe in die Unternehmensführung. In: Juristenzeitung 2012, S. 841 f.
Müller-Michaelis, Olafl Ringel, Wiebke: Muss sich Ethik lohnen? Wider die ökonomische Rechtfertigung und Corporate Responsibility, in: Die Aktiengesellschaft, 2011, S. 101 ff.
Münkler, Herfried E. Fischer, Karsten, Gemeinwohl-Konkretisierungen und Gemeinsinn-erwartungen im Recht, in: dieselben (Hrsg.), Gemeinwohl und Gemeinsinn im Recht, Konkretisierung und Realisierung öffentlicher Interessen, Berlin 2002, S. 9 ff.
Nagel, Claudia: Was ist ein Unternehmen aus psychodynamischer Sicht, und wie sollte es haften? Unternehmensstrafrecht aus Sicht von Behavioural Economics, Behavioural Strategy. In: Eberhard Kempf/Klaus Lüderssen/Klaus Volk (Hrsg.), Unternehmensstrafrecht, Berlin 2012, S. 153 ff.
Neckel, Sighard: „Kollektive und institutionelle Verantwortlichkeit aus soziologischer und philosophischer Perspektive, in: Eberhard Kempf/Klaus Lüderssen/KlausVolk (Hrsg.), Unternehmensstrafrecht, Berlin 2012, S. 73 ff.
Neumann, Ulfrid: Ontologische, funktionale und sozialethische Deutung des strafrechtlichen Schuldprinzips. In Klaus Lüderssen (Hrsg.), Aufgeklärte Kriminalpolitik oder Kampf gegen das Böse? Band I, Legitimationen, Baden-Baden 1998, S. 391 ff.
Niederberger, Andreas: Demokratie unter Bedingungen der Weltgesellschaft, Berlin 2009.
Nipperdey, Hans Carl: Soziale Marktwirtschaft in der Verfassung der Bundesrepublik, Karlsruhe 1954.
Nolte, Paul: Was ist Demokratie? Geschichte und Gegenwart, München 2012.
Pawlik, Michael: Besprechung von Martha C. Nussbaum, Die Grenzen der Gerechtigkeit. Behinderung, Nationalität und Spezieszugehörigkeit. Sen, Amartya, Die Idee der Gerechtigkeit, in: Zeitschrift für die gesamte Strafrechtswissenschaft, 20012, S. 128 ff.
Preuss, Ulrich K.: Die Internationalisierung des Subjekts. Frankfurt/M. 1979.
Radbruch,Gustav: Zur Systematik der Verbrechenslehre. In: Festgabe für Reinhard Frank, Band I, 1930, S. 153ff.
Ransiek, Andreas: Soziale Verantwortung von Unternehmen im Wirtschaftsstrafrecht, in: Die Aktiengesellschaft, 2009, S. 782 ff.
Rosen, Rüdiger von: Zielkonflikte – Unerwünschte Nebenfolgen eines Unternehmensstrafrechts. In: Eberhard Kempf/Klaus Lüderssen/Klaus Volk (Hrsg.), Unternehmensstrafrecht, Berlin 2012, S. 263 ff.
Roth, Markus: Wirtschaftsrecht auf dem deutschen Juristentag 2012, NZG 2012, S. 881 ff.
Roxin, Claus: Mein Leben und Streben. In: Eric Hilgendorf (Hrsg.), Die deutschsprachige Strafrechtswissenschaft in Selbstdarstellungen, Berlin 2010, S. 497 ff.
Rüstow, Alexander: Ortsbestimmung der Gegenwart. Eine unrealistische Kulturkritik, 3. Band, Das Versagen des Wirtschaftsliberalismus, Münster, 2003, S. 141 ff.

Rupp, Hans Heinrich: Ungeschriebene Grundrechte unter dem Grundgesetz, in: Juristenzeitung, 2005, S. 147 ff.
Salditt, Franz: Das Unternehmensinteresse zwischen Recht, Ökonomie und Ethik, in: Eberhard Kempf/Klaus Lüderssen/Klaus Volk (Hrsg.), Die Handlungsfreiheit des Unternehmers – wirtschaftliche Perspektiven, strafrechtliche und ethische Schranken, Berlin 2009, S. 106 ff.
Schaefer, Jan Philipp: Grundlegung einer ordoliberalen Verfassungstheorie, Berlin 2007.
Schaefer, Jan Philipp: Ordoliberale Theorie der Grundrechte des Grundgesetzes. In: Der Staat, 2009, S. 215.
Schaefer, Jan Philipp: Markt und Gemeinwohl? Als Integrationsprinzipien zweier ineinander greifender Normenordnungen, in: Emanuel V.Towfigh u.a. (Hrsg.), Recht und Markt. Wechselbeziehungen zweier Ordnungen. 49. Assistententagung Öffentliches Recht, Bonn 2009.
Schmitt-Leonardy, Charlotte: Unternehmenskriminalität ohne Strafrecht? 2013.
Schröder, Christian: In: Hans Achenbach/Andreas Ransiek (Hrsg.), Handbuch Wirtschaftsstrafrecht, Heidelberg u.a. 2012, S. 1170.
Schuppert, Gunnar Folke: Gemeinwohldefinition im pluralistischen Verfassungsstaat, in: Gewerbearchiv 2004, S. 441 ff.
Schuppert, Gunnar Folke: Das Gemeinwohl, oder: Über die Schwierigkeiten, dem Gemeinwohlbegriff Konturen zu verleihen, in: Gunnar Folke Schuppert/Friedhelm Neidhardt (Hrsg.), Gemeinwohl – Auf der Suche nach Substanz, Berlin, 2002, S. 19 ff.
Schuppert, Gunnar Folke: Gemeinwohldefinition im kooperativen Staat, in: Herfried Münkler/Karsten Fischer (Hrsg.), Gemeinwohl und Gemeinsinn im Recht, Konkretisierung und Realisierung öffentlicher Interessen, Berlin, 2002, S. 67 ff.
Schuppert, Gunnar Folke: Möglichkeiten und Grenzen der Privatisierung von Gemeinwohlsorge, in: H .H. von Arnim/K. P. Sommermann (Hrsg.), Gemeinwohlsicherung und Gemeinwohlgefährdung, Berlin 2004, S. 269 ff.
Schuppert, Gunnar Folke: Zum Umgang mit unterschiedlichen Konzeptualisierungen der *Rule of Law* als Anwendung für eine normative Pluralität, in: Matthias Kötter/Gunnar Folke Schuppert (Hrsg.), Normative Pluralität ordnen. Rechtsbegriffsnormenkollisionen und Rule of Law in Kontexten dies- und jenseits des Staates, Baden-Baden, 2009, S. 209 ff.
Searle, John R.: Wie wir die soziale Welt machen. Die Struktur der menschlichen Zivilisation. Berlin 2012 (Titel der Originalausgabe: Making the Social World. The Structure of Human Civilization, Oxford 2010).
Sen, Amartya: Die Idee der Gerechtigkeit, München 2010.
Shiller, Robert J.: Irrational Exuberance, 2nd Edition, New York, 2005.
Shiller, Robert J.: Finance and the Good Society, Princeton and Oxford, 2012.
Simon, Thomas: Gemeinwohltopik in der mittelalterlichen und frühzeitlichen Politiktheorie, in: Herfried Münkler/Harald Bluhm (Hrsg.), Gemeinwohl und Gemeinsinn. Historische Semantiken politischer Leitbegriff, Berlin 2001, S. 129 ff.
Spindler, Gerald: Gemeinwohlorientierte Unternehmensinteressen und Kapitalgesellschaften. In: Eberhard Kempf/Klaus Lüderssen/Klaus Volk (Hrsg.), Die Finanzkrise, das Wirtschaftsstrafrecht und die Moral, Berlin 2010, 71 ff.
Starck, Wolfgang: Gesellschaftliche Verantwortung in Unternehmen – Zwischen Legitimation und Innovation, in: Heidbrink/Hirsch, aaO., S. 340 ff.
Stolleis, Michael: „Gemeinwohlformeln“ im nationalsozialistischen Recht, Berlin 1974.

Stolleis, Michael: Geschichte des öffentlichen Rechts in Deutschland, 3. Band: Staats- und Verwaltungsrechtswissenschaft in Republik und Diktatur, 1914–1945, München 1999.
Stübinger, Stephan: Das „idealisierte“ Strafrecht, Frankfurt am Main 2008.
Stürner, Rolf: Markt und Wettbewerb über alles? Gesellschaft und Recht im Fokus neoliberaler Marktideologie, München 2007.
Suchanek, Andreas: Unternehmensethik und Eigeninteresse. In: Eberhard Kempf/Klaus Lüderssen/Klaus Volk (Hrsg.), Die Finanzkrise, das Wirtschaftsstrafrecht und die Moral, Berlin 2010, S. 47 ff.
Teubner, Gunther: Verfassung ohne Staat? Zur Konstitutionalisierung transnationaler Regimes, in: Stefan Kadelbach/Klaus Günther (Hrsg.), Recht ohne Staat? Zur Normativität nichtstaatlicher Rechtsetzung, Frankfurt am Main 2011, S. 49 ff.
Theile, Hans: Das Verhältnis zwischen Zuschreibung und Fakten in einem Unternehmensstrafrecht. In: Eberhard Kempf/Klaus Lüderssen/Klaus Volk (Hrsg.), Unternehmensstrafrecht, Berlin 2012, S. 175 ff.
Theile, Hans: Wahrheit, Konsens und § 57c StPO, in: Neue Zeitschrift für Strafrecht (im Druck).
Theussinger, Ingo/Liese Jens u.a.: Die strafrechtliche Relevanz des Corporance Governance Kodexes. In: Der Betrieb, 2007, S. 227 ff.
Trendelenburg, Cornelius: Ultima ratio? Subsidiaritätswissenschaftliche Antworten am Beispiel der Strafbarkeit von Insiderhandel und Firmenbestattungen, Frankfurt am Main, 2011.
Ulrich, Peter: Integrative Wirtschaftsethik, 4. Auflage, Bern/Stuttgart/Wien, 2008, S. 201.
Vanberg, Viktor J.: Wettbewerb und Regelordnung, Tübingen 2008.
Vanberg, Viktor J.: Wettbewerbsfreiheit und ökonomische Effizienz: Die ordnungsökonomische Perspektive. In: Viktor J. Vanberg (Hrsg.), Evolution und freiheitlicher Wettbewerb, Tübingen 2009, S. 107 ff.
Volk, Klaus: Entkriminalisierung durch Strafwürdigkeitskriterien jenseits des Deliktsaufbaus, ZStW 1985, S. 871 ff.
Weizsäcker, Carl Christian von: Homo Oeconomicus Adaptivus – Die Logik des Handelns bei veränderlichen Präferenzen. In: Volker Caspary/Bertram Schefold (Hrsg.), Wohin steuert die ökonomische Wissenschaft? Ein Methodenstreit in der Volkswirtschaftslehre, Frankfurt am Main 2011, S. 221 ff.
Wieland, Josef: CSR und Globalisierung – Über die gesellschaftliche Verantwortung von Unternehmen, in: Ludger Heidbrink/Alfred Hirsch (Hrsg.), Verantwortung als marktwirtschaftliches Prinzip, Zum Verhältnis von Moral und Ökonomie, Frankfurt am Main 2008, S. 97 ff.
Zaczyk, Rainer: Demokratieprinzip und Strafbegründung, in: Der Staat, 2011, S. 295 ff.
Ziesemer, Bernd: Eine kurze Geschichte der ökonomischen Unvernunft. Die deutsche Wirtschaftspolitik und das Gesetz der unbeachtlichen Folgen, Frankfurt/New York 2007.

Anhang

1. Öffentliches Interesse und Strafverfolgung

Aus dem StGB

§ 230 StGB (Strafantrag [bei Körperverletzung])
„Die vorsätzliche Körperverletzung nach § 223 und die fahrlässige Körperverletzung nach § 229 werden nur auf Antrag verfolgt, es sei denn, dass die Strafverfolgungsbehörde wegen des besonderen **öffentlichen Interesses** an der Strafverfolgung ein Einschreiten von Amts wegen für geboten hält."

§ 248a (Diebstahl und Unterschlagung geringwertiger Sachen)
„Der Diebstahl und die Unterschlagung geringwertiger Sachen werden in den Fällen der §§ 242 und 246 nur auf Antrag verfolgt, es sei denn, dass die Strafverfolgungsbehörde wegen des besonderen **öffentlichen Interesses** an der Strafverfolgung ein Einschreiten von Amts wegen für geboten hält."

Aus dem Prozessrecht

§ 31a Abs. 1 Satz 1 BtMG (Absehen von der Verfolgung)
„Hat das Verfahren ein Vergehen nach § 29 Abs. 1, 2 oder 4 zum Gegenstand, so kann die Staatsanwaltschaft von der Verfolgung absehen, wenn die Schuld des Täters als gering anzusehen wäre, **kein öffentliches Interesse** an der Strafverfolgung besteht und der Täter die Betäubungsmittel lediglich zum Eigenverbrauch in geringer Menge anbaut, herstellt, einführt, ausführt, durchführt, erwirbt, sich in sonstiger Weise verschafft oder besitzt."

§ 17 Abs. 5 UWG (Verrat von Geschäfts- und Betriebsgeheimnissen)
„(5) Die Tat wird nur auf Antrag verfolgt, es sei denn, dass die Strafverfolgungsbehörde wegen des besonderen **öffentlichen Interesses** an der Strafverfolgung ein Einschreiten von Amts wegen für geboten hält."

§ 153 Abs. 1 Satz 1 StPO (Absehen von Verfolgung wegen Geringfügigkeit)
„Hat das Verfahren ein Vergehen zum Gegenstand, so kann die Staatsanwaltschaft mit Zustimmung des für die Eröffnung des Hauptverfahrens zuständigen Gerichts von der Verfolgung absehen, wenn die Schuld des Täters als gering anzusehen wäre und **kein öffentliches Interesse** an der Verfolgung besteht."

§ 376 StPO (Erhebung der öffentlichen Klage [bei Privatklagedelikten])
„Die öffentliche Klage wird wegen der in § 374 bezeichneten Straftaten von der Staatsanwaltschaft nur dann erhoben, wenn dies im **öffentlichen Interesse** liegt.“

2. Öffentliches Interesse und Strafbarkeit

2.1 Begründung von Strafbarkeit

§ 353b Abs. 1 StGB (Verletzung des Dienstgeheimnisses und einer besonderen Geheimhaltungspflicht)
(1) Wer ein Geheimnis, das ihm als
1. Amtsträger,
2. für den öffentlichen Dienst besonders Verpflichteten oder
3. Person, die Aufgaben oder Befugnisse nach dem Personalvertretungsrecht wahrnimmt, anvertraut worden oder sonst bekanntgeworden ist, unbedingt offenbart und dadurch wichtige **öffentliche Interessen** gefährdet, wird mit Freiheitsstrafe bis zu fünf Jahren oder mit Geldstrafe bestraft. Hat der Täter durch die Tat fahrlässig wichtige **öffentliche Interessen** gefährdet, so wird er mit Freiheitsstrafe bis zu einem Jahr oder mit Geldstrafe bestraft.“

2.2 Ausschluss von Strafbarkeit

§ 201 Abs. 2 Satz 3 StGB (Verletzung der Vertraulichkeit des Wortes)
„(2) Ebenso wird bestraft, wer unbefugt
1. das nicht zu seiner Kenntnis bestimmte nichtöffentlich gesprochene Wort eines anderen mit einem Abhörgerät abhört oder
2. das nach Absatz 1 Nr. 1 aufgenommene oder nach Absatz 2 Nr. 1 abgehörte nichtöffentlich gesprochene Wort eines anderen im Wortlaut oder seinem wesentlichen Inhalt nach öffentlich mitteilt. Die Tat nach Satz 1 Nr. 2 ist nur strafbar, wenn die öfffentliche Mitteilung geeignet ist, berechtigte Interessen eines anderen zu beeinträchtigen. Sie ist nicht rechtswidrig, wenn die öffentliche Mitteilung zur Wahrnehmung überragender **öffentlicher Interessen** gemacht wird.“
3. „Allgemeinheit“ und Strafrecht.

§ 57 Abs. 1 StGB (Aussetzung des Strafrestes bei zeitiger Freiheitsstrafe)
(1) Das Gericht setzt die Vollstreckung des Restes einer zeitigen Freiheitsstrafe zur Bewährung aus, wenn
1. zwei Drittel der verhängten Strafe, mindestens jedoch zwei Monate, verbüßt sind,
2. dies unter Berücksichtigung des **Sicherheitsinteresses der Allgemeinheit** verantwortet werden kann, und
3. die verurteilte Person einwilligt. (...)“

§ 63 StGB (Unterbringung in einem psychiatrischen Krankenhaus).
„Hat jemand eine rechtswidrige Tat im Zustand der Schuldunfähigkeit (§ 20) oder der verminderten Schuldfähigkeit (§ 21) begangen, so ordnet das Gericht die Unterbringung in einem psychiatrischen Krankenhaus an, wenn die Gesamtwürdigung des Täters und seiner Tat ergibt, dass von ihm infolge seines Zustandes erhebliche rechtswidrige Taten zu erwarten sind und er deshalb für die **Allgemeinheit** gefährlich ist.“

§ 66 StGB (Unterbringung in der Sicherungsverwahrung).
(1) Das Gericht ordnet neben der Strafe die Sicherungsverwahrung an, wenn (...)
4. die Gesamtwürdigung des Täters und seiner Taten ergibt, dass er infolge eines Hanges zu erheblichen Straftaten, namentlich zu solchen, durch welche die Opfer seelisch oder körperlich schwer geschädigt werden, zum Zeitpunkt der Verurteilung für die **Allgemeinheit** gefährlich ist.“

§ 68c Abs. 2 StGB (Dauer der Führungsaufsicht)
(2) Das Gericht kann eine die Höchstdauer nach Absatz 1 Satz 1 überschreitende unbefristete Führungsaufsicht anordnen, wenn die verurteilte Person
1. in eine Weisung nach § 56c Abs. 3 Nr. 1 nicht einwilligt oder
2. einer Weisung, sich einer Heilbehandlung oder einer Entziehungskur zu unterziehen, oder einer Therapieweisung nicht nachkommt und eine Gefährdung der Allgemeinheit **durch** die Begehung weiterer erheblicher Straftaten zu befürchten ist.“

§ 74 Abs. 2 Nr. 2 StGB (Voraussetzungen der Einziehung)
„(2) Die Einziehung ist nur zulässig, wenn (...)
2. die Gegenstände nach ihrer Art und den Umständen die **Allgemeinheit** gefährden oder die Gefahr besteht, daß sie der Begehung rechtswidriger Taten dienen werden.“

Gemeinwohl im materiellen Wirtschaftsstrafrecht

Johannes Kaspar

Gemeinwohl und Strafzwecke

Gliederung

I. Einleitung

Der Beitrag wird die Frage aufgreifen, inwiefern der Begriff des „Gemeinwohls“ für die Diskussion über die Strafzwecke fruchtbar gemacht werden kann. Das versteht sich nicht von selbst. Schlägt man in den gängigen Abhandlungen über den Sinn und Zweck des staatlichen Strafens nach, finden sich die bekannten Verweise auf absolute Schuldvergeltung einerseits sowie die relativen Präventionstheorien mit den Spielarten von Spezial- und Generalprävention andererseits.

Vom „Gemeinwohl“ ist hier weder bei der Erläuterung der Theorien die Rede, noch wird gar das „Gemeinwohl“ selbst als Zweck der staatlichen Strafe erwogen. Das war nicht immer so. *Köstlin* etwa systematisiert die Straftheorien in seiner Abhandlung über das „System des deutschen Strafrechts“ von 1855 anhand ihres Gemeinwohlbezugs.[1] Welche Chancen und Risiken mit einer möglichen Renaissance dieses Begriffs innerhalb der straftheoretischen Diskussion verbunden sind, wird der wesentliche Inhalt der folgenden Ausführungen sein.

II. Gemeinwohlschutz als „Aufgabe des Strafrechts“?

Aber wäre das überhaupt eine echte „Renaissance“ – oder nur eine neue Begrifflichkeit? Zwar kommt die straftheoretische Diskussion heute wie gesagt ohne ausdrückliche Thematisierung des „Gemeinwohls“ aus. Aber es liegt nahe, dass

1 *Köstlin* System des deutschen Strafrechts, 1855, § 119.

es sich dabei eher um eine terminologische als eine inhaltliche Abweichung handelt. Denn wenn es richtig ist, dass der Staat die Aufgabe hat, ein (dann natürlich noch genauer zu definierendes) „Gemeinwohl“ sicherzustellen, dann wäre es ein merkwürdiges Ergebnis, wenn ausgerechnet die Strafe als besonders symbolträchtige und zugleich eingriffsintensive staatliche Maßnahme an dieser Zielsetzung nicht teilhaben sollte.

Und in der Tat wird man schnell fündig, wenn man die Fragestellung der „Strafzwecke“ im engen Sinn einmal verlässt und sich dem zuwendet, was *Roxin* als „Aufgabe“ des Strafrechts bezeichnet.[2] Dies sei, so *Roxin*, der „Rechtsgüterschutz“. Der Teufel steckt hier im Detail, denn welche dieser Interessen gerade so gewichtig sind, dass sie sogar per Strafandrohung geschützt werden dürfen, lässt sich eben nicht ohne weiteres aus dem Begriff des „Rechtsguts“ ableiten. Das gilt übrigens auch für den schillernden und nicht einheitlich gebrauchten Begriff der „Strafwürdigkeit“[3], der eigentlich nur die Fragestellung umschreibt, aber selbst keinen Ansatz zu ihrer Beantwortung erkennen lässt. Insofern wäre es denkbar, an dieser Stelle quasi synonym auf den zumindest nicht wesentlich unbestimmteren Begriff des „Gemeinwohlschutzes“ als „Aufgabe des Strafrechts“ abzustellen.

Tatsächlich lassen sich der Rechtsprechung des BVerfG durchaus Hinweise für eine solche „globale“ oder „kollektive“ Aufgabenbeschreibung des Strafrechts entnehmen. Das Gericht formuliert in seiner Entscheidung im 27. Band (BVerfGE 27, 18, 32): „Aufgabe des Strafrecht ist es, die elementaren Werte des Gemeinschaftslebens zu schützen“. Das klingt zumindest stark nach „Gemeinwohl“ und wird teilweise als Vorrang kollektiver Belange vor individuellen Gütern und Interessen interpretiert. Letzteres halte ich allerdings nicht für zutreffend. Vielmehr ergibt sich ein anderer Akzent schon dann, wenn man den nächsten Satz in der genannten Entscheidung des BVerfG liest. Denn dort heißt es: „Was zweifellos in den Kernbereich des Strafrechts gehört, läßt sich an Hand der grundgesetzlichen Wertordnung mit hinreichender Bestimmtheit ermitteln“. Diese Wertordnung enthält aber nun mit dem bewusst an den Anfang des Grundgesetzes platzierten Grundrechtskatalog sowie mit der Menschenwürdegarantie in Art. 1 I GG ganz zentral ein klares Bekenntnis zu starken Rechtspositionen des Individuums, die entweder gar nicht oder nur mit gutem Grund eingeschränkt werden dürfen. Gerade die individuellen Rechtsgüter wie Leib oder Leben und erst recht die Menschenwürde sind daher, so wäre meine Folgerung, Prototypen von „ele-

---

2 Zum Folgenden s. *Roxin* Strafrecht AT, 4. Aufl. (2006), § 2 Rn. 1 ff.

3 S. dazu nur *Günther* JuS 1978, 8, 12; *Volk* ZStW 97 (1985), 871; aus jüngerer Zeit *Deckert* Strafwürdigkeit und Gesetzgebung, 2008.

mentaren Werten des Gemeinschaftslebens". Werden diese Güter des einzelnen geschützt, steht das pars pro toto für einen damit erzielten Schutz des „Gemeinwohls". Das kann und will ich hier aber nicht vertiefen, zumal die Bezüge von Gemeinwohl und Rechtsgüterschutz Gegenstand eines separaten Beitrags sind. Wichtig war mir nur zu zeigen, dass wir bereits hier auf ein mögliches Risiko der Betonung des „Gemeinwohls" innerhalb der Straftheorie stoßen, auf das ich mehrfach zurückkommen werde, namentlich eine systematische Unterschätzung des Stellenwerts individueller Rechte, die im Begriff des „Gemeinwohls" nicht ausdrücklich zur Geltung kommen.

Erwähnt habe ich den Rechtsgüterschutz in meinem Beitrag aber auch deshalb, weil m. E. die Frage der „Aufgabe des Strafrechts" sehr eng mit der klassischen Frage der „Strafzwecke" zusammenhängt, ja, sich letztlich nach meiner Einschätzung sogar mit ihr stark überschneidet. Denn „Rechtsgüterschutz durch Strafrecht" kann doch nur bedeuten, dass durch die Existenz strafrechtlicher Verbote bestimmte für Rechtsgüter schädliche Handlungen unterbleiben sollen. Das ist aber nichts anderes als Prävention, also die Verhinderung von Straftaten. Die Entscheidung für den Rechtsgüterschutz respektive Gemeinwohlschutz als „Aufgabe des Strafrechts" impliziert also schon die Anerkennung der Prävention als Zweck – jedenfalls des strafbewehrten Verbots. Wenn aber die Androhung von Strafe diesem Zweck dient, wäre es stark begründungsbedürftig, wenn die Realisierung dieser Androhung, also die Verhängung der Sanktion, plötzlich von einem ganz anderen Gedanken, etwa demjenigen der „Schuldvergeltung" getragen, wäre.[4] Auch hier müsste es doch konsequenterweise darum gehen, wie präventiver Rechtsgüterschutz bewerkstelligt werden kann, der dann nicht nur „Aufgabe" sondern auch eigentlicher „Zweck" der Strafe ist. Zu klären bleibt dann noch die Rolle der oben erwähnten Spezial- und Generalprävention: diese sind dann selbst genau genommen nicht „Zwecke" der Strafe, sondern eher Funkti-

4 Dazu näher demnächst *Kaspar* Grundrechtsschutz und Verhältnismäßigkeit im Präventionsstrafrecht (erscheint 2014). Ausdrücklich a.A. *Hörnle* Straftheorien, 2011, 6 im Anschluss u.a. an Arbeiten von *Hart*. Selbst wenn man den Vorgang der Strafzumessung als Anwendung einer „Verteilungsregel" gegenüber dem von einer Institution Betroffenen versteht (so *Hörnle* a.a.O.), stellt sich doch die Frage, wie diese Verteilungsregel zustande kommt und warum sie vollständig vom Sinn und Zweck der Institution selbst abgekoppelt sein sollte; wer beispielsweise aus Gründen des „gerechten Schuldausgleichs" statt einer ebenfalls denkbaren Geld- eine Freiheitsstrafe verhängt, gibt damit doch unmissverständlich zu verstehen, dass aus seiner Sicht gerade diese Freiheitsstrafe benötigt wird, um „gerechten Schuldausgleich" zu bewirken. Damit wird aber exakt dies als Zweck der konkret verhängten Freiheitsstrafe apostrophiert, und es ist nicht zu sehen, warum dies nicht mit dem allgemeinen Zweck der „Institution" Strafe in Verbindung stehen sollte.

onsweisen der Strafe auf dem Weg zur Erzielung ihres eigentlichen Zwecks, eben des präventiven Rechtsgüterschutzes.

III. Gemeinwohl und Vergeltung

Damit sind wir sozusagen auf der „Habenseite" angelangt, also bei einer möglichen Chance der Bezugnahme der straftheoretischen Diskussion auf das „Gemeinwohl". Sie könnte, wie eben schon angedeutet, möglicherweise helfen, den angeblichen Strafzweck der Vergeltung, der heute bei unverändertem Inhalt eher als „Schuldausgleich" firmiert, weiter zu delegitimieren. Denn wenn man einmal unterstellt, dass staatliches Strafen zum „Gemeinwohl" beitragen muss, ist damit aus meiner Warte – unabhängig von der genauen begrifflichen Entfaltung von dem, was zum Gemeinwohl zählt – ein tatsächlicher gesellschaftlicher Zustand als Ziel formuliert, anhand dessen die Strafe zu messen ist. Sie kann dann eben nicht Selbstzweck sein, wie es ja auch vom BVerfG schon mehrfach formuliert wurde.[5] Dennoch ist das Vergeltungsdenken bis heute nicht etwa überwunden, im Gegenteil sind entsprechende theoretische Ansätze wieder en vogue, wie es scheint.[6] Auch in der Rechtsprechung lässt sich das nachweisen. Denn wenn dort ausdrücklich gesagt wird, dass ganz unabhängig von präventiven Zielsetzungen das Maß der schuldangemessenen Strafe nicht unterschritten werden dürfe,[7] ist das nichts anderes als die Anerkennung einer selbständigen Rechtfertigung der Strafe anhand des rein absoluten Vergeltungszwecks.

Aber noch ist die rechtliche Grundlage nicht benannt, aus der die Unzulässigkeit des Vergeltungszwecks folgt. Aus der Anerkennung von „Gemeinwohl" als Staatsaufgabe allein lässt sich das nicht ableiten, denn dafür müsste man noch darlegen, warum es dem Staat nicht erlaubt ist, daneben noch ganz andere Aufgaben und Ziele zu verfolgen, hier eben „absolute Gerechtigkeit" im Wege einer vergeltenden Strafe. Die rechtliche Begründung für dieses Ergebnis liegt im Verfassungsrecht. Wie ich in meiner demnächst erscheinenden Habilitationsschrift gezeigt habe, folgt aus der Struktur des verfassungsrechtlichen Verhältnismä-

5 BVerfGE 39, 46; 72, 114. S. dazu auch *Roxin* Festschrift für Volk, 2009, 601, 612 ff. In seiner Entscheidung zur Sicherungsverwahrung betont das BVerfG (NJW 2011, 1931) dagegen wieder zumindest implizit recht stark den Aspekt der Schuldvergeltung durch Kriminalstrafe, was straftheoretisch eine „Rolle rückwärts" darstellt. S. dazu (kritisch) *Höffler/Kaspar* ZStW 123 (2012), 81 ff.

6 Vgl. nur die Nachweise bei *Roxin* (oben Fn. 2), § 3 Rn. 47

7 Zur „Spielraumtheorie" des BGH, die auch die Anerkennung einer „Schulduntergrenze" beinhaltet, s. nur BGHSt 24, 132, 133 f.

ßigkeitsgrundsatzes zwingend, dass als rechtfertigender Zweck einer staatlichen Maßnahme eine externe und prinzipiell empirisch überprüfbare Zielsetzung formuliert werden kann. Denn nur dann ist eine Prüfung der „Geeignetheit" und der „Erforderlichkeit" überhaupt möglich. Der angebliche Zweck der „Vergeltung" bzw. des „Schuldausgleichs" erfüllt diese Kriterien evident nicht. Ob eine Freiheitsstrafe von fünf Jahren zum Schuldausgleich „geeignet" ist, kann von vornherein nicht sinnvoll in rationaler Weise diskutiert werden.

Der Verhältnismäßigkeitsgrundsatz als wichtiges verfassungsrechtliches Kontrollinstrument würde also ausgerechnet hier, wo der Staat mit der vielzitierten „schärfsten" seiner „Waffen" hantiert, leerlaufen. Und es ist auch nicht etwa so, dass der Verhältnismäßigkeitsgrundsatz an dieser Stelle vom angeblich strengeren „Schuldprinzip" ersetzt wird; denn bei diesem wird nur die Angemessenheit der Höhe der Strafe in Relation zur Tatschuld thematisiert, nicht aber die Vorfrage, welchen sinnvollen Zweck man mit dieser Maßnahme überhaupt verfolgt und ob dieser einen so gravierenden Grundrechtseingriff rechtfertigt[8]. Damit scheidet kraft Verfassungsrecht eine Rechtfertigung der Strafe anhand des Zweckes des „Schuldausgleich" aus. Dass eine allein diesem absoluten Zweck dienende Strafe nicht zum Gemeinwohl beitragen kann, ist also nicht der eigentliche rechtliche Grund für die Unzulässigkeit dieses Strafzwecks, aber immerhin Teil der im Kern verfassungsrechtlichen Argumentation.

IV. Gemeinwohl und Prävention

So bleibt schließlich noch zu untersuchen, welche Bezüge die präventiven Funktionen der Strafe zum Gemeinwohl aufweisen. Der unmittelbare Bezug liegt auf der Hand: Durch die (erhoffte) Verhinderung schädlicher Verhaltensweisen trägt erfolgreiche strafrechtliche Prävention natürlich zum Gemeinwohl bei. Damit droht hier aber zugleich die bereits erwähnte Überbetonung des Nutzens durch Strafe für die Allgemeinheit und eine zu starke Ausblendung der Belange des Individuums, hier: des bestraften Täters.

---

8 Vgl. (in etwas anderem Zusammenhang) *Hörnle* (oben Fn. 4), 51. A.A. aber *Frisch* NStZ 2013, 249 ff., der eine überschießende Kontrollfunktion des Verhältnismäßigkeitsgrundsatzes ablehnt.

1. Generalprävention

Das wird besonders deutlich mit Blick auf die negativ-generalpräventive Straffunktion, also die Abschreckung der anderen durch Bestrafung des Täters. Wenn man einmal davon absieht, dass die Furcht (oder mit *Feuerbach*: der psychologische Zwang), der bei der Bevölkerung durch das Exempel der Strafe ausgelöst werden soll, auch für diese ein (wenn auch kleines) Übel darstellt, so ist doch nicht zu übersehen, dass hier insgesamt ein kollektiver Nutzen auf dem Rücken eines einzeln angestrebt wird.

Dieser Vorgang lässt sich (mit *Köstlin*) nur dann uneingeschränkt als Förderung des „Gemeinwohls" auffassen, wenn man die oben aufgezeigte verfassungsrechtliche Bindung an individuelle Grundrechte ignoriert, die auch innerhalb einer Bestimmung des „Gemeinwohls" die Berücksichtigung des Wohls des einzelnen voraussetzt. Das Wohl des Bestraften, der als unmittelbar Betroffener das Strafübel erleidet, müsste also mit anderen Worten in die „Gemeinwohlbilanz" einfließen. Und auch das wird durch das geltende Verfassungsrecht gewährleistet. Insofern wird der negativen Generalprävention m. E. zu Unrecht der Vorwurf gemacht, sie verstoße gegen die Menschenwürde, weil der einzelne allein als Mittel zum Zweck behandelt werde.[9] Denn es geht ja nicht darum, an irgendjemanden, möglicherweise einem völlig Unbeteiligten, ein Exempel zu statuieren. Vielmehr wird derjenige mit einer Sanktion belegt, der als zurechnungsfähige Person selbst durch das schlechte Beispiel der Tat die Gefahr von Nachahmung geschaffen hat, wenn man so will also im Sinne von *Welcker* einen „Normgeltungsschaden" hervorgerufen hat.[10] Wenn dies nun innerhalb der Grenzen der Verhältnismäßigkeit geschieht, liegt darin keine unzulässige Verobjektivierung des einzelnen zur Förderung eines kollektiven Nutzens.[11] Zugleich ist es auch nicht so, dass der Täter selbst von diesem kollektiven Nutzen nicht profitieren würde. Denn wenn man zunächst einmal unterstellt, dass die Bestrafung tatsächlich einen abschreckenden Effekt aufweist, dient das generell der Verhinderung von Straftaten, was allen potenziellen Opfern zugutekommt, also auch dem Bestraften selbst.[12]

Dennoch steht gegenüber der generalpräventiv bemessenen Strafe der Vorwurf im Raum, sie tendiere gleichsam automatisch zu übermäßiger Härte, zu

---

9 S. nur *Badura* JZ 1964, 337.

10 Dazu näher *Müller-Dietz* GA 1983, 481.

11 Vgl. die Ausführungen bei *Hörnle* (oben Fn. 4), 45 ff., die entscheidend auf Fairnessargumente abstellt.

12 A. A. *Hörnle* (oben Fn. 4), 46, die einen Nutzen für den Bestraften selbst verneint.

„staatlichem Terror“[13], wie *Roxin* das formuliert hat. Das droht aber dann nicht, wenn man nicht nur die verfassungsrechtlichen Grenzen beachtet, sondern auch die empirischen Erkenntnisse über generalpräventive Wirkungszusammenhänge. Diese sind nicht ganz einheitlich, lassen sich aber so zusammenfassen, dass von einem moderaten Effekt der Existenz strafrechtlicher Normen ausgegangen werden kann, der aber mehr von der wahrgenommenen Entdeckungswahrscheinlichkeit abhängt und nicht von der erwarteten Strafhöhe.[14] Folgt man dem, wird deutlich, dass jedenfalls von der Erhöhung der Strafrahmen bzw. des Niveaus der tatsächlich verhängten Strafen im Vergleich zum status quo kein generalpräventiver Nutzen zu erwarten ist. Solche Maßnahmen vergrößern also die Einbuße beim Bestraften, erzielen aber keinen präventiven Gewinn. Die „Gemeinwohlbilanz“ solcher kriminalpolitischer Maßnahmen fällt daher sogar negativ aus und spricht daher für ihre Unzulässigkeit. Auch dabei handelt es sich allerdings um ein Ergebnis, das sich in gleicher Weise, aber auf stabilem verfassungsrechtlichem Fundament aus dem Grundsatz der Verhältnismäßigkeit ableiten lässt. Auch hier scheint mir der Gedanke des Gemeinwohlbezugs daher nicht entscheidend zu sein.

Betrachtet man die sogenannte positive Generalprävention, werden die Dinge noch komplizierter. Denn auf welche Weise hier tatsächlich „Prävention“, also die Verhinderung von Straftaten erzielt wird, ist alles andere als klar.[15] Wenn die Strafe der „Wiederherstellung des gestörten Vertrauens in die Rechtsordnung“ dient oder auch der „Wiederherstellung des Rechtsfriedens“[16], dann ist damit oft eine als gerecht empfundene Strafe gemeint, die in der Allgemeinheit vorhandene Strafbedürfnisse befriedigen, private Racheakte und Selbstjustiz verhindern und daher insgesamt zur Stabilität von Staat und Gesellschaft beitragen soll. Auch das lässt sich natürlich, da langfristig auf diese Weise Straftaten verhindert werden, als Präventionstheorie formulieren. Ich bin durchaus ein Anhänger dieser Theorie, sofern man sie wie skizziert auf einen tatsächlichen und prinzipiell empirisch überprüfbaren Präventionseffekt bezieht.[17]

---

13 *Roxin* (oben Fn. 2), § 2 Rn. 32. S. bereits *ders.* JuS 1966, 380.

14 S. *Schöch* Festschrift für Jescheck, 1985, 1085 ff.; *Dölling* ZStW 102 (1990) 1 ff.; *Streng* Strafrechtliche Sanktionen, 3. Aufl. (2012), Rn. 59.

15 Insofern ist es gut nachvollziehbar, dass *Hörnle* (oben Fn. 4), 30 ff. diesen Ansatz eher der Kategorie der „expressiven Straftheorien“ zuordnet.

16 S. *Roxin* (oben Fn. 2) § 3 Rn. 27.

17 Zum empirischen Verständnis der „Wiederherstellung des Rechtsfriedens“ s. näher im Zusammenhang mit der Erörterung der Varianten der positiven Generalprävention *Kaspar* Mediation und Wiedergutmachung im Strafrecht, 2004, 55 ff.

Ich glaube aber, dass man auch hier vor einer Vernachlässigung der Position des Bestraften warnen muss. Studiert man die verschiedenen Varianten der positiven Generalprävention einschließlich ihrer historischen Wurzeln, die bis zu *Durkheim* reichen[18], so drängt sich das Bild auf, dass es hier teilweise um eine Art Selbstbestätigung der „rechtstreuen Bevölkerung" geht (und gehen soll), die auch und gerade durch den stigmatisierenden Charakter der Bestrafung des Täters erzielt wird. Und auch dies könnte von einem ausschließlich kollektiv gedachten „Gemeinwohlprinzip" unbeanstandet bleiben, vielleicht sogar gefordert werden. Dem stehen nicht nur die bereits erwähnten verfassungsrechtlichen Erwägungen entgegen. Hinzu kommt, dass das simple Bild einer klaren Unterscheidbarkeit von „rechtstreuer Bevölkerung" einerseits und „Straftätern" andererseits nicht haltbar ist, wenn man sich die Ergebnisse der kriminologischen Dunkelfeldforschung vor Augen führt.[19] Man muss also darauf pochen, dass der Täter auch bei einer positiv-generalpräventiv begründeten Strafe nicht außen vor bleiben darf und letztlich auch ihm gegenüber die Strafe prinzipiell als gerecht und angemessen erklärbar sein muss. Dafür spricht auch, dass ansonsten der ohnehin prekäre Resozialisierungszweck noch zusätzlich gefährdet wird.

2. Spezialprävention

Damit sind wir beim letzten Punkt angelangt, der Spezialprävention. Hierzu nur noch einige kurze Bemerkungen. Geht es um individuelle Abschreckung, gilt das oben Gesagte: Auch hier sind von Strafschärfungen keine besseren Effekte zu erwarten, so dass sich dies schon aus Verhältnismäßigkeitsgründen verbietet.

Die Gefahr der Überbetonung der kollektiven Gemeinwohlaspekte scheint besonders bei der negativen Spezialprävention in der Form der Sicherung, virulent zu sein. Es handelt sich hier um einen sehr aktuellen und vielfach betonten Aspekt des „Gemeinwohls", gerade im Hinblick auf schwere Sexual- und Gewaltstraftaten. Das ist im Ansatz natürlich legitim, denn der Schutz der hiervon betroffenen Rechtsgüter ist verfassungsrechtlich verankert. Aber allzu oft (und auch in der aktuellen Entscheidung des BVerfG zur Sicherungsverwahrung[20]) wird dabei das Problem der „false positives" nicht ausreichend beachtet, also die empirisch belegte Tatsache, dass Prognosen in diesem Bereich nicht nur schwer gestellt werden können, sondern tendenziell zu einer drastischen Überschätzung

18 Vgl. *Gephart* Strafe und Verbrechen, 1990.
19 Zur Normalität der Jugenddelinquenz vgl. nur *Meier* Kriminologie, 4. Aufl. (2010), § 5 Rn. 60 f.
20 BVerfG NJW 2011, 1931.

der Gefährlichkeit der Betroffenen führen.[21] Dieser individuelle Aspekt muss im Rahmen der Verhältnismäßigkeitsprüfung ausreichend berücksichtigt werden und darf nicht vorschnell aus Gründen des „Gemeinwohls“ überspielt werden.

Bei der Resozialisierungsfunktion der Strafe liegen die Dinge etwas anders. Gelungene Resozialisierung, darauf weist *Lüderssen* zu Recht hin, trägt dazu bei, Straftaten zu verhindern und ist ein Beitrag zum Opferschutz, so dass insoweit kein Widerspruch zwischen beiden Aspekten besteht.[22] Auch das Gemeinwohl wird so ganz offensichtlich gefördert. Ob die Strafe aber allein anhand des Resozialisierungszwecks gerechtfertigt werden kann, erscheint mir zweifelhaft[23] – das muss hier aber dahinstehen. Warnen würde ich jedenfalls davor, die positiv konnotierte Resozialisierung oder „Besserung“ des Täters zu stark als Förderung des Wohls des Straftäters zu verstehen, wie es *Köstlin* in Abgrenzung zu den rein kollektiv-gemeinwohlorientierten Ansätzen tut[24]. Denn eine Gefängnisstrafe ist und bleibt ein gravierender Grundrechtseingriff, der durch eine (verfassungsrechtlich zwingend gebotene) resozialisierungsfreundliche Ausgestaltung des Vollzugs zwar abgemildert und erträglicher gestaltet wird, aber ganz offensichtlich seinen freiheitsbeeinträchtigenden Kern behält.

V. Fazit

Damit komme ich zum Fazit, das ambivalent ausfällt. Der Ertrag eines „gemeinwohlorientierten“ Blicks auf die Strafzwecklehren hält sich in Grenzen. Positiv zu verbuchen ist die Möglichkeit, den Vergeltungszweck als gerade nicht am Gemeinwohl orientierte Funktion der Strafe kritisch zu hinterfragen. Weiterhin zwingt die Frage des „Gemeinwohlbezugs“ der einzelnen Straffunktionen zu einer Vergewisserung, in welcher Balance die Interessen der Allgemeinheit zu den Interessen des Einzelnen, eben auch des zu Bestrafenden, jeweils stehen. Nennenswerte kritische Potenz gewinnt diese Perspektive aber meines Erachtens erst dann, wenn man anerkennt, dass unser geltendes Verfassungsrecht die individuellen Rechte des Einzelnen betont, so dass sein Wohl nicht gegen das (schwerer zu bestimmende und wie die Geschichte lehrt: missbrauchsanfällige) Wohl der Allgemeinheit ausgespielt werden darf. Genau hier liegt dann auch die

21 Vgl. nur *Schöch* NK 2012, 47, 53.

22 *Lüderssen* FAZ v. 15.6.2011, abrufbar unter http://www.net/aktuell/politik/staat-und-recht/gastbeitrag-klaus-luederssen-im-zweifel-gegen-den-taeter-1650031 (zuletzt abgerufen am 7.1.2013)

23 Zur Kritik s. nur *Hörnle* (oben Fn. 4), 22 f.

24 Vgl. *Köstlin* (oben Fn. 1).

Schwäche, vielleicht sogar Gefahr des Gemeinwohls als Maßstab für die Beurteilung der Straftheorien: Die individuelle Perspektive ist im Begriff nicht ausdrücklich enthalten, so dass hier stets eine Überbewertung kollektiver Belange droht. Nicht umsonst liest man oft Formulierungen, wonach die Interessen des „Gemeinwohls" mit den Interessen des „Beschuldigten" abzuwägen seien, als ob letzterer nicht zur Allgemeinheit gehörte. Insofern liegt es näher, den Verhältnismäßigkeitsgrundsatz heranzuziehen, dem als „Schranken-Schranke" für Grundrechtseingriffe die individuelle Perspektive immanent ist. Die Legitimation des strafrechtlichen Verbots wie auch der Strafe selbst kann hier anhand der bekannten Prüfungsstufen des legitimen Zwecks, der Geeignetheit, der Erforderlichkeit sowie der Angemessenheit thematisiert werden. Als kritischer Maßstab ist der Verhältnismäßigkeitsgrundsatz einer reinen Bezugnahme auf das „Gemeinwohl" daher deutlich überlegen – auch und gerade im Hinblick auf die von *Klaus Lüderssen* seit langem betonte Suche nach Alternativen zur Strafe[25].

---

25 S. nur *Lüderssen* Abschaffen des Strafens, 1995.

Bernd Müssig

Rechtsgüter und Gemeinwohl

Gliederung

Einleitung

Der – gemeine – Strafrechtsdogmatiker betrachtet den Begriff des Gemeinwohls schon fast reflexartig mit einer gewissen Distanz und Skepsis. Dazu bedarf es gar nicht des Hinweises auf den Missbrauch, der mit diesem Begriff getrieben wurde. Schon die Verortung des Begriffs maßgeblich im politischen Diskurs[1] macht diesen Begriff – aus der Perspektive des (Straf-)Rechts – ideologieverdächtig. Und keineswegs beruhigt es den Strafrechtsdogmatiker, wenn ein großer Gesellschaftstheoretiker und Soziologe – *Niklas Luhmann* – den Gemeinwohlbegriff als „Kontingenzformel" des politischen Systems bezeichnet hat[2]. Bestätigt in seiner Skepsis sieht sich der Strafrechtsdogmatiker dann, wenn im rechtlichen Diskurs selbst wohlwollende Abhandlungen dem Gemeinwohlbegriff letztlich nur Phra-

---

1 Vergl. beispielsweise *Koller* Das Konzept des Gemeinwohls, in: Brugger/Kirste/Anderheiden (Hrsg.), Gemeinwohl in Deutschland, Europa und der Welt, 2002, S. 41, 44 ff.

2 *Luhmann* Die Politik der Gesellschaft, 2000, S. 120 ff.

sierungen eines kaum greifbaren Themas abringen können[3]. Aus rechtlicher Perspektive scheint das Gemeinwohl mehr Irrlicht als Richtfeuer zu sein.

Da liegt es dann nahe, dem Gemeinwohlbegriff aus rechtlicher Perspektive mit dem Handwerkszeug bewährter strafrechtlicher Grundlagendogmatik, nämlich einem Rechtsgutskonzept gleichsam als (Interpretations-)Filter und Flaschenhals zwischen politischen und rechtlichen Diskurs gegenüberzutreten, um für das Strafrecht fruchtbare Orientierungsmuster und relevante Argumentationskriterien gewinnen zu können. Dabei gebietet es nicht nur die anlässlich der Tagung genossene Gastfreundschaft, dass für eine solches Konzept auf die „Frankfurter Fassung", d.h. auf die Kriterien einer sog. „personalen Rechtsgutslehre"[4] zurückgegriffen wird, sondern der explizit systemkritische Anspruch dieses Rechtsgutkonzepts[5], d.h. eines Ansatzes, der sich der Tradition der Aufklärung verpflichtet sieht und „dem Strafgesetzgeber ein plausibles und verwendungsfähiges Kriterium seiner Entscheidungen an die Hand (...) geben und zugleich einen externen Prüfungsmaßstab für die Gerechtigkeit dieser Entscheidung (...) entwickeln" will.[6] Hier richtet sich dann der Blick maßgeblich auf eine grundlegende Differenzierung zwischen Individual- und Kollektivrechtsgütern[7] bzw. – noch grundlegender – auf Konstitutionsprozesse und -kriterien für Rechtsgüter[8], um strafrechtlich Relevantes aus dem Gemeinwohlbegriff filtern zu können: das Irrlicht soll so in die Flasche der juristischen Dogmatik eingefangen, um für das Strafrecht wirken zu können, wie seinerzeit die Wunderlampe des Aladins.

An diesem Punkt allerdings ist Wasser in den Wein zu gießen. Die Differenzierung von Kollektiv- und Individualrechtsgütern und vor allem deren kritischer Ertrag ist noch nicht gesichert[9]: Grundsätzlich lässt sich jedes Kollektivrechtsgut auf einem entsprechenden Abstraktionsniveau „funktional bezogen auf den Menschen" deuten und damit einem maßgeblichen (Differenzierungs-)Kriterium

3 *Engel* Offene Gemeinwohldefinition, Rechtstheorie 32 (2001), 23 ff.

4 *Hassemer* Grundlinien einer personalen Rechtsgutslehre, FS-Arthur Kaufmann, 1989, S. 85 ff.; *Hassemer/Neumann* in: Nomos Kommentar zum Strafgesetzbuch, 3. Aufl. 2010 (NK-*Hassemer/Neumann*), Vor § 1 Rn. 131 ff.

5 Grundlegend *Hassemer* Theorie und Soziologie des Verbrechens, Ansätze zu einer praxisorientierten Rechtsgutslehre, 1973, S. 20 ff., 76 ff., 98 ff.

6 NK-*Hassemer/Neumann* Vor § 1 Rn. 115.

7 NK-*Hassemer/Neumann* Vor § 1 Rn. 126 ff.; aus der Perspektive der Gemeinwohldiskussion *Anderheiden* Gemeinwohlförderung durch Bereitstellung kollektiver Güter, in: Brugger/Kirste/Anderheiden (Hrsg.), Gemeinwohl in Deutschland, Europa und der Welt, 2002, S. 391, 396 ff.

8 NK-*Hassemer/Neumann* Vor § 1 Rn. 139 ff.

9 *Müssig* Schutz abstrakter Rechtsgüter und abstrakter Rechtsgüterschutz, 1994, S. 46 ff., 173 ff., 188 ff.

für Individualrechtsgüter zuordnen; es lässt sich jedes Kollektivinteresse auf ein entsprechendes Individualinteresse herunterbrechen[10]. Personale Rechtsgutstheorien haben dieses eindrucksvoll für den Staat und seine Institutionen[11], aber auch etwa für die Umwelt[12] dargestellt und belegt. Und dass mit den Konstitutionsprozessen und -kriterien der Rechtsgutstheorien gerade spezifisch strafrechtliche Legitimationsanforderungen formuliert und gefunden sind, muss auch mit einem Fragezeichen versehen werden:[13] Rechtsgüter werden (selbstverständlich) auch im übrigen Recht ‚gebildet' und ‚geschützt'. Solche kritische Anmerkungen allerdings treffen die Rechtsgutstheorien zunächst nur an der Oberfläche und werden regelmäßig nur als ärgerlich wahrgenommen.

Kritisch aber für das Konzept wird es m.E. beim Blick auf die gesellschaftlich-praktische Dimension des Rechtsgüterschutzkonzepts: das rechtstheoretische Fundament der Rechtsgutslehre ist bisher nicht hinreichend aufgeklärt – und dies muss dann zu einer Reformulierung der Fragestellung führen. Will eine kritische Rechtsgutstheorie ihren eigenen Anforderungen gerecht werden, so muss sie nicht nur die materiellen Definitionskriterien bzw. die gesellschaftlichen Konstitutionsbedingungen von Rechtsgütern benennen können, sie muss vielmehr auch die Bedingungen und Möglichkeiten des – ich nenne es mal so – strafrechtlichen „Schutzbetriebs" aufweisen können. Gerade dieses Fundament aber weist entscheidende Defizite auf, so dass die gesellschaftliche Verankerung der Rechtsgutslehren von dieser Seite her in Frage gestellt ist.

Ich werde im Folgenden zunächst kurz skizzieren, was mit der gesellschaftlich-praktischen Dimension des Rechtsgüterkonzeptes gemeint ist und wo das Defizit liegt. Im zweiten Schritt werde ich andeuten, in welche Richtung m.E. nach die Reformulierungen erfolgen müssten, um dann drittens dieses wenigstens ansatzweise auf den Gemeinwohlbegriff spiegeln zu können.

---

10 Vergl. auch *Hefendehl* Kollektive Rechtsgüter im Strafrecht, 2002, S. 61 ff.

11 NK-*Hassemer/Neumann* Vor § 1 Rn. 132 ff.; *Marx* Zur Definition des Begriffs „Rechtsgut", 1972, S. 79; ausführlich von einer dualen Konzeption aus *Hefendehl* Kollektive Rechtsgüter (Fn 10), S. 313 ff., 335 ff., 361 ff.

12 NK-*Hassemer/Neumann* Vor § 1 Rn. 136; *Hohmann* Das Rechtsgut der Umweltdelikte, 1991, S. 188 ff., 209; vergl. auch *Hefendehl* Kollektive Rechtsgüter (Fn 10), S. 306 ff.

13 Vergl. *Frisch* Rechtsgut, Recht, Deliktsstruktur und Zurechnung im Rahmen der Legitimation staatlichen Strafens, in: Hefendehl/Hirsch/Wohlers (Hrsg.), Die Rechtsgutstheorie, 2003, S. 215, 220 ff.

1. Rechtstheorie: Die Sollbruchstelle einer praktisch orientierten Rechtsgutslehre

a) Überblick

Nimmt man den Rechtsgutsbegriff wörtlich, so könnte sich ein sehr bildhaftes und enges Verhältnis von Rechtsgutsbestimmung und Gemeinwohl ergeben: Es wäre – in Anknüpfung an die entsprechende Rechtsprechung des Bundesverfassungsgerichts[14] – die Frage zu stellen, welche (gesellschaftlichen und/oder persönlichen) Güter wegen Ihrer Bedeutung für das Gemeinwohl strafrechtlich zu schützen sind, um sie dann durch entsprechende Verbote und Gebote abzuschirmen und zu schützen. Gemeinwohl ginge so in den Rechtsgütern bzw. in der Rechtsgutsbestimmung auf. Dabei erhielte man – bildlich gesprochen – einen etwas tumultarischen Bestand an Gütern, der mit einem mehr oder weniger dichten Lattenzaun von Ver- und Geboten schützend umringt ist. Dass mit einem solchen Lagerbestand an Gütern Gesellschaft hinreichend beschrieben worden wäre – und um den Schutz der Gesellschaft soll es ja beim Rechtsgüterschutz gehen –, ist zweifelhaft: Die Gesellschaft würde in Lagerbestände verkürzt und verdinglicht.

Nicht sehr viel besser erschiene es, wenn man statt auf verdinglichte Güter auf immaterielle (gesellschaftliche und/oder menschliche) Interessen setzen wollte. Die Verdinglichung wäre umschifft; aber man handelte sich die Frage nach der Vergeistigung nicht nur der Rechtsgutsbestimmung[15] sondern auch der Rechtsgutsverletzung ein: Wie habe man sich das beispielsweise bei einer Verletzung von Kollektivinteressen vorzustellen? Gesellschaft wäre nach dieser Konzeption auf (ihre) Aggregatzustände schutzwürdiger Interessenlagen reduziert, die man wieder mit einem Wall von Ver- und Geboten schützend umgibt.

In beiden Konzeptionen wird die entscheidende kommunikative Konstitution von Gesellschaft jedoch nicht getroffen. Es ist aber gerade die kommunikative Konstitution von Gesellschaft, die uns Gesellschaftstheorien – egal welcher Couleur (sei es systemtheoretischer oder kommunikationstheoretischer Prove-

---

14 BVerfGE 53, 152, 158; 66 191, 195.

15 Kritisch zu „immateriellen" Rechtsgutslehren *Amelung* Rechtsgüterschutz und Schutz der Gesellschaft, 1972, S. 155 ff., 175 ff.; vergl. auch *Hefendehl* Kollektive Rechtsgüter (Fn 10), S. 27 ff.; zusammenfassend *Müssig* Abstrakter Rechtsgüterschutz (Fn 9), S. S. 52 ff.

nienz[16]) – als maßgeblich für einen tragfähigen Zugang zu einem realistischen Gesellschaftsbegriff nahelegen und beschreiben.

Diese kommunikative Konstitution betrifft auch den Zusammenhang von Recht und Gesellschaft, d.h. die Funktion des Rechts in der Gesellschaft, – und damit ist die gesellschaftlich-praktische Dimension der Rechtsgutslehre, nämlich ihr rechtstheoretisches Fundament angesprochen. In ihrer Orientierung an Verbote und Gebote verkürzen die Rechtsgutstheorien die gesellschaftliche Gestalt der Norm und des Rechts auf die sprachliche Form von Imperativen; die Perspektive für die Bestimmung des gesellschaftlichen Sinns von Normativität reduziert sich auf die individuelle Verhaltensdetermination. Es ist ein altes (durchaus obrigkeitsstaatliches) Bild vom Recht, das Rechtsgutstheorien mit sich rumschleppen: *Engisch* hatte es in seiner Dissertation (1925) wie folgt umschrieben: „So ist der Rechtsunterworfene stets von einer Menge Imperative getroffen, die gleich Schwertern und Speeren ihm rechts und links im Wege stehen und die er beachten muss, will er nicht Wunden ernten“[17]. Es ist das Bild vom Ruf der Norm an den Einzelnen. Ein internalisierter Gott, der alles sieht, ruft demjenigen, der die Hand gegen ein Gut hebt, donnernd zu: „Du darfst nicht!“

Damit aber wird die besondere Bedeutung von Normen für die Ermöglichung des kommunikativen Prozesses sozialer Interaktionen verkürzt, ebenso wie auch die Bedeutung des Rechts als Struktur der Gesellschaft verkürzt wird. Gerade aber die Bedeutung des Rechts als Struktur der Gesellschaft ist Grundlage der Strafrechtstheorien d.h. der Frage nach dem „Warum“? von Strafrecht: die Theorie der positiven Generalprävention baut auf diesen Zusammenhang auf; – bei den Rechtsgutstheorien ist dieses noch nicht angekommen.[18]

16 Zur kommunikativen Konstitution von Normen *Luhmann* Rechtssoziologie, 3. Aufl., 1987, S. 28 ff., 40 ff.; *ders.*, Das Recht der Gesellschaft, 1993, S. 35 f., 46 ff., 49 f.; *ders.*, Soziale Systeme, 1987, S. 382 ff., 387 ff., 396 ff.; sowie *Habermas* Sprachspiel, Intention und Bedeutung, in Wiggershaus (Hrsg.) Sprachanalyse und Soziologie, 1975, S. 319, 333 ff.; *ders.* Theorie des kommunikativen Handelns, 1988, Bd. I, S. 127 f.; *ders.* Faktizität und Geltung, 1992, S. 32 ff., 41 ff., 44 f.

17 *Engisch* Die Imperativentheorie, Diss 1925, S. 70.

18 Und so verwundert es dann kaum noch, dass – bekanntermaßen – Rechtsgutstheorien und strafrechtliche Zurechnungsprinzipien wenig zusammenpassen; dazu *Frisch* Rechtsgut, Recht, Deliktsstruktur und Zurechnung im Rahmen der Legitimation staatlichen Strafens, in: Hefendehl/Hirsch/Wohlers (Hrsg.), Die Rechtsgutstheorie, 2003, S. 215, 228 ff.

b) Rechtstheoretische Verankerung der Rechtsgutstheorien

Der Vorwurf der ungenügenden rechtstheoretischen Verankerung von Rechtsgutstheorien steht bisher nur als laute Behauptung im Raum und muss deshalb wenigstens in ein paar Grundzügen belegt werden. Dabei zeigt ein genauerer – theoriegeschichtlich orientierter – Blick, dass sich Rechtsgutstheorien in ihrem rechtstheoretischen Verständnis auf ein Modell beziehen, das schon *Binding*[19] als Rechtstheorie für das Deutsche Kaiserreich zeichnete: Die Norm als Imperativ.

aa) Finalistische Konzepte als Ausgangspunkt

Bei modernen, d.h. insbesondere bei jüngeren sozialwissenschaftlich inspirierten Reformulierungen der Rechtsgutslehre stand *Welzels* Bild von der gesellschaftlichen Wirkung des Strafrechts Pate bzw. wird dieses Bild zum historischen Ausgangspunkt eines modernen Rechtsgutsverständnisses genommen.[20]

Schon relativ früh bei der Entwicklung erster grundlegender finalistischer Positionen hatte *Welzel* die gesellschaftlich-praktische Dimension des Rechtsgüterschutzmodells thematisiert,[21] dieses allerdings vor dem Hintergrund eines wertphilosophisch geprägten Gesellschaftsbildes. Der für *Welzels* gesamten Ansatz charakteristische Perspektivenwechsel vom „Erfolgs- zum Aktunwert" trifft auch das Konzept eines strafrechtlichen Rechtsgüterschutzes. Rechtsgüterschutz als Zielperspektive des Strafrechts wird bei *Welzel* eingebunden in das übergreifende Ziel der Erhaltung der „Aktwerte" – und verliert damit seine herausragende Stellung als primäre Legitimationspunkt.[22] Dies ist (teilweise) von Zeitgenossen als „Ethisierung des Strafrechts"[23] kritisiert worden. Rückblickend kann diese Relativierung bzw. ethisierende Aufladung des Rechtsgüterschutz-

---

19 Zum Rechtsgutsbegriff, *Binding* Die Normen und ihre Übertretung, 1. Band, 1872, S. 188 f.

20 Vgl. *Hassemer* Theorie (Fn 5), S. 210 ff.; *ders.* in: Nomos-Kommentar (1. Auflage) Vor § 1 Rn. 251 f., 334; *Amelung* Rechtsgüterschutz (Fn 15), S. 187 ff., 194 ff., 261, 273 ff.; zusammenfassend zu Welzel vgl. *Müssig* Abstrakter Rechtsgüterschutz (Fn 9), S. 27 ff.

21 Vgl. *Welzel* Studien zum System des Strafrechts, ZStW 58 (1939), 491; *ders.*, Über den substantiellen Begriff des Strafrechts, FS-Kohlrausch, 1944, S. 101, *ders.*, Das deutsche Strafrecht (Lehrbuch), 11. Auflage, 1969, S. 1 ff.

22 Deutlich *Welzel* FS-Kohlrausch (Fn 21), S. 101, 106.

23 *Lampe* Das personale Unrecht, 1967, S. 93 f. Fn 45; *Sax* Grundsätze der Strafrechtspflege, in: Bettermann/Nipperday/Scheuner, Die Grundrechte III 2, 1959, S. 909, 918; *Würtenberger* Die geistige Situation der deutschen Strafrechtswissenschaft, 1957, S. 59.

konzepts auch als Versuch verstanden werden, dieses Konzept in der sozialen Realität, d.h. der Realität handelnder Menschen, zu verankern.[24]

An zwei Stellen erweist sich der Ansatz jedoch als brüchig. Zum einen ist die Beziehung zwischen Aktwerten und Rechtsgütern bei *Welzel* kaum geklärt; zum anderen ist mittlerweile – wenigstens – zweifelhaft, ob die gesellschaftliche Realität adäquat in den Kategorien einer materiellen Wertphilosophie rekonstruiert werden kann, ob also die Gleichsetzung von sozialer Sinnhaftigkeit mit Werthaftigkeit, wie sie *Welzels* Strafrechtslehre zugrunde liegt,[25] ein tragfähiges Fundament der Beschreibung von Gesellschaft sein kann.

Die erste Frage betrifft ein theorieimmanentes Problem. *Welzel* hat zwar betont, dass „Aktwerte" die Achtung vor Rechtsgütern zum Gegenstand haben,[26] dass also Aktwerte auf Sachverhaltswerte bezogen seien;[27] doch bleibt die Struktur der Beziehung bei ihm undeutlich – wie auch die Konstitution der Aktwerte schlechthin. Aktwerte wie die von ihm beispielsweise benannte „Treue zum Staat", „Persönlichkeitsachtung", „Ehrlichkeit usf." beziehen sich auch nach seiner Aussage auf eine Fülle verschiedenster Rechtsgüter, ohne dass allerdings diese Beziehung bei *Welzel* genauer beschrieben würde.

Die zweite Frage weist über den theorieimmanenten Horizont hinaus. In seinen frühen, vor 1945 veröffentlichten Schriften hatte *Welzel* noch ein prägnantes, in Teilstrukturen allerdings deutlich dem damaligen deutschen Zeit(un)geist geschuldetes Bild der materiellen Wertordnung in Gesellschaften gezeichnet.[28] Dieses Bild verblasste nach 1945 erheblich; es blieb lediglich der Verweis auf die gesellschaftliche Relevanz einer grundlegenden Sozialethik und auf die Einbettung des Rechts in diese Sozialethik.[29] Gerade die inhaltliche Farblosigkeit der von *Welzel* nach 1945 gemachten Ausführungen zur materiellen Wertordnung der Gesellschaft zeigt jedoch, dass die Rekonstruktion der Gesellschaft in den

24 So auch *Hassemer* Theorie (Fn 5), S. 90 f.

25 *Welzel* Kausalität und Handlung, ZStW 51 (1931), 703, 714; vgl. auch die Nachweise in: *ders.* Naturalismus und Wertphilosophie im Strafrecht, 1935, S. 65 und passim; Welzels spätere Kritik an der „materiellen Wertethik" Hartmanns (*ders.* Naturrecht und materielle Gerechtigkeit, 4. Auflage 1962, S. 221 ff.) wandte sich gegen deren inhaltliche Ausgestaltung und gesellschaftliche Fundierung, ließ aber die Kategorienanalyse unangetastet (vgl. a.a.O., S. 223, Fn 22).

26 *Wezel* Lehrbuch (Fn 21), § 1, S. 3.

27 *Wezel* FS-Kohlrausch (Fn 21), S. 101, 106.

28 Vgl. die Polemik gegen den „Wertrelativismus als niedere Abart der Wertphilosophie" und „Idelologie der parlamentarisch-demokratischen Nachkriegszeit" (*Wezel* Naturalismus [Fn 25], S. 52 Fn. 52), demgegenüber soll die Wertordnung als „konkrete Lebensordnungen" in der „großen Einheit (...) der Volksgemeinschaft" fundiert sein (a.a.O., S. 76).

29 *Wezel* Recht und Sittlichkeit, FS-Schaffstein, 1975, S. 45, 46 f.

Kategorien einer materiellen Wertethik einem traditionellen Denken verpflichtet ist, das Staat und Gesellschaft substanzhaft als eine vorgegebene höhere Einheit zu erfassen sucht.[30] Die strikte Anbindung des Rechts an eine materielle Wertordnung mag solch einem Denken plausibel erscheinen; sie ist es aber nicht vor einem Bild der Gesellschaft, die sich gerade durch eine Pluralität der Ordnungen auszeichnet, d.h. vor dem Bild einer dezentrierten und funktional differenzierten Gesellschaft. Die Ausgestaltung der Strafrechtstheorie bei *Welzel* ist insoweit Zeugnis seiner Zeit; einer Zeit, die die Gestalt der gesellschaftlichen Moderne nur als geistige Zerfallserscheinung wahrnehmen konnte. In Anbetracht des rasanten Wertewandels und der Zersplitterung der Lebensstile in der modernen (Massen-) Gesellschaft ist zu vermuten, dass die Aufgabe des Rechts weniger in einer sozialethischen Funktion zu suchen ist, sondern dass die Funktion des Rechts und die Konstitution von Werten auf verschiedenen Ebenen anzusiedeln ist: Auf Werte mag sich die juristische Argumentation als Entscheidungskriterium beziehen, Recht jedoch – so deutet es sich heute jedenfalls an – erschöpft sich nicht in der Erziehung zu Werten.[31]

bb) Normentheorie des Finalismus als Fundament der Rechtsgutslehre

Es war *Armin Kaufmann*, der die theorieimmanenten Lücken in *Welzels* Strafrechtskonzepten im Sinne des Finalismus schloss;[32] gleichzeitig legte *Armin Kaufmann* den Grundstein für das auch heute noch weitgehend übernommene Bild von der gesellschaftlichen Gestalt rechtlicher Normen, das die verschiedenen Rechtsgutslehren voraussetzen.

Kaufmann präzisierte die Beziehung zwischen Rechtsgütern, Aktwerten und Normen normentheoretisch als eine Stufenfolge von Wertungen. Diese von *Kaufmann* im Einzelnen skizzierte axiologische Stufenfolge[33] mündet schließlich in ein „teleologisches Moment“[34] der Norm als Ansatz einer empirischen Verankerung des Rechtsgüterschutzkonzepts. Dieses teleologische Moment, von

30 Vgl. dazu *Scheuner* Konsens und Pluralismus als verfassungsrechtliches Problem, in: Jakobs (Hrsg.), Rechtsgeltung und Konsens, 1996, S. 33 sowie *E.A. Wolff*s Verweis auf den „väterlichen Staat“, Die Abgrenzung von Kriminalunrecht von anderen Unrechtsformen in: Hassemer (Hrsg.), Strafrechtspolitik: Bedingungen der Strafrechtsreform, 1987, S. 137, 152 f.

31 Vgl. dazu auch *Hassemer* Theorie (Fn 5), S. 94 ff.

32 *Kaufmann* Lebendiges und Totes in Bindings Normentheorie, 1954; vgl. dazu auch *Müssig* Abstrakter Rechtsgüterschutz (Fn 9), S. 34 ff.

33 *Kaufmann* Lebendiges und Totes (Fn 32), S. 281.

34 *Kaufmann* a.a.O. (Fn 32), S. 76.

Kaufmann auch als „Beziehung auf die Verwirklichung" bezeichnet,[35] prägt die gesellschaftliche Gestalt der Norm in der „Welt des Wirkens";[36] die Norm erhält die Form eines Befehls des Gesetzgebers an die „Untertanen".[37] Mit dem „Übergang von der Bewertung zum Befehl"[38] vollzieht die Norm ihren Sprung in die Rechtswirklichkeit".[39]

Soweit *Kaufmann* in diesem Zusammenhang den Befehl, die „Beziehung zwischen Pflicht und Verpflichteten" in seiner „psycho-soziale(n) Wirkung als Motiv"[40] konkretisiert, deutet er die Gestalt der Norm in der gesellschaftlichen Realität letztlich ganz psychologistisch als subjektive Widerspiegelung eines sprachlichen Befehls an einen instrumental begriffenen individuellen Willen.

Eine Kritik könnte zunächst leicht – parallel zu *Welzels* wertphilosophischer Verankerung des Strafrechts – auf den wertphilosophischen Hintergrund auch dieser Theorie verweisen und damit *Kaufmanns* Ansatz abzutun. Eine solche – durchaus berechtigte, aber im Ergebnis verkürzte – Kritik würde jedoch die – nicht immer offensichtliche – Wirkmacht des Ansatzes unterschätzen: Mehr oder weniger ausdrücklich bildet *Kaufmanns* Normentheorie und das darin geprägte Verständnis von der gesellschaftlichen Gestalt der Norm und des Rechts die Grundlage nahezu jeglicher aktuellen Rechts(guts)theorie.

Auf der Grundlage von *Kaufmanns* Normentheorie kann jedoch die gesellschaftliche Dimension des Rechts, die konstitutive Bedeutung des Rechts für die Gestaltung von Gesellschaft nicht vermittelt werden, da die Deutung der Norm als Imperativ die Bedingungen der Möglichkeit sozialer Kontakte verfehlt: Jeder sozialer Kontakt – dieser zunächst unbeeinflusst von jeglicher Theorie im ersten Zugriff als der Bezug einer Handlung auf die Handlung anderer gedeutet – ist auf einen, und sei es noch so minimalen, Kontext verwiesen, der es ermöglicht, Handlungen anderer überhaupt zu verstehen. Eine Rechtstheorie, die die gesellschaftliche Verankerung des Rechts erfassen will, muss an diesem Punkt ansetzen; sie muss die Bedeutung des Rechts für die Konstitution dieser elementaren – gemeinsamen – Perspektiven der am Kontext Beteiligten verdeutlichen.[41] Die Deutung der Norm als Imperativ setzt allerdings schon diesen Kontext voraus und greift daher zu kurz.

---

35 *Kaufmann* ebenda.
36 *Kaufmann* ebenda.
37 *Kaufmann* ebenda.
38 *Kaufmann* a.a.O (Fn 32), S. 74.
39 *Kaufmann* a.a.O. (Fn 32), S. 76.
40 *Kaufmann* ebenda.
41 Dazu aus phänomenologischer Sicht *Waldenfels* Die Herkunft der Normen aus der Lebenswelt, in: ders. In den Netzen der Lebenswelt, 2. Auflage, 1994, S. 129, 134 ff., 136.

Wird die gesellschaftliche Gestalt der Norm auf die Form eines Imperativs beschränkt, dann beschränkt sich die Perspektive für die Bestimmung des gesellschaftlichen Sinns von Normativität allein auf die unmittelbare individuale Verhaltensdetermination. Die originär gesellschaftliche Bedeutung des Rechts, d.h. der Bezug auf soziale Kontakte als von mehreren sinnhaft gestalteten sozialen Ereignissen kommt dabei nicht mehr in den Blick. Die sinnhafte Konstitution der gesellschaftlichen Realität verschwindet in *Kaufmanns* Durchgriff auf sog. „sachlogische Strukturen" bzw. der „ontologischen Struktur der Handlung" als dem Ansatz seiner Normentheorie.[42] Es bleibt eine psychologistisch gedeutete instrumentelle Normenmechanik, die eben die Verfasstheit der Gesellschaft voraussetzen muss: Aus der Perspektive von *Kaufmann*s Normentheorie lässt sich Gesellschaft lediglich als eine sinn- und zusammenhangslose Zusammenfassung von Monaden rekonstruieren, die es – wie auch immer – miteinander zu tun bekommen, d.h. eher aneinandergeraten und wo eine Ordnungsmacht zur Verhütung schlimmeres qua Imperative regelnd eingreift.[43] Dies ist die gesellschaftliche Austrocknung des Rechtsbegriffs; ausgeblendet wird dabei die Multidimensionalität bzw. Multifunktionalität des Rechts.[44]

cc) Sozialwissenschaftliche Reformulierung der Rechtsgutslehre?

Anfang der 70er Jahre begann in Deutschland eine intensivere Auseinandersetzung mit dem Rechtsgutsbegriff,[45] die insbesondere auch den sozialwissenschaftlichen und gesellschaftstheoretischen Grundlagen des Rechtsgüterschutzmodells gewidmet war[46] – die Auswirkungen dieser Auseinandersetzung sind bei den personalen Rechtsgutslehren noch deutlich zu spüren: Es war gerade die Arbeit *Hassemers*, die die Möglichkeiten einer modernen Reformulierung des Rechtsgutskonzepts erschloss.

Hassemer bettet, mit dem erklärten Anliegen, die Rechtsgutslehre in „einen konstitutiven Bezug zu der Wirklichkeit" zu „konzipieren",[47] diese insgesamt in eine Theorie der sozialen Kontrolle ein, wobei er allerdings die Mechanismen der

42 *Kaufmann* Lebendiges und Totes (Fn 32), S. 282.
43 Dazu schon das von *Englisch* gezeichnete Bild.
44 Vgl. dazu auch *Paeffgen* Anmerkungen zum Erlaubnistatbestandsirrtum, GS-Armin Kaufmann, 1989, S. 399, 415.
45 *Rudolphi* Die verschiedenen Aspekte des Rechtsgutsbegriffs, FS-Honig, 1970, S. 151; *Marx* Zur Definition des Begriffs „Rechtsgut", 1972.
46 *Amelung* Rechtsgüterschutz (Fn 15); *Hassemer* Theorie (Fn 5).
47 *Hassemer* Theorie (Fn 5), S. 112.

sozialen Kontrolle im Sinne *Welzels* deutet, nämlich als „Stärkung und Sicherung der sozialethischen Handlungswerte".[48] Dabei verbindet *Hassemer* zunächst in einem ersten Schritt die Konstitution von Rechtsgütern mit den Bedingungen der gesellschaftlichen Verbrechensdefinition, den kommunikativen Prozessen der Kriminalisierung.[49] Letztendlich aus einer „Plausibilitätserwägung" leitet er dabei die Bedingungen der Kriminalisierung, die er im Ansatz ähnlich wie die Theorien des „labeling approach" als Interaktionsphänomene, als Stigmatisierung versteht, ab: „Welches Verhalten in einer Gesellschaft als so unerträglich angesehen wird, dass es mit den schärfsten Mitteln der staatlichen Organisation zurückgewiesen werden muss, ist davon abhängig, welche Wertschätzung die Gesellschaft den Objekten zukommen lässt, die durch dieses Verhalten gefährdet oder verletzt werden".[50] Als entscheidende Momente dieser gesellschaftlichen Werterfahrung, von *Hassemer* im Weiteren als „normative Verständigung" bezeichnet,[51] werden die Häufigkeit der Interessenverletzung, die Bedarfsintensität hinsichtlich des verletzten Gutes und die gesellschaftlich wahrgenommene Bedrohungsintensität der Verletzung genannt.[52]

Die Prinzipien einer rationalen Kriminalpolitik formuliert *Hassemer* dann in einem zweiten Schritt als ein Konzept der „formalisierten Sozialkontrolle":[53] Formalisierung ermögliche Distanz bei der gesellschaftlichen Verarbeitung von Delinquenz[54] und die Verwirklichung von inhaltlichen Prinzipien, insbesondere zum Schutz der am Konflikt Beteiligten.[55]

Eine erste kritische Einschätzung zielt schon auf den Rechtsgutsbegriff selbst. Indem *Hassemer* dessen Gestalt an die Konstitutionsprozesse gesellschaftlicher Kriminalisierung bindet, droht der Rechtsgutsbegriff eher zu einer affirmativen Beschreibung der gesellschaftlichen Werterfahrung zu geraten. Der systemkritische Ansatz verlagert sich damit vom Rechtsgutsbegriff auf das Konzept der Formalisierung; der Rechtsgutsbegriff selbst erscheint so bei *Hassemer* eher als Abbild gesellschaftlicher Kriminalisierungsprozesse. Ob ein solch entmaterialisierter Rechtsgutsbegriff noch als Anleitung einer rationalen Kriminalpolitik, und sei es nur als „Argumentationstopos",[56] dienen kann, erscheint dann aller-

48 *Hassemer* in: NK (1. Auflage), Vor § 1 Rn. 251 f., 334.
49 *Hassemer* Theorie (Fn 5), S. 131 ff.
50 *Hassemer* a.a.O., S. 147.
51 *Hassemer* Theorie (Fn 5), S. 153 ff.
52 Vgl. auch *Hassemer* FS-Arthur-Kaufmann (Fn 4) 1989, S. 85, 92.
53 *Hassemer* Theorie (Fn 5), S. 194 ff.; NK-*Hassemer/Neumann* Vor § 1 Rn. 159 ff.
54 *Hassemer* Theorie (Fn 5), S. 195 f.
55 *Hassemer* Theorie (Fn 5), S. 196 f.; NK-*Hassemer/Neumann* Vor § 1 Rn. 161 ff.
56 NK-*Hassemer/Neumann* Vor § 1 Rn. 146.

dings eher als fraglich. Es bleibt dann – aber immerhin – die Konzeption einer formalisierten Sozialkontrolle.[57]

Entscheidend für das hiesige Thema ist allerdings, dass *Hassemer* zwar den gesellschaftlich praktischen Kontextbezug der Rechtsgutslehre deutlich aufweist, indem er die Frage der Rechtsgutsbestimmung auf eine kommunikative Dimension bezieht; diesen Kontext aber in seinen rechtstheoretischen Fundamenten nicht vollständig aufklärt. Notwendig und konsequent wäre es in *Hassemers* Konzept gewesen, den sozialen bzw. kommunikativen Sinn von Normativität überhaupt zu erhellen, damit die gesellschaftliche Gestalt und Funktion von Recht bzw. von Normen insgesamt bestimmt werden kann. Diesen Weg jedoch geht *Hassemer* nicht, sondern er wendet seinen Blick, insofern fast schon traditionell anmutend, den vom abweichenden Verhalten betroffenen bzw. bedrohten „Gütern" zu.[58] Damit blendet *Hassemer* die kommunikative Dimension, die er für die Rechtsgutsproblematik eben erst aufgewiesen hatte, wieder aus.

Diese kommunikative Dimension, insbesondere den kommunikativen Sinn von Normativität kann *Hassemer* auch nicht mehr in der zweiten Stufe seiner Rechtsgutslehre, dem Konzept der Formalisierung, entfalten. Er rekonstruiert Formalisierung zunächst als ein Konzept der inhaltlichen Ausgestaltung strafrechtlicher Schutztechnik.[59] Für das rechtstheoretische Fundament dieser Schutztechnik jedoch greift *Hassemer* – auch insoweit traditionell orientiert – dann auf die *Binding*sche Normentheorie zurück.[60] Es ist diese zwar das – schon von *Armin Kaufmann* zugrunde gelegte – strafrechtlich leitende Rechts- und Normenmodell; jedoch kann sie eine – auch für die Rechtsgutslehren notwendige – Verbindung von Rechts- und Gesellschaftstheorie – wie gezeigt – nicht leisten. Wenn *Hassemer* sein Konzept der strafrechtlichen Schutztechnik auf das *Binding*sche Normmodell zurückführt, so verkürzt er seine gesellschaftstheoretisch inspirierte Fragestellung in diesem Punkt auf die Perspektive der Strafrechtsdogmatik: Ohne Blick auf den sozialen Sinn von Normativität fällt die Rechtsgutslehre aus dem kommunikativen Zusammenhang, in die sie *Hassemer* mit seiner Theorie vom abweichenden Verhalten gerade einbetten wollte.

Es ist also festzuhalten, dass Rechtsgutstheorien einerseits hinsichtlich ihres Gegenstandsbereichs an der kommunikativen Konstitution der Gesellschaft vor-

---

57 Falsch ist daher meine frühere Kritik, in *Müssig* Abstrakter Rechtsgüterschutz (Fn 9), S. 61 f. Dort ist die systemkritische Potenz des Konzepts der Formalisierung unterschätzt.

58 „Die Rechtsgutslehren (...) diskutieren strafrechtliche Schutzobjekte, deren Begriff und Funktion. Im Vordergrund der für sie relevanten Problematik steht also nicht die Norm und deren Bezug zur Wirklichkeit", *Hassemer* Theorie (Fn 5), S. 105.

59 *Hassemer* Theorie (Fn 5), S. 196 f.

60 *Hassemer* Theorie (Fn 5), S. 210 ff.

beigreifen zu drohen und andererseits in ihrem rechtstheoretischen Fundament die besondere Bedeutung des Rechts für das Kommunikationssystem Gesellschaft nicht abbilden, sondern dieses mehrheitlich dogmatisch auf das Bild individueller Verhaltensdetermination durch Normen verkürzen.

2. Reformulierung der Legitimationsproblematik

M. E. nach sind die systemkritischen Fragen und Anliegen der Rechtsgutslehren – die hier keineswegs bagatellisiert oder limitiert sondern aufgegriffen werden sollen – mit Blick auf Rechtstheorien als Strukturtheorien der Gesellschaft zu reformulieren.

Dies kann hier nur in einer kurzen Skizze geschehen, um dann wieder auf Fragen des Gemeinwohls zurückzukommen.

Eine Strafrechtstheorie, die die soziale Bedeutung und Funktion des Strafrechts in der Gesellschaft klären will, muss sich – das haben wir oben gesehen – des sozialen Sinns von Normativität vergewissern; dies ist die Basis jeder Rechtstheorie, die eine Verankerung in der Wirklichkeit der Gesellschaft sucht. Das setzt einen Begriff von Gesellschaft voraus, in dem Rechtsbildung als gesamtgesellschaftlicher Prozess erfasst werden kann, nach dem also für Recht und Gesellschaft eine konstitutiv gemeinsame Ebene aufgewiesen werden kann.

Nach einer institutionellen[61] Strafrechtstheorie ist dieses die kommunikative Ebene. Vorausgesetzt ist damit ein Begriff der Gesellschaft als einem komplexen Kommunikationssystem; Kommunikation ist die Basis sozialer Interaktion und Handlungszuschreibung, sie ist der grundlegende gesellschaftliche Prozess,

61 Der institutionelle Zugriff einer (Straf)Rechtstheorie lässt sich abstrakt dahingehend charakterisieren, dass eine Strukturtheorie des Rechts als Strukturtheorie der Gesellschaft ausgewiesen wird. Zum Überblick über die Begriffsgeschichte *Dubiel* Institution, in: Ritter/Gründer (Hrsg.), Historisches Wörterbuch der Philosophie (Band 4), 1976, S. 418 ff.; bezogen auf den rechtstheoretischen Institutionenbegriff *Hofmann* Institution, in: Görres-Gesellschaft (Hrsg.), Staatslexikon (Band 3), 7. Aufl. 1995, S. 102 ff.; zur soziologischen Theorie *Schülein* Theorie der Institutionen, 1987, S. 31 ff., 171 ff.; zusfass. zu den Perspektiven juristischer und soziologischer Institutionentheorien *Weinberger* Recht, Institution und Rechtspolitik, 1987, S. 30 ff., 143 ff. (150 ff., 159 ff., 169 ff.); *ders.* Struktur des Rechts, in: Weinberger/Mac Cormick, Grundlagen des Institutionalistischen Rechtspositivismus, 1985, S. 30 ff.; *Mac Cormick* Recht als institutionelle Tatsache, a.a.O., S. 76 ff. – Zu Grundlagen und Strukturen einer institutionellen Strafrechtstheorie *Müssig* Abstrakter Rechtsgüterschutz (Fn 9), S. 85 ff., 140 ff., 156 ff.

dieser verstanden als ein selbstreferentieller Differenzierungsprozess von Sinnvermittlung[62].

Vor dem Hintergrund eines auf Kommunikation bezogenen Gesellschaftsbegriffs sind Normen in ihrer sprachlichen Form Symbole für komplexe soziale Strukturen: Als semantische Kürzel stehen sie für reflexive Erwartungsstrukturen, an deren sozialer Bedeutung und Maßgeblichkeit demonstrativ festgehalten wird, gerade auch wenn im Einzelfall Verhalten diesen Erwartungen widerspricht. Eine bestimmte Gestaltung sozialer Kontakte wird so „kontrafaktisch" als erwartbar ausgezeichnet und damit garantiert. Je nach Blickwinkel hat dieses unterschiedliche Bedeutung.

Aus individueller Perspektive, aus der Sicht des handelnden Subjekts, vermitteln Normen – im Alltagsleben eher selten bewusst – Orientierungsmuster, die soziale Kontakte überhaupt ermöglichen. Diese Orientierungsmuster sind prägender Bestandteil eines sozialen Hintergrundwissens, vor dem das Verhalten anderer gedeutet und verstanden wird[63]. Normativität steht unter dieser individuellen Perspektive für die Erwartbarkeit in der Gestaltung sozialer Kontakte, sie ist das Symbol der Orientierungssicherheit als Voraussetzung sozialen Verhaltens. Es geht also nicht um individuelle Verhaltensdetermination, sondern in dieser individuellen Perspektive geht es um Orientierungssicherheit.

Blickt man auf Normen in ihrer Bedeutung für die Gesellschaft, wechselt man also von der individuellen zur gesellschaftlichen Perspektive, so steht nicht mehr die jeweils individuelle Handlungskoordination im Vordergrund, sondern Kommunikation als soziale Praxis bzw. der Kommunikationsprozess als soziales System. Unter dieser Perspektive sind Normen – als Bestandteil einer symbolischen Ordnung – grundlegende Selbstbeschreibungs- und Organisationsmuster der jeweiligen sozialen Systeme. Sie vermitteln ‚Sinnhorizonte', d.h. einen sozialen Kontext, auf den sich die situativen Interaktionen beziehen. Normen bilden die Struktur im Kommunikationsprozess und formen so – bildhaft gesprochen –

---

62 Zu diesem Kommunikationsbegriff – Synthese von Differenzierungen: Information, Mitteilung und Verstehen – in Abgrenzung zu „Übertragungs-" und „Konsensmodellen" *Luhmann* Soziale Systeme (Fn 16), 1987, S. 191, 193 ff.; *ders.* Die Gesellschaft der Gesellschaft, 1997, S. 78, 81 ff.; zu einer „Epistemologie der Kommunikation" – Kommunikation als Begriff des Beobachters – *v.Foerster* Wissen und Gewissen, 1993, S. 269, 277 ff.

63 *Luhmann* Rechtssoziologie (Fn 16), S. 31 ff., 38 f., 40 ff., 53 ff., 57 ff.; *ders.* Soziale Systeme (Fn 16), S. 396 ff., 411 ff., 416 f., 436 ff.; *Habermas* Sprachspiel, Intention und Bedeutung, in: Wiggershaus (Hrsg.), Sprachanalyse und Soziologie, 1975, S. 319, 333 ff.; auf der Basis kommunikativen Handelns *ders.* Theorie des kommunikativen Handelns, Band I (Fn 16), S. 127 f.; aus phänomenologischer Perspektive *Waldenfels* Die Herkunft der Normen aus der Lebenswelt, in: ders., In den Netzen der Lebenswelt, 2. Aufl. 1994, S. 129, 134 ff., 136.

die Gestalt der jeweiligen Kommunikationssysteme. Normativität ist in dieser Sichtweise das Symbol für die Struktur sozialer Systeme; es bezieht sich auf die Notwendigkeit der Strukturbildung überhaupt.

Diesen Sinn von Normativität teilen grundsätzlich auch Rechtsnormen. Von anderen sozialen Normen unterscheiden sie sich dahingehend, daß mit dem Begriff des Rechts jene Erwartungsstrukturen bezeichnet werden, die in formalisierten Verfahren mit gesamtgesellschaftlicher Geltung institutionalisiert sind. Durch die symbolische Generalisierung auf gesamtgesellschaftlicher Ebene – in der Form abstrakter Programmsätze – ist Recht als Struktur der Gesellschaft und damit auch als Vermittlung gesamtgesellschaftlicher (normativer) Rationalitätsstandards – in der Selbstbeschreibung der Gesellschaft – ausgezeichnet. Wiederum plakativ formuliert, definiert Recht die Gestalt der Gesellschaft[64].

An die Funktion des Rechts als – notwendige, wenn auch abstrakte – Struktur der Gesellschaft knüpft die gesellschaftliche Bedeutung und Funktion des Strafrechts an[65]: Mit den als sozial maßgeblich definierten Verhaltenserwartungen, die den Straftatbeständen als Typus zugrunde liegen, garantiert Strafrecht eine bestimmte Gesellschaftsgestalt. Strafe als formalisierte Reaktion auf abweichendes Verhalten demonstriert, dass an einer Rechtsnorm als Ausdruck der konkreten Gestalt der Gesellschaft festgehalten wird, genauer: Strafe disqualifiziert das Verhalten als relevantes Deutungsmuster gesellschaftlicher Praxis. Die Maßgeblichkeit des Verhaltens wird marginalisiert, indem es in seiner normativen Bedeutung individualisiert, als *Rechtsverletzung* in individuelle Verantwortung gestellt wird. Kurz: Es geht um Garantie der Rechtsgeltung durch demonstrative individuelle Zurechnung einer Rechtsverletzung. ‚Verbrechen' und Strafe stehen somit in einem rechtlich rekonstruierten kommunikativen (Herrschafts-)Zusammenhang von Rede und Gegenrede[66]: Die Rechtsverletzung, d.h. ein Verhalten, das den

---

64 *Luhmann* Rechtssoziologie (Fn 16), S. 94 ff., 99 ff.; *ders.* Das Recht der Gesellschaft, 1993, S. 131 ff., 156 ff., 161 ff.; im Ansatz als Strukturtheorie des Rechts vergleichbar *Habermas* Zur Rekonstruktion des Historischen Materialismus, 1976, S. 9, 35, 37 (Recht als Schrittmacher der sozialen Evolution und institutionelle Verkörperung von Rationalitätsstrukturen); *ders.* Theorie des kommunikativen Handelns, Band II (Fn 16), S. 257 ff., 261 ff., 536 (Recht als Medium bzw. Institution an der Schnittstelle von System und Lebenswelt); *ders.* Faktizität und Geltung, 1992, S. 58 f.; 106 ff.

65 Dazu *Jakobs* Strafrecht, Allgemeiner Teil, 2. Aufl. 1991, 1/4 ff., 1/9 ff.; *ders.* Das Strafrecht zwischen Funktionalismus und „alteuropäischen" Prinzipiendenken, ZStW 107 (1995), 843, 844 ff., 847 ff.; *Müssig* Abstrakter Rechtsgüterschutz (Fn 9), S. 140 ff.

66 Kritisch zu diesem Zusammenhang *Puppe* Strafrecht als Kommunikation, FS-Grünwald, S. 469 (475 f.). *Puppe* unterscheidet einen „Sinnzusammenhang" von Verbrechen und Strafe „auf der kommunikativen Ebene" und die Rechtfertigung von Strafe „in ihrer realen Erscheinung, als Statusminderung, als Verlust von Rechten und Handlungsfreiheiten, kurz als Übel". Letzteres

als gesellschaftlich relevant positivierten Erwartungen nicht entspricht, wird im Rechtssystem als Gegenentwurf zur konkreten Gesellschaftsgestalt gedeutet; die strafrechtliche Reaktion ist der Widerspruch zu dieser dem Verhalten beigemessenen Bedeutung und damit zugleich die symbolische Selbstbeschreibung und -vergewisserung der gesellschaftlichen Gestalt als praktische Wirklichkeit der Gesellschaft – aus der Perspektive und mit den Mitteln des Rechts[67].

Mit diesen groben Zügen ist die Theorie der positiven Generalprävention[68] als Bestandteil einer institutionellen Strafrechtstheorie ausgewiesen: Strafrechtliche

---

bleibt allerdings unklar: Was als Übelzufügung verstanden wird, ist selbst kommunikativ vermittelt, mithin auch die Strafe „in ihrer realen Erscheinung"; Verständnis und Rechtfertigung der Strafe in ihrer jeweils konkreten Gestalt sieht sich auf ein gesellschaftliches Selbstverständnis, einem kommunikativen Phänomen, verwiesen (vergl. etwa zum Gefängnis als Strafform der bürgerlichen Gesellschaft *Foucault* Überwachen und Strafen, 1994, S. 295 ff.).

67 Die Betonung der rechtlichen Perspektive zielt nicht nur auf das hohe Niveau der Abstraktion und Generalisierung, auf dem Rechtsverletzungen bestimmt und – unabhängig von individuellen psychischen Empfindungen – gewichtet werden, sondern – Konsequenz einer komplexen, differenzierten Gesellschaft – auf die relative Autonomie des (Straf)Rechtssystems insgesamt. Im „gesellschaftlichen Umfeld" wird diese, die relative Autonomie, in Phänomenen wie der Formalisierung von konfliktverarbeitenden Prozessen und der Professionalität der daran Beteiligten wahrgenommen (dazu *Hassemer* Theorie (Fn 5), S. 194 ff.; aus rechtssoziologischer Perspektive *F.-X. Kaufmann* Rechtsgefühl, Verrechtlichung und Wandel des Rechts, JbRSozRTh 10 [1985], S. 185; zur „Verrechtlichung" als „Kolonialisierung der Lebenswelt" *Habermas* Theorie II (Fn 16), S. 522 ff., 535 ff.). Gerade diese Phänomene jedoch und die weitgehende Anonymität sozialer Kontakte sind wenig geeignet, eine (*sozial-*)*psychologische* Funktionsbestimmung des Strafrechts plausibel erscheinen zu lassen (dazu unter dem Stichwort der Integrationsprävention *Roxin* Zur jüngsten Diskussion über Schuld, Prävention und Verantwortlichkeit im Strafrecht, FS-Bockelmann, 1979, S. 279, 305 f.; *Müller-Dietz* Integrationsprävention und Strafrecht, FS-Jescheck Bd. 2, 1985, S. 813, 822 ff.; *Streng* Schuld, Vergeltung, Generalprävention, ZStW 92 [1980], S. 637, 674 ff.; *ders.* Schuld ohne Freiheit? ZStW 101 [1989], S. 273, 286 ff.; kritisch von Seiten der Tiefenpsychologie *Böllinger* Generalprävention als Sozialisationsfaktor? KrimJ 1987, 32, 35 ff.). Von dementsprechenden Effekten ist daher hier auch nicht die Rede; es geht vielmehr um die kommunikativ vermittelte gesellschaftliche Deutung des Strafrechts, und zwar auf der Grundlage einer Theorie, die gerade die komplexe Gestalt moderner Gesellschaften zu ihrem Ausgangspunkt genommen hat (zur Kritik eines sozialpsychologischen Ansatzes ebenfalls *Frisch* Theorie der positiven Generalprävention, in: Schünemann/v.Hirsch/Jareborg [Hrsg.], Positive Generalprävention, 1998, S. 125, 136 ff.).

68 Von ‚Prävention' im klassischen Sinn einer unmittelbaren, allgemeinen Verhaltenssteuerung – positive Generalprävention als „kollektive Erziehungs- oder Sozialisationstheorie" (*Haffke* Tiefenpsychologie und Generalprävention, 1976, S. 60 f., 66 f.) – kann allerdings im Rahmen einer institutionelle Straftheorie nicht mehr die Rede sein. Der im Präventionsbegriff mitformulierte prospektive Aspekt kann nur noch mittelbar ausgewiesen werden, insoweit nämlich als Normativität und damit Erwartungsstrukturen überhaupt auf die Zeitdimension – des sozialen Systems – bezogen sind, und strafrechtliche Garantie diesen Bezug symbolisch vermittelt – indem die

Haftung, Zurechnung i.w.S. ist Ausdruck der Garantie von Rechtsgeltung. Für das Weitere ist zunächst allerdings – im Vergleich zum Strafrechtsverständnis der traditionellen Rechtsgutstheorien – ein Perspektivenwechsel festzuhalten, der auch den Ansatz der – strafrechtlichen – Unrechtsbestimmung, den Begriff des „Verbrechens", prägt. Die gesellschaftliche Bedeutung des strafrechtlichen „Verbrechens" ist mit Blick allein auf eine (äußerliche oder vergeistigte) „Gutsverletzung" nicht (vollständig) zu erfassen[69], vielmehr ist es in seinem historisch ursprünglichen (sozialen) Sinn, als *Rechtsverletzung*[70], zu verstehen. Nicht der (äußerliche, mehr oder weniger sinnenfällige) „Angriff" auf ein „Rechtsgut" (resp. „Rechtsgutsobjekt") ist entscheidend, sondern die kommunikative Bedeutung des Verhaltens, sein zugerechneter Sinnausdruck: Widerspruch gegen die rechtlich positivierte Selbstbeschreibung der Gesellschaft, und damit gegen die Gesellschaftsgestalt, dessen reaktionslose Hinnahme diese Selbstbeschreibung selbst widersprüchlich werden lassen würde. In den Worten des Rechts: strafrechtlich relevantes Unrecht, das „Verbrechen", ist der Bruch eines Rechts(-verhältnisses), das die Gestalt der Gesellschaft definiert. Die Perspektive wechselt so von der „Güterwelt" zur kommunikativen Ebene gesellschaftlich relevanten Sinns: Struktur und Inhalt des strafrechtlich relevanten Unrechts bestimmt sich allein von der kommunikativ vermittelten Gestalt der Gesellschaft her – aus der Perspektive des Rechtsystems.

Mit aufgenommen als konstitutiver Bestandteil eines solchermaßen strukturierten „Verbrechensbegriffs" sind die Bedingungen gesellschaftlicher Handlungszuschreibung, und damit die Kriterien der gesellschaftlichen Subjektdefinition als Grundlage auch rechtlicher Sinnvermittlung[71] – es geht um *Zurechnung* kommunikativ relevanter (Verhaltens-)Bedeutung als Rechtsverletzung. Der

---

strafrechtliche Reaktion die Maßgeblichkeit der rechtlich positivierten Gestalt der Gesellschaft auch für die Zukunft anzeigt.

69 Dazu *Müssig* Abstrakter Rechtsgüterschutz (Fn 9), S. 152 ff.

70 Zu diesem Begriff mit Blick auf das objektive Recht schon die hegelianisch inspirierte Strafrechtsdogmatik des 19. Jahrhunderts, vergl. *Hälschner* Das Preuß. Strafrecht, Theil 2, 1858, S. 218 ff. (in Abgrenzung zu *Feuerbach*s subjektiven Ansatz [Lehrbuch, 2. Aufl. 1803, § 21, S. 22]). Unter der Schirmherrschaft der Rechtsgutsterminologie argumentiert im Ansatz vergleichbar *Kindhäuser* gegen eine „ontologische (‚naturalistische') Betrachtung, die den Schutz von Gütern nicht im Geflecht von Normen, in denen diese Güter in der sozialen Interaktion verankert sind, sondern auf vorrechtliche (...) Phänomene bezieht." (*Kindhäuser* Rationaler Rechtsgüterschutz, in: Lüderssen [Hrsg.] Aufgeklärte Kriminalpolitik oder Kampf gegen das Böse?, Bd. I., 1998, S. 263, 265). Zur Verletzung subjektiver Rechte als strafrechtlich relevanten ‚Paradigma' – in Abgrenzung zur Rechtsguts- wie auch Pflichtverletzung – *K. Günther* Von der Rechts- zur Pflichtverletzung, in: Institut KrimWiss. Frankfurt a.M. (Hrsg.), Vom unmöglichen Zustand des Strafrechts, 1994, S. 445 ff.

71 Zum Zusammenhang von Handlungsbestimmung als zugeschriebener Kommunikation und Subjektdefinition *Luhmann* Soziale Systeme (Fn 16), S. 225 ff., 228 f.; aus strafrechtlicher Pers-

Blickwechsel von der „(Rechts-)Güterwelt" zur kommunikativen Ebene des Handlungssinns, vereinfacht: von der „Gutsverletzung" zur „Rechtsverletzung" führt so auch zu einem veränderten Blick auf den „Täter": nicht als individualisierte Gefahrenquelle für die Integrität des gesellschaftlichen Güterbestands, als ‚Sandkorn im Getriebe' der (strafrechtlichen) Welt des Rechtsgüterschutzes rückt der Täter in das Blickfeld, sondern als rechtlich konstituiertes Handlungssubjekt im Prozess gesellschaftlicher Sinnvermittlung, d.h. als Rechtssubjekt im Rechtsverhältnis. Kurz: Eine Strafrechtstheorie, die anknüpft an die Funktion des Rechts als Gestalt der Gesellschaft, muss den „Verbrechens"-Begriff, strafrechtlich relevantes Unrecht, als Rechtsverletzung ausweisen; die Zurechnungsperspektive wird damit bestimmt durch die Kriterien der Rechtssubjektivität[72].

Allerdings: Dieses Strafrechtskonzept ist zunächst ein rechtstheoretisches und damit positivistisches Konzept; es knüpft an die Gestalt der Gesellschaft an, ohne über diese zunächst hinaus greifen zu können. Die materielle Legitimation des konkreten Strafrechtssystems kann somit nur über die Legitimation der konkreten Gesellschaftsgestalt folgen.[73] Die strafrechtliche Legitimationsproblematik aber, die Rechtsgutslehren antreibt, weist jedoch über dieses formale Konzept hinaus: Es geht dort gerade um die materielle Frage, ob ein konkreter Straftatbestand berechtigt bzw. begründet ist – also: welche Verhaltenserwartungen in ihrer Geltung für die gesamte Gesellschaft – als Struktur der Gesellschaft – strafrechtlich garantiert werden soll und warum?

Auf diese Frage kann es in modernen Gesellschaften kein substantielles Konzept geben; lediglich Kriterien für die entsprechenden Diskurse können bezeichnet werden: Die materielle Legitimation einzelner Strafrechtsnormen ist eingebettet in einen Prozess der kritischen Hinterfragung des Strafrechts aus gesamtgesellschaftlicher Perspektive.[74] Eine Legitimationstheorie des Strafrechts ist damit – aus gesellschaftstheoretischer Perspektive – Teil einer Reflexionstheorie des Rechtssystems; es ist die Selbstbeschreibung des Rechtssystems in gesamtgesellschaftlicher Perspektive, als Struktur der Gesellschaft.

---

pektive *Jakobs* Der Handlungsbegriff, 1992, S. 16 f., 27 ff., 41 ff.; vergl. auch bei *Hruschka* Strukturen der Zurechnung, 1976, S. 7, 14 ff.

72 Der Begriff des ‚Rechtssubjekts' ist zunächst ein ebenso positivistischer wie es auch das Strafrechtskonzept ist, d.h. eine Materialisierung – etwa über den Begriff der Person – kann erst mit Blick auf eine konkrete Rechtsordnung (und deren Legitimation) erfolgen; vergl. *Hassemer* Person, Welt und Verantwortlichkeit, in: Lüderssen (Hrsg.), Aufgeklärte Kriminalpolitik I, 1998, S. 350, 354 f.; *K. Günther* Die Zuschreibung strafrechtlicher Verantwortlichkeit auf der Grundlage des Verstehens, a.a.O., S. 319, 328 ff.

73 Vergl. dazu *Müssig* Abstrakter Rechtsgüterschutz (Fn 9), S. 142, 152 ff.

74 Dazu *Müssig* Abstrakter Rechtsgüterschutz (Fn 9), S. 156 ff.

Drei Ansätze, die sich in den Diskussionen um die Rechtsgutstheorien schon herausgebildet haben, können hier als zur Zeit plausible Kriterien auch für diese Diskurse bestätigt werden:

- die soziale Funktion der (strafrechtlich garantierten) Norm,
- die normative Identitätskriterien der Gesellschaft,
- ein Konzept „formalisierter Sozialkontrolle“.

a) Soziale Funktion der Norm

Ausgangspunkt ist zunächst ein sozialwissenschaftlicher bzw. soziologischer Ansatz, nämlich die soziale Funktion der Norm; genauer: die Bestimmung der sozialen Funktion garantierter Verhaltenserwartungen. Diese soziologische Funktionsbestimmung einer Norm ist zunächst ein schlichter Informationsprozess:[75] Die strafrechtlich garantierte Verhaltensnorm wird als ein veränderbarer, kontingenter Ausschnitt der Gesellschaftsgestalt erfasst und beschrieben und es werden Möglichkeiten und Gestaltung sozialer Kontakte unter diesem Sonderhorizont der Verhaltenserwartungen hinterfragt. Es handelt sich um die Rekonstruktion der sozialen Welt unter einem Sonderhorizont, nämlich der Norm als strafrechtlich garantierter Erwartungsstruktur.

Weil der Begriff der Funktion regelmäßig Allergien auslöst[76], ist zu betonen: es geht nicht um ‚instrumentelle Sozialtechnologie‘, es geht um Rekonstruktion. Funktionen sind nicht im Sinne von produzierten Leistungen eines Systems zu verstehen[77], es sind vielmehr Zuschreibungen aus der Beobachterperspektive, einschließlich der Selbstbeobachtung im Rechtssystem:[78] Hinterfragt wird also beispielsweise, ob Verhaltenserwartungen sich unmittelbar auf den Status und Organisationskreis der Person beziehen, etwa als Orientierungsmuster für die allgemeine Gestaltung direkter sozialer Kontakte und insoweit unter einer intuitiv „plausiblen“, „selbstverständlichen“ Konfliktperspektive stehen – dies ist regelmäßig der Bereich der sog. „Individualrechtsgüter“[79] – oder aber ob Verhal-

---

75 Dazu *Luhmann* Soziale Systeme (Fn 16), S. 83 f. (Spezifische Form der Beobachtung sozialer Systeme).

76 Vergl. *Seher* Prinzipiengesteuerte Strafnormlegitimation und der Rechtsgutsbegriff, in: Hefendehl/Hirsch/Wohlers (Hrsg.), Die Rechtsgutstheorie, 2003, S. 39, 41.

77 So wohl NK-*Hassemer/Neumann* Vor § 1 Rn. 106; ähnlich *Amelung* Rechtsgüterschutz (Fn 15), S. 358 ff.

78 *Luhmann* Soziale Systeme (Fn 16), S. 406.

79 Dazu *Müssig* Abstrakter Rechtsgüterschutz (Fn 9), S. 178 ff., 180 ff.; vergl. auch *Hefendehl* Kollektive Rechtsgüter (Fn 10), S. 116 ff.

tenserwartungen auch auf die Etablierung von Institutionen bzw. auf die Gestalt komplexer Teilsysteme der Gesellschaft bezogen sind und insoweit unter einer vermittelten, gleichsam „positivistischen" Konfliktperspektive stehen – dies ist regelmäßig der Bereich der sog. „Kollektivrechtsgüter"[80]. Hinterfragt wird beispielsweise, ob Verhaltenserwartungen auf dezentrale Gestaltung individueller Organisationskreise bezogen sind oder aber auf zentral definierte Standards im Kontext ausdifferenzierter spezifischer Normkomplexe – letzteres ist regelmäßig die (Legitimations-)Problematik der sog. „abstrakten Gefährdungsdelikte"[81], beispielsweise im Kontext zentral garantierter, standardisierter Risikoverwaltung oder auch staatlicher Organisation. – Die funktionale Analyse einer Verhaltenserwartung kann daher als „Problemkonstruktion" bzw. als sozialwissenschaftliches Modell verstanden werden; Funktionen sind abstrakte Synthesen einer Mehrzahl von Möglichkeiten.[82]

b) Normative Identitätskriterien der Gesellschaft

Bezugsmuster der Analyse sind die normativen Identitätskriterien der konkreten Gesellschaft. Diese Kriterien der grundlegenden – jedoch nicht monolithischen – gesellschaftlichen Selbstbeschreibungen in den Prozessen der Öffentlichkeiten bilden den Rahmen, in dem die Legitimationsproblematik zu verhandeln ist; – sie bestimmen gleichzeitig auch die Gestalt des Legitimationsprozesses selbst. Es sind die Rationalitätskriterien der Legitimationsfrage und der Kriminalpolitik; sie bilden damit das (normative) Grundmuster der strafrechtlich relevanten Legitimations-und Konfliktperspektive.

Die materiellen Identitätskriterien sind (natürlich) nicht schlicht vorgegeben; sie sind das Resultat der regelmäßig kontroversen gesellschaftlichen Selbstbeschreibungen in den jeweiligen ausdifferenzierten Systemen der Gesellschaft und in den verschiedenen (Hegemonial-)Diskursen der Öffentlichkeiten.[83] In diesem

---

80 *Müssig* Abstrakter Rechtsgüterschutz (Fn 9), S. 184 ff.; *Hefendehl* Kollektive Rechtsgüter (Fn 10), S. 123 ff. *ders.* Das Rechtsgut als materialer Angelpunkt einer Strafnorm, in: Hefendehl/Hirsch/Wohlers (Hrsg.), Die Rechtsgutstheorie, 2003, S. 119, 126 ff.

81 *Müssig* Abstrakter Rechtsgüterschutz (Fn 9), S. 188 ff.; *Hefendehl* Kollektive Rechtsgüter (Fn 10), S. 164 ff.; *Wohlers* Deliktstypen des Präventionsstrafrechts, 2000, S. 291.

82 Vergl. dazu *Luhmann* (Funktionen als „regulative Sinnschemata") in: ders. Soziologische Aufklärung I, 1970, S. 9, 14.

83 Es gibt also nicht die eine Selbstbeschreibung der Gesellschaft, sondern verschiedene aus den jeweiligen Perspektiven der gesellschaftlichen Subsysteme: Die Gesellschaftsbeschreibung aus der Perspektive des Wirtschaftssystems wird eine andere sein (Gesellschaft als ein Zusammen-

Zusammenhang sind auch die Prozesse der normativen gesellschaftlichen Verständigung, Prozesse der gesellschaftlichen Werterfahrung zu verorten, wie sie *Hassemer* schon für die „Herstellung der Rechtsgüter" herausgearbeitet hat.[84]

Die strafrechtliche Legitimationsfrage nach den normativen Identitätskriterien steht dabei unter einer besonderen Perspektive: die Frage der materiellen Legitimation von Straftatbeständen ist – wie oben schon erwähnt – Bestandteil der Reflexionstheorie des Rechtssystems; Legitimationskriterien werden aus der Perspektive des Rechtssystems rekonstruiert. Für das Strafrecht erhalten damit Verfassungsgrundsätze – seien es geschriebene oder ungeschriebene, seien es lediglich postulierte oder bereits institutionalisierte – als juridifizierte Selbstbeschreibung der Gesellschaft eine herausragende Bedeutung.[85] Die Verfassungsgrundsätze bilden ein entscheidendes Grundmuster, auf das sich die strafrechtlich relevante Konflikt- und Definitionsperspektive beziehen muss. Dieses ist auch für Rechtsgutstheorien mittlerweile herausgearbeitet worden.[86] Festzuhalten bleibt allerdings auch hier: Die Legitimation des Strafrechts kommt über die des Staates nicht hinaus; sie ist vielmehr ein Aspekt der Problematik.[87]

c) Konzept „formalisierter Sozialkontrolle"

Als spezifisch strafrechtlicher Argumentationstopos ist schließlich das Konzept „formalisierter Sozialkontrolle" zu nennen. Auch dieses hat *Hassemer* für die Rechtsgutstheorien herausgearbeitet.[88] Strafrecht ist ein Teilbereich ‚sozialer

---

hang verschiedener Märkte, Haushalte etc.) als etwa die des politischen Systems (Gesellschaft als eine bestimmte politische Befassung, Zusammenhang verschiedener Entscheidungszentren etc.); jedenfalls dann, wenn beide Systeme hinreichend differenziert sind. Zu Perspektiven des Wirtschaftssystems vergl. *Wieland* Governancestrukturen des Gemeinwohls, in diesem Band.

84 *Hassemer* Theorie (Fn 5), S. 125 f., 151 ff., 221 ff.

85 Vergl. *Hassemer* Darf es Straftaten geben, die ein strafrechtliches Rechtsgut nicht in Mitleidenschaft ziehen? in: Hefendehl/Hirsch/Wohlers (Hrsg.), Die Rechtsgutstheorie, 2003, S. 57, 59 ff. Dass mit der Institutionalisierung eines Verfassungsgesetzes die Grenze der bloß symbolischen Identitätsstiftung, etwa im Sinne einer wenig konturierten „Werteordnung", überschritten wird hin zum Bereich der Rechtsprinzipien, darauf verweist *Habermas* Faktizität (Fn 16), S. 303 ff., 312, 316

86 *Appel* Verfassung und Strafe, 1998, S. 381 ff., 390; *Lagodny* Strafrecht vor den Schranken der Grundrechte, 1996, S. 145 ff., 162 f., *Stächelin* Strafgesetzgebung im Verfassungsstaat, 1998, S. 164 f.; *Hefendehl* Kollektive Rechtsgüter (Fn 10), S. 23, 48 ff., 83 ff.

87 Zu den Aporien einer Legitimationstheorie *Waldenfels* Grenzen der Legitimierung und die Frage nach der Gewalt, in: ders., Der Stachel des Fremden, 2. Auflage 1991, S. 103, 112 f.

88 *Hassemer* Theorie (Fn 5), S. 194 ff.; NK-*Hassemer/Neumann* Vor § 1, Rn. 149 ff., 160 ff.

Kontrolle' und damit eine Sonderform gesellschaftlicher Konfliktverarbeitung, die sich von anderen Formen ,sozialer Kontrolle' durch Formalisierung unterscheidet.

Eine solche Formalisierung ermöglicht „eine Distanz zwischen Delinquenz und deren gesellschaftliche Verarbeitung" und damit eine Reflexion auf die angemessene Form des gesellschaftlichen Strukturschutzes unter Zweck- und Wertaspekten[89]. Die besondere Bedeutung des Konzepts der Formalisierung sozialer Kontrolle liegt nach *Hassemer* darin, „den Rechtsgüterschutz und damit die Bestimmung eines Verhaltens als ,strafwürdig' normativ beschränken statt begründen" zu sollen.[90] Diese Deutung bezieht sich auf die inhaltlichen Prinzipien der Formalisierung, d.h. jenen „inhaltlichen Prinzipien der Reaktion, welche die strafrechtliche Verarbeitung von Delinquenzkonflikten von anderen Instrumenten sozialer Kontrolle wesentlich unterscheidet".[91] Entscheidend für unseren Zusammenhang ist – und dies hat *Hassemer* herausgearbeitet –, dass Formalisierung die Verwirklichung inhaltlicher Prinzipien, insbesondere auch zum Schutz der am Konflikt Beteiligten ermöglicht.[92]

Die gesellschaftstheoretischen Wurzeln eines Konzepts der Formalisierung sozialer Kontrolle liegen in der Strukturbildung des sozialen Systems selbst begründet: In einem sozialen System lassen sich nicht vollkommen beliebige Formen der sozialen Kontrolle etablieren, ohne dass Gestalt und Identität des Systems konterkariert würden. Die Formen der sozialen Kontrolle bestimmen wie Prozesse der Strukturierung allgemein die Gestalt und Identität des sozialen Systems und werden durch diese Identität wiederum selbst geformt.

Zusammenfassend lässt sich also die Legitimation von Strafrechtsnormen als einen Prozess beschreiben, in dem die soziale Funktion der strafrechtlich garantierten Verhaltenserwartung vor dem Hintergrund der normativen Identitätskriterien einer Gesellschaft reflektiert und in ein Konzept formalisierter Sozialkontrolle integriert wird.

d) Verluste?

Die hier vorgeschlagene institutionelle Reformulierung der strafrechtlichen Legitimationsfrage, insbesondere der Vorschlag, die soziale Funktion einer Verhal-

89 *Hassemer* Theorie (Fn 5), S. 196 f.
90 NK-*Hassemer/Neumann* Vor § 1 Rn. 69.
91 *Hassemer* Theorie (Fn 5), S. 196.
92 NK-*Hassemer/Neumann* Vor § 1 Rn. 168.

tensnorm als sozialwissenschaftliches Kriterium zu nehmen, mag schnell in den Verdacht geraten, den liberalen Anspruch einer humanen Kriminalpolitik systemischen Imperativen zu opfern. Dieser Verdacht stützte sich letztlich auf einer behaupteten, historisch jedoch nicht begründbaren exklusiven Liberalität des strafrechtlichen Rechtsgüterschutzmodells:[93] Gerade in der Auseinandersetzung um die Rechtsgutslehre in Deutschland in den 30er Jahren des letzten Jahrhunderts haben Vertreter der Rechtsgutslehre mit der Forderung nach einem „Gefährdungsstrafrecht" darauf verwiesen, dass das Rechtsgutdogma der Umgestaltung des Strafrechts im Sinne des damaligen deutschen Zeit(un)geistes keineswegs im Wege stehe, dass vielmehr die konsequente Durchführung eines strafrechtlichen Güterschutzrechts im Willensstrafrecht der Nationalsozialisten münden müsse.[94] Dass effektiver Rechtsgüterschutz im Sinne eines konsequenten Rundumschutzes potentiell totalitäre Züge in sich trägt, sollte allerdings dieses Hinweises nicht bedürfen; es ist schlichtweg evident. Entscheidend ist, dass auch in der Auseinandersetzung um die aktuelle Kriminalpolitik regelmäßig die Gefahr besteht, dass die Anforderungen der Rechtsgutslehre zu einem liberalen Placebo verkommen; einem Placebo, das die entscheidende Dimension der strafrechtlichen Legitimationsproblematik verstellt: Es geht um die Gestalt der Gesellschaft und um die gesellschaftlich garantierten Sphären der Person

3. Allgemeinwohl vor den Kriterien einer strafrechtlichen Legitimationstheorie

Und damit kommen wir zum Ausblick auf das Gemeinwohl zurück. Mir wird hoffentlich meine Zurückhaltung verziehen, einen spezifisch strafrechtlichen Begriff des Gemeinwohls auszuweisen; insoweit bin ich weiterhin ein gemeiner Strafrechtsdogmatiker: Ein substantielles Konzept für einen strafrechtlichen Gemeinwohlbegriff ist für Gesellschaften der Moderne nicht angemessen. Anhand der

---

93 Bekanntermaßen umfassend zur historischen und ideologischen Entwicklung der Rechtsgutslehren *Amelung* Rechtsgüterschutz und Schutz der Gesellschaft, 1972; vgl. im obigen Sinne auch *K. Günther* Von der Rechts- zur Pflichtverletzung, in: Institut KrimWiss. Frankfurt a.M. (Hrsg.), Vom unmöglichen Zustand des Strafrechts, 1994, S. 445, 451 f.

94 Vgl. nur *Klee* Zum kommenden deutschen Strafrecht, DJZ 1934, Spalte 1303 ff. Zum liberalen bzw. bloß formalen Gehalt des Rechtsgutsbegriffs in der Auseinandersetzung um die Verbrechensgrundlagen während der nationalsozialistischen Herrschaft *Amelung* Rechtsgüterschutz (Fn 15), S. 235 ff., 240 ff., 246 ff., 257 f.

aufgezeigten Kriterien einer strafrechtlichen Legitimationsfrage lässt sich aber Folgendes darstellen:

a) Soziale Funktion der Norm

Formal lassen sich Gemeinwohlforderungen im Strafrecht als normative Projektionen zur Gesellschaftsgestalt beschreiben. Dieses sind Setzungen und die damit verbundenen Definitionsprozesse, Machtpositionen und Interessenlagen sind transparent zu machen, will man den notorischen Vorwurf der Ideologisierung vermeiden. M.E. bietet das Kriterium der ‚sozialen Funktion' einer Verhaltenserwartung einen solchen Ansatz für Transparenz: So ist beispielsweise für die – maßgeblich zur ‚Wahrung des Gemeinwohls' formulierte – Strafbarkeit des Insiderhandels und der Marktmanipulation angesichts der Begrenzung auf bestimmte Papiere und Börsen tatsächlich zu hinterfragen, ob individuelle Schutzwirkungen für Anlegerpositionen im Vordergrund bzw. überhaupt unter strafrechtlicher Garantieerklärung stehen – oder aber nicht doch allein die Funktionsfähigkeit und Gestalt bestimmter organisierter Kapitalmärkte[95]. Gleiches – die Schaffung praktischer Transparenz – gälte etwa für die Durchleuchtung von (Grund-)Rechts- bzw. Interessenpositionen Dritter, beispielweise die Heilungsinteressen Kranker bei einem strafbelegten Verbot embryonaler Stammzellforschung[96]

b) Normative Identitätskriterien

Seitdem holistische Gesellschaftsbilder zerbrochen sind, siedeln Gemeinwohlkonzepte – sei es als antagonistische oder immanente Positionen – an gesellschaftliche Freiheitsmodelle und -theorien an. Zur Materialisierung im Sinne einer Bestimmung ‚normativer Identitätskriterien' unter den Diskursen zur rechtlich begründeten Freiheit lässt sich vielleicht Folgendes sagen:

---

95 Zur Diskussion *Koch* Vermittlung und Verfolgung von strafbarem Insiderhandel, 2005, S. 111, 146; *Popp* Das Rätsel des § 38 Abs. 5 WpHG – Transnationales Regelungsbedürfnis und Gesetzgebungstechnik im Nebenstrafrecht, wistra, 2011, S. 169, 171; weitere Nachweise bei *Pananis* in: Münchener Kommentar zum StGB, Bd. 6/1 (Nebenstrafrecht II), 2010, § 38 WpHG Rn. 4 ff.

96 *Sternberg-Lieben* Rechtsgut, Verhältnismäßigkeit und die Freiheit des Strafgesetzgebers, in: Hefendehl/Hirsch/Wohlers (Hrsg.), Die Rechtsgutstheorie, 2003, S. 65, 68 f.

Wir haben gute Gründe, etwa in der Tradition der praktischen Philosophie des Idealismus, Recht als Freiheitspraxis und damit die Autonomie des Subjekts als Fundament des Rechts zu setzen.[97] Nur über diesen Ansatz ist die materielle Verbindlichkeit des Rechts und damit auch der rechtlichen Zurechnung begründbar. Vor den Szenarien einer Fragmentierung gesellschaftlicher Rationalität, dem Wegbruch der substantiellen Grundlagen einer idealistischen Philosophie, scheinen sich aber die Grundlagen für ein solch normativ anspruchsvolles materielles Legitimationskonzept insgesamt aufzulösen.

Ein kritischer, auch theoriegeschichtlicher Blick zeigt allerdings, dass das Konzept rechtlicher Freiheit von einem Prozess gesellschaftlicher Reflexivität[98] erfasst ist:[99] War es bei *Kant* noch in der monologischen Struktur der Selbstgesetzgebung verankert[100], so wurde es bei *Fichte* auf die – intersubjektive – Konstitution von Anerkennungsverhältnissen bezogen[101], um schließlich bei *Hegel* die Gestalt einer institutionellen Vermittlung subjektiver Autonomie anzunehmen[102]. Die Autonomie der Person verwandelt sich von einem vorgesellschaftlichen Vermögen des Vernunftsubjekts bei *Kant* zu einem objektiven Organisationsprinzip rechtlicher Verfasstheit bei *Hegel*. Die Gestaltungen des Legitimationsparadigmas rechtlicher Freiheit unterliegen damit in der philosophiegeschichtlichen Entwicklung einer Objektivierung, die zugleich als soziale ‚Prozeduralisierung' erscheint; als Ausdruck einer strukturellen gesellschaftlichen Entwicklung, die immer deutlicher in das Licht einer reflexiven sozialen Gestaltung tritt, – und schließlich bei *Hegel* auch die Dimension der Geschichte mit umfasst.

Diese Beobachtung trifft sich mit Theorien des Gemeinwohls, die auch diesen Begriff nicht mehr auf statische Gesellschaftszustände bzw. holistische Gesellschaftsmodelle beziehen wollen, sondern einer ‚Prozeduralisierung' unterlegen[103]. Daran kann angeknüpft werden: Können – und sollen – die rechtlichen Identitätskriterien moderner komplexer Gesellschaften nicht auf die Verbindlichkeit von Weltbildern bzw. auf inhaltliche kollektive Identitäten gegründet werden, soll aber dennoch am normativen Gehalt des Autonomieprinzips als rechtlichen Legitimationsparadigma moderner Gesellschaften festgehalten werden, so bleibt nur, das Autonomieprinzip selbst unter die Perspektive einer

---

97 Dazu *Müssig* Mord und Totschlag, 2005, S. 187 ff.
98 Zum Begriff *Luhmann* Soziale Systeme (Fn 16), S. 593 (600 f., 610 ff.)
99 *Müssig* Zurechnungsformen als gesellschaftliche Praxis, FS-Jakobs, 2007, S. 405, 411 ff.
100 Dazu *Müssig* Mord und Totschlag (Fn 97), S. 188 ff.
101 *Müssig* Mord und Totschlag (Fn 97), S. 200 ff.
102 *Müssig* Mord und Totschlag (Fn 97), S. 206 ff.
103 Vergl. *Ladeur* in: Brugger/Kirste/Anderheiden (Hrsg.), Gemeinwohl in Deutschland, Europa und der Welt, 2004, S. 257, 281 ff.

‚Prozeduralisierung‘ zu stellen. Das Konzept rechtlicher Freiheit und Konzepte des Gemeinwohls wären unter den Bedingungen gesellschaftlicher (prozessualer) Reflexivität zu formulieren: Es ginge dann um die Entwicklung und Institutionalisierung von Organisationsprinzipien als Bedingung und Ausdruck privater und öffentlicher Autonomie im Recht. Organisationsprinzipien als Grundmuster rechtlicher Selbstbeschreibung wären daraufhin zu hinterfragen, inwieweit nach diesen Prinzipien die Bedingungen einer rechtlichen Selbstbestimmungspraxis begründbar und organisierbar sind. Aus der Perspektive des Strafrechts kann vor dem Hintergrund grundlegender Zurechnungsmuster dabei einerseits auf das personale und andererseits auf das institutionelle Organisationsprinzip verwiesen werden.[104]

Das personale Organisationsprinzip betrifft die Garantie von auf die Person bezogenen privaten und öffentlichen Freiheitssphären und Teilnahme- bzw. Mitgliedsrechten. Hier liegt eine freiheitstheoretische Fundierung offensichtlich nahe, weil schon der Begriff der Person auf entsprechende materielle Konzeption etwa der praktischen Philosophie des Idealismus verweist. Allerdings kann das personale Organisationsprinzip nicht auf einen vorrechtlichen Personenbegriff begründet werden, vielmehr ist Person als Struktur des Rechts, als gesellschaftliche Konstruktion und so erst als Struktur der Freiheit zu beschreiben. Im Strafrecht kennen wir dieses im Bild eines Organisationskreises als Freiheitsstatus mit der Konsequenz der Folgenverantwortung.

Eine solch freiheitstheoretische Fundierung des institutionellen Organisationsprinzips scheint allerdings weniger offensichtlich. Das institutionelle Organisationsprinzip betrifft die strukturellen Bedingungen der gesellschaftlichen Institutionalisierung von Recht; maßgeblich geht es um die Garantie einerseits der Voraussetzungen organisierter Rechtsgeltung und andererseits der elementaren Bedingungen personaler Existenz im Recht. Die freiheitstheoretische Begründung ist hier eine nur mittelbare: der Zusammenhang zu einem Autonomiekonzept ergibt sich aus einer funktional begründeten Notwendigkeit besonderer Organisationsstrukturen zur Etablierung eines Rechtszustandes, der mit der Form der Person die Bedingungen privater und öffentlicher Autonomie zu garantieren sucht. Dies ist ein Gedankengang, der personalen Rechtsgutstheorien nicht fremd ist. – Soweit zu den materiellen Kriterien. Es ist offensichtlich, dass die Perspektive auf die skizzierten Organisationsprinzipien ihre strafrechtsdogmatische Herkunft nicht verleugnen kann. Aber vielleicht können diese als

104 *Müssig* Rechts- und gesellschaftstheoretische Aspekte der objektiven Zurechnung im Strafrecht, FS-Rudolphi, 2004, S. 165, 175 ff.

Argumentationstopoi auf Strukturen aufmerksam machen, die dann eine ‚Prozeduralisierung' der Gemeinwohlbestimmung zu tragen vermögen.

c) Formalisierung

Bringt man schließlich Gemeinwohlansätze mit dem Konzept „formalisierter Sozialkontrolle" in Zusammenhang, dann steht man schnell und konsequent vor den Fragen einer Entkriminalisierung:[105] Unter Verhältnismäßigkeitskriterien ist zu fragen, ob auf strafrechtliche Garantieerklärungen für bestimmter Verhaltenserwartungen verzichtet werden kann zugunsten von Selbstregulierungsprozessen[106] auf Grundlage sog. „sekundärer Rechtsquellen"[107], d.h. zugunsten von lokalen Regelungen auf untergesetzlicher Stufe. Der notorisch defizitäre demokratietheoretische Status dieser Regelungen wäre m.E. in diesen Zusammenhang kein (schwerwiegendes) Argument, da es um Entlastung geht und nicht um Belastung – das müsste man sich aber genauer anschauen.

All das sind nur Hinweise, und bei diesen Hinweisen kann es nur bleiben.

---

105 Dazu *Lüderssen* Regulierung, Selbstregulierung und Wirtschaftsstrafrecht, in: Kempf/Lüderssen/Volk (Hrsg.), Die Handlungsfreiheit des Unternehmers – Wirtschaftliche Perspektiven, strafrechtliche und ethische Schranken, 2009, S. 241, 311 ff.; *Becker* Die Demokratisierung des Finanzsystems, in: Kempf/Lüderssen/Volk (Hrsg.), Ökonomie versus Recht im Finanzmarkt? 2011, S. 195, 198 ff.

106 *Schiller* Selbstregulierungskompetenz versus justizielle Auslegungskompetenz, in: Kempf/Lüderssen/Volk (Hrsg.), Die Handlungsfreiheit des Unternehmers – Wirtschaftliche Perspektiven, strafrechtliche und ethische Schranken, 2009, S. 171, 172 f., 176.

107 Zum Begriff *Möllers/Hailer* Möglichkeiten und Grenzen staatlicher und halbstaatlicher Eingriffe in die Unternehmensführung, JZ 2012, S. 843, 849; zu den Grundlagen *Ladeur* Kritik der Abwägung in der Grundrechtsdogmatik, 2004, S. 41 ff.; *Kadelbach/Günther* Recht ohne Staat? in: dies. (Hrsg.), Recht ohne Staat? Zur Normativität nichtstaatlicher Rechtsetzung, 2011, S. 9 ff., 32 f.

Frank Scholderer

Institutionalisierte Verantwortung und Gemeinwohl – Corporate Governance, Organhaftung und Organuntreue im Aufsichtsrat

Gliederung

1. Einleitung

Vorstände und Aufsichtsräte der Unternehmen, die Wertpapiere ausgeben, Arbeitsplätze anbieten und geistiges Eigentum verwalten, trifft eine besondere institutionalisierte Verantwortung. Der Untreuetatbestand (§ 266 StGB) ist für die Organmitglieder in hohem Maße relevant, weil sie bei der Leitung und Überwachung des Unternehmens über fremdes Vermögen verfügen. „Organuntreue" ist ein stehender Begriff.[1] In der aktienrechtlichen *Principal/Agent*-Situation besteht

1 *Schünemann* Organuntreue – Das Mannesmann-Verfahren als Exempel?, Berlin 2004.

das Auftragsverhältnis des Organmitglieds allerding nicht zum Aktionär als „wirtschaftlichem Eigentümer" und „*Principal*", sondern zu der Gesellschaft. Im Frühjahr 2012 hat die Regierungskommission Deutscher Corporate Governance Kodex neue Empfehlungen zu Unabhängigkeit und Interessenkonflikten der Aufsichtsratsmitglieder ergänzt. Von diesen Empfehlungen führt eine Linie zum Wirtschaftsstrafrecht, die auch etwas mit dem Gemeinwohl zu tun hat.[2]

2. Unternehmensinteresse und Gemeinwohl

Jedes Mitglied des Aufsichtsrats ist dem Unternehmensinteresse verpflichtet.[3] Der Kodex definiert es als Pflicht des Vorstands und Aufsichtsrats, „*im Einklang mit den Prinzipien der sozialen Marktwirtschaft für den Bestand des Unternehmens und seine nachhaltige Wertschöpfung zu sorgen (Unternehmensinteresse)*", und zwar „*unter Berücksichtigung der Belange der Aktionäre, seiner Arbeitnehmer und der sonstigen dem Unternehmen verbundenen Gruppen (Stakeholder)*".[4] Diese Formulierung ist eine unmittelbare Reaktion auf die Finanzkrise und ausdrückliche Abkehr vom reinen *Shareholder Value*-Prinzip, allerdings mit einem Primat der Gewinnerzielung. Zuoberst steht die nachhaltige Wertschöpfung des Unternehmens. Die Belange der einzelnen *Stakeholder* sind nachgeordnet. Wenn das Unternehmen nicht mehr wertschöpfend arbeitet, gehen die *Stakeholder* notgedrungen leer aus.

Über das Unternehmensinteresses ist schon viel gesagt und geschrieben worden. Keinesfalls geht es um das Interesse des „Unternehmens an sich", auch nicht in Abgrenzung von der Gesellschaft,[5] sondern – genau wie im Strafrecht – um die dahinter stehenden Rechtsgüter, und zwar möglichst um Individualrechtsgüter. Rechtsgut ist nicht eine abstrakte „Funktionstüchtigkeit der Unternehmensführung", sondern das Funktionsversagen der Gesellschaftsorgane ist der Angriffsweg, gegen den die Rechtsgüter zu schützen sind. Auch § 266 StGB

---

2 *Lüderssen* Finanzmarktkrise, Risikomanagement und Strafrecht, StV 2009, 486, 490; *Cahn* Corporate Governance und Strafrecht – Einleitende Gedanken aus der Sicht eines Gesellschaftsrechtlers, in: Kempf/Lüderssen/Volk, Die Handlungsfreiheit des Unternehmers – wirtschaftliche Perspektiven, strafrechtliche und ethische Schranken, 2009, S. 3 ff.

3 Ziffer 5.5.1 Satz 1 DCGK.

4 Präambel Abs. 2 und Nr. 4.1.1 DCGK.

5 Siehe zu dieser Diskussion hier nur *Kort* Vorstandshandeln im Spannungsverhältnis zwischen Unternehmensinteresse und Aktionärsinteressen, AG 2012, 605, 607 m.w.N.

schützt das Vermögen einzelner Personen und nicht das „Vertrauen in die Redlichkeit des Rechts- und Wirtschaftsverkehrs".[6]

Das *Stakeholder*-Prinzip hat sich deshalb zu Recht durchgesetzt. Richtigerweise ist es aber nicht uferlos, sondern umfasst nur die Vertragspartner des Unternehmens, also die Arbeitnehmer, Kreditgeber, Lieferanten, Kunden und – natürlich – die Aktionäre. Rechtsbeziehungen aufgrund allgemeiner Gesetze begründen dagegen keine *Stakeholder*-Eigenschaft. Deshalb gehören insbesondere der Fiskus, die Kommune am Unternehmensstandort und die Umwelt nicht dazu. Die Belange, die der Vorstand bei seiner Leitungsaufgabe berücksichtigen muss, sind – vereinfacht gesprochen – nur die der Vertragspartner des Unternehmens.[7]

Die Aktionäre müssen eine angemessene Risikoprämie für das zur Verfügung gestellte Eigenkapital erhalten, weil es durch Verluste verbraucht wird und allen übrigen Gläubigern als Risikopuffer bis zur Grenze der Insolvenz dient. Das Unternehmen muss ausreichende Gewinne erwirtschaften und thesaurieren, um investieren zu können und zukunftsfähig zu bleiben. Zwischen der Dividende für die Aktionäre, dem Lohnniveau der Arbeitnehmer und den Margen der Kreditgeber, Lieferanten und Kunden muss ein angemessener Ausgleich bestehen. Vorstand und Aufsichtsrat bilden insoweit eine Art Clearingstelle. Die Vielzahl von *Stakeholdern*, die an der Wertschöpfung eines großen DAX-Unternehmens hängen, bilden eine Art Teilöffentlichkeit. Insoweit überlappt sich das Unternehmensinteresse auch mit dem Gemeinwohl.

Das Gemeinwohl als solches ist aber kein Bestandteil des Unternehmensinteresses.[8] Der gemeinsame Zweck, auf den sich die Gesellschafter verpflichten (§ 705 BGB), und der Unternehmensgegenstand, mit dem sie diesen Zweck verfolgen, sind von einem umfassenden Gemeinwohl und allgemeiner Wohlfahrt notwendig verschieden. Wollte man das individuelle Unternehmensinteresse und das Gemeinwohl deckungsgleich machen, würde das Gesellschaftsrecht letztlich abgeschafft und zu öffentlichem Recht umgeformt.

Mit allgemeinen Gesetzen, denen das Unternehmen unterliegt, werden zwar gewichtige Rechtsgüter geschützt, und über seine Steuerzahlungen finanziert das Unternehmen die Aufgaben des Sozialstaats mit. Trotzdem führen *Compli-*

---

6 So klarstellend BVerfG, Beschl. v. 23.06.2010 – 2 BvR 2559/08 u.a. –, NJW 2010, 3209, 3212 (Siemens) m.w.N.

7 Dazu *Spindler* Gemeinwohlorientierte Unternehmensinteressen und Kapitalgesellschaft, in: Kempf/Lüderssen/Volk, Die Finanzkrise, das Wirtschaftsstrafrecht und die Moral, 2010, S. 71, 87 f.

8 *Kort* (Fn. 5) AG 2012, 605, 610; a.A. *Bernsmann* „Untreue und Gemeinwohl" – Eine Skizze, StV 2013, 403 aus seiner strafrechtlichen Sicht.

ance und Steuerehrlichkeit nicht dazu, dass alle diese Rechtsgüter und Aufgaben in das Unternehmensinteresse hineingesogen werden.

Damit das Unternehmensinteresse noch als Parameter für die Organpflichten taugt, sollte man es auch von der *Corporate Social Responsability* (CSR) unterscheiden. Solange das Unternehmen seine Aktionäre, Arbeitnehmer, Lieferanten und Kreditgeber trägt, ist dem Gemeinwohl mindestens ebenso gedient, wie wenn sich ein Kreditinstitut um indonesische Palmölplantagen oder ein Sportartikelhersteller um bedrohte Tierarten kümmert. CSR hat viel mit Marketing zu tun. Wenn die Kunden ein solches Engagement verlangen und die Produkte sonst nicht kaufen, dient das zwar auch wieder dem Unternehmensinteresse und mittelbar den *Stakeholdern*.[9] Das ist dann aber instrumentell und macht die bedrohte Tierart nicht selbst zu einem *Stakeholder* des Sportartikelherstellers.

Die Definition des Unternehmensinteresses im Kodex ist kein Bestandteil einer Empfehlung, auf die sich die Entsprechenserklärung nach § 161 Abs. 1 AktG beziehen müsste. Es handelt sich vielmehr um die wesentliche Determinante für das Leitungsermessen des Vorstands, die mit dem Gesellschaftswohl im Sinne der *Business Judgement Rule* deckungsgleich ist.[10] Rechtsquelle für das Unternehmensinteresse ist also das Gesetz. Die Definition im Kodex gibt nur seine Auslegung durch die Regierungskommission wieder. Deshalb können sich die Organe der Pflicht, die *Stakeholder*-Belange zu berücksichtigen, auch nicht durch eine Abweichungserklärung (nach dem *comply or explain*-Prinzip) entziehen.

3. Unabhängigkeit und Interessenkonflikte der Aufsichtsratsmitglieder

Seit dem Bilanzrechtsmodernisierungsgesetz (BilMoG) von 2008 muss dem Aufsichtsrat einer kapitalmarktorientierten Kapitalgesellschaft mindestens ein unabhängiges Mitglied angehören, das über Sachverstand in Rechnungslegung oder Abschlussprüfung verfügt.[11] Der Finanzexperte muss also unabhängig sein. Der Kodex empfiehlt seit dem Frühjahr 2012, dass der Aufsichtsratsvorsitzende

---

9 *Hohmann-Dennhardt* Gesellschaftliche Impulse für eine stärkere Gemeinwohlorientierung von Unternehmen, in: Kempf/Lüderssen/Volk, Unternehmensstrafrecht, 2012, S. 7 ff.

10 *Hüffer* AktG, 10. Aufl. 2012, § 76 Rn. 15, § 93 Rn. 4g; siehe dazu unten 4.

11 §§ 100 Abs. 5 AktG, 264d HGB.

nicht den Vorsitz im Prüfungsausschuss (*Audit Committee*) innehaben soll;[12] diesen soll vielmehr der unabhängige Finanzexperte übernehmen.[13]

Nach dem Kodex soll dem Aufsichtsrat eine nach seiner Einschätzung angemessene Anzahl unabhängiger Mitglieder angehören. Ein Aufsichtsratsmitglied ist nach der neuen Definition im Sinne dieser Empfehlung insbesondere dann nicht unabhängig, wenn es in einer geschäftlichen Beziehung zu der Gesellschaft oder einem kontrollierenden Aktionär steht, und wenn diese Beziehung einen wesentlichen und nicht nur vorübergehenden Interessenkonflikt *begründen kann.*[14]

Je nachdem, ob und wie sich die neue Definition im Kodex auf die Auslegung der Unabhängigkeit des Finanzexperten auswirkt, kann der CFO der Mutter nicht mehr den Vorsitz im Prüfungsausschuss der – börsennotierten – Tochter übernehmen.[15]

Die deutsche Industrie hat daran insbesondere kritisiert, dass die Repräsentanten eines kontrollierenden Aktionärs nicht mehr als unabhängig gelten.[16] Die

---

12 Nr. 5.2 Abs. 2 Satz 2 DCGK.

13 Nr. 5.3.2 Satz 2 und 3 DCGK.

14 Nr. 5.4.2 Satz 1 und 2 DCGK; dazu *Scholderer* Unabhängigkeit und Interessenkonflikte der Aufsichtsratsmitglieder – Systematik, Kodexänderungen, Konsequenzen, NZG 2012, 169; *Roth* Deutscher Corporate Governance Kodex 2012, WM 2012, 1985; *Klein* Die Änderungen des Deutschen Corporate Governance Kodex 2012 aus Sicht der Unternehmenspraxis, AG 2012, 805; *Paschos/Goslar* Unabhängigkeit von Aufsichtsratsmitgliedern nach den neuesten Änderungen des Deutschen Corporate Governance Kodex, NZG 2012, 1361.

15 *Hüffer* (Fn. 10) § 100 Rn. 11 f. zeigt den Zusammenhang mit der Empfehlung der EU-Kommission vom 15.02.2005 zu den Aufgaben nicht geschäftsführender Direktoren und Aufsichtsratsmitglieder (2005/162/EG) einschließlich ihres Anhangs und mit Nr. 5.4.2 DCGK (dort ist die vor Mai 2012 geltende Fassung gemeint) für die Auslegung von § 100 Abs. 5 AktG, verneint aber eine Bindung an diese Vorgaben. *Habersack* Staatliche und halbstaatliche Eingriffe in die Unternehmensführung, Gutachten E zum 69. Deutschen Juristentag, 2012, S. 72 ff., geht auf die Zusammenhänge vertiefend ein. Die von ihm festgestellt Diskrepanz zwischen § 100 Abs. 5 AktG und der EU-Empfehlung einerseits und dem DCGK a.F. andererseits besteht nach der neuen Kodexempfehlung jedenfalls nicht mehr; siehe bereits *Scholderer* (Fn. 14) NZG 2012, 168, 172; *Bayer* Grundsatzfragen der Regulierung der aktienrechtlichen Corporate Governance, NZG 2013, 1, 10 f. und *Florstedt* Die Unabhängigkeit des Aufsichtsratsmitglieds vom kontrollierenden Aktionär, ZIP 2013, 337, 338.

16 Die Stellungnahme des Handelsrechtsausschusses des DAV, NZG 202, 335, 338 gibt den allgemeinen Tenor dieser Kritik wieder. Krit. dazu auch *Habersack* (Fn. 15) S. 72 ff., der auf S. 79 allerdings auch dafür plädiert hat, „*dem Mehrheits-/Minderheitskonflikt durch eine spezifische minderheitsschützende Kodexempfehlung des Inhalts Rechnung zu tragen, dass dem Aufsichtsrat einer abhängigen Gesellschaft eine angemessen Anzahl von nicht dem Lager des herrschenden Unternehmens zuzurechnenden Anteilseigenervertretern angehören soll*“. Nichts anderes sagt die nach Fertigstellung seines Gutachtens verabschiedete Empfehlung in Nr. 5.4.2 DCGK.

Kritiker sehen hierin eine unzulässige Übertragung angelsächsischer Standards auf das deutsche Zweiboard-System, die auch mit der deutschen Mitbestimmung und dem Konzernrecht unvereinbar sei. Die Muttergesellschaft müsse qua Mehrheit im Aufsichtsrat letztlich die Personalhoheit über den Vorstand der Tochtergesellschaft behalten und durchregieren können. Die Kodexkommission ist diesen Einwänden allerdings – zu Recht – nicht gefolgt.

Jedes Aufsichtsratsmitglied soll Interessenkonflikte, die insbesondere aufgrund einer Beratung oder Organfunktion bei Kunden, Lieferanten, Kreditgebern oder sonstigen Dritten *entstehen können*, dem Aufsichtsrat gegenüber offenlegen.[17] Auch Beziehungen zu diesen *Stakeholdern* können Interessenkonflikte begründen.

Das *Stakeholder*-Prinzip beim Unternehmensinteresse setzt sich in einem *Stakeholder*-Ansatz bei der Unabhängigkeit der Aufsichtsratsmitglieder fort. Das Unternehmensinteresse soll durch eine Zusammensetzung des Aufsichtsrats, die auch Mitglieder ohne anderweitige Partikularinteressen umfasst, abgesichert werden.

Wenn ein Interessenkonflikt besteht, muss sich das Aufsichtsratsmitglied bei der Beschlussfassung enthalten. In der Gesellschafterversammlung ist das schon seit jeher geltendes Recht.[18] Richtigerweise gilt das Teilnahmeverbot auch für den Aufsichtsrat und dort nicht nur für die Abstimmung, sondern auch für die Beratung.

Der Aufsichtsrat soll die Hauptversammlung über aufgetreten Interessenkonflikte und deren Behandlung informieren. Wesentliche und dauerhafte Interessenkonflikte sollen zur Beendigung des Mandats führen.[19] Wer sich ständig enthalten müsste, kann das Amt nicht mehr sinnvoll ausüben.

4. Dreistufenmodell

Nach dem Modell strafrechtlicher Deliktstypen lassen sich drei Stufen unterscheiden, die auf dem Unternehmensinteresse als geschütztem Rechtsgut und den dahinterstehenden *Stakeholder*-Interessen basieren:[20]

---

17 Nr. 5.5.2 DCGK.

18 §§ 34 BGB, 47 Abs. 4 GmbHG, 136 AktG.

19 Nr. 5.5.3 DCGK.

20 Siehe dazu bereits *Scholderer* (Fn. 14) NZG 2012, 168, 171.

(a) Fehlende Unabhängigkeit als abstrakte Gefahr für das Unternehmenswohl

Fehlende Unabhängigkeit ist eine *abstrakte Gefahr* für das Unternehmenswohl, weil das Partikularinteresse des Aufsichtsratsmitglieds in einen Konflikt mit dem Unternehmensinteresse treten *kann*. Ein solcher Konflikt kann auch gegenüber den Interessen eines Aktionärs bestehen, wenn dieser eine Kontrollbeteiligung von 30 % oder mehr der Stimmrechte hält.[21] Der Anteilseignervertreter im Aufsichtsrat, der zugleich Vorstandsmitglied des kontrollierenden Aktionärs ist, gilt deshalb – wie gesagt – nicht mehr als unabhängig im Sinne der Empfehlung. Um dieser abstrakten Gefahr zu begegnen, empfiehlt der Kodex, dass dem Aufsichtsrat eine angemessene Zahl unabhängiger Mitglieder angehören soll. Entgegen einem – leider verbreiteten – Missveständnis schließt dies keineswegs aus, dass alle übrigen Anteilseignervertreter weiterhin Repräsentanten des kontrollierenden Aktionärs sein können.

(b) Interessenkonflikt als konkrete Gefahr für das Unternehmenswohl

Eine konkrete *Gefahr* für das Unternehmenswohl entsteht dann, wenn im Aufsichtsrat eine Beratung oder Beschlussfassung ansteht, bei der sich das Unternehmensinteresse und die anderweitigen Interessen des Aufsichtsratsmitglieds aktuell gegenüberstehen, wenn also ein *tatsächlicher* Interessenkonflikt eintritt. Dieser konkreten Gefahr ist – wie schon gesagt – dadurch zu begegnen, dass das

---

21 Nach *Paschos/Goslar* (Fn. 14) NZG 2012, 1361, 1362 f. soll zwar der Kontrollbegriff des § 29 Abs. 2 für Nr. 5.4.2 DCGK nicht maßgeblich sein, sondern soll es entsprechend §§ 15 ff. AktG auf eine Mehrheitsbeteiligung ankommen. Dagegen sprechen aber der Wortlaut und die Genese der Empfehlung. Nach dem im Frühjahr 2012 zur Konsultation gestellten Änderungsentwurf war bereits eine wesentliche Beteiligung ab 10 % für die Unabhängigkeit schädlich. Nach der Konsultation wurde dies auf die Kontrollschwelle angehoben, was erkennbar einen Kompromiss zwischen dem ursprünglichen Entwurf und einer Mehrheitsschwelle darstellte. Wesentliche Beteiligungen sollen nach diesem Kompromiss und der verabschiedeten Fassung von Nr. 5.4.1 Abs. 4 bis 6 DCGK nur noch bei Wahlvorschlägen gegenüber der Hauptversammlung transparent gemacht werden, berühren die Unabhängigkeit aber nicht (insoweit übereinstimmend auch *Paschos/Goslar*). Siehe dazu auch Klein (Fn. 14) AG 2012, 805, 807 (wie hier) einerseits und *Kremer/v. Werder* Unabhängigkeit von Aufsichtsratsmitgliedern: Konzept, Kriterien und Kandidateninformationen, AG 2013, 340, 342 (wie *Paschos/Goslar*) andererseits.

inhabile Aufsichtsratsmitglied im jeweiligen Einzelfall nicht an der Beratung und Beschlussfassung teilnimmt.

(c) Pflichtverletzung und Schaden für das Unternehmen

Erst dann, wenn sich das Aufsichtsratsmitglied in einer solchen Situation nicht der Teilnahme an Beratung und Abstimmung enthält und seine Kompetenzen auch nicht im Unternehmensinteresse ausübt, sondern seinem anderweitigen Partikularinteresse den Vorrang einräumt, liegt eine *Verletzung* des Unternehmenswohls vor.[22] Wenn dem Unternehmen daraus ein Schaden entsteht, haftet das Aufsichtsratsmitglied persönlich.

Das steht auch im Einklang mit der *Business Judgement Rule* (BJR) für unternehmerische Entscheidungen. Danach liegt eine Pflichtverletzung nicht vor, wenn das Vorstandsmitglied – und entsprechend das Aufsichtsratsmitglied – bei einer unternehmerischen Entscheidung vernünftigerweise annehmen durfte, auf der Grundlage angemessener Information zum Wohle der Gesellschaft zu handeln.[23] Dann liegt schon tatbestandsmäßig keine Pflichtverletzung vor, selbst wenn sich das in der unternehmerischen Entscheidung liegende Risiko realisiert und der Gesellschaft ein Schaden entsteht.[24]

Auch der Aufsichtsrat trifft unternehmerische Entscheidungen, wenn er über zustimmungsbedürftige Geschäfte beschließt[25] oder die Vorstandsvergütung im Rahmen der gesetzlichen Angemessenheitskriterien festsetzt.[26] Außerdem darf der Aufsichtsrat die Geschäfts- und Risikostrategie heute nicht mehr – wie es überkommenem deutschen Aktienrecht entsprach – dem Vorstand überlassen, sondern muss diese wesentlich (mit) bestimmen. Die Risiken, deren Eingehung dem Vorstand erlaubt ist, sind in der Privatwirtschaft nicht von einem generalisierbaren Unternehmensinteresse deduzierbar. Sie hängen von der Geschäfts- und Risikostrategie des jeweiligen Unternehmens ab. Der Aufsichtsrat setzt dann

---

22 §§ 116, 93 AktG.

23 § 93, Abs. 1 Satz 2 AktG, zurückgehend auf BGHZ 135, 244 = NJW 1997, 1926 (ARAG/Garmenbeck); hierzu *Mühlbert* Rechtliche Grenzen der Optimierung – das gesellschaftsrechtlich erlaubte Risiko, in: Kempf/Lüderssen/Volk, Ökonomie versus Recht im Finanzmarkt, 2011, S. 85 ff.

24 *Hüffer* (Fn. 10) § 93 Rn. 4e.

25 § 111 Abs. 4 Satz 2 AktG; dazu *Cahn*, Aufsichtsrat und Business Judgement Rule, WM 2013, 1293f.

26 §§ 87 Abs. 1, 116 Satz 3 AktG; siehe dazu hier bereits aus strafrechtlicher Sicht BGH, Urt. v. 21.12.2005 – 3 StR 470/04 –, BGHSt 50, 331 = NJW 2006, 522 = NStZ 2006, 214 = NZG 2006, 141 Rn. 15 (Mannesmann).

auch die entsprechenden Grenzen für den Vorstand und seine eigene Überwachungspflicht fest.[26a]

Das Haftungsprivileg der BJR setzt voraus, dass die Organmitglieder ihre Entscheidung frei von Sonderinteressen und sachfremden Einflüssen treffen.[27] Wenn sich das Organ wegen eines Interessenkonflikts außerhalb des sicheren Hafens bewegt, ist das aber noch keine Pflichtverletzung. Auch außerhalb des Anwendungsbereichs der BJR wird nur für die sorgfältige Entscheidung gehaftet.[28] Trotz divergierender Sonderinteressen kann das Organmitglied im Unternehmensinteresse handeln. Das ist dann bloß uneingeschränkt justiziabel.

Nach dem aktienrechtlichen Fallmaterial tritt eine Organhaftung kaum jemals wegen Überschreitung noch vertretbarer unternehmerischer Risiken ein. Wenn es ausnahmsweise doch einmal um eine Haftung wegen fehlgeschlagener Erweiterungsinvestitionen, falscher Ertragsprognosen und eine zu optimistische Unternehmensplanung geht, muss das Gericht regelmäßig einen Sachverständigen hören.[29] In der Praxis liegen die Defizite aber regelmäßig entweder bei der angemessenen Informationsgrundlage für die Entscheidung, betreffen also *Due Diligence*-Fehler. Oder es geht um Rechtsverstöße, insbesondere gegen die Kapitalschutzvorschriften. Diese sind als besondere Haftungstatbestände erfasst[30] und fallen von vornherein nicht unter die BJR.[31]

– Das Aufsichtsratsmitglied der Tochtergesellschaft haftet (nach dem MPS-Urteil des BGH) für ausgefallene Kredite der Gesellschaft an ihre Muttergesellschaft auch nach den erleichterten Vorschriften zu *Upstream Loans* und *Cash Pooling*,[32] wenn der Aufsichtsrat nicht überwacht, ob der Vorstand ein System eingerichtet hat, um seinerseits die Bonität der Mutter und die Werthaltigkeit des Rückzahlungsanspruchs zu überwachen.[33]

26a Vgl. BGH, Urt. v. 15.01.2013 – II ZR 90/11 –, NZG 2013, 293 zu pflichtwidrigem Organhandeln durch Zinsderivatgeschäfte, die nicht vom Unternehmensgegenstand einer Hypothekenbank gedeckt sind, also den statutarischen Handlungsspielraum überschreiten.

27 *Hüffer* (Fn. 10) § 76 Rn. 15, § 93 Rn. 4e.

28 So zutreffend *v. Falkenhausen* Die Haftung außerhalb der Business Judgement Rule – Ist die Business Judgement Rule ein Haftungsprivileg für Vorstände?, NZG 2012, 644, nach dem § 93 Abs. 1 Satz 2 AktG vor allem klarmacht, dass es für pflichtgemäßes Vorstandshandeln nur auf die Tatsachen- und Informationslage *ex ante* ankommt und der „*hindsight bias*" vermieden werden muss. Siehe auch *Cahn* (Fn. 25), WM 2013, 1293, 1295.

29 BGH, Urt. v. 22.02.2011 – II ZR 146/09 –, NZG 2011, 549 = AG 2011, 378.

30 § 93 Abs. 3 Nr. 1 ff. AktG.

31 *Hüffer* (Fn. 10) § 76 Rn. 15, § 93 Rn. 22 m.w.N.

32 §§ 57 Abs. 1 Satz 3 AktG, 30 Abs. 1 Satz 2 GmbHG.

33 BGH, Urt. v. 01.12.2008 – II ZR 102/07 –, AG 2009, 81; dazu *Mühlbert* (Fn. 23) S. 85, 90. Siehe auch BGH, Urt. v. 22.11.2005 – 1 StR 571/04 –, NJW 2006, 453 = NStZ 2006, 221 = AG 2006, 453

- Das Aufsichtsratsmitglied der Tochtergesellschaft haftet (nach dem Ision-Urteil des BGH) gemäß §§ 116 Satz 1, 93 Abs. 3 Nr. 4 AktG, wenn der Tochter vom Mehrheitsaktionär eigene Aktien als – untauglicher – Gegenstand einer Sacheinlage zugeführt werden und die Tochter neue Aktien an den Mehrheitsaktionär ausgibt, obwohl dieser seiner – aufgrund unwirksamer Sacheinlage – aufgelebten Bareinlagepflicht nicht nachgekommen ist.[34]
- Wenn die Tochtergesellschaft Prospekthaftungsrisiken in den USA übernimmt, um Altaktien ihres Mehrheitsaktionärs über einen Börsengang zu platzieren, und dafür keinen vollwertigen Freistellungsanspruch erhält, stellt dies (nach dem Deutsche Telekom III-Urteil des BGH) eine verbotene Einlagenrückgewähr dar.[35] Dem Zweck des § 57 Abs. 1 Satz 1 AktG, im Interesse der Gläubiger das Grundkapital zu erhalten und die nicht partizipierenden (Minderheits-) Aktionäre vor verdeckten Gewinnausschüttungen zu bewahren, widerspräche es nach dieser Entscheidung, dem Altaktionär den Veräußerungsgewinn auf Kosten der Haftung der Gesellschaft, also mittelbar auf Kosten der Gläubiger und übrigen Aktionäre (*Stakeholder*), zu belassen.[36] Nicht bezifferbare Vorteile der Gesellschaft, wie eine Präsenz auf dem US-Kapitalmarkt und breite Streuung ihrer Aktien, bilden nach der maßgeblichen bilanziellen Betrachtungsweise keine ausreichende Kompensation.[37]

Alle drei Fälle betreffen Rechtsverstöße im Verhältnis zum Mehrheitsaktionär im faktischen Konzern. Konzernrechtlich müssen die damit verbundenen Nachteile spätestens zum Jahresende ausgeglichen werden.[38] Im Vertragskonzern muss ein Beherrschungsvertrag gekündigt werden, wenn das herrschende Unternehmen voraussichtlich nicht mehr zum Verlustausgleich in der Lage ist.[39] Der Aufsichtsrat der Tochter muss überwachen, ob der Vorstand diese Ansprüche geltend macht.[40] Aufsichtsratsmitglieder, die von der Mutter unabhängig sind, können

(Kinowelt) zur Untreue durch Geldtransferleistungen innerhalb einer Unternehmensgruppe in der Krise.

34 BGH, Urt. v. 20.09.2011 – II ZR 234/09 –, NZG 2011, 1271, Rn. 27 (Ision); dazu *Merkt/Mylich* Einlage eigener Aktien und Rechtsrat durch den Aufsichtsrat – Zwei aktienrechtliche Fragen im Lichte der ISION-Entscheidung des BGH, NZG 2012, 525.

35 BGH, Urt. v. 31.05.2011 – II ZR 141/09 –, NJW 2011, 2719, Rn. 13 (Deutsche Telekom III).

36 BGH, Urt. v. 31.05.2011 – II ZR 141/09 – (Fn. 35) Rn. 19.

37 BGH, Urt. v. 31.05.2011 – II ZR 141/09 – (Fn. 35) Rn. 25.

38 § 311 Abs. 2 AktG.

39 § 297 Abs. 1 Satz 1 und 2 AktG.

40 Nach BGH, Urt. v. 21.04.1997 – II ZR 175/95 – (Fn. 23) Rn. 25 ff. (ARAG/Garmenbeck) muss der Aufsichtsrat Schadensersatzansprüche gegen Vorstandsmitglieder in der Regel verfolgen und

dafür nützlich sein. Sie haben gerade bei abhängigen Unternehmen eine wichtige Funktion. Insoweit besteht kein Widerspruch zwischen den neuen Kodexempfehlungen zur Unabhängigkeit der Aufsichtsratsmitglieder und dem Konzernrecht. Vielmehr wird das konzernrechtliche Schutzsystem präventiv durch sinnvolle Empfehlungen im Kodex ergänzt und abgesichert.[41]

5. Untreue durch den Aufsichtsrat

Auch zum Verhältnis zwischen Organhaftung und Untreue ist schon viel gesagt und geschrieben worden. Zentrale Bedeutung hat der *ultima ratio*-Charakter des Strafrechts: Was aktienrechtlich erlaubt ist, kann keine strafbare Untreue sein. Umgekehrt ist eine aktienrechtliche Pflichtverletzung noch keine strafbare Untreue. Dafür muss eine – aus dem Strafzweck, insbesondere dem Gemeinwohl begründete – Strafwürdigkeit des Verhaltens hinzukommen und muss die Verbotsnorm dem Bestimmtheitsgrundsatz für Straftatbestände (Art. 103 Abs. 2 GG) genügen.[42] Die Organuntreue setzt somit auf dem dargelegten Dreistufenmodell auf; in diesem Sinne bildet der Untreuetatbestand erst die vierte Stufe in dem Schutzsystem für das Unternehmensinteresse und die dahinter stehenden *Stakeholder*.

Innerhalb von § 266 StGB ist der Missbrauchstatbestand einschlägig, wenn das Organmitglied einzelvertretungsberechtigt ist, ansonsten der Treubruchs-

---

darf er von einer voraussichtlich aussichtsreichen Anspruchsverfolgung nur ausnahmsweise aus übergeordneten Gründen des Unternehmenswohls absehen, wie insbesondere negativen Auswirkungen auf Geschäftstätigkeit und Ansehen der Gesellschaft in der Öffentlichkeit, Behinderung der Vorstandsarbeit und Beeinträchtigung des Betriebsklimas. *Goette* Grundsätzliche Verfolgungspflicht des Aufsichtsrats bei sorgfaltswidrig schädigendem Verhalten im AG-Vorstand?, ZHR 176 (2012), 588 legt überzeugend dar, dass es sich bei der Frage der Anspruchsverfolgung um eine unternehmerische Entscheidung des Aufsichtsrats handelt, für die die *Business Judgement Rule* gilt, differenziert die möglichen Gegengründe (insbesondere bei Kartellverstößen und ggf. provozierten Schadensersatzklagen nach § 33 GWB) weiter aus und stellt in Frage, ob die Anspruchsverfolgung wirklich den Regelfall bildet. Siehe dazu auch *Cahn* (Fn. 25), WM 2013, 1293, 1295 ff. Ob das Unternehmenswohl auch ein Absehen von der Verfolgung konzern- und kapitalerhaltungsrechtlicher Ansprüche gegen den Mehrheitsaktionär erlauben kann, erscheint zweifelhaft.

41 So auch *Bayer* (Fn. 15) NZG 2013, 1, 12.

42 *Lüderssen* Primäre oder sekundäre Zuständigkeit des Strafrechts?, in: Festschrift f. Albin Eser, 2005, S. 163, 176 und 179 kennzeichnet dieses Verhältnis (in Abgrenzung von *Bruns* Die Befreiung des Strafrechts vom zivilistischen Denken, Berlin 1938) treffend als „asymetrische Akzessorietät".

tatbestand.[43] Ein kollektiver Missbrauch der Vertretungsmacht von Organmitgliedern in vertretungsberechtigter Zahl wird von den Strafgerichten – soweit erkennbar – nicht über § 25 Abs. 2 StGB zugerechnet. Für die Mitglieder des Aufsichtsrats kommt daher immer nur der Treubruchstatbestand in Betracht.

(a) Qualifizierte Pflichtverletzung

Strafrechtlich muss die Pflichtverletzung gravierend sein.[44] Es muss sich um eine gesetzliche oder vertragliche Hauptpflicht handeln. Damit wird schon der objektive Tatbestand begrenzt. Das trägt dazu bei, dass die Norm noch verfassungsgemäß ist[45] und nicht alles auf den Vorsatz ankommt. Nicht jede aktienrechtliche Pflichtverletzung der Organmitglieder ist „automatisch" auch schon objektiv eine Tathandlung im Sinne von § 266 StGB.[46]

(aa) Vermögensschützender Charakter der verletzten Primärnorm

Eine Normverletzung ist nur dann pflichtwidrig im Sinne dieses Straftatbestands, wenn die verletzte Rechtsnorm – wenigstens auch, und sei es mittelbar – vermögensschützenden Charakter hat. Das Fallmaterial zeigt die Filterfunktion dieses Kriteriums für die Reichweite der Organuntreue:

- Wenn die Organe durch den Verstoß gegen eine primäre Rechtsnormen – etwa durch die Beeinflussung einer Betriebsratswahl – zugleich ihre Organpflichten nach §§ 93, 116 AktG verletzen, wird die primär verletzte Norm nicht allein dadurch vermögensschützend. Dies gilt selbst dann, wenn die Handlung

---

43 BGH, Urt. v. 22.11.2005 – 1 StR 571/04 – (Fn. 33) Rn. 20 (Kinowelt).

44 So der 1. Strafsenat in BGH, Urt. v. 15.11.2001 – 1 StR 185 –, BGHSt 47, 148 = NJW 2002, 101 = NStZ 2002, 262, Rn. 46; BGH, Urt. v. 06.12.2001 – 1 StR 215/01 –, BGHSt 47, 187 = NJW 2002, 1585 = NStZ 2002, 322 = AG 2002, 347 Rn. 33; abweichend der 3. Strafsenat in BGH, Urt. v. 21.12.2005 – 3 StR 470/04 – (Fn. 26), Rn. 33 ff.; krit. insb. auch *Schünemann* Die „gravierende Pflichtverletzung" bei der Untreue: dogmatischer Zauberhut oder taube Nuss?, NStZ 2005, 473; siehe dazu noch unten bei Fn. 64 und 65.

45 BVerfG, Beschl. v. 23.06.2010 – 2 BvR 2559/08 u.a. (Fn. 6) Rn. 112 (Siemens).

46 Den Organmitgliedern geht es hier besser als den Ärzten. Bei Heileingriffen sind sogar fahrlässige Kunstfehler strafbewehrt (§§ 222, 229 StGB) und besteht sonst auch kein systematischer Unterschied zur zivilrechtlichen Haftung. Ein „Arztprivileg", wonach die Strafbarkeit sich auf grobe Behandlungsfehler beschränkt, wird trotzdem abgelehnt; vgl. *Fischer* StGB, 60. Aufl. 2013, § 222 Rn. 9.

einen Schaden für die Gesellschaft verursacht und Ersatzansprüche auslöst. Es wäre deshalb unzulässig und mit der *ultima-ratio*-Funktion des Strafrechts unvereinbar, die Verletzung primärer Normen und ihre bloße Schadenskausalität mit dem objektiven Tatbestand einer Untreue gleichzusetzen.[47]

- Gegenüber der Einrichtung und Unterhaltung einer schwarzen Kassen („Kriegskasse") im Ausland – durch fingierte Geschäftsvorfälle und unrichtige Buchungen – hat die handelsrechtliche Buchführungspflicht insoweit vermögensschützenden Charakter, als die übrigen Organe und (Minderheits-) Gesellschafter sonst keine Übersicht ihres Vermögensgegenstands erhalten und Ansprüche gegen das pflichtwidrig handelnde Organmitglied erst gar nicht erkennen können.[48]
- Dagegen liegt keine Untreue vor, wenn der Vertreter für die Vergabe von Anschaffungen oder Aufträgen des Vertretenen zwar Provisionen oder personengebundene Spenden entgegennimmt, dafür aber keinen Einfluss auf die Vergabeentscheidung nimmt, namentlich keine überhöhten Preise zulasten des Vertretenen bewirkt und auch nicht die Möglichkeit zur Erzielung günstigerer Preise vereitelt. Die allgemeine zivilrechtliche Pflicht, die erlangten Provisionen an den Geschäftsherrn herauszugeben (§ 667 BGB), fällt nicht unter die strafbewehrte Vermögensbetreuungspflicht.[49] Bestechlichkeit und Vorteilsnahme stehen auf einem anderen Blatt.
- Wenn ein Vorstandsmitglied der Gesellschaft kollusiv durch aktives Tun mit den Vertretungsorganen eines Geschäftspartners zusammenwirkt und diesen Geschäftspartner schädigt, machen sich die übrigen Vorstandsmit-

---

47 BGH, Beschl. v. 13.09.2010 – 1 StR 220/09 –, NStZ 2011, 37 (Siemens/AUB), Rn. 36 ff., wo der vermögensschützende Charakter für § 119 Abs. 1 Nr. 1 BetrVG verneint wird. *Wittig* Detailregelungen unternehmerischen Handelns und seine Deutung für die Organuntreue am Beispiel der aufsichtsrechtlichen Verbriefungsregelung, in: Kempf/Lüderssen/Volk, Ökonomie versus Recht im Finanzmarkt, 2011, S. 75, 83 f. wendet sich deshalb auch gegen eine „Indizwirkung" von Verstößen gegen §§ 18a, 18b KWG für § 266 StGB und sieht die Grenze zu einer gravierenden Pflichtverletzung regelmäßig (erst) dann als überschritten, wenn die Kreditinstitute unter Missachtung des Aufsichtsrechts existenzgefährdenden Risiken ausgesetzt werden. Nach BGH, Urt. v. 10.10.2012 – 2 StR 591/11 –, NJW 2013, 401 Rn. 30 ff. (Telekom-Spitzelaffäre) liegt doch wieder eine Verletzung der Vermögensbetreuungspflicht vor, wenn eine Forderung beglichen wird, die aufgrund des Primärverstoßes nichtig ist. Siehe auch *Wessing*, Untreue durch Begleichung nichtiger Forderung – Die Telekom-Spitzelaffäre und ihre strafrechtlichen Auswirkungen, NZG 2013, 494.

48 BGH, Urt. v. 27.08.2010 – 2 StR 111/09 –, BGHSt 55, 266 = NJW 2010, 3458 (Kölner Müllskandal).

49 BGH, Urt. v. 23.05.2002 – 1 StR 372/01 –, BGHSt 47, 295, 302 = NJW 2002, 2801 = NStZ 2002, 648, Rn. 25 f. (Medizinprodukte).

glieder der Gesellschaft nicht wegen Beihilfe zu der Untreue dieses Vertretungsorgans durch Unterlassen strafbar. Die Pflicht der Organmitglieder, für ein rechtmäßiges Verhalten der Gesellschaft zu sorgen und Schaden von ihr abzuwenden, begründet auch über §§ 93, 116 AktG keine Garantenpflicht der Organmitglieder im Verhältnis zu dem Geschäftspartner, weil die Vermögensbetreuungspflicht nur gegenüber der Gesellschaft selbst besteht. Die allgemeine Legalitätspflicht begründet keine deliktsrechtliche Haftung gegenüber dem Geschäftspartner nach § 823 Abs. 2 BGB in Verbindung mit §§ 266, 27, 13 StGB als Schutzgesetze.[50]

Eine solche Konstellation schließt freilich eine strafrechtliche Verantwortlichkeit wegen Mittäterschaft oder Beihilfe zu der Untreue des kollusiv handelnden Vorstandsmitglieds gegenüber der Gesellschaft selbst nicht aus, wenn dieses aktive Tun der Gesellschaft entsprechend § 31 BGB zugerechnet und die Gesellschaft Schadensersatzansprüchen des Geschäftspartners ausgesetzt wird. Dann haften auch die inaktiven Organmitglieder ggf. aktienrechtlich gegenüber der Gesellschaft und strafrechtlich als Teilnehmer der Untreue des kollusiv handelnden Vorstandsmitglieds durch Unterlassen.[51]

– Das Vorstandsmitglieder selbst trifft keine Vermögensbetreuungspflicht, wenn es um seine eigenen Bezüge geht, weil die AG hierbei durch den Aufsichtsrat vertreten wird und die Vermögensinteressen von Gesellschaft und Vorstand nicht gleichgerichtet sind, sondern ein gesetzlich geregelter Interesskonflikt besteht.[52] Dasselbe gilt wegen eines entsprechenden Interessenkonflikts auch für ein Aufsichtsratsmitglied bei Entscheidungen über dessen eigene Vergütungsangelegenheiten als Arbeitnehmervertreter und Betriebsrat.[53] Für das Aufsichtsratsmitglieder bleibt es aber bei der Vermögensbetreuungspflicht und der strafrechtlichen Verantwortlichkeit nach § 266 StGB, wenn es nicht um das Aushandeln einer überhöhten Vergütung, sondern

---

50 BGH, Urt. v. 10.07.2012 – VI ZR 341/10 –, NJW 2012, 2366 m. Anm. *Brand* = NZG 2012, 992 Rn. 21 ff.

51 In BGH, Urt. v. 10.07.2012 – VI ZR 341/10 – (Fn. 50) ging es insoweit um eine zivilrechtliche Klage des Geschäftspartners (genauer: des Insolvenzverwalters über dessen Vermögen) gegen das inaktive Vorstandsmitglied. Auf eine Haftung gegenüber der Gesellschaft kam es insoweit nicht an, weshalb der BGH hierzu auch keine Aussage getroffen hat.

52 BGH, Urt. v. 21.12.2005 – 3 StR 470/04 – (Fn. 26) Rn. 80 (Mannesmann).

53 BGH, Urt. v. 17.09.2009 – 5 StR 521/08 –, BGHSt 54, 148 = NJW 2010, 92 = NStZ 2009, 486 Rn. 84 (Volkswagen).

um die Abrechnung und Auszahlung von Sitzungsgeldern unter bewusstem Verstoß gegen die Satzung im Sinne von § 113 AktG geht.[54]

Generell ist die Pflicht des Aufsichtsrats zur Überwachung des Vorstands[55] allerdings ein zentraler Baustein des Aktienrechts und sicher eine gravierende (Haupt-) Pflicht, die das Vermögen der AG schützen soll.[56] Der Gesetzgeber weist dem Aufsichtsrat kontinuierlich steigende Pflichten zu und betont deren Bedeutung für das Unternehmen, namentlich etwa für die Festsetzung einer angemessenen Vergütung des Vorstands.[57] Wenn der Aufsichtsrat über ein Geschäft entscheidet, das der Vorstand nur mit seiner Zustimmung vornehmen darf,[58] geht es auch um wesentliche Geschäfte.

Eine laufende Überwachung des Vorstands in allen Einzelheiten des Tagesgeschäfts ist aber weder zu erwarten noch zulässig, insoweit muss sich der Aufsichtsrat nur ein Bild über die wesentlichen Grundlagen der Geschäftsführung und die wichtigsten Geschäftsvorfälle machen. Seine strafrechtliche Verantwortlichkeit nach § 266 StGB ist entsprechend begrenzt.[59] Erst in Krisenzeiten und bei Anhaltspunkten für eine Verletzung von Geschäftsführungspflichten oder eine existenzgefährdende Geschäftsführungsmaßnahme wird eine intensivere Überwachungstätigkeit erforderlich.[60]

(bb) Schweregrad der Pflichtverletzung

Neben dem vermögensschützenden Charakter der verletzten Primärnorm kann auch der Schweregrad der Pflichtverletzung geeignet sein, die notwendige Abstufung zwischen aktienrechtlicher Haftung und strafrechtlicher Verantwortlichkeit herzustellen.

- Am ehesten dürfte dies bei unternehmerischen Entscheidungen greifen, wenn sich die Informationsgrundlage – nachträglich – als unangemessen darstellt, also bei den schon genannten *Due Diligence*-Fehlern.

---

54 OLG Braunschweig, Beschl. v. 14.06.2012 – Ws 44/12, Ws 45/12, NJW 2012, 3798 = NZG 2012, 1196 = AG 2013, 47.
55 § 111 Abs. 1 AktG.
56 *Fischer* (Fn. 46) § 266 Rn. 105 m.w.N.
57 § 116 Satz 3 AktG.
58 § 111 Abs. 4 Satz 2 AktG.
59 *Lüderssen* Gesellschaftsrechtliche Grenzen der strafrechtlichen Haftung des Aufsichtsrats, in: ders., Entkriminalisierung des Wirtschaftsrechts II, 2007, S. 114, 116 und 125.
60 OLG Stuttgart, Beschl. v. 19.06.2012 – 20 W 1/12 –, WM 2012, 2004, 2009 f.

- Aber auch bei Rechtsverstößen[61] kann die notwendige Schwere der Pflichtverletzung fehlen: Die Zahlung von Beraterhonoraren an ein Aufsichtsratsmitglied oder dessen Sozietät bleibt (nach dem Fresenius-Urteil des BGH) aus Corporate Governance-Gründen zwar auch dann aktienrechtswidrig, wenn der Aufsichtsrat das Honorar nachträglich genehmigt und damit einen Rechtsgrund für die Zahlung im Sinne des Bereicherungsrechts schafft.[62] Aktienrechtlich war die Entlastung trotzdem nicht anfechtbar, weil diese Rechtsfrage ungeklärt war und deshalb kein eindeutiger und schwerwiegendern Verstoß vorlag.[63] Wenn die Entlastung anfechtungsfest ist, kann aber keine strafbare Untreue vorliegen.

Aus aktienrechtlicher Sicht greift der 5. Strafsenat in seinem Mannesmann-Urteil von 2005 insoweit zu kurz. Dort beschränkt er das vom 1. Strafsenat für Kreditvergaben[64] und Unternehmensspenden[65] aufgestellte Kriterium, dass die Pflichtverletzung gravierend sein muss, auf die tatsächliche Ebene des unternehmerischen Ermessensspielraums für das Kreditausfallrisiko oder die Werbewirkung für das spendende Unternehmen.[66] Ob eine Pflichtverletzung gravierend ist, bestimmt sich aufgrund einer Gesamtschau, insbesondere der gesellschaftsrechtlichen Kri-

61 § 93 Abs. 3 Nr. 1 ff.

62 BGH, Urt. v. 10.07.2012 – II ZR 48/11 –, NZG 2012, 1064, 1065, Rn. 19 f. (Fresenius) mit der Begründung, dass § 114 AktG sowohl eine Umgehung der Hauptversammlungskompetenz für die Festsetzung einer Aufsichtsratsvergütung nach § 113 AktG als auch unsachliche Beeinflussungen der Kontrollaufgabe durch den Vorstand mittels überhöhter Sonderleistungen an einzelne Aufsichtsratsmitglieder verhindern solle und eine nachträgliche Genehmigung nichts daran ändere, dass die präventive Kontrolle durch den Aufsichtsrat nicht stattgefunden habe.

63 BGH, Urt. v. 10.07.2012 – II ZR 48/11 – (Fn. 62) Rn. 22 f.; siehe dagegen OLG Stuttgart, Urt. v. 29.02.2012 –, AG 2012, 298 (Porsche), mit dem der dortige Beschluss über die Entlastung des Aufsichtsrats für nichtig erklärt wurde, und BGH, Beschl. v. 06.11.2012 – II ZR 111/12 –, mit dem die dagegen gerichtete Nichtzulassungsbeschwerde u.a. deshalb zurückgewiesen wurde, weil zu dem dort festgestellten Gesetzesverstoß keine unterschiedlichen Rechtsmeinungen vertreten würden, weshalb die vom OLG angenommene Eindeutigkeit der Pflichtverletzung nicht zu beanstanden sei.

64 BGH, Urt. v. 15.11.2001 – 1 StR 185 – (Fn. 44) Rn. 46 und 56 ff. differenzierend zu unterschiedlich schwerwiegenden Verstößen gegen die Prüfungspflichten nach § 18 KWG (dort: bei einer Sparkasse); dazu auch BVerfG, Beschl. v. 23.06.2010 – 2 BvR 2559/08 u.a. – (Fn. 6) Rn. 104.

65 BGH, Urt. v. 06.12.2001 – 1 StR 215/01 – (Fn. 44) Rn. 33, siehe dort auch Rn. 28 mit bemerkenswerten Ausführungen zu altruistischen und egoistischen (besser: opportunistischen) Gründen für Sponsoring und Mäzenatentum, das die soziale Akzeptanz der AG verbessern, sie als *„good corporate citizen"* darstellen und dadurch indirekt ihr wirtschaftliches Fortkommen verbessern solle (siehe oben 2 zur CSR).

66 BGH, Urt. v. 21.12.2005 – 3 StR 470/04 – (Fn. 26) Rn. 34 ff. (Mannesmann).

terien.[67] Wenn sich die Organmitglieder bei unsicherer Rechtslage – gemessen an einer nachträglichen Entscheidung der Rechtsfrage durch den BGH – falsch entschieden haben und darin eine Pflichtverletzung liegt,[68] zeigt das Fresenius-Urteil des 2. Zivilsenats, dass die Pflichtverletzung auch normativ unterschiedlich schwer wiegen und nicht eindeutig sein kann. Strafrechtlich lässt sich eine gravierende Pflichtverletzung nur dann bejahen, wenn die Pflichtverletzung evident ist.[69]

Systematisch stimmt dies auch mit den strengen Anforderungen überein, die bei der aktienrechtlichen Organhaftung an einen unvermeidbaren Rechtsirrtum gestellt werden.[70] Die Entlastung bewirkt bei der AG – im Gegensatz zur GmbH – keinen Verzicht auf Ersatzansprüche, die in dem Entlastungszeitraum entstanden sind.[71] Selbst wenn der Rechtsirrtum vermeidbar war, kann die Schwere der Pflichtverletzung fehlen. Dann bleibt es bei der Organhaftung; nur die Anfechtbarkeit des Entlastungsbeschlusses und die strafrechtliche Verantwortlichkeit entfallen.

(b) Vermögensnachteil

Die strafrechtliche Diskussion über den Nachteilsbegriff, die schadensgleiche Vermögensgefährdung bzw. den Gefährdungsschaden[72] und die Kritik eines „Verschleifens" mit der Pflichtverletzung[73] können hier nicht nachgezeichnet werden. Der Nachteil bei § 266 StGB ist mit dem Vermögensschaden bei § 263 StGB

---

67 BGH, Urt. v. 06.12.2001 – 1 StR 215/01 – (Fn. 65) Rn. 34.

68 Nach *Hopt* in Großkommentar, 4. Aufl. 2008, § 93 Rn. 99 (Stand: 01.01.1999) ist das nicht der Fall, wenn die Organe mit guten Gründen von der Rechtmäßigkeit ihres beabsichtigten Verhaltens ausgehen durften und bei pflichtgemäßer Abwägung die Konsequenzen für den Fall der Rechtswidrigkeit nicht überwogen. Siehe dazu auch *Thole* Managerhaftung für Gesetzesverstöße – Die Legalitätspflicht des Vorstands gegenüber seiner Aktiengesellschaft, ZHR 173 (2009) 504, 521 ff. und *Bachmann* Reformbedarf bei der Business Judgement Rule?, ZHR 177 (2013), 1, 8, jeweils m.w.N.

69 BVerfG, Beschl. v. 23.06.2010 – 2 BvR 2559/08 u.a. – (Fn. 6) Rn. 112. Siehe auch *Lüderssen* (Fn. 42) S. 163, 170 f. zum allgemeinen Zusammenhang mit dem Bestimmtheitsgrundsatz bei privatrechtlichen „Blankettnormen", die Straftatbestände ausfüllen, und S. 178 zum Mannesmann-Fall.

70 Siehe unten (e).

71 § 120 Abs. 2 Satz 2 AktG, siehe auch § 93 Abs. 4 Satz 3 AktG zu den Voraussetzungen für einen Verzichtsbeschluss der Hauptversammlung und *Hüffer* (Fn. 10) § 120 Rn. 13 m.w.N. zur abw. Rechtslage bei der GmbH.

72 *Fischer* zugl. Bespr. von BVerfG, Beschl. v. 10.03.2009 – 2 BvR 1980/07, StV 2010, 95.

73 *Dierlamm* in: Münchener Kommentar, StGB, § 266 Rn. 6 m.w.N.

deckungsgleich.[74] Materiellen Unterschiede zum Schaden im Sinne der aktienrechtlichen Organhaftung nach § 93 Abs. 2 AktG sind nicht erkennbar.

Die bilanzielle Betrachtungsweise, die für die Kapitalerhaltung maßgeblich ist,[75] gilt auch für die strafrechtliche Frage, ob eine zukünftige Verlustgefahr schon zu einem gegenwärtigen Schaden geführt hat, dessen Ausmaß zahlenmäßig festgestellt und belegt werden kann.[76] Wenn kein Schaden im Sinne der aktienrechtlichen Organhaftung vorliegt, scheidet mangels Nachteil auch eine strafrechtliche Verantwortlichkeit wegen Untreue aus.

Ein Störgefühl bleibt insoweit nur bei der Abhängigkeit des bilanziellen Schadens vom Zeitpunkt der Betrachtung bzw. dem dafür zugrundegelegten Stichtag:
- Bilanziell erzielt die Gesellschaft einen außerordentlichen Ertrag, wenn die Vermögensgefährdung, z.B. das Kreditausfallrisiko, bereits zu einer Wertberichtung (Abschreibung) geführt hat und der Kreditnehmer am Ende dann doch in voller Höhe tilgt.
- Strafrechtlich kommt es allein auf den Tatzeitpunkt an. Die Tat ist mit dem erstmaligen Abschreibungsbedarf vollendet. Bei der Tilgung handelt es sich um eine „unvorhersehbare glückliche nachträgliche Entwicklung“, die an der Strafbarkeit – auch von verfassungswegen – nichts mehr ändert.[77]
- Im Zivilprozess kommt es dagegen auf den Sachverhalt zum Zeitpunkt der letzten mündlichen Verhandlung in einer Tatsacheninstanz an. Wenn der Kreditnehmer bis zu diesem Zeitpunkt wider Erwarten doch noch getilgt hat, haftet das Organmitglied mangels Schaden trotz pflichtwidriger Kreditvergabe nicht mehr.

---

74 BVerfG, Beschl. v. 10.03.2009 – 2 BvR 1980/07 –, NJW 2009, 2370, 2371, Rn. 25; *Lackner/Kühl* StGB, 27. Aufl. 2011, § 266 Rn. 17 m.w.N; a.A. *Bernsmann* (Fn. 8), StV 2013, 403, 405 f., der insbesondere den Abbau von Arbeitsplätzen tatbestandlich erfassen will. Siehe auch BGH, Urt. v. 20.03.2013 – 5 StR 344/12 –, NJW 2013, 1460, 1461, Rn. 20 zur Schadensbestimmung beim Eingehungsbetrug, die – im Unterschied zur Untreue – von der vertraglichen Wertfestsetzung ausgehen kann.

75 Siehe oben 4 (c) und nochmals BGH, Urt. v. 31.05.2011 – II ZR 141/09 – (Fn. 35) Rn. 25 (Deutsche Telekom III).

76 BVerfG, Beschl. v. 23.06.2010 – 2 BvR 2559/08 u.a. – (Fn. 6) Rn. 137 ff., insb. 149 ff.; siehe auch BGH, Beschl. v. 13.04.2012 – 5 StR 442/11 –, NJW 2012, 2370, Rn. 8 f. zum Vermögensschaden bei einer Kreditvergabe aufgrund eines Eingehungsbetrugs und BGH, Beschl. v. 17.08.2006 – 4 StR 117/06 –, NStZ-RR 2006, 378, 379 zur Übernahme einer Bürgschaft durch den Vorstand einer eG ohne die nach § 49 GenG i.V.m. der Satzung erforderliche Zustimmung der Vertreterversammlung, was zwar die Pflichtwidrigkeit, aber noch nicht den Vermögensnachteil begründete.

77 BVerfG, Beschl. v. 23.06.2010 – 2 BvR 2559/08 u.a. – (Fn. 6) Rn. 144 m.w.N.

Im Ergebnis kann es als – jedoch nur auf der Ebene des Schadens – doch eine strafrechtliche Organuntreue ohne aktienrechtliche Organhaftung geben. Der tiefere Grund für diese Dichotomie liegt darin, dass es einerseits dem Zivilrecht nur um Schadenskompensation, aber nicht um Sanktion geht,[78] und andererseits das Strafrecht nicht die Kompensation des individuellen Schadens, sondern generalpräventive Verhaltenssteuerung durch Strafe bezweckt.

(c) Tatbestandsausschließendes Einverständnis

Ein wirksames Einverständnis durch den Inhaber des zu betreuenden Vermögens stellt nicht erst einen Rechtfertigungsgrund dar, sonder schließt bereits die Tatbestandsmäßigkeit nach § 266 StGB aus. Bei einer Kapitalgesellschaften ist diese selbst – als juristische Person – Vermögensträgerin und stellt sich die Frage, wer das tatbestandsausschließende Einverständnis erklären kann.

(aa) Gesellschaft mit beschränkter Haftung

Bei der GmbH ist die Gesellschafterversammlung das oberste Gesellschaftsorgan, das für die Regelung der inneren Angelegenheiten zuständig ist. Die Geschäftsführer sind der Gesellschaft gegenüber verpflichtet, Weisungsbeschlüsse der Gesellschafter zu befolgen, wenn diese Beschlüsse wirksam sind.[79] Soweit der Ersatz zur Befriedigung der Gläubiger erforderlich ist, wird die Verpflichtung der Geschäftsführer durch einen Weisungsbeschluss nicht aufgehoben.[80] Wegen dieser Corporate Governance-Struktur schließt ein zustimmender Gesellschafterbeschluss bei der GmbH auch den Untreuetatbestand aus. Das schlichte Einverständnis eines Mehrheitsgesellschafters – ohne Kenntnis und ohne Einbeziehung der Minderheitsgesellschafter – genügt jedoch nicht.[81]

Die Einwilligung ist allerdings unwirksam, wenn sie gesetzwidrig oder erschlichen ist, auf sonstigen Willensmängeln beruht oder die wirtschaftliche Existenz der Gesellschaft unter Verstoß gegen das Gesellschaftsrecht gefähr-

---

78 *Goette* (Fn. 40) ZHR 176 (2012) 588, 596, hebt zu Recht hervor, dass der Sanktionsgedanke im Rahmen der „ARAG/Garmenbeck-Doktrin" keinen Gegengrund für das Absehen von der zivilrechtlichen Anspruchsverfolgung bildet. „Strafbedürfnisse" des geschädigten Unternehmens spielen für den Regressprozess keine Rolle.

79 § 37 Abs. 1 GmbHG; *Zöllner/Noack* in Baumbach/Hueck, 20. Aufl. 2013, § 37 Rn. 20 ff.

80 § 43 Abs. 3 Satz 3 GmbHG.

81 BGH, Urt. v. 27.08.2010 – 2 StR 111/09 – (Fn. 48) Rn. 36 m.w.N. (Kölner Müllskandal).

det wird, namentlich durch Beeinträchtigung des Stammkapitals entgegen § 30 GmbHG, durch Herbeiführung oder Vertiefung einer Überschuldung oder durch Gefährdung der Liquidität.[82] Im Falle der Nichtigkeit liegt auch kein tatbestandsausschließendes Einverständnis vor.[83] Das Strafrecht vollzieht die gesellschaftsrechtlichen Wertungen nach, und seine Akzessorietät wird gewahrt.

(bb) Aktiengesellschaft

Bei der AG besteht keine Hierarchie ihrer drei Organe. Vorstand, Aufsichtsrat und Hauptversammlung sind gleichgeordnet. Der Vorstand hat die AG unter eigener Verantwortung zu leiten.[84] Er unterliegt grundsätzlich keinen Weisungen der Aktionäre.[85] Bloß bei Maßnahmen, die in die Zuständigkeit der Hauptversammlung fallen, ist er verpflichtet, deren Beschlüsse auszuführen.[86] Fragen der Geschäftsführung gehören nicht dazu. Über sie kann die Hauptversammlung nur entscheiden, wenn der Vorstand es verlangt.[87] Stimmt die Hauptversammlung der Maßnahme auf ein solches Vorstandsverlangen wirksam zu, tritt auch gegenüber der AG keine Ersatzpflicht ein.[88] In diesem – engen – Anwendungsbereich besteht dann auch kein struktureller Unterschied zur GmbH und kann der aktienrechtliche Haftungsausschluss nicht deshalb negiert werden, weil die Interessen der Aktionäre für den Vorstand im Rahmen des Unternehmensinteresses nur ein Abwägungsfaktor sind.[89] Wenn der Hauptversammlungsbeschluss nicht gegen

82 BGH, Urt. v. 27.08.2010 – 2 StR 111/09 – (Fn. 48) Rn. 34 (Kölner Müllskandal); BGH, Beschl. v. 15.05.2012 – 3 StR 118/11 – (Fn. 50) Rn. 30 m.w.N.

83 Wenn der Gesetzesverstoß zwar die Anfechtbarkeit begründet, der Beschluss aber nicht innerhalb der nach h.M. analog § 246 Abs. 1 AktG geltenden Monatsfrist angefochten wird, bleibt es bei ihrer Wirksamkeit und Bindungswirkung, vgl. *Zöllner/Noack* (77) § 37 Rn. 22 m.w.N. und Hinweis auf BGH, Beschl. v. 13.07.2009 – II ZR 272/08 –, NZG 2009, 1110 = AG 2009, 789.

84 § 76 Abs. 1 AktG.

85 Nach OLG Frankfurt am Main, Urt. v. 17.08.2011 – 13 U 100/10 –, AG 2011, 918 liegt deshalb keine Pflichtverletzung des Vorstandsmitglieds vor, wenn es in Kenntnis seiner alsbaldigen Abberufung einen Beratervertrag mit einem Dritten schließt und außerdem wusste, dass der Alleinaktionär an der Beratertätigkeit gleichfalls interessiert war.

86 § 83 Abs. 2 AktG.

87 § 119 Abs. 2 AktG.

88 § 93 Abs. 4 Satz 1 AktG.

89 Das übersieht *Rönnau* Untreue zu Lasten juristischer Personen und Einwilligungskompetenz der Gesellschafter, in Festschrift f. Amelung, 2009, S. 247, 257 ff.; zu pauschal insoweit auch *Fischer* (Fn. 46) § 266 Rn. 102.

Rechtsvorschriften verstößt oder aus sonstigen Gründen ausnahmsweise unwirksam ist, wird auch bei der AG die Vermögensbetreuungspflicht nicht verletzt.[90]

Im Gegensatz zum Vorstand ist der Aufsichtsrat selbst an die wenigen Beschlüsse, die die Hauptversammlung über Geschäftsführungsmaßnahmen fasst, nicht gebunden. Obwohl auch die Regeln über Haftungsausschluss, Verzicht und Vergleich bei der Vorstandshaftung für den Aufsichtsrat entsprechend gelten,[91] kommt ein Haftungsausschluss wegen eines Hauptversammlungsbeschlusses für die Mitglieder des Aufsichtsrats deshalb kaum in Betracht. Neben der in der Literatur genannten[92] gibt es aber noch folgende Ausnahme:

Wenn eine bestimmte Maßnahme des Vorstands der Zustimmung des Aufsichtsrats bedarf, muss der Aufsichtsrat hierüber eigenverantwortlich beschließen. Verweigerte der Aufsichtsrat seine Zustimmung, kann der Vorstand verlangen, dass die Hauptversammlung mit Dreiviertelmehrheit über die Zustimmung beschließt.[93] Erst wenn die Hauptversammlung den Aufsichtsrat solchermaßen rechtmäßig derogiert,[94] scheiden eine aktienrechtliche Haftung seiner Mitglieder gegenüber der Gesellschaft und eine strafrechtliche Verantwortlichkeit wegen Untreue gleichermaßen objektiv aus.

(d) Tatherrschaft

Wie steht es mit der Tatherrschaft des Aufsichtsratsmitglieds in einem großen DAX-Unternehmen, dessen Aufsichtsrat 20 Mitglieder hat, wenn davon die Hälfte auf die Arbeitnehmerbank entfällt und diese in der Regel geschlossen abstimmt?

(aa) Individuelle Verantwortlichkeit im Kollegialorgan

Nach der Lederspray-Entscheidung des BGH muss das Mitglied eines Kollegialorgans seinen Einfluss zum Zustandekommen der gebotenen Entscheidung

---

90 Zutreffend BGH, Urt. v. 21.12.2005 – 3 StR 470/04 – (Fn. 26) Rn. 31 (Mannesmann) m.w.N.; offengelassen BGH, Urt. v. 27.08.2010 – 2 StR 111/09 – (Fn. 81) Rn. 38.

91 §§ 116 Satz 1, 93 Abs. 4 AktG.

92 *Habersack* in Münchener Kommentar, AktG, 3. Aufl. 2008, § 116 Rn. 71; *Hüffer* (Fn. 10) § 116 Rn. 8a zu § 147 AktG, wonach die dort näher bestimmten Ersatzansprüche geltend gemacht werden müssen, wenn es die Hauptversammlung mit einfacher Mehrheit beschließt.

93 § 111 Abs. 4 Satz 3 und 4 AktG.

94 *Hopt/Roth* in Großkommentar, AktG, 4. Aufl. 2006 (Stand: 01.10.2005), § 116 Rn. 295 behandeln nur den umgekehrten Fall, dass auch die Hauptversammlung die Zustimmung verweigert.

geltend machen. Sonst setzt es durch Unterlassen eine Ursache dafür, dass diese Entscheidung unterbleibt. Jedes Aufsichtsratsmitglied hat eine Garantenpflicht gegenüber der Gesellschaft, wenigsten faktisch darauf hinzuwirken, dass Pflichtverstöße unterbleiben, und auf Beschlüsse hinzuwirken, die den Vorstand zu rechtmäßigem Verhalten anhalten und notfalls ad-hoc einen Zustimmungsvorbehalt für das kritische Einzelgeschäft statuieren.[95] Wie diese „Bemühenspflicht" des einzelnen Mitglieds gegen den bei der Untreue straflosen Versuch abzugrenzen ist, muss hier offenbleiben.

Die EU-Kommission fordert in ihrem Grünbuch Europäischer Corporate Governance-Rahmen von 2011 leistungsfähige und wirksame Aufsichtsräte, die der jeweiligen Geschäftsführung Paroli bieten können.[96] „*Capacity to challenge*" wird mit Durchsetzungsvermögen und Widerspruchsbereitschaft übersetzt.[97] Aufsichtsratsmitglieder sollen die Fähigkeit besitzen, Positionen des Vorstandsvorsitzenden zu hinterfragen und ihm zu widersprechen.

Unabhängigen Mitglieder können dazu beitragen, dass Entscheidungen im Unternehmensinteresse diskutiert und beschlossen werden. In homogen zusammengesetzten Leitungsorganen ist die Wahrscheinlichkeit des „Gruppendenkens" und die Gefahr, dass Managemententscheidungen nicht in Frage gestellt werden, sehr viel größer.[98] *Doralt* hat zur „Typologie des Aufsichtsrats und der Logik seines Versagens" anschaulich geschrieben, jemand müsse die Rolle des Kleinkinds in „Des Kaisers neue Kleider" von *Hans-Christian Anderssen* übernehmen und aussprechen: „Aber er hat ja gar nichts an." Dazu darf man keine Angst vor Bloßstellung haben.[99]

---

95 *Habersack* (Fn. 92) § 116 Rn. 71; OLG Braunschweig, NJW 2012, 3798, 3800. Diese Pflicht übersieht *Schmittmann* Haftung des Aufsichtsrats in der Krise, Der Aufsichtsrat 2012, 145, 146, wenn er meint, das Mitglied könne sich der Haftung durch Stimmenthaltung entziehen.

96 Europäische Kommission, Grünbuch Europäischer Corporate Governance-Rahmen, Brüssel, 05.04.2011, KOM (2011) 164 endgültig, S. 3 und 6.

97 *Weber-Rey* Festung Unternehmen oder System von Schlüsselfunktionen – ein Diskussionsbeitrag zum Thema Risiko, Haftung und Unternehmensstrafrecht, in: Kempf/Lüderssen/Volk (Fn. 9) S. 321, 325 m.w.N.

98 So die Begründung des Vorschlags der EU-Kommission für eine Richtlinie des EU-Parlaments und des Rates zur Gewährleistung einer ausgewogenen Vertretung von Frauen und Männern unter den nicht geschäftsführenden Direktoren/Aufsichtsratsmitgliedern börsennotierter Gesellschaften vom 14.11.2012, S. 4. Diese Begründung, warum auch ein höherer Frauenanteil in Aufsichtsräten im Unternehmensinteresse liegt, ist durchaus plausibel und gilt für eine angemessene Zahl unabhängiger Aufsichtsratsmitglieder erst recht.

99 *Doralt* Die Typologie des Aufsichtsrats und die Logik seines Versagens, in: Festschrift f. Hopt, 2010, Band 2, S. 3059, 3078 mit konkretem Beispiel einer unternehmerischen Fehlentscheidung.

(bb) Arbeitsteilige Organisation in Ausschüssen

Die Tätigkeit des Vorstands wird durch die Geschäftsverteilung arbeitsteilig organisiert. Dadurch erhöht sich die Tatherrschaft der ressortzuständigen Vorstandsmitglieder und deren Verantwortlichkeit für ein Versagen im eigenen Ressort, während sich diejenige der ressortfremden Mitglieder verringert.

Auch der Aufsichtsrat wird durch Ausschüsse zunehmend arbeitsteilig organisiert. Der Kodex empfiehlt, einen Prüfungsausschuss zu bilden, den das Gesetz nur fakultativ vorsieht.[100] Dieser soll sich auch mit der Compliance befassen. Weiter empfiehlt der Kodex die Bildung eines Nominierungsausschusses,[101] der für Wahlvorschläge an die Hauptversammlung zuständig und – zumindest auf den ersten Blick – weniger haftungsträchtig ist. Weitere Ausschüsse können für die Strategie, Vorstandsvergütung, Investitionen und Finanzierungen gebildet werden. Das sind wieder sehr haftungsträchtige Materien. Die Tatherrschaft der Mitglieder des Ausschusses tritt nicht mehr hinter einen „Mehrheits-Block“ im Plenum zurück.

(e) Subjektiver Tatbestand

Für die aktienrechtliche Haftung genügt Fahrlässigkeit. Bei Rechtsverstößen sind an das Vorliegen eines unverschuldeten Rechtsirrtums strenge Maßstäbe anzulegen. Nach dem bereits angeführten Ision-Urteil des BGH muss das Organmitglied die Rechtslage sorgfältig prüfen, die höchstrichterliche Rechtsprechung sorgfältig beachten, erforderlichen Rechtsrat von einem unabhängigen und fachlich qualifizierten Berufsträger einholen und die erteilte Rechtsauskunft einer sorgfältigen Plausibilitätskontrolle unterziehen.[102] Wenn das Aufsichtsratsmitglied selbst über beruflich erworbene Spezialkenntnisse (dort: als Rechtsanwalt im Aktienrecht) verfügt, unterliegt es einem erhöhten Sorgfaltsmaßstab, soweit sein Spezialgebiet betroffen ist, und ist das Mitglied gegenüber der Gesellschaft verpflichtet, diese besonderen Fachkenntnisse einzusetzen.[103]

---

100 Nr. 5.3.2 Satz 1 DCGK; § 107 Abs. 3 Satz 2 AktG; siehe bereits oben 3.

101 Nr. 5.3.3 DCGK. Dieser Ausschuss wird für Kreditinstitute durch das CRD IV-UmsG nach § 25d Abs. 11 KWG grundsätzlich obligatorisch.

102 BGH, Urt. v. 20.09.2011 – II ZR 234/09 – (Fn. 34) Rn. 16 und 18 (Ision) m. Anm. *Stengel* WuB II A. § 93 AktG 1.12; siehe dagegen einschränkend *Cahn* (Fn. 25), WM 2013, 1293, 1301 ff.

103 BGH, Urt. v. 20.09.2011 – II ZR 234/09 – (Fn. 34) Rn. 28 (Ision).

Die strafrechtliche Verantwortlichkeit setzt eine vorsätzlich Pflichtverletzung und Vorsatz in Bezug auf den Vermögensnachteil voraus. Der Bundesgerichtshof und das Bundesverfassungsgericht sind sich darin einig, dass der weitgesteckte Rahmen des äußeren Tatbestands von § 266 StGB eine besonders sorgfältige Feststellung des inneren Tatbestands erfordert. Das gelte vor allem dann, wenn nur bedingter Vorsatz in Betracht komme oder der Täter nicht eigennützig gehandelt habe.[104] Eigennütziges Handeln verweist wieder auf Konflikte mit dem Unternehmensinteresse. Besonders dann, wenn der Schadenseintritt unsicher ist, mag das anderweitige Interesse des Organmitglieds die Urteilsbildung darüber beeinflussen, ob das Risiko eingegangen werden soll.

6. D&O-Versicherung

Das Vorsatzthema lenkt über zur D&O Versicherung, die von dem Unternehmen als Versicherungsnehmer für das Organmitglied als versicherte Person abgeschlossen wird. Sie ist keine „Wohltat" (*benefit*) für die Organmitglieder, sondern schützt in erster Linie das Unternehmen, indem sie ihm einen solventen Schuldner verschafft.[105] Auch wenn sie versicherungsvertragsrechtliche Tücken hat,[106] liegt die D&O Versicherung im Unternehmensinteresse.

Für Vorstandsmitglieder ist ein Selbstbehalt gesetzlich zwingend.[107] Nach dem Kodex soll ein entsprechender Selbstbehalt auch in einer D&O-Versicherung für den Aufsichtsrat vereinbart werden.[108] Von dem Selbstbehalt erhofft sich der Gesetzgeber eine verhaltenssteuernde Wirkung, die Pflichtverletzungen prä-

---

104 BVerfG, Beschl. v. 10.03.2009 – 2 BvR 1980/07 – (Fn. 104) Rn. 36; BGH, Urt. v. 23.05.2002 – 1 StR 372/01 – (Fn. 50) Rn. 32; BGH, Beschl. v. 26.08.2003 – 5 StR 188/03 –, wistra 2003, 463, 464.

105 *Mertens/Cahn* in Kölner Kommentar, AktG, 3. Aufl. 2010, § 93 Rn. 242 und Rn. 245 zu Möglichkeiten direkter Inanspruchnahme der Versicherung durch die Gesellschaft aus abgetretenem Recht.

106 Instruktiv dazu: *Conradi* D&O-Versicherung und Insolvenz: Werthaltige Deckung oder Illusion?, AnwBl 2012, 803.

107 Für Vorstandsmitglieder muss er nach der schwer verständlichen Formulierung in § 93 Abs. 2 Satz 3 AktG von mindestens 10 Prozent des Schadens (als prozentuale Untergrenze) bis mindestens zur Höhe des Eineinhalbfachen der festen jährlichen Vergütung der Vorstandsmitglieder (als absolute Höchstgrenze) betragen, wobei „mindestens" bedeutet, dass auch höhere prozentuale Unter- und absolute Höchstgrenzen vereinbart werden können; vgl. *Johannsen-Roth* in: Wilsing, Deutscher Corporate Governance Kodex, 2012, Nr. 3.8 Rn. 50 ff.

108 Nr. 3.8 Abs. 3 DCGK vgl. *Johannsen-Roth* (Fn. 107) Nr. 3.8 Rn. 57.

ventiv entgegenwirkt.[109] Diese Präventionswirkung darf allerdings bezweifelt werden. Niemand fährt sein Auto gegen die Wand, weil es vollkaskoversichert ist. Außerdem darf das Organmitglied für den Selbstbehalt eine private Zusatzversicherung schließen.

Auch am oberen Ende ist die Deckungssumme der D&O-Versicherung allerdings begrenzt. Darüber haften die Organmitglieder *de iure* wieder unbegrenzt und ohne jede Deckung. Großschäden bewegen sich schnell in diesem Bereich.

Im Aktienrecht wird diskutiert, ob der Regress der Gesellschaft gegen das Organmitglied – ähnlich der betrieblich veranlassten Tätigkeit (früher: gefahrgeneigten Arbeit) für Arbeitnehmer[110] – dem Umfang nach begrenzt werden muss. Dadurch soll einer Treuebindung zwischen der Gesellschaft und dem Organmitglied Rechnung getragen werden. Perhorreszierende Inanspruchnahme diene wegen wirtschaftlicher Sinnlosigkeit des Aufwands, aber auch personalpolitisch, nicht dem Gesellschaftswohl.[111]

Vorsätzliche Pflichtverletzungen sind überhaupt nicht versichert.[112] Bei Vorsatz besteht gar keine Deckung durch die D&O-Versicherung.[113] Wenn Unter-

---

109 BT-Drucks. 16/13433, S. 11.

110 BAG, Urt. v. 18.04.2002 – 8 AZR 348/01 –, NJW 2003, 377, Rn. 16; BAG, Urt. v. 22.04.2004 – 8 AZR 159/03 –, NJW 2004, 3360, Rn. 26; *Weidenkaff* in: Palandt, BGB, 72. Aufl. 2013, § 611 Rn. 156 ff.

111 *Hüffer* (Fn. 10) § 93 Rn. 15 a.E.; siehe zu dieser Diskussion *Bayer* Legalitätspflicht der Unternehmensleitung, nützliche Gesetzesverstöße und Regress bei verhängten Sanktionen – dargestellt am Beispiel von Kartellverstößen, in Festschrift f. K. Schmidt, 2009, S. 85, 95 ff.; *Mertens/Cahn* (Fn. 105) § 93 Rn. 56 f.; *Marsch-Barner* Vorteilsausgleich bei der Schadensersatzhaftung nach § 93 AktG, ZHR 173 (2009), 723, 730; *Thole* (Fn. 65) ZHR 173 (2009) 504, 533 f.; *Koch* in: Liber Amicorum f. M. Winter, 2011, S. 329, 330 ff.; *Schöne/Petersen* Regressansprüche gegen (ehemalige) Vorstandsmitglieder – quo vadis?, AG 2012, 700.

112 Eine typische Klausel lautet: „Vom Versicherungsschutz unter 1.1.1 ausgeschlossen sind Haftpflicht-Versicherungsfälle wegen Inanspruchnahme für Schadensersatzansprüche, die auf einer wissentlichen (*dolus directus*) Pflichtverletzung der in Anspruch genommenen versicherten Person beruhen. Besteht die Pflichtverletzung allein in einer Verletzung von ausschließlich auf Unternehmensebene von der Versicherungsnehmerin (...) gesetztem Recht in Gestalt von Satzungen, Geschäftsordnungen, Richtlinien oder sonstigen Handlungsanweisungen, findet dieser Ausschluss keine Anwendung, wenn die versicherte Person bei der Verletzung der Pflicht unter objektiver Abwägung aller Umstände, insbesondere auf der Grundlage angemessener Informationen, vernünftigerweise annehmen durfte, zum Wohle der Gesellschaft zu handeln. Vom Versicherungsschutz unter 1.1.2 ausgeschlossen sind Verfahrensrechtsschutz-Versicherungsfälle wegen Verfahren, die auf einer vorsätzlichen (*dolus directus oder dolus eventualis*) Pflichtverletzung der verantwortlich gemachten versicherten Person beruhen."

113 In die Gesamtsaldierung des Vermögens vor und nach der Tathandlung, auf die es für den Vermögensnachteil bei § 266 StGB ankommt, wäre ein Deckungsanspruch aus ökonomischer

nehmen ihre Organmitglieder auf Schadensersatz in Anspruch nehmen, achten sie deshalb darauf, keine vorsätzliche Pflichtverletzung vorzutragen.

Daraus folgt: Wenn sich der Schaden zwar innerhalb der Police bewegt, es aber zu einer Verurteilung wegen Untreue kommt, wird die sichere Restitution für das geschädigte Unternehmen dem Strafzweck geopfert. Wenn der Schaden die Police um ein Vielfaches übersteigt, mag die wegfallende Deckung kaum noch ins Gewicht fallen und der Ruf nach strafrechtlichen Sanktionen auch bei dem geschädigten Unternehmen lauter werden.

7. Ergebnis

Für die Corporate Governance kommt es auf das Unternehmensinteresse an. Es wird durch nachhaltige Wertschöpfung und die Belange der *Stakeholder* definiert. Die Vielzahl der *Stakeholder*, die an der Wertschöpfung eines großen DAX-Unternehmens hängen, bilden zwar eine Art Teilöffentlichkeit. Das Gemeinwohl als solches ist aber kein Bestandteil des Unternehmensinteresses. Allgemeine Rechtsgüter und Aufgaben werden auch nicht mittels Compliance und CSR in das Unternehmensinteresse hineingesogen.

Das Unternehmensinteresse wird durch ein gestuftes System von Regeln zur Corporate Governance, Organhaftung und Organuntreue geschützt. Die Kodexempfehlungen und gesetzlichen Vorschriften zur Unabhängigkeit und Interessenkonflikten der Aufsichtsratsmitglieder schützen es gegen eine *abstrakten Gefahr* bei fehlender Unabhängigkeit (Stufe 1) und eine *konkreten Gefahr* bei tatsächlichen Konflikten mit dem Partikularinteresse eines Organmitglieds (Stufe 2). Bei einer Entscheidung gegen das Unternehmensinteresse liegt eine *aktienrechtliche Pflichtverletzung* vor, für die das Aufsichtsratsmitglied persönlich haftet, wenn der AG daraus ein Schaden entsteht (Stufe 3). Der Untreuetatbestand bildet erst die vierte Stufe in diesem System. An eine Verletzung der *strafrechtlichen Vermögensbetreuungspflicht* sind objektiv – unabhängig vom Vorsatz – zusätzliche Anforderungen zu stellen, die aktienrechtlichen Wertungen folgen.

Der Strafzweck soll darin bestehen, die verletzte Norm zu stabilisieren und künftigen Rechtsgutsverletzungen vorzubeugen. Dann geht es nicht mehr um eine Wiederherstellung der Substanz des geschädigten Unternehmens zugunsten seiner eigenen *Stakeholder*, sondern um einen Normappell an alle Organmitglieder

---

Sicht schon deshalb nicht einzubeziehen, weil das Unternehmen die Deckung mit den Prämien bezahlt hat, diese also nicht auf der Untreuehandlung beruht.

sämtlicher anderen Unternehmen zum generalpräventiven Schutz sämtliche *Stakeholder*. Die Teilöffentlichkeit der konkret betroffenen *Stakeholder* tritt hinter die Gesamtöffentlichkeit zurück. Wenn das funktioniert und auch legitim ist, lässt sich sagen, dass das Strafrecht, das ja öffentliches Recht ist, über das Aktienrecht hinausgeht und dem Gemeinwohl dient. Ob es funktioniert, kann hier nicht beurteilt werden. Damit die strafrechtliche Zurechnung legitim ist und das Organmitglied nicht zum Sonderopfer des Strafzwecks macht, muss sie gegenüber dem Aktienrecht akzessorisch sein.

Der Gemeinwohlbezug einzelner Wirtschaftsdelikte

Marie Luise Graf-Schlicker

Insolvenzdelikte

Die Insolvenzdelikte spielten bis zum Inkrafttreten der Insolvenzordnung im Jahre 1999 nur eine untergeordnete Rolle in der strafrechtlichen Praxis. Das bis dahin geltende Konkursrecht hatte weitgehend seine Aufgabe, Firmenzusammenbrüche rechtsstaatlich abzuwickeln, verloren.[1] Zuletzt wurden mehr als 75 % der Anträge auf Eröffnung eines Konkursverfahrens abgewiesen, weil keine hinreichende Masse vorhanden war, um die Kosten des Verfahrens zu decken.[2] Eine bestmögliche Verwertung der verbleibenden Masse fand nicht mehr statt, Wirtschaftsstraftaten wurden mangels Aufbereitung des wirtschaftlichen Zusammenbruchs in einem geordneten Verfahren häufig nicht verfolgt.[3] Die weitgehende Funktionsunfähigkeit des Insolvenzrechts unter der Konkursordnung hat sich durch die Insolvenzordnung grundlegend geändert. In mehr als 75 % der Unternehmensinsolvenzen wird nunmehr ein rechtstaatliches Insolvenzverfahren durchgeführt, das nicht selten Anlass für strafrechtliche Ermittlungen bietet.

Bei den Insolvenzdelikten unterscheidet man üblicherweise zwischen den Insolvenzdelikten im engeren Sinne und solchen im weiteren Sinne. Zu den Insolvenzdelikten im engeren Sinne gehören die im 24. Abschnitt des Besonderen Teils des Strafgesetzbuches als „Insolvenzstraftaten" bezeichneten §§ 283 ff. Außerdem gehört hierzu der – für den Strafrechtler etwas versteckte – Straftatbestand der Insolvenzverschleppung in § 15a Absatz 4 und 5 der Insolvenzordnung.

Steht es um ein Unternehmen schlecht und versucht der Unternehmer mit unlauteren Methoden noch „zu retten, was zu retten ist", kommen aber regelmäßig auch eine Reihe von weiteren Straftaten in Betracht. Zu den Begleitdelikten von Insolvenzstraftaten gehören insbesondere die Steuerhinterziehung nach §§ 370 ff. der Abgabenordnung, das Vorenthalten und Veruntreuen von Arbeitsentgelt nach § 266a des Strafgesetzbuches und die Untreue (§ 266 StGB). Je nach Fallkonstellation kommen zudem häufig ein Kreditbetrug (§ 265b StGB), ein Subventionsbetrug (§ 264 StGB) oder ein „klassischer" Betrug nach § 263 des Strafgesetzbuches in Betracht. Auf diese als Insolvenzdelikte im weiteren Sinne bezeichneten Straftaten möchte ich – insbesondere aus Zeitgründen – im Folgenden allerdings nicht näher eingehen.

---

1 *Balz/Landfermann* Die neuen Insolvenzgesetze, 2. Auflage 1999, Einleitung S. XXX; BT-Drucks. 12/2443, S. 72.

2 BT-Drucks. 12/2443, S. 72.

3 BT-Drucks. 12/2443, S. 72, 73.

Das Insolvenzstrafrecht dient nach wohl allgemeiner Meinung dem Schutz der Vermögensinteressen der Gläubiger an einer gemeinschaftlichen Befriedigung ihrer geldwerten Ansprüche.[4] Ob dieses Rechtsgut ausreicht, die Existenz der Straftatbestände auch verfassungsrechtlich zu legitimieren, ist umstritten. Zum Teil wird daher vertreten, dass die Straftatbestände zugleich auch dem Schutz überindividueller Interessen dienen. Genannt werden zum Beispiel die Funktionsfähigkeit der Gesamtwirtschaft[5] oder – etwas enger – die Funktionsfähigkeit der Kreditwirtschaft.[6] Ob dieses zusätzliche Rechtsgut erforderlich ist, um die zum Teil recht weitgehenden Strafnormen, die auch fahrlässige Tatbegehungen erfassen, zu legitimieren, ist sicher einer Diskussion wert.[7]

Die Insolvenzdelikte im engeren Sinne sind – mit Ausnahme der Schuldnerbegünstigung nach § 283d StGB – Sonderdelikte.[8] Das erkennt man bei einigen dieser Straftatbestände nicht auf den ersten Blick, spricht doch zum Beispiel § 283 StGB neutral von einem „wer“ und dem „Täter“. Aus der Fassung der Straftatbestandes und insbesondere der objektiven Bedingung der Strafbarkeit in § 283 Absatz 6 StGB ergibt sich jedoch, dass Täter nur der Schuldner sein kann. Schuldner ist – so bereits das Reichsgericht[9] – jeder, der für die Verbindlichkeit haftet und damit auch derjenige, der für eine fremde Schuld haftet.[10] Bei der KG ist daher der Komplementär, nicht aber der Kommanditist tauglicher Täter.[11]

Erfasst wird ebenfalls die Verbraucherinsolvenz, wenn auch einzelne Tathandlungen mangels etwa der Verpflichtung zur Führung und Aufbewahrung von Handelsbüchern (§ 283 Absatz 1 Nr. 5 und 6 StGB) oder zur Aufstellung von Bilanzen (§ 283 Absatz 1 Nr. 7 StGB) von einem Verbraucher nicht begangen werden können.[12] Ob es sinnvoll wäre, für die Verbraucherinsolvenz – auch im Hinblick auf die nach geltendem Recht mögliche Bestrafung derselben Handlung aus § 288 und § 283 StGB – ein gesondertes Insolvenzstrafrecht vorzusehen,[13]

---

4 LK/*Tiedemann* StGB, 12. Aufl. 2009, vor § 283 Rn 45; MünchKomm/*Radtke* StGB, 1. Aufl. 2006, vor §§ 283 ff. Rn 1, 8 mwN; ähnlich u.a. *Fischer* StGB, 60. Aufl. 2013, vor § 283 Rn 3 „Schutz der etwaigen Insolvenzmasse“.

5 U.a. *Lackner/Kühl* StGB, 28. Aufl. 2011, § 283 Rn 1.

6 U.a. LK/*Tiedemann* StGB, 12. Aufl. 2009, vor § 283 Rn 55.

7 S. dazu im Erg. abl. MünchKomm/*Radtke* StGB, 1. Aufl. 2006, vor §§ 283 ff. Rn 14 f.

8 MünchKomm/*Radtke* StGB, 1. Aufl. 2006, vor §§ 283 ff. Rn 27, 36.

9 RG v. 20.3.1934 – 1 D 1088/33, RGSt 68, 108.

10 LK/*Tiedemann* StGB, 12. Aufl. 2009, vor § 283 Rn 60.

11 LK/*Tiedemann* StGB, 12. Aufl. 2009, vor § 283 Rn 60, 62; MünchKomm/*Radtke* StGB, 1. Aufl. 2006, vor §§ 283 ff. Rn 45.

12 Dazu LK/*Tiedemann* StGB, 12. Aufl. 2009, vor § 283 Rn 85b f.

13 S. dazu LK/*Tiedemann* StGB, 12. Aufl. 2009, vor § 283 Rn 85d.

möchte ich hier nicht eingehen. Der Gesetzgeber hat sich dafür entschieden, die Regelungen insoweit nicht zu ändern. Durch die Einführung der Verbraucherinsolvenz hat sich der Anwendungsbereich der Insolvenzdelikte daher nur faktisch erweitert.[14]

Eine Bestrafung wegen Bankrottdelikten wirkt hier auch auf spätere Insolvenz- und Restschuldbefreiungsverfahren zurück: Nach § 290 Abs. 1 Nr. InsO ist dem Schuldner die Restschuldbefreiung zu versagen, wenn er wegen einer Bankrottstraftat verurteilt worden ist. Im Zuge der derzeitigen Reform des Verbraucherinsolvenz- und Restschuldbefreiungsrechts hat die Bundesregierung vorgeschlagen, diesen Versagungsgrund einzuengen, indem Verurteilungen nur beachtlich sind, wenn sie in den letzten fünf Jahren vor der Stellung des Insolvenzantrags erfolgten und wenn ein bestimmtes Strafmaß (90 Tagessätze; 3 Monate Freiheitsstrafe) überschritten werden.

Täter einer Straftat kann nach deutschem Recht nur eine natürliche Person sein. Auch für die Verhängung einer Unternehmensgeldbuße nach § 30 OWiG wegen einer Straftat bedarf es als Anknüpfungstat der Straftat einer natürlichen Person.

Nun ist aber bei juristischen Personen keine natürliche Person zugleich Schuldner und damit tauglicher Täter einer Tat nach §§ 283 bis 283c StGB. Bekanntlich hilft hier die Regelung in § 14 StGB, nach der besondere persönliche Merkmale, die die Strafbarkeit nach einem Strafgesetz begründen, auch bestimmten zur Vertretung einer juristischen Person befugten oder mit der Leitung eines Betriebes beauftragten natürlichen Personen zugerechnet werden. Zu diesen Merkmalen gehört die Schuldnereigenschaft. Erforderlich hierfür ist, dass die natürliche Person in dieser Eigenschaft – also zum Beispiel als Organ der juristischen Person – gehandelt hat.

Schafft der Geschäftsführer einer GmbH Bestandteile des Vermögens der Gesellschaft beiseite, die im Falle der Eröffnung des Insolvenzverfahrens zur Insolvenzmasse gehören, kommt neben einer Bestrafung nach § 283 Absatz 1 Nr. 1 StGB aber auch eine Bestrafung wegen einer Untreuehandlung gegenüber der GmbH in Betracht.

Der Bundesgerichtshof hat bei solchen Konstellationen – trotz erheblicher Kritik in der Literatur[15] – bis 2009 auf der Grundlage der sogenannten „Interessenformel“ entschieden. Eine Bestrafung nach § 283 StGB sollte nur in Betracht

---

14 BGH v. 22.2.2001 – 4 StR 421/00, wistra 2001, 1874; *Fischer* StGB, 60. Aufl. 2013, vor § 283 Rn 18; MünchKomm/*Radtke* StGB, 1. Aufl. 2006, vor §§ 283 ff. Rn 36.

15 S. dazu LK/*Tiedemann* StGB, 12. Aufl. 2009, vor § 283 Rn 79 ff.; MünchKomm/*Radtke* StGB, 1. Aufl. 2006, vor §§ 283 ff. Rn 55 ff.

kommen, wenn das Organ zumindest auch im Interesse der Gesellschaft gehandelt hat, wobei das Interesse nach einer wirtschaftlichen Betrachtungsweise zu bestimmen war.[16] Bei Eigennützigkeit wurde eine Strafbarkeit wegen eines Insolvenzdeliktes verneint. Dies führte zu einer erheblichen Einschränkung des Anwendungsbereichs der Insolvenzdelikte.

Die Kritik daran – ich möchte hier nur exemplarisch die Ungleichbehandlung des Einzelkaufmanns gegenüber dem GmbH-Geschäftsführer insbesondere bei der Ein-Mann-GmbH, die Strafbarkeitslücke beim Versuch und bei Verstößen gegen Buchführungs- und Bilanzierungsvorschriften sowie das Versagen bei Fahrlässigkeitstaten[17] – war meines Erachtens sehr berechtigt.

Zu Recht hat sich der 3. Strafsenat des Bundesgerichtshofes von der Interessentheorie abgewandt.[18] Auf Anfrage bei den anderen Strafsenaten[19] haben diese entschieden, dass sie ihre entgegenstehende Rechtsprechung ebenfalls aufgeben.[20] Künftig wird der Bundesgerichtshof bei der Frage der Strafbarkeit nach § 283 StGB in solchen Konstellationen daher darauf abstellen, ob der Vertreter im Sinne des § 14 Abs. 1 StGB im Geschäftskreis des Vertretenen tätig geworden ist.

Ließ die bisherige Rechtsprechung im Bereich der Handelsgesellschaften nur einen geringen Anwendungsbereich für § 283 StGB offen, wird sich das jetzt ändern. Wie weit die Reise gehen wird, steht noch nicht fest. Bei rechtsgeschäftlichem Handeln – insoweit dürfte Einvernehmen zwischen den Strafsenaten des BGH bestehen – wird ein organschaftliches Tätigwerden im Regelfall gegeben sein, wenn der Vertreter im Namen der juristischen Person auftritt oder für diese aufgrund der bestehenden Vertretungsmacht bindende Rechtsfolgen zumindest im Außenverhältnis herbeiführt.[21]

Noch nicht klar ist, was bei bloßem faktischem Handeln gilt. „Beiseiteschaffen" im Sinne des § 283 Absatz 1 Nr. 1 StGB kann der Geschäftsführer einer GmbH Vermögenswerte der Gesellschaft nicht nur, indem er rechtsgeschäftlich über sie

---

16 BGH v. 20.5.1981 – 3 StR 93/81, BGHSt 30, 127.

17 LK/*Tiedemann* StGB, 12. Aufl. 2009, vor § 283 Rn 84; MünchKomm/*Radtke* StGB, 1. Aufl. 2006, vor §§ 283 ff. Rn 55.

18 BGH 3. Strafsenat, Beschl. v. 15.5.2012 – 3 StR 118/11, BGHSt 57, 229; der 3. Strafsenat, Beschl. v. 10.2.2009 – 3 StR 372/08, wistra 2009, 275, neigte bereits zuvor zu einer Abkehr von der „Interessenformel", so auch der 1. Strafsenat, Beschl. v. 1.9.2009 – 1 StR 301/09, wistra 2009, 475, und der 5. Strafsenat, Beschl. v. 15.12.2011 – 5 StR 122/11, wistra 2012, 149.

19 BGH 3. Strafsenat, Beschl. v. 15.9.2011 – 3 StR 118/11, NStZ 2012, 89.

20 BGH 1. Strafsenat, Beschl. v. 29.11.2011 – 1 ARs 19/11, wistra 2012, 113; 2. Strafsenat, Beschl. v. 22.12.2011 – 2 ARs 403/11; 4. Strafsenat, Beschl. v. 10.1.2012 – 4 ARs 17/11, wistra 2012, 191; 5. Strafsenat, Beschl. v. 7.2.2012 – 5 ARs 64/11.

21 BGH 3. Strafsenat, Beschl. v. 15.5.2012 – 3 StR 118/11, BGHSt 57, 229.

verfügt, sondern auch, indem er sie rein tatsächlich in eine Lage verbringt, in der den Gläubigern der alsbaldige Zugriff unmöglich gemacht oder erschwert wird. Der 3. Strafsenat geht davon aus, dass ein faktisches Handeln jedenfalls – oder nur? – dann Grundlage für eine Zurechnung sein kann, wenn eine Zustimmung des Vertretenen vorliegt.[22] Dagegen neigt der 4. Strafsenat der Auffassung zu, dass eine Zurechnung der Schuldnereigenschaft bei tatsächlichem Verhalten des Vertreters nicht auf Fälle beschränkt ist, in denen der Vertretene diesem Verhalten zugestimmt hat. Für die Beantwortung der Frage, ob der Vertreter mit tatsächlichem Verhalten im Geschäftskreis des Vertretenen tätig geworden ist, soll nach Auffassung des 4. Strafsenats auch der Umstand indizielle Bedeutung erlangen, dass der Vertreter Interessen des Vertretenen wahrgenommen hat.[23]

Lassen Sie mich jetzt zu den Kernmerkmalen der Insolvenzdelikte kommen. Insolvenzstrafrecht setzt in der Krise des Unternehmens an. Es wird – mit Ausnahme des Straftatbestandes der Verletzung der Buchführungspflicht nach § 283b StGB – von den Krisenmerkmalen geprägt, die – jedenfalls im Grundsatz – zivilrechts- oder besser gesagt insolvenzrechtsakzessorisch[24] auszulegen sind. Bei den Krisenmerkmalen handelt es sich um die Überschuldung, die eingetretene Zahlungsunfähigkeit und die drohende Zahlungsunfähigkeit. Als Gründe für die Eröffnung eines Insolvenzverfahrens, ist ihnen gemeinsam, dass sie Situationen beschreiben, in denen das Vermögen (voraussichtlich) nicht mehr ausreichen wird, alle Gläubiger zu befriedigen.

Im Kern bezeichnet die Überschuldung eine Situation, in welcher das Vermögen des Schuldners nicht mehr zur Deckung seiner Verbindlichkeiten ausreicht und damit die Gefahr begründet, dass vom Schuldner nicht alle Forderungen bedient werden können.[25] Sofern nicht alle Verbindlichkeiten zugleich fällig sind, hat eine solche rechnerische Überschuldung aber nicht zwangsläufig auch eine Zahlungsunfähigkeit zur Folge.[26] Und umgekehrt kann eine Zahlungsunfähigkeit bei illiquiden und schwer liquidierbaren Vermögenswerten auch dann eintreten,

---

22 BGH 3. Strafsenat, Beschl. v. 15.9.2011 – 3 StR 118/11, NStZ 2012, 89; offen gelassen im Beschl. v. 15.5.2012 – 3 StR 118/11, BGHSt 57, 229.

23 BGH 4. Strafsenat, Beschl. v. 10.1.2012 – 4 ARs 17/11, wistra 2012, 191.

24 LK/*Tiedemann* StGB, 12. Aufl. 2009, vor § 283 Rn 126; enger MünchKomm/*Radtke* StGB, 1. Aufl. 2006, vor §§ 283 ff. Rn 78 „insolvenzrechtsorientiert".

25 BT-Drucks. 12/2443, S. 115 (Vergleich des im Falle der Insolvenzeröffnung als Insolvenzmasse zur Verfügung Stehenden mit den Verbindlichkeiten gegenüber den Insolvenzgläubigern). Zur Notwendigkeit funktionaler Ergänzungen zu einem solchermaßen verstandenen rechnerischen Überschuldungsbegriff s. nur *Häsemeyer* Insolvenzrecht, 4. Aufl. 2008, Rdnr. 7.23 ff.

26 FK-InsO/*Schmerbach* § 19 Rdnr. 17: „Bei Überschuldung kann, muss aber nicht Zahlungsunfähigkeit vorliegen."

wenn keine rechnerische Überschuldung besteht.[27] Da fällige Verbindlichkeiten auch bei eingetretener rechnerischer Überschuldung meist noch für eine Weile aus dem laufenden Cash Flow bedient werden können, tritt in der Praxis die rechnerische Überschuldung regelmäßig vor der Zahlungsunfähigkeit ein.

Rechnerische Überschuldung ist aber nicht zwangsläufig auch Überschuldung im rechtlichen Sinn.[28] Dies lässt sich an der wechselvollen Geschichte des Überschuldungsbegriffes veranschaulichen, die durch die jüngste Verabschiedung des Gesetzes zur Einführung einer Rechtsbehelfsbelehrung im Zivilprozess[29] um ein – vorerst letztes – Kapitel reicher geworden ist: Von entscheidender Bedeutung ist dabei die Frage, wie sich eine positive Fortführungsprognose, d.h. die überwiegende Wahrscheinlichkeit dafür, dass das Unternehmen fortgeführt werden kann, auswirkt. Während der Gesetzgeber der Insolvenzordnung dieser Prognose allein Bedeutung für die Frage einräumte, ob die Vermögenswerte im Rahmen der Gegenüberstellung von Vermögen und Verbindlichkeiten zu Fortführungswerten oder zu Liquidationswerten anzusetzen sind,[30] wurde die positive Fortführungsprognose unter dem Eindruck der Finanzmarktkrise im Jahre 2008 weiter aufgewertet: Unter dem durch das Finanzmarktstabilisierungsgesetz[31] (wieder-)eingeführten „neuen" Überschuldungsbegriff, der mit dem vor dem Inkrafttreten der Insolvenzordnung maßgeblich vom BGH entwickelten Überschuldungsbegriff[32] übereinstimmt, schließt die positive Fortführungsprognose eine Überschuldung als Eröffnungsgrund kategorisch aus. Mit dem jüngst im Bundestag verabschiedeten Gesetz zur Einführung einer Rechtsbehelfsbelehrung im Zivilprozess[33] wurde die zwischenzeitlich bereits verlängerte Befristung des neuen Überschuldungsbegriffs aufgehoben, so dass dieser nun unbefristet gilt.

Der heutige Überschuldungsbegriff weist infolge seiner Abhängigkeit von der Fortbestehensprognose eine gewisse Nähe zur drohenden Zahlungsunfähigkeit auf. Ist innerhalb des der Prognose zugrunde liegenden Zeitraums nicht gesichert, dass sämtliche fällig werdende Verbindlichkeit bedient werden können, ist die Fortführungsprognose zwangsläufig negativ. Damit wird nicht nur die Frage nach den maßgeblichen Zeiträumen für die Prognose der Zahlungsfähigkeit

---

27 *Schmerbach* aaO. (Fn. 27).

28 *Häsemeyer* Insolvenzrecht, 4. Aufl. 2008, Rdnr. 7.23 ff.

29 Gesetz zur Einführung einer Rechtsbehelfsbelehrung im Zivilprozess vom 5.12.2012 (BGBl. I, S. 2418).

30 BT-Drucks. 12/2443, S. 115.

31 Gesetz zur Umsetzung eines Maßnahmenpakets zur Stabilisierung des Finanzmarkts (Finanzmarktstabilisierungsgesetz – FMStG) vom 17.10.2008 (BGBl. I, S. 1982).

32 BGHZ 119, 201 (214).

33 S.o. (Fn. 30).

einerseits und der Fortführungsprognose andererseits aufgeworfen. Vielmehr resultiert ein insolvenzstrafrechtliches Spannungsfeld daraus, dass in Bezug auf die Überschuldung eine strafbewehrte Insolvenzantragspflicht besteht, wohingegen aus der drohenden Zahlungsfähigkeit keine Antragspflicht, sondern nur ein Antragsrecht folgt.

Dieses Spannungsfeld wirkt auch zurück auf insolvenzrechtliche und -politische Zielsetzungen. Es gehört seit jeher zu den Zielen der Insolvenzordnung, Anreize zu einer möglichst frühzeitigen Antragstellung zu geben.[34] Je früher die Verfahrenseinleitung erfolgt, je größer sind noch die Handlungsspielräume für eine Sanierung oder anderweitige Realisierung des Schuldnervermögens. Die Ausgestaltung der drohenden Zahlungsunfähigkeit als Insolvenzantragsrecht trägt diesem Gedanken genauso Rechnung wie die Stärkung des Eigenverwaltungsverfahrens und die Einführung eines sogenannten Schutzschirmverfahrens durch das im März dieses Jahres in Kraft getretene Gesetz zur weiteren Erleichterung der Sanierung von Unternehmen (ESUG)[35]. Sowohl die Eigenverwaltung als auch der Schutzschirm geben dem Schuldner die Möglichkeit, sein Unternehmen im verfahrensförmigen Rahmen der Insolvenzordnung in Eigenregie zu sanieren, so dass er nicht befürchten muss, spätestens mit Verfahrenseröffnung durch einen Insolvenzverwalter verdrängt zu werden.[36] Rückt nun aber die Überschuldung als Anknüpfungspunkt für eine strafbewehrte Antragspflicht in die Nähe der drohenden Zahlungsunfähigkeit, könnten sich hieran konträre Anreizwirkungen knüpfen. Denn es könnte sein, dass Geschäftsführer mit Blick auf eine vermeintlich bereits verwirkte Strafe wegen der Verletzung der Antragspflicht den Gang zum Insolvenzgericht meiden.

Auf Korrekturen – oder besser: Klarstellungen – zielt auch eine Regelung im derzeit parlamentarisch verhandelten Entwurf eines Gesetzes zur Verkürzung des Restschuldbefreiungsverfahrens,[37] indem sie die in § 15a der Insolvenzordnung enthaltene Insolvenzantragspflicht bei juristischen Personen auf Vereine und Stiftungen ausschließt. Damit wird auf eine Fehlentwicklung in der staatsanwaltschaftlichen Praxis reagiert, die immer öfter auch Vereins- und Stiftungsvorstände nach § 15a Abs. 4 InsO strafrechtlich verfolgen. Mag diese Praxis noch vom Wortlaut gedeckt sein, widerspricht sie doch deutlich den Vorstellungen des

34 Vgl. Bgrdg-RegE-InsO, BT-Drs. 12/2443, S. 114.

35 Gesetz zur weiteren Erleichterung der Sanierung von Unternehmen vom 07.12.2011 (BGBl. I, S. 2582).

36 Begrd-RegE-ESUG, BT-Drucks. 5712, S. 19, 38 ff.; Vgl. *Graf-Schlicker* InsO, 3. Aufl. 2012, § 270b Rdnr. 1, 2.

37 Regierungsentwurf eines Gesetzes zur Verkürzung des Restschuldbefreiungsverfahrens und zur Stärkung der Gläubigerrechte, BT-Drucks. 17/11268.

Gesetzgebers, der bei der Schaffung des § 15a InsO die Vorrangstellung des § 42 Abs. 2 BGB für Vereine und Stiftungen nicht berühren wollte.[38]

Zum Abschluss möchte ich noch kurz auf ein Problem eingehen, das im Zuge der Finanzmarktkrise im Zusammenhang mit Banken sichtbar geworden ist, die in Schieflage geraten waren, aber infolge der staatlichen Bereitstellung von Liquidität und Kapital vor einem Zusammenbruch und damit: vor einem Insolvenzverfahren bewahrt werden konnten. Infolge der Verhinderung von Zahlungseinstellungen und Insolvenzverfahren, die nach § 283 Abs. 6 StGB neben der Abweisung des Eröffnungsantrags mangels Masse zu den objektiven Bedingungen einer Strafbarkeit wegen Bankrotts gehören, schied eine strafrechtliche Aufarbeitung der Sachverhalte unter dem Gesichtspunkt des Bankrotts von vornherein aus. Dies ist auf Unverständnis gestoßen, da kaum einzusehen ist, dass die zur Abwendung systemischer Gefahren erfolgte Zuwendung staatlicher Mittel etwaigen Bankrotteuren strafrechtlich zugute kommen sollte.[39]

Um dem § 283 StGB dennoch auch in diesen Fällen einen Anwendungsbereich zu eröffnen und strafbedürftige „Bankrotthandlungen" auch ohne Insolvenz des Unternehmens erfassen zu können, hat Schünemann vorgeschlagen, den § 283 Absatz 6 StGB um eine dritte Variante zu bereichern. Die objektive Bedingung der Strafbarkeit soll auch erfüllt sein, wenn „es allein deshalb nicht zum Insolvenzverfahren kommt, weil dieses durch eine staatliche Intervention verhindert wird".[40] Dies ist sicher ein interessanter Diskussionsvorschlag. Da aber mit Inkrafttreten des Restrukturierungsgesetzes eine Zuführung öffentlicher Mittel an die fallierende Bank grundsätzlich ausgeschlossen ist[41] und sich die fallierende Bank deshalb durchaus in einem Insolvenzverfahren wiederfinden kann, erscheinen die vorgeschlagenen Ergänzungen nicht zwingend. Zwar können die Banken auch weiterhin durch Mittel des Finanzmarktstabilisierungsfonds unterstützt werden. Allerdings werden die entsprechenden Ermächtigungen zum Ende des Jahres 2014 auslaufen.[42] Der Gesetzgeber fasst deshalb eine andere Lösung ins Auge: Der Entwurf eines Gesetzes zur Abschirmung von Risiken und zur

---

38 BT-Drucks. 17/11268, S. 21.

39 *Brand* KTS 2012, 195 (205 ff.).

40 *Schünemann* Die sogenannte Finanzkrise – Systemversagen oder global organisierte Kriminalität?, 2010, S. 101.

41 §§ 3 Abs. 2, 5 ff. des Restrukturierungsfondsgesetzes (RestruktFG). Allerdings ist dieser Grundsatz durch das am 1.1.2013 in Kreft getretene Dritte Finanzmarktstabilisierungsgesetz vom 20.12.2012 (BGBl. I, S. 2777) wieder durchbrochen worden, das den Finanzmarktstabilisierungsfonds im Hinblick auf die Zielsetzungen und Funktionen an den Restrukturierungsfonds angelehnt hat, näher dazu *Bornemann* in: Beck/Samm/Kokemoor, KWG, § 48a Rdnr. 22a ff.

42 § 13 Abs. 1 des Finanzmarktstabilisierungsfondsgesetzes (FMStFG).

Planung der Sanierung und Abwicklung von Kreditinstituten und Finanzgruppen[43] sieht die Einführung strafbewehrter Pflichten von Bankgeschäftsleitern im Zusammenhang mit der Ausgestaltung und Umsetzung von Risikoerkennungs- und -managementsystemen vor.[44]

Änderungen und Ergänzungen sind zudem im Hinblick auf das – ebenfalls durch das Restrukturierungsgesetz eingeführte – Kreditinstitute-Reorganisationsgesetz (KredReorgG) zu diskutieren. Das Verfahren nach dem KredReorgG ist, obgleich kein Insolvenzverfahren nach der Insolvenzordnung, dem Insolvenzverfahren in vielen wesentlichen Punkten vergleichbar.[45] Insbesondere erlaubt es Eingriffe in die Rechte von Gläubigern und wirft damit die Schutzbedürfnisse auf den Plan, die § 283 StGB für das Insolvenzrecht aufgenommen hat. Insoweit könnte in der Tat daran gedacht werden, die Durchführung eines solchen Verfahrens ebenfalls in den Katalog der objektiven Strafbarkeitsbedingungen des § 283 Abs. 6 StGB aufzunehmen.

Die Insolvenzdelikte dienen zwar in erster Linie dazu, die Befriedigung der Gläubiger sicherzustellen. Sie sind aber – wie die Gesetzgebung infolge der Finanzkrise verdeutlicht hat – zugleich ein Instrument, um die Funktionsfähigkeit der Wirtschaft und des Finanzmarktes zu erhalten.

---

43 BT-Drucks. 17/1260.

44 (Knapper) Überblick bei *Brandi/Gieseler* DB 2013, 741 (746).

45 *Bornemann* in: Beck/Samm/Kokemoor, KWG, § 48a Rdnr. 42 ff.

Mark A. Zöller

Bestechlichkeit und Bestechung im Geschäftsverkehr

Gliederung

I. Die tatsächliche Bedeutung von § 299 StGB

Der Tatbestand des § 299 StGB, der mit „Bestechlichkeit und Bestechung im geschäftlichen Verkehr" überschrieben ist, hat Hochkonjunktur. Er erfreut sich des zunehmenden Interesses von Rechtsprechung und Schrifttum und hat es im Zusammenhang mit Prämienzahlungen von Pharmaunternehmen an niedergelassene Kassenärzte jüngst sogar zu der (zweifelhaften) Ehre gebracht, Auslegungsgegenstand einer Entscheidung des Großen Strafsenats des Bundesgerichtshofs[1] zu sein. Bei bloßem Blick auf die Kriminalitätsentwicklung in Deutschland scheint dieses hohe Maß an Aufmerksamkeit zu viel der Ehre zu sein. In der ohnehin nur als Ausgangsstatistik geführten Polizeilichen Kriminalstatistik finden sich für das Jahr 2011 lediglich 790 Fälle[2], was einem Anteil an der Gesamtkriminalität von 0,013 % entspricht. Nimmt man die dort ebenfalls angegebene Aufklärungsquote von 97,1 % hinzu, so könnte man auf die Idee kommen, dass Korruption in der Privatwirtschaft jedenfalls in Deutschland kein ernsthaftes Problem darstellt. Es gibt nur wenige nachgewiesene Fälle und wenn sie doch einmal vorkommen, scheint ein Aufklärungserfolg der Strafverfolgungsbehörden nahezu zwangsläufig. An diesem Beispiel sieht man besonders deutlich, wie sehr Statistiken täuschen – böse Zungen würden vielleicht sagen: „lügen" – können.

---

1 BGH, Beschl. v. 29.3.2012 – GSSt 2/11, BGHSt 57, 202 = NJW 2012, 2530; dazu *Brand/Hotz* PharmR 2012, 317 ff.; *Corsten* BB 2012, 2059 f.; *Hecker* JuS 2012, 852 ff.; *Hohmann* wistra 2012, 388 f.; *Ihwas/Lorenz* ZJS 2012, 713 ff.; *Kölbel* StV 2012, 592 ff.; *Kraatz* NZWist 2012, 273 ff.; *Krüger* StraFo 2012, 308 ff.; *Meseke* KritV 2012, 211 ff.; *Sahan* ZIS 2012, 386; *Schmidt* PharmR 2012, 339 ff.

2 BKA (Hrsg.), Polizeiliche Kriminalstatistik 2011, 2012, S. 55: 743 Fälle nach § 299 Abs. 1 und 2, 47 Fälle nach § 299 Abs. 3 StGB.

Für uns alle unzweifelhaft erkennbar durchzieht korruptes Verhalten, also das Ausnutzen einer Machtposition für einen persönlichen Vorteil unter Missachtung rechtlicher oder moralischer Verhaltensnormen, alle gesellschaftlichen Bereiche – den öffentlichen Dienst wie die Privatwirtschaft gleichermaßen. Das Streben nach persönlichen Vorteilen, die zwar gesellschaftlich missbilligt werden, aber faktisch leicht greifbar sind, zählt zu den ureigenen Schwächen des Menschseins. Es ist ein gesellschaftliches Phänomen wie Drogenhandel oder Prostitution: Auch wenn man es nicht sieht, ist es immer da.[3] Eine Erklärung für die augenscheinlich in die entgegengesetzte Richtung weisende Statistik ist daher in den tatsächlichen und kriminologischen Besonderheiten korrupter Verhaltensweisen zu suchen.[4] Vereinbaren zwei Protagonisten die unlautere, künftige Bevorzugung des einen von ihnen als Gegenleistung für die Gewährung eines Vorteils an den anderen, so muss dies aus ihrer Sicht zwangsläufig *heimlich*, also ohne Wissen der Öffentlichkeit erfolgen. Wüsste ohnehin jeder von der Unrechtsvereinbarung, so wäre der vereinbarte Austausch von Vergünstigungen rasch dahin, da dann Vorgesetzte, Mitarbeiter oder Konkurrenten intervenieren könnten. Aber auch die Opfer von Wirtschaftskorruption werden oftmals aus pragmatischen Gründen keinen Drang verspüren, einen Strafantrag zu stellen. Zu groß erscheint für viele Unternehmen die Gefahr, im „Kielwasser" eines Strafverfahrens wirtschaftlich messbare Imageschäden zu erleiden, interne Betriebsvorgänge offenlegen zu müssen und durch eigene Unternehmensangehörige selbst in den Ermittlungskomplex mit einbezogen zu werden.[5] Und über einzelnen Arbeitnehmern, die erwägen, firmeninterne Unregelmäßigkeiten zur Anzeige zu bringen, hängt letztlich immer das Damoklesschwert des Arbeitsrechts und damit die Gefahr des Arbeitsplatzverlusts. Insofern gehen Experten zu Recht von einer enormen Dunkelfeldquote aus, deren Ausmaß auf „mindestens 95 %" geschätzt wird.[6] Vor diesem Hintergrund

3 Vgl. auch *Böttger* in: Böttger (Hrsg.), Wirtschaftsstrafrecht in der Praxis, 2011, Kap. 5 Rn. 1: „Die strafbare Korruption ist lediglich die dunkle und deshalb inkriminierte Kehrseite der gesellschaftlichen Vernetzung durch ein System von Beziehungen, Freundschaften und Abhängigkeiten, das letztendlich Grundlage der gesellschaftlichen Ordnung ist".

4 Grundlegend hierzu *Bannenberg* Korruption in Deutschland und ihre strafrechtliche Kontrolle, 2002; s. auch *Pragal* Die Korruption innerhalb des privaten Sektors und ihre strafrechtliche Kontrolle durch § 299 StGB, 2005, S. 31 ff.; *Dölling* in: Dölling (Hrsg.), Handbuch der Korruptionsprävention, 2007, Kap. 1 Rn. 5 ff.; *Jositsch* in: Wohlers (Hrsg.), Neuere Entwicklungen im schweizerischen und internationalen Wirtschaftsstrafrecht, 2007, 97 (100).

5 Vgl. *Rönnau* in: Achenbach/Ransiek (Hrsg.), Handbuch Wirtschaftsstrafrecht, 3. Aufl. 2012, 3. Teil, 1. Kap. Rn. 4; *Eidam* Unternehmen und Strafe, 3. Aufl. 2008, Rn. 3201 ff.; *Pragal* (Fn. 4), S. 73; *Rügemer* KritJ 1997, 458 (469 f.); *Zimmer/Stetter* BB 2006, 1445.

6 *Bannenberg/Schaupensteiner* Korruption in Deutschland, 2004, S. 40.

erscheint es in der Tat angebracht, dem strafrechtlichen Umgang mit Wirtschaftskorruption besondere Bedeutung zuzumessen.

II. Der Einfluss des Gesetzes gegen den unlauteren Wettbewerb (UWG)

Der Bezug zu unserem übergreifenden Tagungsthema scheint bei diesem Vorhaben in Hinsicht auf das geschützte Rechtsgut prima facie schnell hergestellt. Schließlich soll die Vorschrift nach herrschender Auffassung entweder ausschließlich[7] oder doch zumindest vorrangig[8] dem Schutz des *lauteren Wettbewerbs als Allgemeininteresse* dienen. Dies legt die Vermutung nahe, dass es sich beim Wettbewerb tatsächlich um eine Institution handelt, die wohlverstandene kollektive Interessen bedient.[9] Verkürzt hieße das: lauterer Wettbewerb schafft Gemeinwohl, ist also einer seiner entscheidenden Voraussetzungen.

Für diese These von der Lauterkeit des Wettbewerbs als Schutzgut des § 299 StGB lässt sich zunächst der systematische Standort der Norm im 26. Abschnitt des Besonderen Teils des Strafgesetzbuchs anführen, der ausdrücklich von „Straftaten gegen den Wettbewerb" spricht. Aber auch historisch gesehen liegt eine solche Rechtsgutsinterpretation nahe. Bekanntlich ist der heutige § 299 StGB erst seit gut 16 Jahren, nämlich seit dem Inkrafttreten des Korruptionsbekämpfungsgesetzes vom 13. August 1997[10], formaler Bestandteil des deutschen Kernstrafrechts. Seine Vorläuferregelung in § 12 UWG a.F. war seit ihrer Einführung in das Gesetz gegen den unlauteren Wettbewerb im Jahre 1909 fast 90 Jahre lang Teil eines zivilrechtlich geprägten Regelungszusammenhangs zum Lauterkeits-

---

7 AnwK-*Wollschläger* 2011, § 299 Rn. 2; *Rönnau* (Fn. 5), Rn. 7; *Heinrich* Der Amtsträgerbegriff im Strafrecht, 2000, S. 605 f.; *Höltkemeier* Sponsoring als Straftat, 2004, S. 166 f.; *Vormbaum* Schroeder-FS, 2006, S. 649 (652); *Mölders* Bestechung und Bestechlichkeit im internationalen Geschäftsverkehr, 2008, S. 161; *Wollschläger* Der Täterkreis des § 299 Abs. 1 StGB und Umsatzprämien im Stufenwettbewerb, 2009, S. 21 ff.; *Brand/Wostry* WRP 2008, 637 (638); vgl. auch BGH NJW 2006, 3290 (3298).

8 Statt vieler BGHSt 10, 358 (367); 31, 207 (210); LK-*Tiedemann* 12. Aufl. 2008, § 299 Rn. 1; MK-*Diemer/Krick* 2006, § 299 Rn. 2; SK StGB-*Rogall* § 299 Rn. 7 f.; NK-*Dannecker* 4. Aufl. 2013, § 299 Rn. 4; *Hellmann/Beckemper* Wirtschaftsstrafrecht, 3. Aufl. 2010, Rn. 760; *Altenburg* Die Unlauterkeit in § 299 StGB, 2012, S. 28; zum unübersichtlichen Meinungsstand im Hinblick auf die nach dieser Ansicht mittelbar geschützten Interessen vgl. nur die Nachweise bei SK StGB-*Rogall* § 299 Rn. 8 ff.

9 Dazu *Gas* Gemeinwohl und Individualfreiheit im nationalen Recht und Völkerrecht, 2012, S. 292 ff.

10 BGBl. I, S. 2038; in Kraft seit dem 20.8.1997.

recht. Mit ihrer Überführung in das StGB wollte der Gesetzgeber das Bewusstsein dafür schärfen, „dass es sich auch bei der Korruption im geschäftlichen Bereich um eine Kriminalitätsform handelt, die nicht nur die Wirtschaft selbst betrifft, sondern Ausdruck eines allgemein sozialethisch missbilligten Verhaltens ist".[11] Die Tatbestandsauslegung ist damit nach wie vor in erheblichem Maße durch die Besonderheiten des UWG geprägt.[12] Dies gilt insbesondere für die Auslegung des Wettbewerbsbegriffs.[13] Zwar ist zu berücksichtigen, dass auch das zivile Lauterkeitsrecht in seiner Anfangszeit zunächst allein dem Individualschutz des einzelnen Konkurrenten diente. Allerdings entwickelte es sich vor allem unter dem Einfluss von *Eugen Ulmer*[14] bereits gegen Ende der 1930er Jahre immer mehr zu einem Institutionenschutz.[15] Der Schutz lauteren und die Bekämpfung unlauteren Wettbewerbs sollte nicht mehr allein im Interesse einzelner Mitbewerber, sondern im Interesse der Allgemeinheit stehen.[16] Im Jahr 1997, also zu dem Zeitpunkt, in dem § 12 UWG a.F. in den neu geschaffenen § 299 StGB überführt wurde, war aus zivilrechtlicher Sicht längst der Wettbewerb als Institution als selbstständige, schützenswerte Einheit zum übergeordneten Schutzgut des gesamten Wettbewerbsrechts geworden. Dieser „Dualismus der Schutzzwecke"[17] offenbart sich seit 2004 auch explizit in der Generalklausel des § 1 UWG, der in seinem Satz 1 zum Ausdruck bringt, dass das UWG dem Schutz der Mitbewerber, der Verbraucherinnen und Verbraucher sowie der sonstigen Marktteilnehmer vor unlauteren geschäftlichen Handlungen dient. Das ist der *individualschützende* Aspekt. Unmittelbar in Satz 2 wird dann aber zum Ausdruck gebracht, dass auch das *Interesse der Allgemeinheit* an einem unverfälschten Wettbewerb geschützt wird.

Im Hinblick auf die wettbewerblichen Individualinteressen muss man sich zunächst vergegenwärtigen, dass das Recht gegen den unlauteren Wettbewerb letztlich eine Art „Sonderdeliktsrecht" normiert.[18] Rechts- und sprachgeschichtlich geht der Begriff „unlauterer Wettbewerb" auf den französischen Ausdruck „concurrence déloyale" zurück, der von den französischen Gerichten bei ihren

---

11 BT-Drs. 13/5884, S. 15.
12 Vgl. *Rönnau* (Rn. 5), Rn. 2; NK-*Dannecker* § 299 Rn. 18.
13 *Klengel/Rübenstahl* HRRS 2007, 52 (56); *Zöller* GA 2009, 137 (140).
14 Vgl. *Ulmer* GRUR 1937, 769 (772).
15 *Boesche* Wettbewerbsrecht, 3. Aufl. 2009, Rn. 1.
16 *Boesche* (Fn. 15), Rn. 1.
17 *Fezer* in: Fezer (Hrsg.), UWG, Band 1, 2. Aufl. 2010, § 1 Rn. 1.
18 *Beater* Unlauterer Wettbewerb, 2011, Rn. 6; *Lettl* Wettbewerbsrecht, 2009, Rn. 38; vgl. auch *Nordemann* Wettbewerbsrecht – Markenrecht, 11. Aufl. 2012, Rn. 26; zur Gesetzesgeschichte s. etwa *Beater* (ebenda), Rn. 214 ff.; *Emmerich* Unlauterer Wettbewerb, 9. Aufl. 2012, Rn. 6 ff.; *Prager* Schutzzwecke des Lauterkeitsrechts, 2010, S. 60 ff.

Bestrebungen zum Ausbau des Wettbewerbsrechts ab Mitte des 19. Jahrhunderts geprägt wurde und sich nach und nach auch in Deutschland durchsetzte.[19] Das Wettbewerbsrecht soll den Unternehmer gegen nicht akzeptable Praktiken seiner Mitbewerber schützen und ihn mit den dafür nötigen zivilrechtlichen Ansprüchen ausstatten. Typische Beispiele für die damit ins Visier genommenen Konkurrenzpraktiken sind Täuschungshandlungen, etwa durch falsche Werbeangaben über die Beschaffenheit oder Herkunft der eigenen Waren und Produkte, Herabsetzungen oder falsche Aussagen über fremde Unternehmen oder auch die Verletzung von Betriebsgeheimnissen.[20]

Es gibt aber auch Formen unlauteren Wettbewerbs, die keinen Mitbewerber schädigen, die also mit dem klassischen deliktsrechtlichen Ansatz, der lediglich das Zweipersonenverhältnis zwischen Schädiger und Geschädigtem im Auge hat, von vornherein nicht erfasst werden können. Zudem kann es sein, dass Verhaltensweisen nicht nur Konkurrenten betreffen und sich nur dann angemessen beurteilen lassen, wenn auch andere wettbewerbliche Interessen in die Bewertung mit einbezogen werden. Besonders dringend erscheint das Bedürfnis nach der Einbeziehung kollektiver Schutzinteressen, wenn es um Geschäftsmethoden geht, bei denen sich typischerweise kein Mitbewerber zur Klage entschließt. Dies ist immer dann der Fall, wenn *alle* am Markt vorhandenen Unternehmen in gleicher oder vergleichbarer Weise gegen Recht und Gesetz verstoßen. Will man auch solche Fälle einer rechtlichen Kontrolle unterwerfen, so muss man zwangsläufig auch *Kollektivinteressen* berücksichtigen. Zum wohl bedeutendsten Kollektivinteresse, das im Rahmen des Wettbewerbsschutzes Bedeutung erlangt, zählt mittlerweile der Verbraucherschutz.[21] Auch das UWG bezieht die Interessen der Verbraucherschaft insgesamt mittlerweile ausdrücklich mit ein und verleiht konsequenterweise dann auch Verbrauchereinrichtungen wettbewerbsrechtliche Klagerechte.[22] Damit kann etwa eine irreführende Werbung auch dann bekämpft werden, wenn sie von einem Monopolunternehmen betrieben wird. Aus zivilrechtlicher Sicht macht also die „Dualität“ der Schutzrichtung des UWG[23] mit einer individual- und einer kollektivschützenden Komponente zweifellos Sinn. Allerdings handelt es sich bei § 299 StGB um eine *Straf*vorschrift. Dass bei ihrer Auslegung das frühere zivilrechtliche Regelungsumfeld berücksichtigt werden

19 *Beater* (Fn. 18), Rn. 3; *Emmerich* (Fn. 18), Rn. 5.

20 *Beater* (Fn. 18), Rn. 8 ff. m.w.N.

21 *Beater* (Fn. 18) Rn. 25.

22 Vgl. §§ 8 Abs. 3 Nr. 3, 10 Abs. 1 UWG.

23 *Boesche* (Fn. 15), Rn. 1; *Fezer* (Fn. 17), § 1 Rn. 1; im Zivilrecht wird demgegenüber verbreitet auch von einer „Schutzzwecktrias“ des UWG aus Mitbewerber, Marktgegenseite und Allgemeinheit gesprochen; vgl. etwa *Emmerich* (Fn. 18), Rn. 9; *Nordemann* (Fn. 18), Rn. 44.

soll, sagt insofern noch nichts darüber aus, ob die Lauterkeit des Wettbewerbs auch als *strafrechtlich geschütztes Rechtsgut* anzuerkennen ist.

III. Defizitärer Wettbewerbsschutz in § 299 StGB

Zunächst aber ist zu konstatieren, dass der deutsche Gesetzgeber den geltenden § 299 StGB in einer Weise ausgestaltet hat, die den Schutz des Wettbewerbs ohnehin nur höchst unvollständig ermöglicht.[24] So ist in Absatz 1 der Täterkreis auf *Angestellte und Beauftragte eines geschäftlichen Betriebes* beschränkt. Spiegelbildlich zu diesem echten Sonderdelikt kann sich auch nach Absatz 2 nur derjenige strafbar machen, der einem Angestellten oder Beauftragten eines geschäftlichen Betriebes einen Vorteil anbietet, verspricht oder gewährt. Der Wettbewerb im allgemeinen Sinne eines Strebens von mindestens zwei Akteuren nach demselben Ziel kann aber sowohl unter dem individualschützenden Blickwinkel der Mitbewerber als auch als Institution und Kollektivinteresse ohne Zweifel auch dann gefährdet werden, wenn der Geschäftsinhaber selbst bestochen wird. Schließlich wird er sich infolge seiner zentralen Stellung mit seiner Entscheidung über eine Auftragsvergabe gegenüber einer evtl. gegenteiligen Entscheidung seiner Angestellten im Zweifelsfall leicht durchsetzen können. Bestechlichkeit und Bestechung von Geschäftsinhabern bleiben aber de lege lata bislang straflos.[25] Darüber hinaus erscheint es wenig überzeugend, dass nach dem eindeutigen Wortlaut von § 299 StGB – und insoweit abweichend von den §§ 331 ff. StGB – der Vorteil nach der Unrechtsvereinbarung für eine mehr oder weniger *bestimmte Bevorzugung in der Zukunft* erbracht werden muss. Dahinter steckt – wie *Lüderssen* formuliert – die Überzeugung, „dass die Erwartungen, mit denen man sich am Geschäftsleben beteiligt, den Ansprüchen nicht vergleichbar sind, mit denen der Bürger einem Amtsträger gegenüber tritt, der per definitionem dem Gemeinwohl dient".[26] Wie erfahrene Wirtschaftsstaatsanwälte berichten, lässt sich aber die Unrechtsvereinbarung für eine bestimmte Bevorzugung in der Praxis nur in den seltensten

---

24 Ausführlich zu den Wertungswidersprüchen im Rahmen von § 299 StGB nunmehr *Altenburg* (Fn. 8), S. 25 ff.

25 SK StGB-*Rogall* § 299 Rn. 17, 94; NK-*Dannecker* § 299 Rn. 21; *Fischer* 60. Aufl. 2013, § 299 Rn. 8a; AnwK-*Wollschläger* § 299 Rn. 12; *Böttger* (Fn. 3), Rn. 142; *Rönnau* (Fn. 5), Rn. 82; *Witttig* Wirtschaftsstrafrecht, 2. Aufl. 2011, § 26 Rn. 18; für eine Einbeziehung des Geschäftsherrn de lege ferenda etwa *Bürger* wistra 2003, 130 (134 ff.); *Schaupensteiner* Kriminalistik 2003, 9 (12 f.); *Wolf* ZRP 2007, 44 (45 f.); *Zöller*, GA 2009, 137 (148); krit. demgegenüber *Altenburg* (Fn. 8), S. 200 ff.

26 *Lüderssen* Tiedemann-FS, 2008, S. 889 (890).

Fällen nachweisen. Logische Folge hieraus ist, dass im Rahmen der Strafverfolgung auf andere Straftatbestände wie Untreue oder Steuerhinterziehung ausgewichen wird[27], da besonders typische Verhaltensweisen wie das sog. „Anfüttern" potenzieller Vorteilsempfänger, zuvor nicht vereinbarte Belohnungen für bereits erbrachte Leistungen (sog. „Dankeschön-Zahlungen") oder Zuwendungen zur allgemeinen „Klimapflege" i.S. von § 299 StGB nicht tatbestandsmäßig sind.[28] Da aber gerade durch solche Verhaltensweisen in erheblichem Maße der freie Wettbewerb beeinflusst werden kann, erscheint ihre Ausklammerung sachlich nur wenig überzeugend, wenn man sich bei der Bestechlichkeit und Bestechung im geschäftlichen Verkehr dem Wettbewerbsmodell verschreibt. Ähnliches lässt sich letztlich auch in Bezug auf *sozialadäquate Zuwendungen*, also beispielsweise Werbegeschenke, Trinkgelder, Eintrittskarten oder Essenseinladungen, sagen. Solche Zuwendungen sollen im Rahmen von § 299 StGB sogar in noch höherem Maße als im Kontext der Amtsträgerkorruption[29] im Wege einer rechtsgutsorientierten Auslegung bzw. einer teleologischen Reduktion aus dem Bereich tatbestandsmäßigen Verhaltens angenommen werden.[30] Berücksichtigt man mit einer verbreiteten Auffassung bei der Höhe der auf diese Weise straflos gestellten Zuwendungen dann auch Kriterien wie das Einkommen, die berufliche Stellung oder die Lebensumstände des jeweiligen Angestellten oder Beauftragten[31], so gelangt man im Wirtschaftsleben schnell zu Konstellationen, in denen auch Vorteile im Wert von mehreren hundert Euro straffrei gestellt werden müssen. Dafür können vor dem Hintergrund der ultima ratio-Funktion des Strafrechts durchaus gewichtige Gründe sprechen. Aber man wird kaum sagen können, dass solche Verhaltensweisen *wettbewerbsneutral* sind.

Umgekehrt ist zu berücksichtigen, dass die Bevorzugung für eine Strafbarkeit nach § 299 StGB nicht tatsächlich erfolgt sein muss. Nicht einmal der Versuch unlauterer Bevorzugung ist erforderlich.[32] Vielmehr genügt es bereits, dass sie

---

27 Zu typischen „Begleittaten" des § 299 StGB *Rönnau* (Fn. 5), Rn. 61 ff.

28 BGH wistra 2010, 447 (449); *Rönnau* (Fn. 5), Rn. 30; *Pragal* ZIS 2006, 63 (79); *Kienle/Kappel* NJW 2007, 3530 (3534); *Zöller* GA 2009, 137 (149).

29 Zur Problematik dort jüngst umfassend *Friedhoff* Die straflose Vorteilsannahme, 2012, S. 49 ff.

30 Vgl. etwa LK-*Tiedemann* § 299 Rn. 28; NK-*Dannecker* § 299 Rn. 39; *Fischer* § 299 Rn. 16; AnwK-*Wollschläger* § 299 Rn. 15; *Rönnau* (Fn. 5), Rn. 23; *Blessing* in: Müller-Gugenberger/Bieneck (Hrsg.), Wirtschaftsstrafrecht, 5. Aufl. 2011, § 53 Rn. 56.

31 So etwa MK-*Diemer/Krick* § 299 Rn. 20; SK StGB-*Rogall* § 299 Rn. 44; NK-*Dannecker* § 299 Rn. 40; *Fischer* § 299 Rn. 16; AnwK-*Wollschläger* § 299 Rn. 15; *Rönnau* (Fn. 5), Rn. 24; *Blessing* (Fn. 30), § 53 Rn. 56; a.A. *Koepsel* Bestechlichkeit und Bestechung im geschäftlichen Verkehr, 2006, S. 137 ff.

32 *Lüderssen* Tiedemann-FS, S. 889.

nur Gegenstand der vom Täter erstrebten Unrechtsvereinbarung ist.[33] Dann aber wird man doch Zweifel gegenüber der sich dahinter verbergenden These anmelden müssen, dass einer *bloß vorgestellten Bevorzugung* im Wettbewerb des Vorteilsgebers mit seinen Konkurrenten oder im Wettbewerbsverhältnis eines Drittbegünstigten stets die zumindest abstrakte Gefahr innewohnt, den Wettbewerb auch tatsächlich zu beeinträchtigen.

Schon diese wenigen Bemerkungen dürften zeigen, dass, selbst wenn man vom Schutz eines Kollektivinteresses am lauteren Wettbewerb durch § 299 StGB ausgeht, der Gesetzgeber diesbezüglich einen „schlechten Job gemacht" hat. Zudem bieten jedenfalls diejenigen Stimmen, die ein solches Kollektivinteresse als alleiniges Rechtsgut ausmachen, letztlich keine überzeugende Erklärung dafür, warum sie bei der Rechtsgutsbestimmung den Individualschutz der Konkurrenten ausblenden. Schließlich geht auch § 1 UWG erkennbar von einem Dualismus der Schutzzwecke aus und spricht § 301 Abs. 2 StGB neben dem Verletzten auch Mitbewerbern, dem Geschäftsherrn sowie sonstigen Gewerbetreibenden das Strafantragsrecht zu.

IV. Das kollektive Interesse an einem lauteren Wettbewerb

Damit kommen wir zur bislang ausgeblendeten Frage, ob das kollektive Interesse an einem lauteren Wettbewerb im strafrechtlichen Kontext überhaupt als taugliches Schutzgut angesehen werden kann. Ich gestehe ganz offen, dass ich mich mit diesem Gedanken nicht so recht anzufreunden vermag. Vielmehr halte ich den Begriff der „Lauterkeit" als normativen Kern eines strafrechtlichen Rechtsguts und damit Leitidee für die Auslegung der Tatbestandsmerkmale des § 299 StGB für eine nicht ungefährliche Konstruktion. Hierzu muss man sich erneut die historischen Hintergründe des UWG vor Augen halten. Im Jahr 1997, also zum Zeitpunkt der Überführung des früheren § 12 UWG in das Kernstrafrecht, sprach die damals geltende, wettbewerbsrechtliche Generalklausel des § 1 UWG a.F. statt von „unlauteren geschäftlichen Handlungen" und „unverfälschtem Wettbewerb" noch explizit von den „guten Sitten". Erst durch die UWG-Reform von 2004 wurde das Merkmal der „Lauterkeit" in § 1 UWG aufgenommen. Dass der Gesetzgeber zur Konkretisierung auf die „anständigen Gepflogenheiten des Wirtschaftsle-

33 BGH NJW 2006, 925 (932); LK-*Tiedemann* § 299 Rn. 8, 29; SK StGB-*Rogall* § 299 Rn. 55; NK-*Dannecker* § 299 Rn. 45; *Fischer* § 299 Rn. 15, 21.

bens" zurückgreift[34] ist nicht nur zirkelschlüssig, sondern vermag die Tatsache, dass es nach wie vor um Fragen der Sittenwidrigkeit geht, nicht wirklich zu überdecken. Unabhängig davon, ob man dann mit der zivilgerichtlichen Rechtsprechung zur Orientierung auf ein „Anstandsgefühl der Durchschnittsgewerbetreibenden bzw. der Allgemeinheit"[35] oder auf Maßstäbe einer Individual- oder Sozialethik[36] abstellt, bleibt das ungute Gefühl, unter dem Deckmantel eines kollektiven Rechtsguts des lauteren Wettbewerbs letztlich subjektive Vorstellungen des jeweiligen Rechtsanwenders von Moral und Anstand an die Stelle objektiv nachprüfbarer, rechtlicher Kriterien zu setzen.[37] Hinzu kommt, dass der Gesetzgeber seit dem Jahr 2002 durch § 299 Abs. 3 StGB auch noch den Schutz des *ausländischen* Wettbewerbs mit einbezogen hat, was die Frage aufwirft, welche Maßstäbe hierfür zu gelten haben. Die sachliche Bezugnahme auf die „guten Sitten" ist schon deshalb problematisch, weil sie sich praktisch kaum verlässlich feststellen lassen und überdies dem zeitbedingten Wandel gesellschaftlicher Werte und Anschauungen unterliegen.[38] Das zeigt schon die Entwicklung der Strafrechtsprechung im Zusammenhang mit Sexualpraktiken[39] und Betäubungsmittelmissbrauch[40]. Man muss nicht gleich die Willkürkeule schwingen. Aber zumindest das Vorliegen von Rechtssicherheit, an der ja aus Sicht des Beschuldigten durchaus auch eine effiziente Verteidigungsstrategie hängen kann, ist zweifelhaft. Es gehört gerade zu den typischen Erscheinungsformen des Leistungswettbewerbs, dass die Wettbewerber sich Vorteile auf Kosten ihrer Mitbewerber verschaffen wollen. Außerdem zwingt der im Privatrecht geltende Grundsatz der Vertrags- und Gestaltungsfreiheit gerade nicht dazu, alle Bewerber gleich zu behandeln.[41] Dahinter stecken nicht nur die Gier nach Macht und persönlichem Reichtum, sondern auch die ganz reelle Möglichkeit des Fortbestands von Unternehmen, letztlich also auch Arbeitsplätze. Der Subsidiaritätscharakter des Strafrechts,

---

34 Vgl. BT-Drs. 15/1487, S. 16.

35 Vgl. BGHZ 10, 228 (232); 15, 356 (364); 17, 327 (332); 22, 167 (181); 23, 184 (186); 130, 5 (8 ff.); 149, 247 (257 ff.).

36 Etwa *Nerreter* Allgemeine Grundlagen des deutschen Wettbewerbsrechts, 1937, S. 33, 55 ff.; *Fikentscher* Wettbewerb und gewerblicher Rechtsschutz, 1958, S. 109 ff.; *Ulmer/Reiber* Das Recht des unlauteren Wettbewerbs in den Mitgliedstaaten der EWG, Bd. III: Deutschland, 1968, Tz. 55; *Katzenberger* Recht am Unternehmen und unlauterer Wettbewerb, 1968, S. 117 ff.; *Meyer-Cording* JZ 1964, 273 (310).

37 *Zöller* GA 2009, 137 (143).

38 *Zöller* GA 2009, 137 (143).

39 BGHSt 49, 166 (172).

40 BGHSt 49, 34 (42 f.).

41 *Lüderssen* Tiedemann-FS, 889 (890).

seine Funktion als ultima ratio, verbietet es, dem Einzelnen mit Hilfe von Strafandrohungen zu zwingen, bestimmten moralischen Wertvorstellungen Folge zu leisten, sofern hierfür kein unabweisbares Bedürfnis besteht.[42] Bereits vor mehr als zehn Jahren haben *Volk*[43] und *Heine*[44] daher zu Recht die Frage gestellt, ob sich hier nicht eine „unheilvolle Renaissance der Kriminalisierung bloß irrationaler Moralvorstellungen" andeutet.

V. Das Geschäftsherrenmodell als Alternative?

Zu konstatieren ist natürlich, dass auch der deutsche Gesetzgeber zu erkennen gegeben hat, dass er nicht zwangsläufig am Wettbewerbsmodell festhalten will. Ohnehin bildet Deutschland mit dieser Ausrichtung des § 299 StGB im internationalen Vergleich eher eine Ausnahme.[45] Und schon bei der Einführung von § 12 UWF a.F. im Jahre 1909 hatte man sich zunächst an der Pflichtwidrigkeit des Angestellten oder Beauftragten gegenüber seinem Geschäftsherrn orientiert.[46] Am 4.10.2007 hat die Bundesregierung nun den Entwurf eines Strafrechtsänderungsgesetzes[47] vorgelegt, der eine weitreichende Änderung des geltenden § 299 StGB zur Folge hätte. In dem Bemühen um die Umsetzung europäischer und internationaler Vorgaben sowie in Anlehnung an entsprechende Regelungsmodelle im britischen, französischen oder niederländischen Recht sollte die Vorschrift auf der Grundlage eines arbeitsstrafrechtlich geprägten sog. Geschäftsherrenmodells um den Schutz der Interessen des Geschäftsherren an der loyalen und unbeeinflussten Erfüllung der Pflichten durch seine Angestellten und Beauftragten im Bereich des Austauschs von Waren und Dienstleistungen erweitert werden.[48] Dieses Reformprojekt ist bislang glücklicherweise nicht verwirklicht worden. Ohne die hieran im Schrifttum teilweise vehement vorgetragene Kritik im vor-

---

42 SK StGB-*Rudolphi* Vor § 1 Rn. 1; *Jakobs* Strafrecht Allgemeiner Teil, 2. Aufl. 1993, 2. Abschn. Rn. 21; *Roxin* JuS 1966, 377 (382); *Müller-Emmert* GA 1976, 291 (293 ff.); *Amelung* Rechtsgüterschutz und Schutz der Gesellschaft, 1972, 318 ff.

43 Zipf-GS, 1999, S. 428 (430 f.).

44 ZBJV 2002, 533 (543).

45 Zu rechtsvergleichenden Aspekten s. *Heine* ZBJV 2002, 533 (538 ff.); *Vogel* Weber-FS, 2004, S. 395 (398 ff.); *Zöller* GA 2009, 137 (141 f.).

46 LK-*Tiedemann* § 299 Vorbem. zur Entstehungsgeschichte.

47 BT-Drs. 16/6558.

48 Vgl. BT-Drs. 16/6558, S. 13.

liegenden Rahmen auch nur ansatzweise nachzeichnen zu können[49], bestehen doch erhebliche Zweifel an der Bestimmtheit und Verhältnismäßigkeit eines arbeitsstrafrechtlich geprägten § 299 StGB. Vor allem aber käme es zu erheblichen Friktionen mit dem Untreuetatbestand. Schließlich existiert im deutschen Recht mit § 266 StGB bereits ein Straftatbestand, der die Vermögensinteressen des Geschäftsherrn wahrt, der aber keine Versuchsstrafbarkeit, geschweige denn eine Vorfeldstrafbarkeit kennt und Pflichtverletzungen von Angestellten lediglich bei bestehender Vermögensbetreuungspflicht und Eintritt eines Vermögensschadens sanktioniert.

Faktisch stellt sich § 299 StGB daher de lege lata als ein *abstraktes Vermögensgefährdungsdelikt* dar.[50] Im Bereich der Wirtschaftskorruption geht es schließlich am Ende des Tages immer um handfeste wirtschaftliche Interessen. Vermögensschäden durch Wirtschaftskorruption erleiden zum einen die Geschäftsinhaber, die die von ihnen an die Angestellten oder Beauftragten des Unternehmens gezahlten Schmiergelder regelmäßig über den späteren Hauptvertrag refinanzieren, indem sie sie in das von ihnen geforderte Entgelt einpreisen.[51] Vermögensschäden erleiden darüber hinaus die Verbraucher, wenn die Kosten für Bestechungszahlungen letztlich über höhere Verkaufspreise an sie weitergegeben werden. Vermögensschäden erleiden aber auch die benachteiligten Mitbewerber. Dies gilt jedenfalls dann, wenn sie in Gestalt einer sog. faktischen Expektanz ohne das korrupte Verhalten des schmiergeldzahlenden Mitbewerbers den Auftrag aller Wahrscheinlichkeit nach erhalten hätten.[52]

Das Hauptproblem des § 299 StGB ist letztlich seine *fehlende Stringenz*. Die Norm stellt sich als Mischmasch aus verschiedenen, individual- wie kollektivschützenden Zielvorstellungen dar, die sich kaum harmonisch miteinander verbinden lassen: ein bisschen Korruptionsdelikt, ein bisschen Wettbewerbsdelikt und ein bisschen Vermögensdelikt – vielleicht in Zukunft auch noch ein bisschen Arbeitsstrafrecht. Auf diese Weise sorgt man aber im Ergebnis weder für das Gemeinwohl, noch für mein Wohl, sondern für kein Wohl.

---

49 Ausführlich dazu NK-*Dannecker* § 299 Rn. 102 ff.; AnwK-*Wollschläger* § 299 Rn. 5 ff.; *Rönnau* (Fn. 5), Rn. 77; *Rönnau/Golumbek* ZRP 2007, 193 ff.; *Lüderssen* Tiedemann-FS, S. 889 ff.; *Zöller* GA 2009, 137 (143 ff.); *Wollschläger* (Fn. 7), S. 145 ff.

50 *Zöller* GA 2009, 137 (146); so i. Erg. auch *Heinrich* in: Arzt/Weber/Heinrich/Hilgendorf, Strafrecht Besonderer Teil, 2. Aufl. 2009, § 49 Rn. 52; *Maurach/Schroeder/Maiwald* Strafrecht Besonderer Teil, Teilband 2, 10. Aufl. 2013, § 68 Rn. 2; *Ransiek* StV 1996, 446 (453).

51 *Kienle/Kappel* NJW 2007, 3530.

52 *Zöller* GA 2009, 137 (146).

Petra Mennicke

Insider-Delikte

Gliederung

Einleitung

Ende Oktober ging die Meldung über das Urteil in einem der bedeutendsten Insiderhandelsprozesse in den USA durch die Presse. „Das frühere Aufsichtsratsmitglied der US-Investmentbank Goldman Sachs, Rajat Gupta, ist zu zwei Jahren Gefängnis und einer Geldstrafe von über US-$ 5 Mio. verurteilt worden, weil er kursrelevante Informationen an einen Freund, den Hedgefonds-Manager Raj Rajaratnam, weitergegeben hatte. In seiner Urteilsbegründung sagte der zuständige Richter dem US-Fernsehsender CNBC zufolge, die Beweise seien nicht nur erdrückend, sondern auch widerwärtig“[1]. Ein ähnliches ethisches Unwerturteil über Insider-Geschäfte und Marktmanipulation als die schwersten Formen des Marktmissbrauchs hat die Europäische Kommission in Begründung und Erwägungsgründen ihres Vorschlags für eine neue EU-Richtlinie über strafrechtliche

1 Siehe Financial Times Deutschland vom 25. Oktober 2012, ftd.de.

Sanktionen für Insider-Geschäfte und Marktmanipulation (Marktmissbrauchsrichtlinie) gefällt[2]. Mit dieser Richtlinie soll erstmals von den Mitgliedstaaten – anders als in den früheren kapitalmarktrechtlichen Rahmenrichtlinien – die Einführung *strafrechtlicher* Sanktionsvorschriften verlangt werden. Die strafrechtlichen Sanktionen sollen „die gesellschaftliche Missbilligung [der Taten] auf eine qualitativ andere Art deutlich machen als verwaltungsrechtliche Sanktionen oder zivilrechtliche Ausgleichsmechanismen"[3].

Mit der Verurteilung von Insider-Geschäften auf der ethisch-moralischen Ebene geht sowohl in den USA als auch in Europa das Bestreben einher, die Aufdeckung und Verfolgung von Insiderhandel zu effektivieren, um als inakzeptabel erkannte Verhaltensweisen, nicht zuletzt mit dem Ziel der Prävention, zu sanktionieren. So ist der Fall Gupta/Rajaratnam das Ergebnis einer groß angelegten Offensive der US-Regierung gegen Insiderhandel, die mehr als siebzig Personen ins Visier genommen haben soll[4].

Auf Ebene der EU bezweckt die Europäische Kommission mit der im Entwurf der Marktmissbrauchsrichtlinie statuierten Verpflichtung der Mitgliedstaaten zur Einführung strafrechtlicher Sanktionen für die „schwersten Formen des Marktmissbrauchs" eine Erhöhung des „Abschreckungseffekts"[5]. Weil Insiderhandel derzeit in einigen Mitgliedstaaten nicht strafbewehrt ist, soll zudem die Vermeidung einer strafrechtlichen Sanktionierung durch ein *forum* bzw. *market shopping* von Insidern vermieden werden. Gleichzeitig soll die Zusammenarbeit der Durchsetzungsbehörden in der EU erleichtert werden.

1. Die neuen Bestrebungen einer Insider-Regulierung auf europäischer Ebene: *Alea iacta sunt?*

An dieser Stelle ist ein Blick auf die nicht nur „per se bemerkenswert[en]"[6], sondern bezüglich der Eingriffstiefe in nationale Rechtssysteme und -traditionen als geradezu revolutionär zu bezeichnenden Vorschläge der Europäischen Kommission zur Neuregelung des Insiderrechts angezeigt. Soviel sei vorweg festge-

---

2 Vorschlag für Richtlinie des Europäischen Parlaments und des Rates über strafrechtliche Sanktionen für Insider-Geschäfte und Marktmanipulation vom 20. Oktober 2011, KOM (2011) 654 endgültig.

3 So in der Begründung des Richtlinienvorschlags, S. 3 f.; ähnlich auch Erwägungsgrund Nr. 6.

4 So die Meldung in der Financial Times Deutschland vom 25. Oktober 2012, ftd.de.

5 Vgl. Begründung der Kommission zum Entwurf der Marktmissbrauchsrichtlinie, S. 4.

6 So für den Entwurf der Marktmissbrauchsrichtlinie *Veil/Koch* WM 2011, 2297/2306.

stellt: Die von *Lüderssen* zu Anfang des Jahres 2009 geäußerte Warnung vor der in der Finanzkrise allzu wohlfeilen Forderung nach einem verschärften Finanzstrafrecht zur Beseitigung tatsächlicher und angeblicher Missstände[7] erweist sich erneut als berechtigt. So beruft sich die Europäische Kommission ausdrücklich auf die weltweite Wirtschafts- und Finanzkrise, welche die Bedeutung der Marktintegrität deutlich gemacht habe[8].

a) Vereinheitlichung des Tatbestands durch unmittelbar geltende Verordnung

Kernelement der Regulierungsentwürfe der Europäischen Kommission ist die Überführung der Marktmissbrauchsrichtlinie aus dem Jahr 2003[9] in eine Verordnung über Insider-Geschäfte und Marktmanipulation[10]. Folge dieser Verordnung wäre eine europäische Vereinheitlichung auf der Tatbestandsebene. Denn als Verordnungsrecht würden die Verbote von Insider-Geschäften und Marktmanipulation, die Pflichten zur Veröffentlichung von Insider-Informationen (Ad-hoc-Publizität) und von Eigengeschäften von Führungskräften nach Art. 288 Abs. 2 des Vertrages über die Arbeitsweise der Europäischen Union (AEUV) unmittelbar in den Mitgliedstaaten gelten; die entsprechenden Vorschriften des WpHG würden obsolet. Konkretisierende Rechtsakte würden ebenfalls auf europäischer Ebene, voraussichtlich auch in der Form von Verordnungen, erlassen, und die Auslegung hätte sich an den vom EuGH entwickelten Grundsätzen zu orientieren. Das verkündete regulatorische Ziel, nämlich durch eine genauere Bestimmung der Merkmale die Rechtssicherheit für die Marktteilnehmer zu erhöhen[11], erreicht die Europäische Kommission aber nicht. Die Regelungstechnik im Entwurf der Verordnung mit dem Verbot bestimmter Handlungen und den jede dieser Handlungen konkretisierenden Bestimmungen ist ähnlich unübersichtlich wie die Verweisungstechnik in den Insider-Vorschriften des WpHG. Verstärkt wird dies durch

---

7 *Lüderssen* FAZ vom 19. Januar 2009.

8 Vorschlag für eine Verordnung des Europäischen Parlaments und des Rates über Insider-Geschäfte und Marktmanipulation (Marktmissbrauch) vom 20. Oktober 2011, KOM (2011) 651 endgültig, Begründung S. 1.

9 Marktmissbrauchs-Richtlinie 2003/6/EG vom 22. Dezember 2003.

10 Entwurf der Verordnung über Insider-Geschäfte und Marktmanipulation (Marktmissbrauch), KOM (2011) 651 endgültig.

11 Siehe Erwägungsgrund Nr. 13 des Entwurfs der Marktmissbrauchs-Verordnung.

die „teilweise ungelenke und missverständliche“[12] Umschreibung der verbotenen Handlungen.

b) Umfassende Sanktionierung durch Strafrecht und weitere Maßnahmen

Auf der Ebene der Mitgliedstaaten verbleibt nur noch die Regelung der Aufsicht und insbesondere der Sanktionierung. Aber auch hier greift der europäische Gesetzgeber sehr weitgehend in die legislative Kompetenz der Mitgliedstaaten ein. Dies gilt nicht nur für die im Entwurf der Marktmissbrauchs-Richtlinie enthaltene Vorgabe der verpflichtenden Einführung von Strafrechtsvorschriften für die Nutzung und die Weitergabe von Insider-Informationen, für Anstiftung und Beihilfe dazu sowie für den Versuch der Nutzung von Insider-Informationen, sondern auch für die detaillierte Anordnung der Statuierung verwaltungsrechtlicher Maßnahmen und Sanktionen im Vorschlag der Marktmissbrauchs-Verordnung.

Dem bereits aufgezeigten Regelungsziel der Kommission entsprechend, nämlich der Effektivierung der Durchsetzung durch Vereinheitlichung der Regulierung in den Mitgliedstaaten und der Erhöhung des Abschreckungspotentials, reicht das Sanktionsarsenal von Geldbußen und Gewinnabschöpfungen über die Anordnung von Tätigkeitsverboten bis hin zum sog. *name and shame* durch die Pflicht zur Veröffentlichung von Rechtsverstößen unter Nennung der daran Beteiligten. Die Frage, ob die Einführung all dieser Sanktionsinstrumente, die teilweise ihr US-amerikanisches Vorbild nicht zu leugnen vermögen, mit den Rechtstraditionen und nicht zuletzt auch verfassungsrechtlich geprägten Rechtsprinzipien der Mitgliedstaaten vereinbar ist, stellt die Europäische Kommission nicht.

c) Strafrechtliche Unternehmensverantwortung

Dies gilt in gleicher Weise für die zu Recht als „größter Paukenschlag“[13] bezeichnete, im Entwurf der Marktmissbrauchsrichtlinie angeordnete strafrechtliche Verantwortlichkeit juristischer Personen für Insider-Handel oder Marktmanipulation zu ihren Gunsten durch Organe und andere Personen in leitender Stel-

---

12 So ausdrücklich *Veil/Koch* WM 2011, 2297/2300.
13 So *Veil/Koch* WM 2011, 2297/2306.

lung[14]. Gerade das deutsche Strafrecht steht der Straffähigkeit juristischer Personen traditionell skeptisch bis ablehnend gegenüber, auch wenn in jüngerer Zeit vermehrt für die Einführung der strafrechtlichen Verantwortlichkeit von Unternehmen plädiert wird. Die Diskussion wurde auf dem 4. ECLE-Symposion im vergangenen Jahr geführt. An dieser Stelle soll sie deshalb nicht weiter aufgegriffen werden.

d) Kritik

Die aufgezeigte Entwicklung zum Insiderrecht in den USA und vor allem auch auf der Ebene der europäischen Gesetzgebung mit ihren unmittelbaren Auswirkungen auf die nationale Gesetzgebung ist in ihrem von der Effektivität der Durchsetzung geprägten Bestreben höchst bedenklich. Die Hypertrophie von Regulierung, Aufsicht und Sanktionen widerspricht dem von *Dirk Uwer* anlässlich des 1. ECLE-Symposions im Jahr 2008 entwickelten Modell von kommunizierenden Röhren – je mehr öffentlich-rechtliche Regulierung, desto weniger strafrechtliche Wirtschaftslenkung[15]. Stattdessen soll es ein Mehr von beidem geben. Die an sich notwendige Reflexion über die Rechtfertigung des Einsatzes des Strafrechts zur Ahndung von Insider-Geschäften im allgemeinen sowie bezüglich einzelner verbotener Tatmodalitäten im Besonderen beschränkt sich auf die postulierte, aber nicht begründete Notwendigkeit, eine gesellschaftliche Missbilligung deutlich zu machen.

Auch wenn angesichts der Vorhaben auf europäischer Ebene die Entscheidung pro strafrechtlicher Sanktionierung kaum noch umkehrbar erscheint, kann dies keinesfalls bedeuten, dass die Diskussion um die Angemessenheit strafrechtlicher Lösungen und ihres Umfangs nicht mehr zu führen ist. Im Gegenteil, die Ultima-Ratio-Funktion des Strafrechts gebietet unverändert die Befassung mit der Frage, wie eine Regelung aussehen sollte, um über ihre verlässliche Einhaltung ein institutionelles Umfeld zu schaffen, das nicht mit „wohlfahrtsmindernden Wirkungen" verbunden ist, sondern vielmehr gemeinwohlwahrend wirkt. Die Diskussion verlagert sich aber auf die europäische Ebene und sollte dort, gerade auch von der deutschen Strafrechtswissenschaft, dringend geführt werden. Die Europäische Kommission hat die für eine strafrechtliche Annexkompetenz gemäß Art. 83 Abs. 2 AEUV vorausgesetzte „Unerlässlichkeit" der straf-

---

14 Siehe Artikel 7 des Entwurfs der Marktmissbrauchs-Richtlinie.

15 *Uwer* in: Kempf/Lüderssen/Volk (Hrsg.), Die Handlungsfreiheit des Unternehmers – wirtschaftliche Perspektiven, strafrechtliche und ethische Schranken, 2009, S. 127/135.

rechtlichen Sanktionen zur Erreichung des angestrebten Ziels nach zutreffender Auffassung nicht dargelegt[16].

2. Insiderhandel und Gemeinwohl

a) Gemeinwohlbezug: Funktionsfähigkeit des Kapitalmarkts und Chancengleichheit der Marktteilnehmer

Als geschütztes Rechtsgut einer Insiderregelung werden gemeinhin die Funktionsfähigkeit des Kapitalmarktes und das darauf gerichtete Vertrauen der Marktteilnehmer genannt[17]. Hervorgehoben werden dabei besonders häufig die Chancengleichheit der Teilnehmer am Kapitalmarkt als wesentliches Element seiner Funktionsfähigkeit und das Vertrauen der Anleger in diese Chancengleichheit.[18]

Der Funktionenschutz des Kapitalmarkts mit dem „traditionellen Vertrauensschutzargument"[19] – Insiderhandel gefährdet das Vertrauen der Anleger in das Fair Play der Kapitalmärkte und wirkt sich negativ auf diese aus – gehört seit langem zur Argumentationsbasis der juristischen Theorie des Insiderrechts[20]. Ergänzend findet sich der Hinweis, dass hinter dem Funktionenschutz die Interessen der einzelnen Marktteilnehmer einschließlich ihrer rechtlich anerkannten Vermögensinteressen stehen. Diese seien vom Funktionenschutz miterfasst bzw.

---

16 Dazu Beschlussempfehlung und Bericht des Rechtsausschusses des Deutschen Bundestages, BT-Drucks. 17/9770 v. 23. Mai 2012, sowie Beschluss des Bundesrats, BR-Drucks. 646/11 vom 16. Dezember 2011.

17 *Chr. Schröder* Handbuch Kapitalmarktstrafrecht, 2. Aufl. 2010, Rn. 109 mit zahlr. Nachw.

18 Siehe schon die Präambel zur Insiderrichtlinie 89/592/EWG vom 13. November 1989; RegE zum 2. FFG, BT-Drucks. 12/6679, S. 33; *Chr. Schröder* Handbuch Kapitalmarktstrafrecht, 2. Aufl. 2010, Rn. 109; *Tiedemann* Wirtschaftsstrafrecht BT, 2. Aufl. 2008, Rn. 356; *Mennicke* Sanktionen gegen Insiderhandel, 1996, S. 98 ff.; *Ph. Koch* Ermittlung und Verfolgung von strafbarem Insiderhandel, 2005, S. 111 bzw. 146; *Lücker* Der Straftatbestand des Missbrauchs von Insiderinformationen nach dem Wertpapierhandelsgesetz, 1998, S. 25, 29; *Soesters* Die Insiderhandelsverbote des Wertpapierhandelsgesetzes, 2002, S. 51 ff., der die Chancengleichheit nur in Verbindung mit der Funktionsfähigkeit des Kapitalmarktes als geschütztes Rechtsgut ansieht; *Gehrmann* Das versuchte Insiderdelikt, 2009, S. 98 ff., der nur die Chancengleichheit als geschütztes Rechtsgut ansieht und dem Vertrauensaspekt die Eignung abspricht, Bestandteil eines durch das Strafrecht geschützten Rechtsgutes zu sein; siehe dazu und zum Vertrauensverlust in Systemen hingegen *Hefendehl* Kollektive Rechtsgüter im Strafrecht, 2002, S. 111 ff., 124 ff.

19 *Hopt* ZGR 1991, 17/27.

20 So *Mennicke* Sanktionen gegen Insiderhandel, 1996, S. 145.

würden einen reflexiven Schutz erleben, allerdings nicht im Sinne eines individuellen Schutzes, sondern in kollektiver Form[21].

Trotz aller Unterschiede in der Umschreibung des von einer Insiderregulierung geschützten Rechtsguts ist ein Gemeinwohlbezug unzweifelhaft zu konstatieren. Es bei dieser Feststellung zu belassen, wäre aber zu kurz gegriffen. Die Betrachtung muss differenzierter ausfallen. Hat die soeben aufgezeigte Gemeinwohlimplikation zwingend ein umfassendes Insiderhandelsverbot zur Folge? Oder sind dem Handel von Insidern vielmehr Gemeinwohlanteile immanent, die den mit einem Verbot verbundenen Eingriff in die Handlungsfreiheit der Kapitalmarktakteure eine Grenze setzen? Hier bedarf es eines Blickes auf die Auseinandersetzung über das Für und Wider von Insiderhandel in der ökonomischen Theorie, die unmittelbar übergeht in eine genauere Bestimmung des eine Verbotsnorm rechtfertigenden Gemeinwohlbelangs. Dies leitet über zur Frage der Konturierung eines Insiderhandelsverbots, die hier auf die verschiedenen Tatmodalitäten, wie sie das WpHG und die europäischen Regelungen kennen, beschränkt bleiben soll.

b) Impliziter Gemeinwohlgehalt von Insiderhandel?

In Teilen der volkswirtschaftlichen Literatur wird darauf hingewiesen, dass Insider-Käufe und -Verkäufe ökonomisch sinnvoll seien und damit erlaubt sein müssten, weil sie über die Antezipierung der späteren Kursentwicklung zur Bildung eines vermeintlich „richtigen" Preises und damit einer optimalen Kapitalallokation beitrügen. So habe Insiderhandel den Vorteil, dass Informationen, zunächst durch das einzelne Insidergeschäft, dann aber auch durch das übliche Nachziehen anderer Marktteilnehmer, sukzessive vor ihrer Veröffentlichung in den Börsenkurs eines Wertpapiers einfließen würden. Der Börsenkurs würde also peu à peu in die „korrekte" Richtung gelenkt. Anleger könnten dann auf ein zutreffenderes Preissignal reagieren, so dass das Kapital an die ökonomisch sinnvollsten Stellen gelenkt würde[22]. Damit einher ginge ein kursstabilisierender Effekt, weil der sukzessive Eingang von Informationen in den Börsenkurs drastische Kurssprünge vermeiden würde, wie sie bei einer Ad-hoc-Publizität typisch

---

21 Dazu ausführlich *Mennicke* Sanktionen gegen Insiderhandel, 1996, S. 85 ff., insbes. S. 98; *A. Popp* wistra 2011, 169/171.

22 Zu dieser Argumentation *Manne* Insider Trading and the Stock Market, 1966, S. 77 ff.; *Wu* Colum. L. Rev. 68 (1968), 260/266; *Carlton/Fischel* Stan L. Ref. 35 (1983), 857/868, 879; *D. Schneider* DB 1993, 1429/1431.

seien[23]. Von diesem Standpunkt aus – unterstellt, er sei zutreffend – haben Insidergeschäfte einen positiven Effekt auf den Kapitalmarkt und seine Effizienz. Eine Gemeinwohlorientierung wäre den Transaktionen von Insidern also inhärent. Eingrenzende Regeln wären insoweit nicht angezeigt.

Eine Schwäche des Arguments der Förderung der „richtigen" Börsenkursbildung und der Stabilisierung der Börsenkurse durch Insidergeschäfte ist das Fehlen eines empirischen Nachweises[24]. Zudem wird angezweifelt, dass der für die Kursanpassung erforderliche Nachzieheffekt anderer Börsenteilnehmer mangels Erkennbarkeit der Aktivitäten von Insidern am Markt nicht notwendig stark und schnell sei. Auch werde ein Insider dazu tendieren, sein privilegiertes Wissen möglichst lang hinter dem „Geräusch des Marktes" zu verstecken[25].

Schließlich ist das Argument einer „anlegerfreundlichen"[26] Kursanpassung durch Insiderhandel im Vergleich zu einer strengen Informationseffizienz durch Ad-hoc-Publizität allenfalls eingeschränkter Zustimmung fähig. Denn in der Vielzahl der Fälle werden die Nicht-Insider in der Zeitspanne der sukzessiven Anpassung des Kurses bis hin zum „richtigen" Wert Wertpapiere für einen Kurs über dem „richtigen" Wert erwerben bzw. zu einem unter dem „richtigen" Wert liegenden Preis veräußern, während der Insider spiegelbildlich von seinem Wissensvorsprung profitiert. Der Insidertransaktion ist damit ein Verstoß gegen die Chancengleichheit der Kapitalmarktteilnehmer immanent. Bestimmten Personen, nämlich den Insidern, wird als Folge einer asymmetrischen, nicht durch eine eigene Leistung bedingten Informationsverteilung die Abschöpfung einer Vorsprungsrente ermöglicht[27]. Aufgrund ihres Sonderwissens können sie das wirtschaftliche Risiko, das Börsengeschäften immanent ist, weitestgehend minimieren, während die übrigen Kapitalmarktteilnehmer infolge einer von ihnen rechtmäßig nicht überwindbaren Informationsasymmetrie nicht hinreichend einschätzen können, ob ein bestimmtes Wertpapier unter- oder überbewertet ist. Im Vergleich zu den Insidern werden sie deshalb die ungünstigere Transaktion tätigen[28].

---

23 *Wu* Colum. L. Rev. 68 (1968), 260/265 ff.; *D. Schneider* DB 1993, 1429/1431; *Leipold* in: Kempf/Lüderssen/Volk (Hrsg.), Die Finanzkrise, das Wirtschaftsstrafrecht und die Moral, 2010, S. 327/333.
24 Siehe *Mennicke* in: Fuchs, WpHG, 2009, vor § 12 bis § 14, Rn. 108 mit weit. Nachw.
25 Siehe dazu *Mennicke* in: Fuchs, WpHG, 2009, vor § 12 bis § 14, Rn. 109 mit weit. Nachw.
26 *D. Schneider* DB 1993, 1429/1431; *Leipold* in: Kempf/Lüderssen/Volk (Hrsg.), Die Finanzkrise, das Wirtschaftsstrafrecht und die Moral, 2010, S. 326/333.
27 Vgl. *Oberender/Daumann* Ordo 43 (1992), S. 255/260 f.
28 Siehe *Villeda* Prävention und Repression von Insiderhandel, 2010, S. 77 f.

Als Folge dieser durch die Informationsasymmetrie bedingten ungleichen Risikoverteilung sollen sich die Marktteilnehmer gegen die gegen ihre Chancengleichheit gerichteten Aktivitäten von Insidern zu schützen suchen. Weil sie bestehende Informationsgefälle nicht selbst ausgleichen können, würden sie gänzlich von einem Investment fernbleiben, sich auf andere Papiere, Märkte oder Anlageformen umorientieren[29] oder die Informationsgefälle bei Transaktionen als Verlustfaktor in Rechnung stellen. Folge wären höhere Verkaufspreise bzw. die Anhebung der Risikoprämie über das Stellen größerer Preisspannen zwischen An- und Verkaufskursen, dem sog. *Bid-Ask-Spread*, durch die *Market Maker*. Dies wiederum hätte eine Erhöhung der Transaktionskosten und damit eine Verringerung von Investitionsniveau und Marktliquidität zur Folge[30]. Eine jüngere Untersuchung von *Gebhardt* scheint einen empirischen Beleg dafür liefern zu können, dass zwischen der Strenge einer Insidergesetzgebung und der Marktliquidität in der Tat ein Zusammenhang besteht[31].

Was folgt daraus für den Gemeinwohlbezug von Insiderhandel? Ein klarer Gemeinwohlanteil lässt sich nicht verifizieren. Selbst wenn die These der Förderung der Informationseffizienz und einer optimalen Kapitalallokation durch Aktivitäten von Insidern zuträfe, wäre gleichwohl der Chancengleichheit der Marktteilnehmer Rechnung zu tragen, die wegen eines von ihnen selbst nicht ausgleichbaren Informationsgefälles zu den Insidern beeinträchtigt wird. Nichts anderes wäre der Fall, wenn man Insiderhandel von vornherein wohlfahrtsmindernde Wirkungen attestierte, weil seine Zulassung negative Folgen für Investitionsniveau und Marktliquidität und damit nicht zuletzt für die Kapitalisierung der Unternehmen hätte. Zurückzuführen wäre dies auf die Beeinträchtigung der Chancengleichheit durch Insideraktivitäten und des Wissens der Marktteilnehmer um diese beeinträchtigte Chancengleichheit. Eine Verbotsnorm müsste also auch hier der Chancengleichheit der Marktteilnehmer Rechnung tragen.

Bei dieser Chancengleichheit handelt es sich um einen Gemeinwohlbelang. Gemeinwohlbelang deshalb, weil die Chancengleichheit einem Marktteilnehmer die Möglichkeit gibt, „am Kapitalmarkt unter gleichen Bedingungen wie alle anderen Teilnehmer tätig zu werden. Es besteht (...) die Freiheit, den Kapitalmarkt als Anlageform so zu nutzen, dass eine rationale Anlagestrategie

---

29 *Hienzsch* Insiderhandelsverbot in der Rechtswirklichkeit – eine empirische Studie, 2006, S. 182.

30 Siehe dazu *King/Roell* 1988, 163/169; *Ott/Schäfer* ZBB 1991, 226/229; *Copeland/Galai* Journal of Finance 38 (1083), S. 1457/1469; *Fishman/Hagerty* Rent Journal of Economics 23 (1992), S. 106/122; weitere Nachweise bei *Villeda* Prävention und Repression von Insiderhandel, 2010, S. 78; *Mennicke* in: Fuchs, WpHG, 2009, vor § 12 bis § 14, Rn. 111.

31 *Gebhardt* Corporate Finance Law 6/2012, S. 297 ff.

möglich ist."[32] Die Chancengleichheit wahrt also individuelle Freiheiten. Damit ist zugleich der zu erwartende Einwand entkräftet, die Chancengleichheit sei nur ein Vorwand dafür, dass man dem Insider seinen Vorteil nicht gönnt, es im Kern also um Moral und Anstand geht, die aber „keine klaren Kriterien für wünschenswertes Marktverhalten"[33] liefern.

c) Folge der zu berücksichtigenden Gemeinwohlbelange für zu verbietende Tatmodalitäten

Die Identifikation der informationellen Chancengleichheit der Marktteilnehmer als zu wahrender Gemeinwohlbelang leitet unmittelbar zu der Frage über, in welchem Umfang die Begrenzung der Handelsfreiheit der Marktteilnehmer durch ein Insiderhandelsverbot zur Wahrung dieses Gemeinwohlbelangs zu rechtfertigen ist. Welche Tatmodalitäten müssen und dürfen im Lichte einer vorzunehmenden strikten Erforderlichkeitskontrolle untersagt werden?

§ 14 Abs. 1 WpHG statuiert drei Verbotstatbestände, nämlich das Verwendungsverbot, also das Verbot des Erwerbs oder der Veräußerung von Insiderpapieren unter Verwendung einer Insiderinformation, das Weitergabeverbot in Form der unbefugten Mitteilung oder des unbefugten Zugänglichmachens einer Insiderinformation sowie das Empfehlungs- und Verleitungsverbot bezüglich des Erwerbs oder der Veräußerung von Insiderpapieren. Auch im Entwurf der Marktmissbrauchsverordnung der Europäischen Kommission findet sich ein entsprechender Verbotsdreiklang[34].

Am wenigsten problematisch ist das Verwendungsverbot. Denn hat jemand Kenntnis von einer Insiderinformation und erwirbt oder veräußert Wertpapiere unter Verwendung dieser Information, so liegt genau darin die Beeinträchtigung der Chancengleichheit, denn die übrigen Marktteilnehmer tätigen ihre Transaktionen, ohne über die betreffende Information zu verfügen oder gar verfügen zu können. In einer solchen Verwendung der Insiderinformation – wobei nach zutreffender Auslegung des Tatbestandsmerkmals des „Verwendens" die Insiderinformation zumindest mitursächlich für die Vornahme des Wertpapiergeschäfts

---

32 So *Gehrmann* Das versuchte Insiderdelikt, 2009, S. 109.

33 So *Leipold* in: Kempf/Lüderssen/Volk (Hrsg.), Die Finanzkrise, das Wirtschaftsstrafrecht und die Moral, 2010, S. 327/336.

34 Siehe Artikel 9 des Entwurfs der Marktmissbrauchsverordnung.

gewesen sein muss[35] – realisiert sich die bestehende Informationsasymmetrie zwischen den Marktteilnehmern. Ob das Verwendungsverbot von seiner Rechtsnatur her deshalb als Verletzungsdelikt einzuordnen ist[36], als Tätigkeitdelikt[37] oder mit der ganz herrschenden Auffassung als abstraktes Gefährdungsdelikt[38], muss hier, weil es den Rahmen sprengen würde, offen bleiben.

Umso problematischer stellt sich hingegen das Weitergabeverbot dar. Das Weitergabeverbot soll die Zahl potentieller Insider möglichst gering halten, um so das Risiko eines Verwendens der Insiderinformation so weit als möglich auszuschließen[39]. Es handelt sich also um ein Verbot im Vorfeld des „eigentlichen" Insidergeschäfts[40], dessen Grund in einer Gefahrerhöhung für das geschützte Rechtsgut gesehen wird. Allein eine bezweckte Effektivierung des Rechtsgüterschutzes durch die Erfassung von Gefahrerhöhungen im Vorfeld ist eine mehr als zweifelhafte Begründung für das Weitergabeverbot[41], vor allem, wenn Zuwiderhandlungen strafrechtlich sanktioniert werden. Anders als das Verwendungsverbot erfordert die Wahrung des Gemeinwohlbelangs der Chancengleichheit das Weitergabeverbot nicht. Im Gegenteil: Das Tatbestandsmerkmal „unbefugt" und die intensive Diskussion um seine Auslegung im Hinblick auf zahlreiche Konstellationen belegen, dass ein unbeschränktes Weitergabeverbot in vielen Fällen sogar wohlfahrtsmindernd wirkte und deshalb von vornherein einer Einschränkung bedürfte. Weil der Empfänger der Information selbst zum Insider wird und damit dem Verwendungsverbot unterliegt, ist die Wahrung der Chancengleichheit aber über das Verwendungsverbot sichergestellt. Hinzu käme bei einer Ausgestaltung als Straftatbestand unter Umständen eine Mittäter- oder Teilnahmestrafbarkeit desjenigen, der die Information weitergibt. Die schützenswerten Interessen von Unternehmen in Bezug auf die Vertraulichkeit von Informationen können über die Vorschriften des § 404 AktG und § 17 UWG gewahrt werden[42].

---

35 Siehe BaFin, Emittentenleitfaden, S. 25; *Assmann* in: Assmann/Schneider, WpHG/6. Aufl. 2012, § 14 Rn. 25; *Mennicke* in: Fuchs, WpHG, 2009, § 14 Rn. 52 ff.

36 So *Gehrmann* Das versuchte Insiderdelikt, 2009, S. 112 f.

37 So *Altenhain* in: Kölner Komm. WpHG, 2007, § 38 Rn. 34; („Tätigkeits- und abstraktes Gefährdungsdelikt") *Waßmer* in: Fuchs, WpHG, 2009, § 38 Rn. 5, der „im Hinblick auf das geschützte Rechtsgut" dann aber von einem abstrakten Gefährdungsdelikt spricht.

38 Vgl. nur *Vogel* in: Assmann/Schneider, WpHG, 6. Aufl. 2012, § 38 Rn. 2.

39 Vgl. *Mennicke* in: Fuchs, WpHG, 2009, § 14 Rn. 5; *Assmann* ZGR 1994, 494/520.

40 So *Mennicke* in: Fuchs, WpHG, 2009, § 14 Rn. 182.

41 In diese Richtung aber noch *Mennicke* Sanktionen gegen Insiderhandel, 1996, S. 609.

42 Dazu *Mennicke* Sanktionen gegen Insiderhandel, 1996, S. 112 ff.

Auch das Empfehlungs- und Verleitungsverbot bewegt sich im Vorfeld des „eigentlichen" Insidergeschäfts[43]. Es soll nach einhelliger Auffassung das Verwendungsverbot absichern[44], denn ohne ein solches Verbot könnte ein Insider sich eines Dritten zum Erwerb oder zur Veräußerung von Wertpapieren bedienen, ohne dass diesem Dritten die betreffende Insiderinformation bekannt wäre. Zur Vermeidung der Ausdehnung in den bloßen Gefahrerhöhungsbereich hinein kann ein Empfehlungs- und Verleitungsverbot zur Berücksichtigung des Gemeinwohls der Chancengleichheit der Marktteilnehmer nur gerechtfertigt sein, wenn es tatsächlich zum Erwerb oder der Veräußerung durch den Dritten kommt.

3. Mögliche Alternativen der Regulierung zu einem (strafrechtlichen) Verbotstatbestand

a) Umfassende Ad-hoc-Publizität anstelle eines Insiderhandelsverbots?

Nachdem die Chancengleichheit der Marktteilnehmer als zu berücksichtigender Gemeinwohlbelang identifiziert worden ist, ist ein Blick auf die Bedeutung einer Verpflichtung zur Ad-hoc-Publizität und ihres Verhältnisses zu einem Insiderhandelsverbot zu werfen. So liegt die Überlegung nahe, über eine umfassende Pflicht zu einer sofortigen Ad-hoc-Publizität in Bezug auf kursrelevante Informationen Informationsasymmetrien zwischen den Marktteilnehmern abzubauen bzw. gar nicht erst entstehen zu lassen, so dass für ein Verbot von Insidergeschäften keine Notwendigkeit mehr bestünde.

Jedenfalls dann, wenn das Insiderhandelsverbot als Straftatbestand konzipiert würde, wäre ein solcher Regulierungsansatz aus Gründen der Verhältnismäßigkeit vorzuziehen. Ein strafbewehrtes Insiderhandelsverbot greift, nicht zuletzt wegen der Androhungsprävention, in besonderem Maße in die Freiheitssphäre jedes einzelnen Kapitalmarktteilnehmers ein. Der Einwand, das strafrechtliche Verbot sei im Vergleich zu einer das Verhalten jedes Emittenten bestimmenden Ad-hoc-Regulierung die „liberalere" Lösung, weil die Betroffenen durch nonkonformes Verhalten den Verboten ausweichen könnten[45], kann hier von vornher-

---

43 So *Mennicke* in: Fuchs, WpHG, 2009, § 14 Rn. 360.

44 Vgl. nur *Assmann* in: Assmann/Schneider, WpHG, 6. Aufl. 2012, § 14 Rn. 118.

45 Zu dieser Argumentation allgemein zuerst *Tiedemann* Tatbestandsfunktionen im Nebenstrafrecht, 1969, S. 145 (Fn. 22); *Tiedemann* ZStW 87 (1975), 253/266 f.

ein nicht greifen. Denn die Verpflichtung zur Ad-hoc-Publizität hat eine deutlich umfassendere Funktion als das Verbot des Insiderhandels.

Ziel der Ad-hoc-Publizität ist es, die Funktionsfähigkeit der Kapitalmärkte durch den Abbau von Informationsasymmetrien zu fördern. Eine frühzeitige und umfassende Veröffentlichung von Insiderinformationen soll die Anleger in die Lage versetzen, fundierte Kauf- oder Verkaufsentscheidungen treffen zu können[46] mit der Folge einer „korrekten“ Preisbildung am Markt, weil alle bedeutsamen Informationen in die Anlageentscheidung der Marktteilnehmer und somit in den Preisbildungsprozess einbezogen würden[47]. Neben dieser Förderung der Informationseffizienz soll die Ad-hoc-Publizität Insiderhandel präventiv vorbeugen[48]. Das Insiderhandelsverbot ist hingegen nicht primär darauf gerichtet, Informationsasymmetrien selbst zu verhindern, denn dies wird so weit als möglich durch eine Ad-hoc-Publizität gewährleistet[49]. Einem Insiderhandelsverbot kommt vielmehr nur die Aufgabe zu, die Ausnutzung zwangsläufig entstehender Informationsasymmetrien zu verhindern[50].

Zuzugeben ist zwar, dass die aufgrund der Verweisungstechnik unübersichtliche und in den Tatbestandsmerkmalen oft unbestimmte Ausgestaltung des Insiderhandelsverbots im WpHG eine hohe Rechtsunsicherheit erzeugt, welche die Adressaten mit dem Risiko einer unzutreffenden Normorientierung belastet. Die Regelung der Ad-hoc-Publizität, wie sie in § 15 WpHG statuiert ist, kann sich aber auch vor diesem Hintergrund nicht als „liberalere“ Lösung erweisen. Denn § 15 WpHG, der mit dem Merkmal der Insiderinformation auf ein identisches Tatbestandsmerkmal wie das Insiderhandelsverbot zurückgreift, trägt damit ebenfalls das Risiko der unzutreffenden Normorientierung in sich, wie insbesondere die Diskussion um die Ad-hoc-Pflicht bei mehrstufigen Entscheidungsprozessen und die dazu ergangene Rechtsprechung (EuGH, Urteil vom 28. Juni 2012 – C-19/11, BB 2012, S. 1817 – *Geltl/Daimler AG*) bestätigen[51].

Wer der Auffassung ist, dass die Aktivitäten von Insidern kursstabilisierend wirkten und insbesondere die mit einer Ad-hoc-Publizität verbundenen stärke-

---

46 Siehe nur *Pfüller* in: Fuchs, WpHG, 2009, § 15 Rn. 31, 34; *Versteegen* in: Kölner Komm. WpHG, 2007, § 15 Rn. 8 ff., jeweils mit weit. Nachw.

47 RegE zum 2. FGG, BT-Drucks. 12/6679, S. 48.

48 Siehe dazu nur *Pfüller* in: Fuchs, WpHG, 2009, § 15 Rn. 35 f. mit weit. Nachw.

49 *Gehrmann* Das versuchte Insiderdelikt, 2009, S. 102; *Ziouvas* Das neue Kapitalmarktstrafrecht, 2005, S. 168.

50 *Gehrmann* Das versuchte Insiderdelikt, 2009, S. 102.

51 Zum Strafrecht als „liberalere“ Lösung bei unbestimmten und zu weit gefassten Normen *Böse* in: Kempf/Lüderssen/Volk (Hrsg.), Die Handlungsfreiheit des Unternehmers – Wirtschaftliche Perspektiven, strafrechtliche und ethische Schranken, 2009, S. 180/183 f.

ren Kursreaktionen verhinderten, würde nicht nur ein Verbot von Insiderhandel, sondern auch eine Verpflichtung zur Ad-hoc-Publizität ablehnen. Die Frage nach der „Ersetzung" eines Insiderhandelsverbots durch eine umfassende Ad-hoc-Verpflichtung stellte sich insoweit nicht. Sie stellt sich dafür umso deutlicher, wenn man die Chancengleichheit der Marktteilnehmer als zu schützenden Gemeinwohlbelang identifiziert. Die Begrenzung der Freiheit von Marktteilnehmern, auf der Grundlage von Insiderinformationen zu handeln, kann aber nicht durch eine umfassende Verpflichtung zur Ad-hoc-Publizität substituiert werden, und zwar aus folgenden Überlegungen:

- Die Verpflichtung zur Ad-hoc-Publizität vermag es nicht, den Zeitvorsprung, den der Insider in Bezug auf die Kenntnis von einer Insiderinformation hat, und der Voraussetzung für eine „erfolgreiche" Insidertransaktion ist, vollständig abzubauen[52]. Insider an der Quelle der Insiderinformation, wie insbesondere Mitglieder der Leitungsebene im Unternehmen, haben zwangsläufig schon vor der Bekanntmachung einer Insiderinformation im Wege der Ad-hoc-Publizität Kenntnis von dieser. Ohne Insiderhandelsverbot könnten sie die betreffende Information in dieser kurzen Zeitspanne trotz bestehender Ad-hoc-Publizität unbeschränkt zu Wertpapiergeschäften nutzen, wobei ihnen noch zusätzlich zugutekäme, dass sie regelmäßig auch über den Zeitpunkt der Ad-hoc-Publizität informiert sind.
- Der andere Grund ist darin zu sehen, dass eine uneingeschränkte Verpflichtung zur Ad-hoc-Publizität ihrerseits wohlfahrtsmindernde Wirkungen hätte. Die berechtigten Interessen eines Emittenten an der Geheimhaltung einer Information, beispielsweise im Hinblick auf eine Beeinträchtigung laufender Verhandlungen bei Unternehmenskäufen und -übernahmen oder die Absicherung von Rechten im Zusammenhang mit Patenten und Erfindungen, erfordern eine adäquate Berücksichtigung. Die Gemeinwohlimplikation der deshalb vorzusehenden Ausnahmen von der Ad-hoc-Publizität liegt vor allem in den berechtigten Geheimhaltungsinteressen der Emittenten, aber auch in der Bewahrung der Leistungsfähigkeit des Marktes für Unternehmenskontrolle mit seiner disziplinierenden Wirkung für unzureichende Managementleistungen. Dieser Markt verträgt eine unbegrenzte Pflicht zur Veröffentlichung jedes Zwischenschritts bei Unternehmensübernahmen nicht.

  Den europäischen Vorgaben entsprechend trägt der deutsche Gesetzgeber diesen mit der informationellen Chancengleichheit konfligierenden Gemeinwohlbelangen mit der Möglichkeit der Selbstbefreiung nach § 15

52 Dazu *Leipold* in: Kempf/Lüderssen/Volk (Hrsg.), Die Finanzkrise, das Wirtschaftsstrafrecht und die Moral, 2010, S. 327/329 f.

Abs. 3 WpHG Rechnung, die es dem Emittenten ermöglicht, die Veröffentlichung einer ad-hoc-pflichtigen Insiderinformation unter bestimmten Voraussetzungen aufzuschieben. Einen kleinen Schritt darüber hinaus geht der Kompromissvorschlag des Rates der Europäischen Union vom 4. Oktober 2012 zur Marktmissbrauchsverordnung[53].[54] Danach soll die Ad-hoc-Publizität auf diejenige Insider-Information beschränkt werden, die den betreffenden Emittenten unmittelbar betrifft. Ist dies nicht der Fall, könnten Emittenten dann ohne Selbstbefreiung die Ad-hoc-Mitteilung aufschieben.

Es ist also zu konstatieren, dass eine umfassende Verpflichtung zur Ad-hoc-Publizität ein Insiderhandelsverbot nicht ersetzen kann. Dem Verbot von Insidergeschäften kommt deshalb eine flankierende Funktion für diejenigen Sachverhalte zu, in denen sich Informationsasymmetrien durch eine Ad-hoc-Publizität nicht verhindern lassen. Insoweit gebietet der Gemeinwohlbelang der Chancengleichheit ein Verbot der Ausnutzung dieser Informationsungleichgewichte.

b) Alternativen zur strafrechtlichen Sanktionierung?

Dieser Befund leitet über zur Frage der Rechtsnatur eines zum Gebot der Ad-hoc-Publizität notwendigerweise hinzu tretenden Insiderhandelsverbots.

Der deutsche Gesetzgeber hat sich, internationalen „Standards" entsprechend, mit der Regelung in den §§ 12 bis 14 WpHG und der eigentlichen Strafnorm des § 38 WpHG für die Schaffung eines Straftatbestandes und damit die strafrechtliche Sanktionierung entschieden. Die strafrechtliche Ahndung von Verstößen gegen die Insidervorschriften soll nach dem Entwurf der Marktmiss-

---

53 Rat der Europäischen Union, 2011/0295 (COD), Dokument 14601/12 vom 4. Oktober 2012. Im Nachgang zur *Geltl/Daimler*-Entscheidung des Europäischen Gerichtshofs vom 28. Juni 2012 (DB 2012, 1496 ff.) und der namentlich aus der Praxis geäußerten Kritik hatte der vorherige Kompromissvorschlag des Rates der Europäischen Union (2011/0295 (COD), Dokument 13313/12 vom 3. September 2012) noch vorgesehen, dass zwischen der Insiderrelevanz und der Ad-hoc-Pflichtigkeit einzelner kursrelevanter Zwischenschritte eines zeitlich gestreckten Vorgangs, die bereits eingetreten sind, differenziert wird. Insiderinformationen im Hinblick auf einen zeitlich gestreckten Vorgang wären danach zwar unter das Insiderhandelsverbot gefallen, hätten aber für sich genommen noch keine Ad-hoc-Publizitätspflicht ausgelöst, sondern erst dann, wenn auch das Ergebnis dieses Vorgangs die Kriterien einer Insiderinformation erfüllt hätte, d.h. hinreichend wahrscheinlich gewesen wäre.

54 Siehe Art. 12 Abs. 1 des Kompromissvorschlags des Europäischen Rates vom 4. Oktober 2012.

brauchsrichtlinie nun auch in den Mitgliedstaaten der EU zwingend vorgeschrieben werden.

(1) Fehlende Legitimation einer strafrechtlichen Sanktionierung

Die spezifisch strafrechtliche Sanktionierung des Insiderhandels ist sowohl rechts- und kriminalpolitisch als auch verfassungsrechtlich umstritten und schon seit langem Gegenstand der Kritik. Kritisiert wird vor allem das durch ein Insiderhandelsverbot zu schützende Rechtsgut der Funktionsfähigkeit des Kapitalmarktes, das „Ausdruck einer schleichenden Entmaterialisierung des Rechtsgutsbegriffs" sei[55], die mit einer mehr oder weniger diffusen Berufung auf ein überindividuelles Rechtsgut gerechtfertigt werde. Das Strafrecht werde dadurch umfunktioniert zum Steuerungsinstrument für wirtschaftliche oder gesellschaftliche Störungen mit der Folge einer Entwicklung vom klassisch-liberalen Strafrecht zu einem symbolischen Risiko- oder Gefährdungsstrafrecht.

Zudem rechtfertige das Ultima-Ratio-Prinzip den Einsatz strafrechtlicher Sanktionen für Insiderhandel nicht. Aufklärungsschwierigkeiten und eine hohe Dunkelziffer bei der Verfolgung von Insiderdelikten ließen Zweifel an der generalpräventiven Funktion des Strafrechtseinsatzes zu[56]. Hinzu kommt die Kritik an der konkreten Ausgestaltung des Insiderstraftatbestands im WpHG mit dem verschachtelten mehrstufigen Blankett-Tatbestand und den zahlreichen unbestimmten Tatbestandsmerkmalen, die erhebliche rechtsstaatliche Probleme im Hinblick auf das Bestimmtheitsgebot des Art. 103 GG aufwerfen würden[57]. *De lege lata* ist deshalb eine restriktive Anwendung des Insiderstrafrechts angezeigt, was vor allem für die Auslegung der unbestimmten Rechtsbegriffe gilt. Insbesondere sind die rechtsstaatlichen Bindungen der Wortlautgrenze und eines Analogieverbots einzuhalten[58].

Die Kritik an der strafrechtlichen Sanktionierung von Insiderhandel offenbart, dass die Strafwürdigkeit und die Strafbedürftigkeit nicht eindeutig begründ-

---

55 So *Krüger* Die Entmaterialisierungstendenz beim Rechtsgutsbegriff, 2000, S. 24 f., 61.

56 Vgl. *Leipold* in: Kempf/Lüderssen/Volk (Hrsg.), Die Finanzkrise, das Wirtschaftsstrafrecht und die Moral, 2010, S. 327/334 f.; *Haouache* Börsenaufsicht durch Strafrecht, 1996, S. 57 ff.; zusammenfassend *Mennicke* in: Fuchs, WpHG, 2009, vor § 12 bis § 14, Rn. 144; sowie *Assmann* in: Assmann/Schneider, WpHG, 6. Aufl. 2012, vor § 12 Rn. 44, jeweils mit Nachw.

57 Zusammenfassend *Hilgendorf* in: Park (Hrsg.), Kapitalmarktstrafrecht, 3. Aufl. 2012, Kap. 3 Insiderdelikte, Rn. 20.

58 Siehe *Mennicke* in: Fuchs, WpHG, 2009, vor § 12 bis § 14, Rn. 145; *Hilgendorf* in: Park (Hrsg.), Kapitalmarktstrafrecht, 3. Aufl. 2012, Kap. 3 Insiderdelikte, Rn. 14.

bar sind. Der Unrechtsgehalt von Insiderhandel liegt unterhalb der Schwelle des Strafrechts. Eine kriminalstrafrechtliche Stigmatisierung des verbotenen Verhaltens vermag er deshalb nicht zu rechtfertigen. Wie dem bei der Regulierung eines Insiderhandelsverbots Rechnung getragen werden sollte, ergibt sich aus den von einem Insiderhandelsverbot zu berücksichtigenden Gemeinwohlbelangen und dem damit einhergehenden unmittelbaren Regelungszusammenhang mit der Ad-hoc-Publizität.

(2) Einheitliche Regulierung von Insiderhandelsverbot und Ad-hoc-Publizität

Ausgehend von der Überlegung, dass die informationelle Chancengleichheit der Marktteilnehmer am besten durch eine umfassende Offenlegung kursrelevanter Informationen hergestellt würde (was aber wegen gegenläufiger gemeinwohlbezogener Interessen nicht möglich ist), kommt dem Insiderhandelsverbot lediglich die flankierende Aufgabe zu, die Ausnutzung zwangsläufig entstehender Informationsasymmetrien zu verhindern. Dieser unmittelbare Regelungszusammenhang impliziert den Vorrang einer einheitlichen wirtschaftsverwaltungsrechtlichen Regulierung des Insiderhandels gemeinsam mit der Regelung der Ad-hoc-Publizität, wie sie sich derzeit im WpHG findet, vor einer strafrechtlichen Kriminalisierung. Weil die Insider-Problematik keinesfalls zum Kernbereich strafrechtlichen Unrechts gehört[59], sondern zusammen mit der Ad-hoc-Publizität Teil eines Finanzmarktordnungsrechts ist, wäre eine solche einheitliche wirtschaftsverwaltungsrechtliche Regulierung konsequent. Im Hinblick auf Verstöße von Insidern wäre sie – parallel zur Ad-hoc-Publizität – durch ein Sanktionssystem zu komplettieren, das jedenfalls schwerwiegende Verstöße als Ordnungswidrigkeiten mit Geldbußen sanktionierte, nicht aber als Straftat.

Eine solche Lösung wäre im Lichte des Subsidiaritätsgrundsatzes dann gerechtfertigt, wenn sowohl Regulierung als auch Sanktionierung trotz des verfassungsrechtlich fundierten Respekts vor der Freiheit der Marktakteure und ihrer Selbstregulierungskompetenz der staatlichen Autorität (sog. *auctoritas*) bedürften. Damit ist die Frage nach einer Lösung des Insiderproblems im Wege der Selbstregulierung durch die beteiligten Wirtschaftskreise gestellt.

---

59 So *Mennicke* Sanktionen gegen Insiderhandel, 1996, S. 571, 505.

(3) Oder doch eine Lösung durch Selbstregulierung?

Die Diskussion einer Lösung der Selbstregulierung durch die Kapitalmarktteilnehmer endet in aller Regel, bevor sie überhaupt geführt wird, mit dem Hinweis darauf, dass das „freiwillige System der Selbstregulierung“[60] der Insiderhandels-Richtlinien von 1970/1988, das durch das WpHG abgelöst wurde, nach einhelliger Auffassung gescheitert ist[61]. Eine der entscheidenden Schwächen dieser Selbstregulierungslösung lag in ihrer Konstruktion. Die Verbindlichkeit und damit Geltung der Insiderhandels-Richtlinien (IHR) setzten zum einen voraus, dass der Emittent die Regeln gegenüber dem jeweiligen Wirtschaftsspitzenverband anerkannt hatte, zum anderen, dass sich der einzelne Insider gegenüber *seiner* Gesellschaft den Regeln unterworfen hatte. Von vornherein konnten nur bestimmte „Angehörige“ einer Gesellschaft, und zwar nur in Bezug auf Informationen, die diese Gesellschaft betrafen, erfasst werden (vgl. § 2 IHR). Im Zuge der letzten Neufassung der IHR im Jahr 1988 wurde immerhin die Möglichkeit der Einbeziehung auch von Beauftragten der Gesellschaft geschaffen, die im Zusammenhang mit ihrem Vertrag Kenntnis von Insiderinformationen zu erlangen pflegen, wie z.B. Rechtsanwälte und andere Berater[62].

Lüderssen hat nun angeregt, dass die Entsprechenserklärung des § 161 AktG ein Modell einer nicht strafrechtlichen Alternative der Selbstregulierung sein könne[63]. Die im Wertpapierhandel abzugebende öffentliche Selbsterklärung „könnte sich darauf beschränken, dass im Rahmen des vorzunehmenden Geschäfts keine Insiderinformationen i.S.d. § 13 WpHG verwendet werden“. Kurz gesagt: Vom Modell des *Disclose or Abstain* zum System von *Comply and Explain.* Mit einer solchen von jedem, der ein Wertpapiergeschäft tätigt, abzugebenden Erklärung könnte der Schwäche der Gesellschaftsbezogenheit, die dem System der Insiderhandels-Richtlinien wegen der Notwendigkeit ihrer Anerkennung immanent war, Rechnung getragen werden. Für ein Modell der Selbstregulierung dürfte es dabei konsequent sein, wenn die Regeln, deren Befolgung zu erklären wäre – vergleichbar dem Deutschen Corporate Governance Kodex, auf den sich die Entsprechenserklärung des § 161 AktG zu beziehen hat –, im Wege der privaten Normsetzung in ein untergesetzliches Normenwerk bzw. Kodex aufgenom-

---

60 *Hilgendorf* in: Park (Hrsg.), Kapitalmarktstrafrecht, 2. Aufl. 2008, S. 167.

61 Siehe die Nachw. bei *Villeda* Prävention und Repression von Insiderhandel, 2010, S. 389 f., sowie die ausführliche Darstellung bei *Mennicke* Sanktionen gegen Insiderhandel, 1996, S. 188.

62 Dazu *Mennicke* Sanktionen gegen Insider, 1996, S. 192 f.

63 *Lüderssen* Grenzen der Kriminalisierung gemeinwohlriskanten unternehmerischen Handelns im Rahmen regulierter Selbstregulierungen (in diesem Band), S. 259, 272.

men würden. Diesem könnte wie dem DCGK als sog. sekundäre Rechtsquelle eine mittelbare Bindungswirkung zukommen, vorausgesetzt, das private Normenwerk würde sich auf eine Wiederholung oder Konkretisierung der gesetzlichen Regelung des Insiderrechts in den §§ 12 bis 14 WpHG beschränken[64]. Notwendig wäre eine solche private Normsetzung aber nicht; die abzugebende Erklärung könnte sich auch unmittelbar auf die gesetzliche Regelung und ihre Einhaltung beziehen.

Die paradigmatische Funktion der Entsprechenserklärung des § 161 AktG lässt sich über eine im Wertpapierhandel abzugebende Erklärung, keine Insiderinformationen bei dem betreffenden Geschäft zu verwenden, jedoch nicht realisieren. Die mit dem *Comply-and-Explain*-Mechanismus verbundene Zielsetzung liefe von vornherein ins Leere.

Die Abgabe der Erklärung im Wertpapierhandel wäre, wie die Entsprechenserklärung nach § 161 AktG, nicht Selbstzweck. Sie soll vielmehr eine Sanktionierung von Verstößen gegen die Insiderverbote über eine Kriminalisierung überflüssig machen, ohne dass gleichzeitig eine hinreichende Anreiz- und Kontrollfunktion, nicht gegen die Insiderverbote zu verstoßen, verloren geht. Eine zu diesem Zweck erfolgende Sanktionierung der Abgabe einer falschen Erklärung im Wertpapierhandel kann angesichts des geringen Handlungsunwertes einer solchen falschen Erklärung – ein Erfolgsunwert ist nicht ersichtlich – nicht der Weg sein.

Wie die Entsprechenserklärung nach § 161 AktG, die über die Information des Kapitalmarkts auf „eine Verhaltenssteuerung durch Kapitalmarktpublizität" angelegt ist[65], wäre die im Wertpapierhandel abzugebende öffentliche Selbsterklärung darauf gerichtet, über die Anreiz- und Kontrollfunktion des Kapitalmarktes eine Befolgung des Insiderhandelsverbots zu erreichen, beruhend auf der Prämisse, dass der Kapitalmarkt dessen Nichtbeachtung sanktionierte. Angesichts der unendlichen Vielzahl von abzugebenden Erklärungen würde der Kapitalmarkt mit diesen geflutet. Die für die Nutzbarmachung der Kapitalmärkte notwendige Sicherstellung ihrer Information über die öffentliche Selbsterklärung wäre deshalb von vornherein faktisch ausgeschlossen. Die alternative Möglichkeit, dass der Betreffende im Rahmen seines an die Depotbank erteilten

---

64 Zur Einordnung als sekundäre Rechtsquelle und der Begründung einer mittelbaren Bindungswirkung siehe *Möllers/Hailer* JZ 2012, 841/849 mit weit. Nachw.; siehe auch die dortigen Nachweise zu den Auffassungen in der Literatur, die den DCGK als rechtlich unverbindlich oder als „Soft Law mit gewisser rechtlicher Verbindlichkeit" einstufen.

65 Dazu Großkomm. AktG/*Leyens* 4. Aufl. 2012, Nachtrag § 161 Rn. 44 ff.; *Habersack* Gutachten E zum 69. Deutschen Juristentag, 2012, E 51 f. mit weit. Nachw. sowie E 57.

Kauf- oder Verkaufsauftrags erklärt, keine Insiderinformation zu verwenden, dürfte auch nicht weiterhelfen. Auch wenn das Unterlassen der Erklärung dazu führte, dass die Bank den Auftrag nicht durchführte, so wäre zu erwarten, dass ein Insider es mangels weitergehender Sanktionen vorziehen würde, eine falsche Erklärung statt gar keiner abzugeben, damit die Transaktion auch durchgeführt würde.

Unabhängig davon beschränkte sich der Informationsgehalt der Erklärung, im Rahmen des vorzunehmenden Geschäfts keine Insiderinformation zu verwenden, allein darauf, sich regelkonform zu verhalten. Damit würde nicht mehr als das bestätigt, was der Markt ohnehin erwartet. Einen weiteren Erklärungsgehalt hätte die Erklärung nicht, anders als die Entsprechenserklärung nach § 161 AktG, die über den Umfang und die Gründe für Abweichungen von den Bestimmungen des DCKG informiert. Im Übrigen bleibt zweifelhaft, auf welche Weise der Kapitalmarkt eine Nichtbeachtung des Insiderhandelsverbots sanktionieren sollte. Eine Einpreisung in den Börsenkurs wie bei der Entsprechenserklärung nach § 161 AktG kann allenfalls in den Fällen denkbar sein, in denen eine börsennotierte Gesellschaft das vorzunehmende Geschäft tätigt.

Im Ergebnis dürfte eine Selbstregulierung nicht die notwendige Anreiz- und Kontrollfunktion bereitstellen können, um der Aufgabe des Insiderhandelsverbots, die Ausnutzung zwangsläufig entstehender Informationsasymmetrien zu verhindern, gerecht zu werden zu können. Hierzu bedarf es der staatlichen Autorität, wenn auch nicht durch eine strafrechtliche Kriminalisierung.

Klaus Bernsmann

„Untreue und Gemeinwohl“ – Eine Skizze

I. Die Untreue (§ 266 StGB) hat nach herkömmlichem Verständnis zumindest unmittelbar nichts mit dem Gemeinwohl[1] zu tun. Schutzgut der Untreue ist nach so gut wie unbestrittener Meinung allein das Vermögen des Treugebers[2] – also ein Individualinteresse, das traditionellerweise dem Wohl der Allgemeinheit gegenübergestellt wird.[3] Auch das Vorliegen einer untreueerheblichen Pflichtverletzung bemisst sich grundsätzlich an einer ggf. nicht ausreichenden Wahrnehmung fremder, partikulärer Vermögensinteressen. Das war – allerdings nur mit Blick auf andere individuelle Rechtsgüter – nicht immer so scheinbar eindeutig[4] und muss angesichts der vom Bundesverfassungsgericht nur halbherzig verengten notorischen „Weite“ und „Unschärfe des Tatbestandes“ des § 266 StGB[5] nicht notwendig immer so bleiben. Wie lässt sich dann aber überhaupt (irgend-)eine ggf. dogmatisch fruchtbar zu machende Beziehung von Untreue und gemeinem, überindividuellem Wohl herstellen? Dazu die folgenden, ebenso knappen wie vorläufigen Überlegungen:

Das Strafrecht taugt kaum dazu, gesellschaftliche Veränderungen herbeizuführen. Aber es reagiert – nicht selten mit einiger Verzögerung und Verfremdung – auf Entwicklungen in seiner gesellschaftlichen, und darin inbegriffen auch rechtlichen Umwelt.

Aus dieser Perspektive ist es z.B. nicht verwunderlich, dass sich (auch) das strafrechtliche Interesse in letzter Zeit u.a. der offenbar gemeingefährlichen sog. Banken- bzw. Finanzkrise zugewendet hat.[6] Im Strafrecht noch nicht in gleichem Maße bzw. überhaupt nicht als tendenziell gemeinwohlbedrohend diskutiert sind dagegen Versäumnisse bei der (Weiter-)Entwicklung sozialstaatlicher Elemente

---

1 Der Begriff ist äußerst schillernd – er wird ebenso häufig beschworen wie kritisiert; er ist ideologieanfällig und gleichsam nach Bedarf inhaltsleer oder inhaltlich beliebig anreicherbar. Im Folgenden soll (so etwas wie) unmittelbarer „Nutzen der Allgemeinheit“ gemeint sein. Grundsätzlich dazu etwa: *Herzog* „Gemeinwohl“, in: J. Ritter (Hrsg.), Wörterbuch der Philosophie III, 1974, S. 248 ff.

2 Vgl. hier nur: BGH St8, 254; 14, 38; *Fischer* 60. Aufl. 2013, § 266 Rn 2; LK (12. Aufl.)-*Schünemann* § 266 Rn 23.

3 Vgl. hier nur: *Engel* Rechtstheorie 32 (2001), 23 ff.

4 Dazu näher unter II.

5 BVerfGE 126, 170 Rn 85.

6 Vgl. etwa: *Schünemann* in: ders. (Hrsg.), Die sogenannte Finanzkrise – Systemversagen oder global organisierte Kriminalität?, 2010, S. 71 ff.; Kempf/Lüderssen/Volk (Hrsg.), Die Finanzkrise, das Wirtschaftsstrafrecht und die Moral, 2010 und die dortigen Beiträge.

und der darin eingebetteten Bedeutung des Vertrauens auf die gegenseitige Loyalität und der Gerechtigkeit der Verhältnisse im Gemeinwesen.[7]

Das führt zurück zum Thema, hier beispielhaft beschränkt auf eine möglicherweise untreuerelevante Beziehung von „Großunternehmen" und gemeinem Wohl. Dass Unternehmen zumindest auch der Allgemeinheit unmittelbar verpflichtet sein könnten, drängt sich dabei als Reaktion auf die evidente Falsifizierung neoliberaler Verheißungen der letzten Jahrzehnte schon fast auf. Werden dann aber Aspekte des Gemeinwohls zur Interpretation der Merkmale der Untreue eingesetzt, scheinen Ergebnisse vor, die im Verhältnis zu den sonstigen strafrechtlichen Entwicklungstendenzen möglicherweise überraschend, weil antizyklisch sind.

II. Das Gemeinwohl stand – insoweit das Thema belastend – in Gestalt des „Wohles des Volkes", schon einmal in einem gesellschaftspolitisch vermittelten Zusammenhang mit der Untreue: Die mit dem „Gesetz zur Abänderung strafrechtlicher Vorschriften vom 26. Mai 1933" in das StGB eingefügte, bis heute in Absatz 1 unveränderte Untreue enthielt in Absatz 2 „besonders schwere Fälle" (Strafdrohung: Zuchthaus bis zu 10 Jahren). Ein „besonders schwerer Fall" sollte – so der Gesetzestext – insbesondere vorliegen, *„wenn die Tat das Wohl des Volkes geschädigt ..."* habe. Die Kasuistik zu diesem Merkmal, das im Übrigen materielle ebenso wie ideelle Schädigungen des Volkswohles erfasste, ist reichhaltig[8] und gehört nicht zu den Ruhmesblättern der Rechtsprechung des Reichsgerichts. Auffällig ist dabei, dass die seit einer Entscheidung des RG aus dem Jahre 1887[9] geltende Annahme, „Nachteil" im Sinne von § 266 StGB sei identisch mit der in § 263 StGB genannten „Vermögensbeschädigung", offenbar zwanglos mit einer immateriellen Schädigung des Volkswohles einhergehen konnte und daher ein noch so kleiner Vermögensschaden bei Hinzukommen eines immateriellen Schadens des Volkswohles zur Annahme eines besonders schweren Falles führen konnte.[10]

Das mag das Nachdenken über die Möglichkeit, gemeinwohlorientierte Gesichtspunkte in die Interpretation der Untreue einzubeziehen, belasten, ist aber ohnehin nicht die einzige, heute meist vernachlässigte Erblast, die auf § 266

---

7 Dazu vehement etwa: *Negt* Gesellschaftsentwurf Europa. Plädoyer für ein gerechtes Gemeinwesen, 2012, passim.

8 Vgl. die Nachweise bei: *Schäfer/v. Dohnanyi* in: Frank, Nachtrag zur 18. Aufl. 1936, II. 17 I 2 b bb.

9 RGSt 16, 77.

10 RGSt 68, 218: Unberechtigte Verwendung öffentlicher Mittel *„zur Befriedigung notwendiger Lebens- und Kleidungsbedürfnisse ..., um sich und seine fünf minderjährigen Kinder dadurch gesund zu halten"* (220).

StGB liegt: Man lese nur *„Verrat und Verbrechen"*.[11] Danach müsste es schwer fallen, (zumindest) die deutsch-nationale Kontaminierung des § 266 StGB zu bagatellisieren;[12] bzw. zu erklären, warum eine Norm, die sich passgenau in die nationalsozialistische Strafrechtsideologie eingefügt hat, gleichermaßen zwanglos mit den Strafzwecken eines demokratisch verfassten sozialen Rechtsstaats vereinbar sein soll.[13] Aber das Bundesverfassungsgericht hat der Vorschrift des § 266 StGB grundsätzliche Verwendungsfähigkeit attestiert. Schon bzw. auch deswegen darf (besser: muss) es heute möglich sein, Gemeinwohlvorstellungen für die Auslegung der Vorschrift des § 266 StGB nutzbar zu machen.

III. Es soll um die sog. Organuntreue gehen, d.h. um die mögliche Strafbarkeit, hier in erster Linie des Vorstands einer AG, in Ansehung zivilrechtlicher bzw. allgemeiner gesellschaftlicher Rahmenbedingungen, die eine Beziehung von Unternehmen und „Gemeinwohl" herstellen könnten. Dass dabei jedes Merkmal der Untreue für sich genommen zu würdigen ist, versteht sich nicht erst seit den entsprechenden Hinweisen des BVerfG auf das sog. Verschleifungsverbot[14] von selbst. An dieser Stelle soll das Schwergewicht allerdings auf dem Merkmal der pflichtwidrigen Handlung liegen.

Mit Blick auf möglicherweise untreueanfälliges Vorstandshandeln beginnen die Probleme allerdings schon bei Grundsätzlichem: Selbst wenn man sich darauf einigt, dass § 266 StGB allein dem Schutz von Vermögen dient, der Begriff „Nachteil" in § 266 StGB also – unter Hinweis auf die Gesetzessystematik – nicht z.B. auch Rufschädigungen oder gar die Arbeitskraft etc. meinen könnte,[15] bleibt mit Blick auf die AG offen, ob es um das Vermögen der Gesellschaft oder um das ihrer – eigentlich im Hintergrund stehenden, aber häufig zur Interpretation der Vorschrift bemühten – Anteilseigner geht. Und in welcher Beziehung stehen der sog. Shareholder bzw. der Stakeholder Value[16] zum Vermögensschaden i.S.

---

11 *Dahm* ZStW 95 (1935), 285.

12 Vgl. aber z.B.: *Dahs* NJW 2002, 272 f.

13 Recht oberflächlich insoweit: BVerfGE 126, 170 Rn 89.

14 BVerfGE aaO, Rn 113; auch schon etwa: LK-*Schünemann* § 266 Rn 168; *Saliger* ZStW 112 (2000), 563, 610.

15 So noch: (u.a.) *Meyer* Lehrbuch des Deutschen Strafrechts, 5. Aufl. 1895, S. 632; *Ammon* Die Untreue, Diss. Tübingen 1894, S. 44; zur „Arbeitskraft" näher unten.

16 Zu Inhalt bzw. Kritik des Shareholder-Value-Konzepts vgl. etwa: *Rappaport* Shareholder Value, 1995, S. 20 ff., bzw. *Ulrich* Integrative Wirtschaftsethik, 4. Aufl. 2008, S. 444 ff.; dort auch der vielzitierte anonyme Aktionär: *„What are you doing with my money? I didn't invest in your company for philanthropic, humanitarian, or social objectives. I invested for profits. I'll make my own decision about other uses of my money"*. Zum Ganzen – unter (straf-)juristischen Vorzeichen

von § 266 StGB? Immerhin dürfte es viele Fälle einer treuwidrigen Schädigung des Gesellschaftsvermögens geben, die den Shareholder Value überhaupt nicht tangieren. Dass eine untreuerelevante Pflichtverletzung, die aus Gründen der allgemeinen objektiven Zurechnung in nahem, richtigerweise unmittelbarem Zusammenhang mit der Schädigung des betreuten Vermögens stehen muss,[17] sich des Weiteren nur aus dem Verhältnis zum Rechtsgutträger, d.h. dem Vermögensinhaber, inhaltlich erschließen lässt, ist eine weitere, bei der Organuntreue nicht immer ausreichend präzise gewürdigte Variable. Hinzu kommt, dass gemäß einem gern zitierten, aber gerade in Zusammenhang mit der Untreue z.T. verschwimmenden Grundsatz nicht bei Strafe verboten sein kann, was zivilrechtlich erlaubt ist.[18] Allerdings sollte auch oder gerade bei der Untreue die schon angesichts des Blankettcharakters der Vorschrift unvermeidbare Zivilrechtsakzessorietät insbesondere bei der Beurteilung der ggf. pflichtwidrigen Vorstandshandlung nur eine negative bzw. asymmetrische darstellen,[19] mit der Folge, dass nicht jede zivilrechtlich ermittelte pflichtwidrige Handlung auch untreuerelevant sein muss. Ausdruck einer solchen, dem ultima-ratio-Prinzip des Strafrechts geschuldeten Befreiung des Strafrechts von zivilrechtlicher Gängelung, dürfte z.B. das in einigen Entscheidungen des BGH in Strafsachen erscheinende, in der sog. „Mannesmann"-Entscheidung[20] allerdings zurückgewiesene Erfordernis einer gravierenden Pflichtverletzung sein.[21] Und schließlich gibt das geschützte Interesse auch das Objekt der Treubindung des Vorstandes vor. Insoweit ist zwar unbestritten, dass den Vorstand eine Vermögensbetreuungspflicht trifft. Das führt ganz nahe zum Thema: Wenn Treugeberin die handelsrechtlich verstandene Gesellschaft ist, kann sich der Vorstand nur, d.h. „monistisch", auf die Wahrung der zumindest vorrangig erwerbswirtschaftlichen, also Profitinteressen der Anteilseigner verpflichtet haben. Ist aber Treugeber ein von dieser „Gesellschaft" materiell (und dann auch terminologisch) zu unterscheidendes Konstrukt: das „Unternehmen", mit möglicherweise im Verhältnis zur Gesellschaft selbständigen, v.a. breiter gestreuten und damit dem Vorstandsermessen i. S. von § 76 Abs. 1 AktG größere Spielräume einräumenden (Unternehmens-)Interessen, zu denen

sehr instruktiv auch: *Nattkemper* Untreuestrafbarkeit des Vorstands einer Aktiengesellschaft, Diss. Bochum 2012, S. 307 ff.; 348 ff.

17 Vgl. BGH NStZ 2009, 686, 688 = StV 2009, 687, 689; BGH NJW 2011, 3528 (nicht mehr abgedruckt in BGHSt 54, 44 ff.); *Seier* in: Achenbach/Ransiek, Handbuch Wirtschaftsstrafrecht, 3. Aufl. 2012, V 2 Rn 211 ff.; ohne Begründung anders: BGHSt 56, 203 Rn 59.

18 Ausführlich zur Problematik: LK-*Schünemann* § 266 Rn 93 ff.

19 *Lüderssen* FS Lampe, 2003, 727, 729; *ders.* FS Eser, 2005, 397, 398 ff.

20 BGHSt 50, 331, 343 ff.

21 Etwa: BGHSt 46, 30; 47, 148; 47, 187, 197; näher zum Ganzen: LK-*Schünemann* § 266 Fn 19.

dann auch Aspekte des Gemeinwohls gehören könnten, hätte das Auswirkungen auf die strafrechtliche Bewertung der untreueerheblichen Vorstandspflichten. Letztere Möglichkeit liegt nicht ganz fern: § 70 des AktG von 1937 enthielt bis 1965 eine ausdrückliche Gemeinwohlbindung.[22] Die Vorschrift lautete: *„Der Vorstand hat unter eigener Verantwortung die Gesellschaft so zu leiten, wie das Wohl des Betriebes und seiner Gefolgschaft und der gemeine Nutzen von Volk und Recht es fordern“.*[23] Auch der Referentenentwurf eines AktG von 1958 sah – in § 71 Abs. 1 – vor, dass der Vorstand die Gesellschaft unter eigener Verantwortung so zu leiten habe, wie das Wohl des Unternehmens, seiner Arbeitnehmer und der Aktionäre sowie das Wohl der Allgemeinheit es fordere. Gesetz wurde 1965 allerdings in Form von § 76 Abs. 1 AktG nur noch der erste Teil von § 70 AktG 1937. Dabei ging die Begründung für den Gesetz gewordenen Regierungsentwurf allerdings davon aus, dass die Berücksichtigung der Interessen der Arbeitnehmer und Aktionäre sowie des Wohls der Gesellschaft selbstverständlich und in dem dem Vorstand eingeräumten Ermessen wohl aufgehoben sei.[24] Aber es fragt sich, ob das wirklich und dann auch noch mit Auswirkungen auf das Strafrecht in Gestalt von § 266 StGB gilt?

Zunächst: Ob „Gesellschaft“ – unstreitig ohne – oder „Unternehmen“ mit Gemeinwohlbindung, der Vorstand ist Treuhänder fremder Interessen unabhängig davon, ob die Treugeberin Gesellschaft oder Unternehmen heißt. Folgenreicher ist dagegen der abhängig von der Interessenzuweisung unterschiedliche Umfang bzw. die je unterschiedliche Zielrichtung der Vorstandspflichten: Ist der Vorstand allein auf das Gesellschaftsinteresse verpflichtet, hat er sein Handeln vorrangig am Vermögensinteresse der „Gesellschaft“, sowie – zumindest mittelbar – an den Eigentümern und deren Profitinteressen auszurichten. Die Verfolgung anderer als erwerbswirtschaftlicher Interessen oder Zwecke hat in diesem Konzept keinen verpflichtenden Platz. *„Dem telos des Gesetzes, das den Aktiensparer als wirtschaftlichen Eigentümer zur Richtschnur seiner Ausgestaltung nimmt, würde es zuwiderlaufen, wenn dem verantwortlichen Unternehmensleiter in § 76 AktG zur Pflicht gemacht würde, gleichrangige Dritt- und Allgemeininteressen zu verfolgen“.*[25] In die gleiche Richtung einer Desavouierung der Verfolgung von nicht ausschließlich gewinnorientiertem, erwerbswirtschaftlich begründba-

---

22 Dies wird von *Riechers* Das „Unternehmen an sich“, 1996, S. 166, als Tribut an das *Rathenau* zugeschriebene, gleichnamige Konstrukt gedeutet (dazu: *Rathenau* Vom Aktienwesen, 1918).

23 Für Österreich vgl. auch: § 70 öAktG.

24 Begr. RegE u. Ausschussbericht – abgedruckt bei *Kropff* Aktiengesetz, 1965, S. 99 f.; zum Ganzen: *Nattkemper* Fn 16, S. 295 ff.

25 *Wiedemann* Gesellschaftsrecht I, 1980, S. 339.

rem Vorstandshandeln zielen auch die sog. Shareholder-Value-Doktrin[26] und die Principal-Agent-Theorie.[27]

Um eine vorrangige Verpflichtung des Vorstands auf Profitinteressen geht es auch dem BGH in Strafsachen, und zwar unabhängig davon, ob die Pflichtengenese unmittelbar dem Zivilrecht entnommen wird oder erst auf dem Wege des strafrechtlichen Filters einer „gravierenden" Pflichtverletzung. Für den erstgenannten Weg steht das bereits angesprochene sog. „Mannesmann"-Urteil.[28] Ihm zufolge besteht ein Handeln im Unternehmensinteresse ausschließlich darin, den wirtschaftlichen Vorteil der Gesellschaft zu wahren und wirtschaftliche Nachteile von ihr abzuwenden. Das Vorstandsermessen wird auf die Mittelwahl reduziert. Auch die „Kinowelt"-Entscheidung,[29] die auf angeblich spezifisch strafrechtlich entwickelte Aspekte der Pflichtverletzung abhebt, handelt in Wahrheit nur von Rentabilitätsgesichtspunkten, die dem Vorstandsermessen i.S. der §§ 76, 93 AktG Konturen verleihen sollen. Gleiches gilt für den Umgang des BGH etwa mit Spenden, deren Gewährung der Vorstand beschließt. Zwar geht der BGH von der Zulässigkeit, das Unternehmen etwa durch Spenden als „good corporate citizen" zu präsentieren, aus, betont aber zugleich, dass Ziel auch solchen Tuns sein müsse, *„dadurch indirekt"* das *„Fortkommen"* der Aktiengesellschaft *„zu verbessern"*.[30] D.h. auch hier wird das Vorstandsermessen auf die Wahl der Mittel zur Wahrung, Förderung ökonomischer Gesellschaftsinteressen reduziert – sozialnützliches Handeln bedarf der betriebswirtschaftlichen Kontrolle, pflichtgemäß ist nur, was geeignet ist, den Gewinn zumindest langfristig zu steigern. Anders gewendet: Die Verpflichtung des Vorstands auf ausschließlich handelsrechtlich verstandene Gesellschaftsinteressen lässt ein zielgerichtetes Handeln in erwerbswirtschaftlich neutralem, vielleicht sogar gemeinnützigem Drittinteresse nicht zu. Entsprechendes Handeln ist pflichtwidrig, die noch so edle, gemeinnützige Zweckerreichung wäre kein Äquivalent im wirtschaftlichen Sinn und daher ein „Nachteil" i.S. von § 266 StGB.

Diese – bestenfalls im Sinne eines sog. „enlightenend Shareholder Value"-Ansatzes – abmilderbare, d.h. auch andere Interessengruppen zumindest berücksichtigende Verpflichtung des Vorstandes auf das reine Geschäftsinteresse, blendet andere Zielgruppen bzw. -objekte als pflichtenrelevant aus: Die

---

26 Schon oben: Fn 17.

27 Zu diesem Ansatz, der das Schwergewicht auf die Beziehung: Anteilseigner – Manager legt, vgl. aus rechtlicher Perspektive etwa: *Spindler* AG 2006, 677; *Fleischer* in: Spindler/Stilz, AktG, 2. Aufl. 2010, § 76 Rn 11.

28 BGHSt 50, 331.

29 BGH NJW 2006, 453.

30 BGHSt 47, 187, 195.

sog. Stakeholder,[31] d.h. Arbeitnehmer, Lieferanten, Kunden, Kommune etc. werden nur berücksichtigt, weil und soweit der Vorstand auf den Rückhalt aller Bezugsgruppen angewiesen ist. Gemeinwohlorientierung oder gar -bindung mit welchen konkreten Inhalten auch immer ist ohne erwerbswirtschaftliche Legitimierung pflichtwidrig.

Das ist sicher Ausdruck alteingesessener liberaler Strömungen im deutschen Gesellschaftsrecht, lässt sich aber problemlos auch mit weniger traditionsreichen Deregulierungs-Theorien und den Schrecken in Verbindung bringen, die sich in Ansehung rücksichtsloser Verfolgung von Shareholder-Value-Doktrinen einstellen können.

IV. Eine Möglichkeit, strafwürdige Pflichtverletzungen des Vorstands nicht schon im Verstoß gegen ein unbedingtes Gewinnmaximierungsgebot zu sehen, liegt dagegen in Folgendem:

§ 266 StGB handelt auch von der Wahrnehmung und Betreuung fremder *„Vermögensinteressen"*. Das muss die Frage erlauben, ob es wirklich das „Interesse" z.B. einer vom „Deutschen Corporate Governance Kodex" (DCGK) u.a. auf nachhaltige Unternehmensführung angesprochenen Gesellschaft[32] sein kann, auf eine Profitmaximierungsveranstaltung seiner Eigentümer reduziert zu werden. Man mag einen Blick auf die „Eigentümer" einiger DAX-Unternehmen werfen und wird sich der Drastik, die sich mit der rigorosen Wahrnehmung nicht nur der Interessen vieler ausländischer, autoritär regierter Staaten Arabiens und Asiens dann verbindet, kaum verschließen können.[33]

Dem Interessenbegriff, der kaum weniger unhandlich ist als der des Gemeinwohls, kann hier nicht angemessen nachgegangen werden.[34] Es könnte aber durchaus sein, dass der Inhalt dieses Begriffes gleichsam der Hebel ist, um aus der eindimensionalen Aktionärsveranstaltung „Gesellschaft" die soziale, pluralistische, im DCGK ja auch so bezeichneten Veranstaltung „Unternehmen" zu machen. Das Unternehmen, das sich nicht nur ab und an „aus strategischen Gründen" als „good corporate citizen" darstellt, sondern dass sich – jenseits der notorischen, wohlfeilen Gemeinwohl-Rhetorik – nach Innen und nach Außen

31 Zu diesem Begriff vgl. hier nur: *von Werder* in: Ringleb/Kremer/Lutter/v. Werder (Hrsg.), Deutscher Corporate Governance Kodex, 4. Aufl. 2010, Rn 352; auch: *Bernsmann* GA 2007, 219, 225 f.

32 Vgl. Präambel des DCGK.

33 Das sollte auch bei moralischem Argumentieren in Zusammenhang mit der sog. „Compliance" bedacht werden: Innerbetriebliche Verpflichtung auf strikte Gesetzestreue darf sich nicht mit Scheuklappen in Bezug auf die Strukturen verbinden, denen die compliance-gestützte Profitmaximierung bei den Anteilseignern nicht selten stabilisiert.

34 Ausf. u. mit weiteren Nwen: *Nattkemper* Fn 17, S. 54 ff.

seiner sozialen Einbindung ebenso bewusst ist wie seiner sozialen Verantwortung und dem nicht nur programmatisch sondern alltäglich ernsthaft Rechnung trägt.

Das führt unmittelbar zu einer Diskussion, die im Zivilrecht seit langem einen breiten Platz einnimmt, im Strafrecht aber deutlich weniger Resonanz gefunden hat: Es geht um das **Unternehmen** als Träger eines **Unternehmens**interesses als Antithese zur Gesellschaft als Trägerin eines bloßen Gesellschaftsinteresses;[35] ins Strafrechtliche gewendet damit um die Frage: Hat sich die Identifizierung der untreuerelevanten Pflichten des Vorstandes allein an den Aktionärsinteressen zu orientieren oder dürfen, ggf. müssen – zusammengefasst unter der Metapher des Unternehmensinteresses – auch Belange anderer Bezugsgruppen wie Arbeitnehmer, Kunden, Lieferanten, Verbraucher, Kreditgeber, der Standort, die Ökologie in die Vorstandsentscheidung einfließen.

Ob Vorstandshandeln gesellschaftsfixiert monistisch oder unternehmensbezogen pluralistisch ausgerichtet ist,[36] die jeweilige Auswirkungen auf das Strafrecht sind nicht zu unterschätzen: Den Eintritt eines Schadens beim Treugeber vorausgesetzt, bleibt dem Vorstand auf der Ebene der pflichtwidrigen Handlung deutlich weniger Entlastungsspielraum, wenn es letztlich allein um das Wohlergehen der Aktionäre als wenn es zumindest auch um Anliegen der o.g. Stakeholder ginge bzw. gehen dürfte oder gar müsste.

Nimmt man die im Gesellschaftsrecht zunehmend dynamisch geführte Debatte ernst,[37] hinge das Vorliegen oder Nicht-Vorhandensein einer untreuerelevanten Handlung des Vorstandes dann allerdings von der Beantwortung einer von den (primär zuständigen) Gesellschaftsrechtlern alles andere als eindeutig beantworteten Frage ab. Andererseits kommt, wer – z.B. aus grundsätzlichen gesellschaftspolitischen Erwägungen – Strafrecht und Gemeinwohlbelange in Beziehung setzen will, kaum daran vorbei, Vorstandspflichten nicht ausschließlich zu einem Vehikel ggf. kurzfristiger Gewinnmaximierung bzw. Steigerung des Shareholder Value zu machen. Ob vom Gesellschaftsrecht in vollem Umfang getragen oder nicht, mag es dann Ausdruck der ohnehin gebotenen asymmetrischen Zivilrechtsakzessorietät der strafrechtlichen Begriffsbildung im Bereich der Untreue sein,[38] dass es dem Vorstand auch erlaubt sein muss, die im Unternehmensverbund verkoppelten gegenläufigen Interessen im Sinne praktischer

35 Die Terminologie ist noch wenig einheitlich – vgl. etwa: *Hüffer* Aktiengesetz, 10. Aufl. 2012, § 76 Rn 12 ff.; 15.

36 Vgl. auch: *Korz* AG 2012, 605 ff.

37 Vgl. hier nur: *Hüffer* Fn 35.

38 *Lüderssen* Fn 20.

Konkordanz miteinander zu versöhnen.[39] Ein in letzterem Sinn verstandenes Unternehmensinteresse, aus dem sich durchaus konkrete Handlungsmaximen ableiten lassen, entspräche im Ergebnis im Übrigen einer gesellschaftsrechtlichen Auffassungen, die – immer noch – von einer subkutanen Fortgeltung von § 70 Abs. 1 AktG 1937 ausginge,[40] also der Vorschrift, die das Vorstandshandeln ausdrücklich an Gemeinwohlvorstellungen binden wollte. Einer Gemeinwohlbindung des Unternehmens mag sich im Übrigen auch aus dem in dieser Richtung bislang eher vernachlässigtem Art. 14 Abs. 2 GG ergeben.

Eine vermittelnde Lösung für das Strafrecht könnte z.B. so aussehen:

Wenn Stakeholder-Belange einem vom Vorstand wahrzunehmenden Unternehmensinteresse zugeordnet werden, darf der Vorstand verschiedenste Partikularinteressen jenseits der Profitorientierung nach Maßgabe ihrer jeweiligen Dringlichkeit in der Einschätzung seiner konkreten Handlungs- oder Unterlassungspflicht einbeziehen. Angesichts der zivilrechtlich kaum in Abrede zu stellenden, grundsätzlichen Dominanz der Gesellschafts- bzw. Aktionärsinteressen, mögen diese allerdings grundsätzlich im Vordergrund stehen; zudem darf – natürlich – das Bestandsinteresse des Unternehmens nie aufs Spiel gesetzt werden. Das wird – an anderer Stelle anhand von Beispielen – zu erproben sein.

V. Aber keine Regel ohne Ausnahme? Daher noch (einmal) zu der Frage, ob nicht – konsequenterweise – ein Stakeholder-Interesse im Einzelfall doch so stark und im Gegenzug andere Interessen, besondere, d.h. gesteigerte Renditeanliegen der Anteilseigner im Verhältnis dazu so schwach werden können, dass der Vorstand aufgrund der aus dem Unternehmensinteresse in obigem Sinn rührenden, untreuerelevanten Pflicht einem den Aktionärsinteressen besonders zuwiderlaufenden Stakeholder-Interesse den Vorzug nicht nur einräumen **darf**, sondern ggf. untreuebegründend sogar **muss.**[41]

Ich habe das früher einmal – zugegeben gedacht als Provokation derer, die seit jeher proklamieren, Untreue ginge immer, dann aber vor ernstzunehmenden Konsequenzen zurückschrecken – am Beispiel einer auf Kosten zahlreicher Arbeitsplatzverluste gehenden, um kleiner Renditesteigerungen Willen erfolgten Betriebsverlegung ins Billigausland andeutungsweise durchgespielt.[42] Ich bin –

---

39 *Bernsmann* Fn 32

40 Zu § 70 Abs. 1 AktG schon oben.

41 *Bernsmann* Fn 32.

42 *Bernsmann* Fn 32, 219, 225 ff. Dass in Bochum demnächst nach dem in dem Aufsatz angesprochenen „Weggang“ von „Nokia“ die ebenso nachhaltig allein die „Stakeholder“ beeinträchtigende Schließung von „Opel“ ansteht, zeigt die grundsätzliche Bedeutung des Themas.

abgesehen davon, dass ich der Fraktion der „Untreue-geht-immer"-Protagonisten daraufhin zu Unrecht zugerechnet wurde – auf wenig Resonanz und überhaupt keine Zustimmung gestoßen.[43] Allerdings wird mir weniger entgegengehalten, es könne eine Vorstandspflicht in Bezug auf Arbeitsplätze von Vornherein gar nicht geben; angeblich schlagendes Gegenargument ist, dass die im Verlust eines Arbeitsplatzes liegende Frustrierung der Arbeitskraft keinen „Nachteil" i.S. von § 266 StGB darstelle, weil die bloße Arbeitskraft – anders als die auf ihrer Grundlage erbrachte Arbeitsleistung – keinen Vermögenswert habe.[44]

Dazu nur so viel: An diesem Beispiel ließe sich einerseits durchaus zeigen, dass „Nachteil" i.S. von § 266 StGB doch etwas anderes sein könnte als ein reiner Vermögensschaden; was anderes als evidente „Nachteile" erleidet der Arbeitnehmer und die soziale Umwelt der Unternehmen?!

Andererseits ist die Normativierung des Begriffes des Vermögensschadens so weit fortgeschritten (gutgläubiger Erwerb; individueller Schadenseinschlag; Zweckverfehlung; Quotenschaden usw.),[45] dass kaum ersichtlich ist, warum dann das Haben einer Arbeit für eine Person – zumindest aus normativer Perspektive – nicht mehr wert sein sollte als die freigesetzte, brachliegende Arbeitskraft:[46] So wenig der Verlust einer Wohnung nicht dadurch kompensiert wird, dass man – „auf der Straße stehend" – keine Miete mehr zahlen muss, so wenig wird der Verlust eines Arbeitsplatzes dadurch kompensiert, dass man – „auf der Straße stehend" – keine Arbeitsleistung mehr erbringen muss.[47] Der „Empörung" über meine angebliche fundamentale Verkennung des Begriffs des Vermögensschadens in Ansehung der (Ware) Arbeitskraft gilt daher – aus objektiver Perspektive – mein „Zynismus"-Verdacht.

43 Etwa: *Bosch/Lange* JZ 2009, 225, 233; *M. Hoffmann* Untreue und Unternehmensinteresse, 2010, 236 ff.; 277.

44 Vgl. hier nur: *Rönnau* in: FS Rissing-van Saan, 2011, 517; für die hergebrachte, aber nicht haltbare Unterscheidung zwischen Arbeitskraft und Arbeitsleistung vgl. MüKo-*Hefendehl* § 263 Rn 396.

45 *Hoffmann* Fn 42.

46 Ausf.: *Ruland* Arbeitskraft als vermögenswertes Rechtsgut, 1984.

47 *Seier* Der Kündigungsbetrug, 1989, 325 f.

Klaus Lüderssen

Grenzen der Kriminalisierung gemeinwohlriskanten unternehmerischen Handelns im Rahmen regulierter Selbstregulierungen

Inhalt

In dem Maße, wie Gemeinwohlaspekte als Implikate der Unternehmerfreiheit erscheinen, kann man sich auf die Regulierung der Selbstregulierung beschränken. Taucht das Gemeinwohl konkurrierend oder ergänzend zur Freiheit des Unternehmers auf, so werden zusätzliche Regulierungen erforderlich.

Man erhält auf diese Weise ein Instrument, das die formale Unterscheidung zwischen Fremdregulierung und Selbstregulierung substanziell valutiert. Das gesamte Material, das im Laufe der letzten hundert Jahre für die Umschreibung dessen, was man unter Gemeinwohl verstehen kann, zusammengekommen ist, bietet also durchaus eine Grundlage für die Beantwortung der im Einzelfall zu stellenden Frage nach der Argumentationstendenz, die entweder die Gesetzgebung oder die korrigierende bzw. ergänzende Auslegung von Normen und schließlich deren Umsetzung bei der Subsumtion der Sachverhalte leitet.

Darüber hinaus bestimmt der Umgang mit dem Gemeinwohl die wirtschaftsrechtspolitischen Paradigmenwechsel der letzten hundert Jahre: Sie reichen von den maßvollen, in der ersten Hälfte des vorigen Jahrhunderts erdachten Regulierungskonzepten des Ordoliberalismus, der in Westdeutschland die Wirtschaftspolitik der fünfziger und frühen sechziger Jahre geprägt hat über die (nicht immer gleich wahrgenommenen) allmählich einsetzende keynesianisch beeinflussten Interventionsschübe, bis hin zu den in den achtziger Jahren wiederkehrenden, theoretisch dem Neoliberalismus der Chicago-Schule geschuldeten Deregulierungsbestrebungen und deren – streitig bleibende – Relativierung unter dem theoretisch behaupteten, praktisch aber kaum registrierbaren Einfluss der neuen Institutionenökonomie.

Diese mit wechselhaften *Kriminalisierungstendenzen* verbundenen Entwicklungen sind in den einschlägigen Beiträgen zu früheren Symposien schon ziemlich deutlich hervorgetreten. Deshalb soll jetzt der Frage nachgegangen werden, welche Bedeutung die Lokalisierung des Gemeinwohls im Rahmen der Interdependenzen zwischen individuellen und kollektiven Interessen mit Blick auf mögliche *Entkriminalisierungen* haben könnte.

I. Ein Modell – Die Entsprechenserklärung im Aktienrecht

1) Die Regelung des § 161 Aktiengesetz

Studiert man die neueste gründliche Darstellung und Analyse des deutschen Corporate Governance Kodex[1], so wird das Modell einer Selbstregulierung sichtbar, deren Technik[2] bei den soziologischen und rechtstheoretischen Protagonisten einer Welt unterhalb oder – je nachdem – oberhalb des Staates sich etablierender, Recht produzierender Gremien und Institutionen mit unsicherem Demokratiestatus nur Neidgefühle hervorrufen kann, und nichts zu tun hat mit einer „metaphysisch-theologisch drapierten Selbstregulierungsillusion“[3]. Als Ausgangspunkt soll hier das Problem der „Legitimation“ von „Regelungskompetenz und Regelungszuständigkeit, des Anwendungsbereichs und der Zielsetzung staatlicher oder halbstaatlicher Vorschriften über die Kontrolle des Unternehmens“[4] anvisiert werden. Dabei geht es zunächst nicht um „Marktmechanismen zur Kontrolle des Leitungsorgans (insbesondere auf dem Markt für Unternehmenskontrolle und den durch Offenlegungspflicht funktionsfähig gehaltenen allgemeinen Kapitalmarkt)“, sondern um „gesellschaftsinterne Mechanismen“[5], unter Bezugnahme auf eine Beschlussempfehlung des Rechts-Ausschusses des Deutschen Bundestages; „Eine gesetzliche Verpflichtung zur sozialen Verantwortung (*Corporate Social Responsibility*) widerspricht dem Grundgedanken des frei verantwortlichen gesellschaftlichen Engagements und lehnen wir daher ab. Ebenso lehnen wir Ansätze einer Bewertung oder Bepunktung des sozialen Engagements

1 *Habersack.*

2 S. dazu die Schemata bei Helmut Görling/Cornelia Inderst/Britta Bannenberg (Hrsg.), Compliance: Aufbau-Management – Risikobereiche, Heidelberg u.a. 2010, S. 545 f.

3 *Alexander Rüstow* Ortsbestimmung der Gegenwart. Eine unrealistische Kulturkritik, 3. Band, Das Versagen des Wirtschaftsliberalismus, Münster, 2003, S. 141 ff.

4 *Habersack* aaO. E 13.

5 aaO., E 15.

ab. Dies würde in vielen Bereichen kontraproduktiv wirken“[6]. Das ist ein deutlicher Hinweis darauf, dass die Verpflichtung zur Übernahme von *Social Responsibility* durch die Aktiengesellschaft beschränkt bleibt auf die strukturell mit der normalen Geschäftstätigkeit verbundenen Effekte.

Die substanzielle Anknüpfung für diese Kopplung liefert der Begriff des Unternehmensinteresses, das eine zentrale Stellung im DCGK einnimmt[7]. Danach enthält die Entsprechenserklärung gemäß § 161 Abs. 1 AktG. das Bekenntnis zu einer Geschäftstätigkeit, die implizit Gemeinwohlbelange berücksichtigt – nicht mehr und nicht weniger. Die „Dogmatik“ des Unternehmensinteresses wird nicht müde, diese seine Struktur zu betonen[8]. Das beginnt mit dem generalisierenden Satz: „Die Moral lässt sich nicht **gegen** die Funktionserfordernisse der modernen Wirtschaft zur Geltung bringen, sondern *nur* **in** und **durch** sie“[9]. Voraussetzung für die Einnahme dieser Position ist, dass es sich auch rechtsethisch immer nur um Verantwortungsethik handeln kann[10]. Der wichtigste Anwendungsfall ist der einer Unternehmensethik, „die in der wechselseitigen Nutzenmaximierung ein Prinzip der – wettbewerbsorientierten – Interessenabgrenzung und damit vernünftigen Güterverteilung sieht.“[11]. Es kommt also auf die Ausgangsdefinition an. Die Grenze der internen Unternehmensethik ist aber „sicher dort erreicht, wo die Ver-

---

6 Bundestagsdrucksache 17/6506, S. 4.

7 Vgl. etwa Ziff. 551 und 552.

8 Über den Stand der Debatte informieren zahlreiche Beiträge, die im Rahmen des Projekts Economy, Criminal Law, Ethics verfasst worden sind: Vgl.: *Franz Salditt* Das Unternehmensinteresse zwischen Recht, Ökonomie und Ethik, in: Eberhard Kempf/Klaus Lüderssen/Klaus Volk (Hrsg.), Die Handlungsfreiheit des Unternehmers – wirtschaftliche Perspektiven, strafrechtliche und ethische Schranken, Berlin 2009, S. 106 ff.; *Klaus Lüderssen* Regulierung, Selbstregulierung und Wirtschaftsstrafrecht. Versuch einer interdisziplinären Systematisierung. In: Kempf/Lüderssen/Volk, aaO., S. 243 ff. (280 ff.); *Andreas Suchanek* Unternehmensethik und Eigeninteresse, in: Eberhard Kempf/Klaus Lüderssen/Klaus Volk (Hrsg.), Die Finanzkrise, das Wirtschaftsstrafrecht und die Moral. Berlin 2010, S. 47 ff.; *Gerald Spindler* Gemeinwohlorientierte Unternehmensinteressen und Kapitalgesellschaften, in: Kempf/Lüderssen/Volk, aaO., S. 71 ff.; *Peter Forstmoser* Verallgemeinerbare Modelle der Gemeinwohlorientierung von Unternehmen, in: Kempf/Lüderssen/Volk, aaO., S. 107 ff.; *Klaus Volk* Über strafrechtliche Konstrukte und Systemrelevanz, in: Eberhard Kempf/Klaus Lüderssen/Klaus Volk (Hrsg.), Ökonomie versus Recht im Finanzmarkt, Berlin 2011, S. 177 ff. (180 f.); *Klaus Lüderssen* Methodenfragen im Umgang mit der „Sachlogik des Finanzmarkts“ – Grenze oder Herausforderung juristischer Intervention, in: Kempf/Lüderssen/Volk, aaO., S. 241 ff. (282 ff.). Weitere Hinweise bei *Habersack* aaO., S. E 15/E 16; s. auch die gute, gesellschaftsrechtliche Darstellung bei *Maike Hoffmann* Untreue und Unternehmensinteresse, Baden-Baden, 2010, S. 207 ff.

9 *Karl Homann* Vorteile und Anreize, Tübingen, 2002, S. 184.

10 Dazu *Lüderssen* Regulierung, Selbstregulierung und Wirtschaftsstrafrecht, aaO., S. 282.

11 *Lüderssen* aaO., S. 283.

einnahmung eines ethischen Interesses als Unternehmensinteresse als bare Ideologie oder Hypokrisie erscheint, (...) als künstliche Integration, um jenen impliziten Ethik-Effekt zu erreichen. (...) Entweder das Unternehmensinteresse oder das Moralkriterium wird strapaziert. Den archimedischen Punkt in der Mitte zu finden, ist das Problem“[12]. Weiter: „Die Herausforderung der Unternehmensethik besteht darin, die Bedingungen herauszuarbeiten, unter denen wirtschaftlicher Erfolg und Verantwortung in Übereinstimmung stehen bzw. gebracht werden können.“[13] (...) „Es ist daher originärer Bestandteil der Unternehmensverantwortung selbst, Gewinn und Moral miteinander zu vereinbaren, besser: füreinander fruchtbar zu machen.“[14] Ein ganz besonderer Akzent liegt auf „Nachhaltigkeit“[15], unter Bezugnahme auf die Präambel des DCGK im „Einklang mit den Prinzipien der sozialen Marktwirtschaft für den Bestand des Unternehmens und seine nachhaltige Wertschöpfung zu sorgen (Unternehmensinteresse)“.[16] Es bleibt „die *Ausrichtung auf das langfristige Gedeihen des Unternehmens* mitsamt (...) der Konsequenzen für dessen Stakeholder (...), also das Handlungsmodell, das die besten Chancen auch für das Gemeinwohl beinhaltet und das sich am ehesten für eine Verallgemeinerung anbietet“[17].

Natürlich kann die Geschäftsleitung sich darüber hinaus die „Förderung sozialer und vergleichbarer Belange“ vornehmen. Eine Bindung wird sich aber eben beschränken auf diejenigen Belange dieser Art, die aus dem Unternehmensinteresse folgen. Alles Weitere hängt davon ab, wie weit oder eng man dieses Unternehmensinteresse definiert. Hierfür bietet der DCGK den Rahmen, und dass auch diese Bindung nicht eine strikt gesetzliche ist, entspricht der euro-

---

12 *Lüderssen* aaO., S. 283/284, mit Nachweisen aus der wirtschaftsethischen Literatur.

13 *Andreas Suchanek* aaO., S. 53.

14 *Suchanek* aaO., S. 57.

15 *Gerald Spindler* aaO., S. 921.

16 *Peter Forstmoser* aaO., S. 112.

17 *Forstmoser* aaO., S. 116, wobei man registrieren muss, dass *Forstmoser* mit einem ganz weiten Begriff des Stakeholder arbeitet, vgl. die Zusammenstellung auf S. 108, aaO.; ähnlich auch *Franz Salditt* aaO., S. 108, s. auch *Andreas Ransiek* Soziale Verantwortung von Unternehmen im Wirtschaftsstrafrecht, in: Die Aktiengesellschaft, 2009, S. 782 ff.; über die Rolle, die der Gegensatz zwischen Stakeholdern und Shareholdern für das Verhältnis von Betriebswirtschaftslehre und Gemeinwohlorientierung spielt, vgl. *Franz Liebl* Wie verkauft man mit „Gemeinwohl“? in: Herfried Münkler/Karsten Fischer (Hrsg.), Gemeinwohl und Gemeinsinn, Rhetoriken und Perspektiven sozial-moralischer Orientierung, Berlin, 2002, S. 207 ff.; starke Betonung der Stakeholder-Konzeption, die im Aktienrecht gut fixiert sei, bei *Müller-Michaels/Ringel* aaO. (S. 106 f.); eine ähnliche Tendenz findet sich bei *Michael Kort* Vorstandshandeln im Spannungsverhältnis zwischen Unternehmensinteressen und Aktionärsinteressen, in: Die Aktengesellschaft, 2012, S. 605 ff.

päischen Tendenz[18]. Demgemäß zielt der „*Comply or Explain*-Mechanismus" der zentralen Vorschrift des § 161 AktG auf „einen auf die individuellen Verhältnisse zugeschnittenen ‚Code of best practice' und die Sicherstellung der Information der Kapitalmärkte über den individuellen ‚Code of best practice'". Es würde, heißt es weiter, „die Existenzberechtigung der Kodex in Frage gestellt, wenn der Gesetzgeber wegen unzureichender „Akzeptanzquoten mit dem Erlass zwingender Gesetze" reagieren würde[19]. Vielmehr soll das gerade mit Blick auf den „‚faktischen' Geltungsanspruch" des Kodex überflüssig sein, und die Begründung dafür ist eine bedeutsame Konkretisierung der bisher allenfalls mit banalen Schulbeispielen arbeitenden allgemeinen Anerkennungstheorie des Rechts: „Gewiss trifft es zu, dass aus Sicht der betroffenen Gesellschaften starke Anreize zur Kodexbefolgung bestehen; auch abgesehen von der Erwartungshaltung des Kapitalmarkts lässt sich insoweit die simple Tatsache anführen, dass eine vorbehaltlose Entsprechenserklärung leichter fällt als die Verlautbarung und Begründung von Abweichungen"[20]. Das Fazit ist: „Mit dem *Comply or Explain*-Mechanismus des § 161 Aktiengesetz folgt das deutsche Recht einem unionsweiten Trend zur Flexibilisierung und Deregulierung des Aktienwesens"[21], und dann folgt ein Kommentar, der ebenfalls die Soziologen und Theoretiker der Relevanz von Anerkennungsverhältnissen aufhorchen lassen müsste „Die Akzeptanz der Kodex-Empfehlungen" heißt es nämlich weiter, liege „zu einem gewissen Teil auch daran (...), dass es an einer hinreichenden Abweichungskultur" fehle[22]. Was folgt, ist eine sehr plausible ökonomische Erläuterung dieses Akzeptanzbetriebes: „Wie der Wettbewerb im allgemeinen, setzt auch die Entfaltung der in § 161 Aktiengesetz zugesagten Marktmechanismen voraus, dass die Marktteilnehmer über hinreichende Informationen verfügen, auf deren Grundlagen sie dann ihr Urteil fällen. Eine Darlegung der für die Nichtbefolgung maßgebenden Erwägungen der Gesellschaft erscheint insoweit unerlässlich"[23]. Hier muss man sich frei-

---

18 Europäische Kommission, Grünbuch Europäische Rahmenbedingungen für die soziale Verantwortung von Unternehmen; weitere Nachweise bei *Habersack* aaO., Fußnote 30 ff. (E 15/16).

19 *Habersack* aaO., E 52. Dazu auch *Christine Windbichler* Dienen staatliche Eingriffe guter Unternehmensführung, NJW 2012, S. 2625 ff. (2027).

20 aaO., E 54. In diesem Sinne auch *Windbichler* aaO.

21 aaO., E 54.

22 aaO., E 55.

23 *Habersack* aaO., E 57. Zur Reichweite der „Verpflichtung der Entsprechenserklärung" vgl. auch *Philipp Hanfland* Haftungsrisiken im Zusammenhang mit § 161 AktG und dem Deutschen Governance Kodex. Zugleich ein Beitrag zur Haftung für fehlerhafte Kapitalmarktinformation, Baden-Baden, 2007, S. 112 ff.

lich darüber klar sein, dass ein bestimmter homo oeconomicus vorausgesetzt ist, und zwar ein rational handelnder.

Dem spezifischen Verbindlichkeitsgrad, den die Regelung des § 161 Aktiengesetz auslöst[24], entspricht es, dass die „Frage einer Überprüfung der ‚Informationsqualität' der Entsprechenserklärungen durch (öffentliche) Aufsichtsbehörden und damit eines ‚*Monitoring Body*' auftaucht[25]. Viele haben sich „gegen eine öffentliche Beaufsichtigung des Erklärungsverhaltens ausgesprochen"[26]. Andererseits heißt es, „die Informationsfunktion der Erklärung und ihre funktionale Vergleichbarkeit mit den herkömmlichen bilanz- und kapitalmarktrechtlichen Informationspflichten" bedeute, dass eine „gänzliche Kontrollfreiheit der Erklärung ein durch nichts zu rechtfertigender Fremdkörper im deutschen Bilanz- und Kapitalmarktrecht" sein würde[27]. Das ändert aber nichts daran, „dass jedweder Sanktionsmechanismus nicht die Befolgung der Kodex-Empfehlungen, sondern einzig und allein die Abgabe einer zutreffenden Entsprechenserklärung sowie gegebenenfalls die Korrektur einer unrichtig gewordenen Entsprechenserklärung anstreben darf"[28]. Das entspreche dem „auf Selbstregulierung und Kapitalmarkt-

---

24 Empirische Untersuchungen, die „eine schwache Evidenz zwischen den Erfüllungsgraden des *Corporate Governance* Kodex und den Unternehmenserfolg" ausweisen, *Charlotte Schmitt-Leonardy* Unternehmenskriminalität ohne Strafrecht?, Heidelberg u.a. 2013, S. 135 und 510, unter Bezugnahme auf *Alexander Bassen u.a.* Deutscher Corporate Governance Kodex und Unternehmenserfolg, Empirische Befunde, in: Die Betriebswirtschaft 2006, S. 375 ff., müssten daraufhin geprüft werden, ob die Marktteilnehmer die oben genannten Voraussetzungen erfüllen. Die Frage ist streitig. Ausdrücklich bejaht wird die „Verbindlichkeit und Maß abbildende Funktion im Sinne einer von der Unternehmensführung einzuhaltender Sorgfalt", von *Jan Schlösser/Roman* Dörfer aaO. S. 327. Es wird wohl so sein, dass „zur Kursrelevanz der Entsprechenserklärung (...) die Ergebnisse der Empirik uneinheitlich bleiben" (*Patrick C. Leyens* in: Klaus J. Hopf/Herbert Wiedemann (Hrsg.), Großkommentar zum AktG, 4. Auflage, 38. Lieferung, Nachtrag § 161, Berlin 2012. Rn. 48, mit weiteren Belegen des Pro und Contra). „Die Isolierung der Entsprechenserklärung, im Sinne der „statistisch verwertbaren ‚Schockereignisse', mag gleichwohl bloß im Einzelfall, etwa bei Skandalen gelingen" (*Leyens* aaO., Rn. 48). „Kaum zu bezweifeln ist – auch ohne punktgenaue Quantifizierung – dass Informationen zur Corporate Governance *zusammen* mit anderen Informationen, für Anlageentscheidungen von Bedeutung sind" (*Leyens* aaO., Rn. 49 am Ende, mit weiteren Belegen).

25 *Habersack* aaO., E 61.

26 S. E 61; s. die Belege in Fußnote 263 auf S. 61/62 aaO., so wohl auch *Rüdiger v.Rosen* Zielkonflikte – Unerwünschte Nebenfolgen eines Unternehmensstrafrechts, in: Eberhard Kempf/Klaus Lüderssen/Klaus Volk (Hrsg.), Unternehmensstrafrecht, Berlin, 2012, S. 263 ff. (265).

27 aaO., E 62.

28 aaO., S. E 62.

information – und damit auf das Recht auf Nichtbefolgung des Kodex – setzenden Mechanismus“[29].

Ganz geklärt sind diese Fragen allerdings noch nicht. Zwar wird anerkannt, „dass die Selbstregulierung eine im Vergleich zum Gesetzgeber überlegene Sach- und Zeitnähe einzubringen vermag“[30], doch „ob es sich bei dem Regelungsgefüge aus gesetzlichen Erklärungspflichten und untergesetzlichen DCGK um Selbstregulierung handelt, wird unterschiedlich beurteilt“[31]. Die Präambel des DCGK ist in dieser Hinsicht freilich ganz eindeutig. Danach „tragen die Verhaltensempfehlungen zur ‚Flexibilisierung und Selbstregulierung der deutschen Unternehmensverfassung‘ bei“[32].

Und noch einmal zur Klarstellung: „Der Gesetzgeber sollte (...) akzeptieren, dass Kodex-Empfehlungen und Entsprechenserklärung Instrumente der Selbstregulierung sind, die Marktmechanismen in Gang setzen sollen, und denen die Befugnis zur Nichtbefolgung immanent ist“[33]. Jedenfalls wird als Hauptargument für die Einordnung des § 161 AktG „als selbstregulatives Regelungselement“ auch vorgebracht, „dass die Marktakzeptanz wichtigste Voraussetzung des DCGK ist“[34]. Es handelt sich um einen Fall der „Verhaltenssteuerung durch Kapitalmarktpublizität. Die Entsprechenserklärung ist auf eine Verhaltenssteuerung durch Kapitalmarktpublizität angelegt. Die gesetzliche Anordnung der Entsprechenserklärung schafft einen geordneten Informationskanal, der durch den einheitlichen Bezugspunkt des DCGK eine vergleichende Bewertung des Erklärten ermöglicht. Allgemein wird davon ausgegangen, dass die Inhalte der Unternehmenspublizität vom Markt wahrgenommen werden und in den Angebots- und Nachfragemechanismus einfließen. Die Publizität wirkt sich damit auf die Kosten der Kapitaleinwerbung aus. Denn die Beurteilung der Opportunität der Befolgung oder Nichtbefolgung des DCGK bleibt dem Markt überlassen“.[35] „Der Grad der Verhaltenssteuerung durch Kapitalmarktpublizität ist maßgeblich durch die Innovationsevidenz des jeweiligen Kapitalmarkts bedingt, die in der ökonomischen Theorie unter dem Stichwort der Kapitalmarkteffizienzhypothese (*Efficient Capital Market Hypothesis*) erschlossen und in ihren Auswirkungen dort

---

29 S. aaO., E 51 mit Belegen.

30 *Leyens* aaO.

31 *Leyens* aaO., Belege über den Streitstand in Fußnote 121.

32 *Leyens* aaO.

33 *Habersack* aaO., E 100. Das heißt nicht, dass es überhaupt keine Kontrollmöglichkeiten geben soll. Es bleiben z.B. die „gegen Entlastungsbeschlüsse gerichteten Anfechtungsklagen“ (E 102); vgl. auch *Hanfland* aaO., S. 112 ff.

34 *Leyens* aaO., Randziff. 38.

35 *Leyens* aaO., Randziff. 44.

wie in der rechtswissenschaftlichen Diskussion weiter diskutiert wird (...). An der grundsätzlichen Fähigkeit des deutschen Kapitalmarkts zur Einpreisung öffentlich verfügbarer Informationen wie der Entsprechenserklärung bestehen aber keine ernst zu nehmenden Zweifel."[36]

Die paradigmatische Funktion der Regelung des § 161 Aktiengesetz käme noch besser zur Geltung, wenn man den „Anwendungsbereich der Erklärungspflicht auf sämtliche kapital-orientierten Gesellschaften im Sinne des § 264d HGB erstrecken würde", was zur Folge hätte, dass „Aktiengesellschaften und Gesellschaften anderer Rechtsformen immer dann erklärungspflichtig wären, wenn sie, durch welche Wertpapiere auch immer, den organisierten Kapitalmarkt in Anspruch nehmen. Dies würde freilich zugleich bedeuten, dass der Kodex Empfehlungen auch für Gesellschaften anderer Rechtsform enthalten müsste"[37].

2) Generelle Ausdehnung des Prinzips der Entsprechenserklärung auf unternehmerisches Handeln

Der durchgehende verfassungsrechtlich fundierte Respekt vor der Selbstregulierung legt es nahe, das Modell *„Comply or Explain"* auf andere wirtschaftliche Sachverhalte zu übertragen.

Die Effekte, die durch die Erklärung nach § 161 Aktiengesetz in großem Umfang eintreten, würden sich dann auf anderen Gebieten auch einstellen, nun mit der für das Strafrecht wichtigen Folge, dass, wenn es gleichwohl zu Gemeinwohlschädigungen käme, sie prima vista jedenfalls jenseits des strafrechtlich Zurechenbaren liegen würden[38]. Das entspräche durchaus einer sich stetig ver-

---

36 *Leyens* aaO., Randziff. 44–47 mit Belegen.

37 *Habersack* aaO., E 56. Über weitere Reformvorschläge aaO. 102.

38 Die materielle Basis dieses Arguments tritt bereits deutlich hervor bei *Wolf Schiller* Selbstregulierungskompetenz versus justizielle Auslegungskompetenz, in: Eberhard Kempf/Klaus Lüderssen/Klaus Volk (Hrsg.), Die Handlungsfreiheit des Unternehmers – Wirtschaftliche Perspektiven, strafrechtliche und ethische Schranken, Berlin 2009, S. 171 ff. (172, 173, 176), mit der Konsequenz de lege ferenda, dass § 266 StGB um Elemente ergänzt werden müsste, die es ausschließen, dass für die Beantwortung der Frage, ob eine Pflichtverletzung vorliegt, die nachträgliche Prognose der Strafverfolgungsorgane an die Stelle der kaufmännisch vertretbaren ex ante Prognose des Unternehmers tritt (177). Zu der Möglichkeit, die Eingehung eines normalen Geschäftsrisikos vor dem Vorwurf, nach § 266 StGB strafbar zu sein, zu bewahren durch die Einführung – de lege ferenda oder restriktive Auslegung – des Erfordernisses einer mit der Pflichtverletzung verbundenen Steigerung des Risikos für den Eintritt eines Vermögensnachteils, vgl. *Lüderssen* Risikomanagement und „Risikoerhöhungstheorie" auf der Suche nach Alternativen zu § 266, in: Festschrift für Klaus Volk, München 2009, S. 345 ff.; s. auch *Klaus Lüderssen* Finanzmarktkrise,

breiternden und intensivierenden Dogmatik, welche die Eigenverantwortung des Opfers[39] an die Stelle strafrechtlicher Haftung für fremde Verletzungen treten lässt.

Diese Dogmatik erhält im Wirtschaftsstrafrecht Unterstützung durch die Betriebswirtschaftslehre. Dort spricht man seit längerem mit Bezug auf den Markt von der „Selbstregulierungskompetenz seiner Akteure“[40]. Es seien insbesondere „institutionenökonomische Auffassungen“, die sich „gegen explizite Staatseingriffe zur Internalisierung externer Effekte“ wehren[41]. Zwar wird zu bedenken gegeben, dass „eine rein kooperative – d.h. nichthierarchische Koordination in Akteurskonstellationen mit hohem Konfliktniveau“ dazu tendiere, „Lösungen unterhalb normativer Standards hervorzubringen“. Andererseits sei „ohne *Corporate Social Responsibility* (CRS) ein langfristiger Gewinn nicht mehr zu erwarten“[42]. Dazu passt die Wahrnehmung, „dass rein interventionistisches Recht steuerungsuntauglich“ sei[43]. Gleichwohl erscheint gegenüber „einer vollkommen auf Selbstregulierung basierenden Konzeption“ dann doch „eine gewisse Skepsis (...) angebracht“[44], es müsse jeweils „Außengrenzen“ geben, die „unflexibel“ sind, heißt es[45]. Im Prinzip kann das aber nichts daran ändern, dass *Corporate Social Responsibility* ein Konzept bleibt, „das in Unternehmen als Grundlage dient, auf freiwilliger Basis soziale Belange (...) in ihre Unternehmen-

---

Risikomanagement und Strafrecht, in: Eberhard Kempf/Klaus Lüderssen/Klaus Volk (Hrsg.), Die Finanzkrise, das Wirtschaftsstrafrecht und die Moral, Berlin 2010, S. 211 ff. (215); s. dazu jetzt ausführlich *Michael Lindemann* Voraussetzungen und Grenzen legitimen Wirtschaftsstrafrechts, Tübingen, 2012, S. 29 ff.

39 Ein origineller Ansatz bei *Arndt Sinn*, Straffreistellung aufgrund von Drittverhalten, *Mohr Siebeck*, Tübingen 2007.

40 *Charlotte Schmitt-Leonardy* Unternehmenskriminalität ohne Strafrecht, aaO., S. 277; „Akteurszentrierte Steuerungstheorie“ ist ein anderer, hierher gehörender terminus. Vgl. dazu Florian Becker, Kooperative und konsensuale Strukturen in der Normsetzung, Tübingen 2005, S. 29, unter Bezugnahme auf *Renate Mayntz/Fritz W. Scharpf* in: dieselben (Hrsg.), Gesellschaftliche Selbstregulierung und politische Steuerung, 1995; s. dazu auch *Lüderssen* „Systemtheorie“ und Wirtschaftsstrafrecht, in: Festschrift für Knut Amelung, Berlin 2009, S. 67 ff. (70).

41 Grundlage „dieses Ansatzes“ sei „der Konsens aller Betroffenen als normatives Ideal“. S. die Mitteilungen bei *Charlotte Schmitt-Leonardy* Unternehmenskriminalität ohne Strafrecht?, aaO., S. 277. Andererseits wird von der „‚Gemeinwohlabstinenz‘ der Institutionenökonomik“ gesprochen (Gas, aaO., S. 309). Hier drängt sich der Eindruck auf, dass der Institutionenökonomie, weil sie relativ neu ist und daher besonders interessant erscheint, mit Blick auf das Gemeinwohl zu viele substanzielle Aussagen abverlangt werden.

42 Bei *Schmitt-Leonardy* aaO., S. 284.

43 *Schmitt-Leonardy* aaO., S. 287 mit weiteren Hinweisen.

44 aaO., S. 285.

45 aaO., S. 288.

stätigkeit (...) zu integrieren"[46]. Wenn deshalb von staatlichen Strafen zugunsten dieser kooperativen Regelungsstrategien abgesehen würde, müsste allerdings „kompensatorisch ein über den Markt vermittelnder Sanktionsmechanismus greifen"[47]. Die Zweifel daran sind nach wie vor virulent, beziehen sich aber eher auf quantitative Aspekte[48].

Das entspricht durchaus der Logik des § 161 AktG, dessen Verletzung direkte strafrechtliche Sanktionen ausschließt. Zwar gibt es die Vorschrift des § 331 Nr. 1 Handelsgesetzbuch, die einen Teil der Entsprechenserklärung erfassen könnte. Indessen ist anerkannt, dass mit der Erklärung nach § 161 AktG keine zusätzliche Verpflichtung geschaffen werden sollte. Vielmehr geht es nur darum, der Öffentlichkeit Einblick in die von der Gesellschaft geübte *Corporate Governance* zu geben[49]. Andere strafrechtliche Vorschriften könnten nur verletzt sein, wenn die Erklärung nach § 161 eine weiterführende Funktion übernimmt, etwa im Rahmen eines Antrags auf Gewährung eines Kredits (§ 265 StGB) oder im Rahmen der Erklärungen nach § 400, Abs. 1 AktG, sofern mit der Erklärung zusätzliche Hinweise auf die „Verhältnisse der Gesellschaft" gegeben werden, die nicht richtig sind. Das ist nicht schon automatisch der Fall, wenn die Erklärung auf der Homepage der Gesellschaft wiedergegeben wird. Damit ist „weder eine ‚Darstellung über den Vermögensgegenstand' gegeben, „noch erfolgt sie in der Hauptversammlung". Eine falsche Entsprechenserklärung auf der Homepage der Gesellschaft erfüllt den Tatbestand des § 400, Ab. 1 Nr. 1 AktG nicht[50].

Schließlich wird erwogen, ob eine falsche Erklärung nach § 161 AktG oder ihre Unterlassung eine Pflichtverletzung im Sinne des § 266 StGB sein könne,

---

46 Grünbuch – Europäische Rahmenbedingungen für die soziale Verantwortung der Unternehmen vom 18.7.2001, S. 5; dazu *Schmitt-Leonardy* aaO., S. 289.

47 *Schmitt-Leonardy* aaO., S. 285.

48 *Schmitt-Leonardy* aaO., S. 285. Welche Teile des Strafrechts noch zu jenen „Außengrenzen" gehören und welche nicht, wird länger streitig bleiben. Dass Verständigungen im Strafrecht die „Außengrenzen" relativieren könnten, wird inzwischen ausdrücklich vermerkt (*Schmitt-Leonardy* aaO., S. 288 mit Belegen) und kann systemtheoretisch begründet werden (vgl. dazu *Lüderssen* Regulierte *„Selbstregulierung"* in der Strafjustiz? Ein unorthodoxer Beitrag zur Legitimation, von „Absprachen" (Rechtsfreie Räume, aaO., S. 556); so jetzt auch *Hans Theile* Wahrheit, Konsens und § 57c StPO, in: Neue Zeitschrift für Strafrecht.

49 *Uwe Hüffer* Aktiengesetz, 10. Auflage, 2012, § 161, Rn. 25 ff., mit weiteren Nachweisen; s. auch *Jan Schlösser/Roman Dörfler* aaO., S. 326 ff. (327), Fußnote 11.

50 Vgl. *Theussinger/Liese u.a.* Rechtliche Risiken der Corporance Governance Erklärung. in: Der Betrieb, 2008, S. 1419 ff. (1429); so auch *Christian Schlitt* Die strafrechtliche Relevanz des Corporate Governance Kodexes. In: Der Betrieb, 2007, S. 326 ff. (327).

und damit, wenn die weiteren Voraussetzungen vorliegen, strafbar ist[51]. Die Vorschrift soll, wie schon dargelegt, die ‚Anreiz- und Kontrollfunktionen des Kapitalmarktes' nutzbar machen[52]. „Denn der Gesetzgeber ist von der Prämisse ausgegangen, dass die Offenlegungspflicht dazu führt, dass der Kapitalmarkt eine Nichtbeachtung des Kodex sanktionieren wird"[53]. Eine zusätzliche Sanktionierung über die Kriminalisierung nach § 266 StGB liegt nicht auf dieser Linie[54]. „Der faktische Verfolgungsdruck", der von dieser Vorschrift ausgeht[55], soll gerade weitergehende Sanktionen überflüssig machen. Die Annahme einer Pflichtverletzung gemäß § 266 StGB bliebe im übrigen auch funktionslos, weil das weitere Tatbestandsmerkmal des § 266, der Eintritt eines Nachteils, in der Regel nicht erfüllt sein wird[56]. Da § 266 StGB eine Versuchsstrafbarkeit nicht kennt, steht und fällt die Strafbarkeit also mit diesem „Erfolgsunwert". An die Kriminalisierung eines „Handlungsunwertes" – hier einer folgenlosen Pflichtverletzung – ist nicht gedacht. Dass gleichwohl eventuell Pflichtverletzungen nach § 93 AktG vorliegen, oder weitere zivilistische Tatbestände erfüllt sind, ändert an diesem Ergebnis nichts. Denn selbstverständlich gibt es keine automatische Akzessorietät in dem Sinne, dass dann auch Pflichtverletzungen nach § 266 StGB vorliegen. Vielmehr müssen die Pflichtverletzungen eine Risikoerhöhung mit sich bringen[57]. Dass wird man für die Verletzung der in § 161 AktG geregelten Pflicht nicht behaupten können.

Die Wirtschaftsgesellschaft ist längst auf diesem Weg zu einem Recht („neben verbindlichem staatlichen Recht und unverbindlichem *Soft Law*"), für das sich der

---

51 Ausführlich hierzu *Amir Michaelsen* Abweichungen vom deutsche Corporate Governance Kodex und von § 161 AktG als Pflichtverletzung im Sinne der Untreue, Göttingen 2011, S. 241 ff.

52 *Michaelsen* aaO., S. 247.

53 aaO.

54 Anders aber *Michaelsen* aaO., S. 344 ff.

55 So *Michaelsen* selbst, S. 247.

56 So *Michaelsen* selbst, S. 371.

57 Das folgt aus der asymmetrischen Akzessorietät, die für § 266 StGB gilt (herrschende Lehre, vgl. die Nachweise bei *Michaelsen* aaO., S. 82). Gelegentlich wird auch auf „Evidenz" der Pflichtverletzung abgestellt – ebenfalls ein Steigerungsmerkmal (dazu *Michaelis* aaO., S. 82, weitere Arbeiten in Fn. 239). Im Grunde könnte man auch von gravierenden Pflichtverletzungen sprechen, obwohl dann sofort unklar ist, ob damit die Verletzungen gemeint sind oder die Pflicht. Außerdem ist die Reichweite dieses ungeschriebenen Tatbestandsmerkmals im Rahmen des § 266 streitig. Guter Überblick bei *Maike Hoffmann* Untreue und Unternehmensinteresse, Baden-Baden, 2010, S. 51 ff. (s. dazu auch *Klaus Lüderssen* Risikomanagement und „Risikoerhöhung" – auf der Suche nach Alternativen zu § 266 StGB, in: Festschrift für Klaus Volk, München, 2009, S. 235 ff. [246]; dort auch die Erläuterung des hier verwendeten Begriffs der Risikoerhöhung [S. 253 ff.]); s. auch *Lindemann* aaO., S. 32 ff.

Terminus „sekundäre Rechtsquelle" eingebürgert hat[58]. Das lehrt auch ein Blick auf vergleichbare ausländische Regelungen. Dabei interessiert insbesondere der *Combined Code* – eine britische Parallele zum DCGK. Das Interessante ist, dass die öffentliche Erklärung darüber, wie die Anforderungen umgesetzt worden sind, hier auch für nicht börsenorientierte Unternehmen Bedeutung haben. Sie trifft zwar keine Pflicht, aber es bleibt nicht ohne Folgen, wenn die Erklärung nicht abgegeben wird. Ähnliche Regelungen gibt es im *Swedish Code Corporate Governance*, ferner im *Vienot Ebouton Report* in Frankreich. Abweichungen vom Kodex sind in der Erklärung zu begründen, wobei an die Erklärung geringere Anforderungen gestellt werden als in Schweden. Weiter geht der österreichische *Corporate Governance* Kodex, da er die Verpflichtungserklärung als Aufnahmevoraussetzung für die Prime Market Wiener Börse erklärt[59]. Hinzu kommen die Codices für bestimmte Wirtschaftszweige. Besonders aufschlussreich ist hier der *Initiative Corporate Governance* der deutschen Immobilienwirtschaft (ICG). In dem Pflichtenheft zum „ComplianceManagement" werden im ersten Baustein (Grundwerte) „Anforderungen an die erforderliche Grundwerteerklärung des Unternehmens, wie etwa die Definition der Unternehmensziele und -werte, eine Definition der Prinzipien der Geschäftswerte, sowie die Benennung der wesentlichen ‚Stakeholder'" formuliert[60]. Eine Feature-Ordnung sieht unter anderem „die Einhaltung von Bestimmungen der Regelwerke der ICG vor"[61]. Die Sanktionsmöglichkeiten des Schiedsgerichts sind begrenzt, es existiert ein „Erlass von Auflagen für die künftige bessere Gestaltung der *Corporate Governance*, für „Rügen, Verhängen von Geldbußen", und „Entzug oder Ruhen der Mitgliedschaft bzw. einzelner Mitgliedschaftsrechte in der ICG", und „vor allem in erster Linie der (...) Entzug der Zertifizierung"[62].

Das passt zu der Tendenz einer „neuen EU-Strategie (...), Rechtsnormen für eine verbesserte Offenlegung sozialer und umweltbezogener Informationen durch Unternehmen" zu schaffen[63]. Der Einwand, „die Pflicht zur Berichterstat-

---

58 *Thomas J.Möllers/Sabina Hailer* Möglichkeiten und Grenzen staatlicher und halbstaatlicher Eingriffe in die Unternehmensführung, Juristenzeitung 2012, S. 843 ff. (849); s. im Übrigen oben S. B II 2.

59 Vgl. die Mitteilungen bei Holly J. Gregory, International Comparison of Selected Corporate Governance, Guidelines and Codes of Best Practice, 2008, S. 4 ff.

60 *Peter Dieners* Auditierung und Zertifizierung von Compliance-Organisationen in der Immobilienwirtschaft. In: Corporate Compliance Zeitschrift, 2009, S. 113 ff. (113).

61 *Dieners* aaO., S. 114.

62 *Dieners* aaO., S. 114/115.

63 KOM 2011, 681; dazu *Michael Kort* Gemeinwohlbelange beim Vorstandshandeln, in: NZG 2012, S. 926 ff. (927).

tung“ unterstelle „das Bestehen einer Pflicht zum sozialen Engagement“, geht fehl; erwartet wird vielmehr der indirekte Einfluss auf die Möglichkeiten, die ein Unternehmen für ein soziales Engagement hat, vielleicht eine Art faktischer Zwang, ohne normative Konsequenzen.

II. Ein Anwendungsfall: Insiderhandel[64]

Diese Materie ist kriminalpolitisch besonders umstritten[65].

Wer meint, „Insiderhandel sei keinesfalls anlegerschädigend, sondern vielmehr zur Herbeiführung effizienter Kapitalmärkte und Schaffung der institutionellen Voraussetzungen für die perfekte Belastung der Unternehmen durch ihre Manager geradezu wünschenswert“[66], baut auf die Markteffizienz der freien Unternehmerentscheidung, die darin liegt, dass „Informationen bei Insiderhandel schneller in den Kurs eingehen, da Informationen nur wertvoll sind, so lange sie nicht bekannt sind und der Insider sie daher unverzüglich zur Realisierung von Kursgewinnen verwenden wird[67]. Das wäre der klassische Fall einer Gemeinwohlimplikation durch ein primär individuelles Interesse.

Wer sich dagegen auf den Standpunkt stellt, dass eine „parallel zum Insiderhandelsverbot statuierte (...) ad hoc Publizitätspflicht der Wertpapieremittenten eine ausreichende wenn nicht gar bessere Informationseffizienz- und -transparenz des Marktes“[68] bewirkt, weil dadurch „eine zeitnahe und konstante Verarbeitung neuer Nachrichten in den Kursen ermöglicht“[69] wird, bringt damit zum Ausdruck, dass eine freizügige Behandlung des Insiderinteresses mit „wohlfahrtsmindernden Wirkungen“ verbunden ist, sieht also die Notwendigkeit der Wahrung des Gemeinwohls per saldo in einer zum Verbot des Insiderhandels hinzutretenden Regulierung.

---

64 Von der Marktmissbrauchsrichtlinie (MMRL) zusammen mit Marktmanipulation, die hier nicht gemeint ist, als Marktmissbrauch bezeichnet, vgl. den Abschnitt „Entwicklung und europarechtlicher Rahmen“ bei *Martin Böse/Thomas Koch* Insider-Straftat und Marktmanipulation, in: Ulrich Sieber u.a. (Hrsg.), Europäisches Strafrecht, Baden-Baden 2011, S. 315 ff.

65 Zu den Anfängen *Klaus Volk* Strafrecht gegen Insider? In: Zeitschrift für das gesamte Handelsrecht und Wirtschaftsrecht, 1978, S. 1 ff.; zu den aktuellen Perspektiven auf die „Grundstruktur des Insider-Strafrechts“ vgl. *Christian Schröder* in: Hans Achenbach/Andreas Ransiek (Hrsg.), Handbuch Wirtschaftsstrafrecht, 3. Auflage, Heidelberg u.a. 2012, S. 1170.

66 *Villeda* aaO., S. 61.

67 *Villeda* aaO.

68 *Villeda* aaO., S. 63.

69 *Villeda* aaO., S. 63.

Was ist bei dieser Sachlage zu tun? Geschütztes Rechtsgut ist das Vertrauen in die Chancengleichheit am Kapitalmarkt[70]. Das ist eine Gemeinwohlorientierung. Man kann allerdings nicht ohne weiteres sagen, wann die Bedingungen eines chancengleichen Kaptalmarktes erfüllt sind. Eine ausreichende Präzisierung erfolgt aber auch nicht über die Beschreibungen der Angriffswege. Die Klage über die Unübersichtlichkeit der Verweisungstechnik, in die die Voraussetzungen dafür, dass ein zu blockierender Angriffsweg beschritten wird, eingespeist sind, ist so alt wie das WPHG selbst[71]. Die erste Schleuse eröffnet die Definition der Insiderpapiere in § 12 WPHG, die zweite § 13, der sagt, was eine Insiderinformation ist. Dazu kommt die weitere Voraussetzung des § 14 Abs. 1 Nr. 2 WPHG, der die unbefugte Mitteilung an einen Dritten regelt. § 14 Abs. 1 Nr. 3 WPHG bietet in diesem Zusammenhang noch eine weitere Variante an. Hinzu treten die Differenzierungen mit Blick auf die Insider, die in § 38 – der eigentlichen Strafnorm – vorgenommen werden. Man kann nicht ernstlich behaupten, dass diese Versuche, eine generelle Kausalitätshaftung einzuschränken, den Bestimmtheitserfordernissen des Art. 103 GG entsprechen.

Da nicht sichtbar ist, wie man eine Strafvorschrift gestalten könnte, die den Anforderungen an Bestimmtheit genügt, empfehlen sich nichtstrafrechtliche Alternativen. § 161 AktG könnte ein Modell sein. Die Erklärung, die im Wertpapierhandel abzugeben wäre, könnte sich darauf beschränken, dass im Rahmen des vorzunehmenden Geschäfts keine Insider-Informationen im Sinne des § 13 WHPG eine Rolle spielen. Mit dieser Regelung könnte man formal durchaus an die früheren Insiderhandel-Richtlinien anknüpfen – über das hinaus, was schon durch § 15 WHPG und später durch § 15a ff WHPG[72] an Kontinuität geschaffen wurde[73]. Man sah ja seinerzeit in den Insiderhandel-Richtlinien ein „freiwilliges System

70 Vgl. *Philipp Koch* Vermittlung und Verfolgung von strafbarem Insiderhandel, Göttingen/ Osnabrück 2005, S. 111 bzw. 146. Instruktiv dazu auch *Andreas Popp* Das Rätsel des § 38 Abs. 5 WpHG – Transnationales Regelungsbedürfnis und Gesetzgebungstechnik im Nebenstrafrecht. In: Wistra, 2011, S. 169 ff. (171, mit dem Hinweis, dass „letztlich – wenn auch nur gleichsam schattenhaft als Benefiziare abstrakter Gefährdungsverbote erkennbar – die einzelnen Marktteilnehmer mit ihren rechtlich anerkannten Vermögensinteressen" hinter der Regelung stehen; wichtige weitere Belege in der Fußnote 12); s. auch *Trendelenburg* Ultima ratio? Subsidiaritätswissenschaftliche Antworten am Beispiel der Strafbarkeit von Insiderhandel und Firmenbestattungen, Frankfurt am Main 2011, S. 402 ff., 414 ff.

71 Vgl. die Mitteilungen bei *Trendelenburg* aaO., S. 387 f.

72 *Markus Pfüller* in: Andreas Fuchs (Hrsg.), Wertpapierhandelsgesetz, Kommentar, München 2009, § 15 Rn. 3 ff.

73 Vgl. *Pfüller* aaO.

der Selbstregulierung“[74]. Bei der Anerkennung der Richtlinien handelte es sich um eine vertragliche Beziehung zwischen dem Insider und seinem Unternehmen, wonach sich jener verpflichtet, nicht gegen die Insider-Regel zu verstoßen, an der Aufklärung von behaupteten Verstößen mitzuwirken und sich dem Verfahren, die Prüfungskommission mit seinen Folgen zu unterziehen“[75]; die „Verpflichtung“ war „normalerweise Bestandteil des Anstellungs-, Dienst- oder Arbeitsvertrages, oder z.B. bei der Aufsichtsratssitzung Gegenstand einer bestimmten Abrede und damit selbständige zivilrechtliche Verpflichtung“[76].

Gegenüber der Konstruktion der Insiderhandel-Richtlinien wäre die hier nach dem Vorbild des § 161 AktG vorgeschlagene öffentliche Selbsterklärung[77], die nicht durch die in §§ 15, 15a ff. WHPG vorgesehenen Mitteilungspflichten erfasst werden kann[78], eine entschiedenere Favorisierung der mit der Vermeidung des unzulässigen Insider-Handels im Prinzip verbundenen Gemeinwohlbezüge.

Das Neue an dem Erklärungsmodell liegt darin, dass mit ihm ein mittlerer Verbindlichkeitsgrad gefunden wird. Dass § 161 AktG diese Vorbildfunktion entfalten kann, liegt auch an der Entwicklung der sekundären Rechtswelt und des Rechtspluralismus in Verbindung damit, dass man sich zunehmend arrangiert mit der geltungsgenerierenden Funktion von Anerkennung und Konsens, jenseits der Vertragswelt, diesseits der Gesetzeswelt. Hätte das dem Gesetzgeber, als er sich gedrängt sah, die Strafbarkeit des Insiderhandels einzuführen, schon vor Augen gestanden, wäre er vielleicht vorsichtiger gewesen. So ist die jetzt hier vorgeschlagene Korrektur keine radikale Lösung, sondern ein vernünftiger Weg, die Konsequenzen aus den vielen Handicaps der strafrechtlichen Lösung zu ziehen.

Literatur

Bassen, Alexander u.a.: Deutscher Cooperate Governance Codex. Unternehmenserfolg, empirische Befunde, in: Die Betriebswirtschaft 2006, S. 375 ff.

---

74 *Eric Hilgendorf* in: Tido Park, Kapitalmarktstrafrecht, 2. Auflage, Baden-Baden, 2008, S. 167; ausführliche Darstellung bei *Petra R. Mennicke* Sanktionen gegen Insiderhandel, Berlin 1996, S. 188.

75 *Mennicke* aaO., S. 187.

76 *Mennicke* aaO.

77 Über die Parallele zu den Insiderhandel-Richtlinien vgl. *Hanfland* aaO., S. 71 ff.

78 Diesen Kontroll-Vorschriften entspricht im Aktienrecht § 91 Abs. 2 AktG. Die dort geregelten Compliance-Pflichten werden ergänzt durch die auf die darauf bezogene Pflicht zur Selbsterklärung, § 161 AktG; eine Regel dieser Art gibt es nicht im Wertpapierhandelsgesetz.

Becker, Florian: Kooperative und konsensuale Strukturen in der Normsetzung, Tübingen 2005.
Böse, Martin/Koch, Thomas: Insider-Straftat und Marktmanipulation, in: Ulrich Sieber u.a. (Hrsg.), Europäisches Strafrecht, Baden-Baden 2011, S. 315 ff.
Dieners, Peter: Auditierung und Zertifizierung von Compliance-Organisationen in der Immobilienwirtschaft. In: CCZ 2009, S. 113 ff.
Forstmoser, Peter: Verallgemeinerbare Modelle für die Gemeinwohlorientierung von Unternehmen. In: Eberhard Kempf/Klaus Lüderssen/Klaus Volk (Hrsg.), Die Finanzkrise, das Wirtschaftsstrafrecht und die Moral, Berlin 2010, S. 107 ff.
Gregory, Holy J.: International Comparison of Selected Corporate Governance, Guidelines and Codes of Best Practice, 2008.
Habersack, Matthias: Verhandlungen des 69.Deutschen Juristentages, Band 1, Gutachten Teil E, München 2012.
Hanfland, Philipp: Haftungsrisiken im Zusammenhang mit § 161 AktG und dem Deutschen Governance Kodex, zugleich ein Beitrag zur Haftung für fehlerhafte Kapitalmarktinformation, Baden-Baden 2007.
Hilgendorf, Eric, in: Tido Park (Hrsg.), Kapitalmarktstrafrecht, Baden-Baden 2004, Abschnitt über Insider-Delikte.
Hoffmann, Maike: Untreue und Unternehmensinteresse, Baden-Baden 2010.
Homann, Karl: Vorteile und Anreize, Tübingen 2002.
Görling, Helmut/Inderst, Cornelia/Bannenberg, Britta (Hrsg.): Compliance: Aufbau – Management – Risikobereiche, Heidelberg u.a. 2010, 545 f.
Hüffer, Uwe: Aktiengesetz, § 161, 10. Auflage, 2012.
Koch, Philipp: Vermessung und Verfolgung von strafbarem Insiderhandel, Göttingen/Osnabrück 2005.
Kort, Michael: Gemeinwohlbelange beim Vorstandshandeln, in: NZG 2012, S. 926 ff.
Kort, Michael: Vorstandshandeln im Spannungsverhältnis zwischen Unternehmensinteressen und Aktionärsinteressen, in: Die Aktiengesellschaft, 2012, S. 605 ff.
Leyens, Patrick C., in: Klaus J.Hopf/Herbert Wiedemann (Hrsg.), Großkommentar zum Aktiengesetz, 4. Auflage, 38. Lieferung, Nachtrag § 161, Berlin 2012.
Liebl, Franz: Wie verkauft man „Gemeinwohl“? In: Herweg Münkler/Karsten Fischer (Hrsg.), Gemeinwohl und Gemeinsinn, Rhetoriken und Perspektiven sozialmoralischer Orientierung. Berlin 2002, S. 207 ff.
Lindemann, Michael: Voraussetuungen und Grenzen legitimen Wirtschaftsstrafrechts, Tübingen 2012.
Lüderssen, Klaus: Regulierung, Selbstregulierung und Wirtschaftsstrafrecht. Versuch einer interdisziplinären Systematisierung. In: Kempf/Lüderssen/Volk (Hrsg.), Die Handlungsfreiheit des Unternehmers – wirtschaftliche Perspektiven, strafrechtliche und ethische Schranken, Berlin 2009, S. 243 ff.
Lüderssen, Klaus: „Systemtheorie“ und Wirtschaftsstrafrecht. In: Festschrift für Knut Amelung, Berlin 2009, S. 67 ff.
Lüderssen, Klaus: Risikomanagement und „Risikoerhöhungstheorie“ auf der Suche nach Alternativen für § 266, in: Festschrift für Klaus Volk, München 2009, S. 345 ff.
Lüderssen, Klaus: Finanzmarktkrise, Risikomanagement und Strafrecht, in: Eberhard Kempf/Klaus Lüderssen/Klaus Volk (Hrsg.), Die Finanzkrise, das Wirtschaftsstrafrecht und die Moral, Berlin 2010, S. 211 ff.

Lüderssen, Klaus: Methodenfragen im Umgang mit der „Sachlogik des Finanzmarkts" – Grenze oder Herausforderung juristischer Intervention. In: Kempf/Lüderssen/Volk, (Hrsg.), Ökonomie versus Recht im Finanzmarkt? Berlin 2011, S. 241 ff.
Lüderssen, Klaus: Rechtsfreie Räume, Berlin 2012.
Mennicke, Petra R.: Sanktionen gegen Insiderhandel, Berlin 1996.
Michaelsen, Amir: Abweichungen vom deutschen Corporate Governance Kodex und von § 161 AktG als Pflichtverletzung im Sinne der Untreue, Göttingen 2011.
Möllers, Thomas J./Hailer, Sabine: Möglichkeiten und Grenzen staatlicher und halbstaatlicher Eingriffe in die Unternehmensführung. In: Juristenzeitung 2012, S. 841 f.
Müller-Michaels/Ringel, Wiebke, Muss sich Ethik lohnen? Wider die ökonomistische Rechtfertigung von. Corporate Social Governance. 2011.
Pfüller, Markus, in: Andreas Fuchs (Hrsg.), Wertpapierhandelsgesetz, Kommentar, München 2009, §§ 15a ff.
Popp, Andreas: Das Rätsel des § 38. WpHG-Transnationales Regelungsbedürfnis und Gesetzgebungstechnik im Nebenstrafrecht. In: Wistra 2011, S. 169 ff.
Ransiek, Andreas, Soziale Verantwortung von Unternehmen im Wirtschaftsstrafrecht, in: Die Aktiengesellschaft, 2009, S. 782 ff.
Rosen, Rüdiger v.: Zielkonflikte – Unerwünschte Nebenfolgen eines Unternehmensstrafrechts. In: Eberhard Kempf/Klaus Lüderssen/Klaus Volk (Hrsg.), Unternehmensstrafrecht, Berlin 2012, S. 263 ff.
Rüstow, Alexander: Ortsbestimmung der Gegenwart. Eine unrealistische Kulturkritik, 3.Band, Das Versagen des Wirtschaftsliberalismus. Münster 2003, S. 141 ff.
Salditt, Franz: Das Unternehmensinteresse zwischen Recht, Ökonomie und Ethik, in: Eberhard Kempf/Klaus Lüderssen/Klaus Volk (Hrsg.), Die Handlungsfreiheit des Unternehmers – wirtschaftliche Perspektiven, strafrechtliche und ethische Schranken. Berlin 2009, S. 106 ff.
Schiller, Wolf: Selbstregulierungskompetenz versus justizielle Auslegungskompetenz, in: Eberhard Kempf/Klaus Lüderssen(Klaus Volk (Hrs.), Die Handlungsfreiheit des Unternehmers – wirtschaftliche Perspektiven, strafrechtliche und ethische Schranken, Berlin 2009, S. 171 ff.
Schlösser, Jan/Dörfler, Roman: Strafrechtliche Folgen eines Vertoßes gegen den Deutschen Governance Kodex, in: Wistra 2007, S. 226 ff.
Schmitt-Leonardy, Charlotte: Unternehmenskriminalität ohne Strafrecht? Heidelberg u.a. 2013.
Suchanek, Andreas: Unternehmensethik und Eigeninteresse. In: Eberhard Kempf/Klaus Lüderssen/Klaus Volk (Hrsg.), Die Finanzkrise, das Wirtschaftsstrafrecht und die Moral. Berlin 2010, S. 47 ff.
Spindler, Gerald: Gemeinwohlorientierte Unternehmensinteressen und Kapitalgesellschaften. In: Kempf/Lüderssen/Volk (Hrsg.), Die Finanzkrise, das Wirtschaftsstrafrecht und die Moral, Berlin 2010, S. 71 ff.
Theile, Hans: Wahrheit, Konsens und § 257c StPO, in: Neue Zeitschrift für Strafrecht 32 (2012), S. 666.
Theussinger, Ingo/Liese, Jens, u.a.: Die strafrechtliche Relevanz des Corporate Governance Kodexes. In: Der Betrieb, 2007, S. 227 ff.
Trendelenburg, Cornelius: Ultima ratio? Subsidiaritätswissenschaftliche Antworten am Beispiel der Strafbarkeit von Insiderhandel und Firmenbestattungen, Frankfurt am Main 2011.
Villeda, Grisella Victoria: Prävention und Repression von Insider-Handel, Frankfurt/M., 2010.

Volk, Klaus: Strafrecht gegen Insider? In: Zeitschrift für das gesamte Handelsrecht und Wirtschaftsrecht, 1978, S. 1 ff.
Volk, Klaus: Über strafrechtliche Konstrukte und Systemrelevanz. In: Eberhard Kempf/Klaus Lüderssen/Klaus Volk (Hrsg.), Ökonomie versus Recht im Finanzmarkt, Berlin 2011, S. 177 ff.
Windbichler, Christine: Dienen staatliche Eingriffe guter Unternehmensführung, NJW 2012, S. 2625 ff.

Gemeinwohl und Wirtschaftsstrafverfahren

Michael Lindemann

Das Gemeinwohl als ambivalente Zielvorgabe für ein funktionstüchtiges Verfahren in Wirtschaftsstrafsachen

Gliederung

I. Einleitung

Nach einer gebräuchlichen Definition liegt das Ziel des Strafverfahrens in der Findung einer materiell richtigen, prozessordnungsgemäß zustande kommenden und Rechtsfrieden schaffenden Entscheidung über die Strafbarkeit des Beschuldigten.[1] In dieser anspruchsvollen Aufgabenbestimmung, die deutliche Anklänge an die im Fokus der diesjährigen ECLE-Tagung stehenden Belange des Gemeinwohls aufweist, sind geradezu zwangsläufig Zielkonflikte angelegt, die der Auflösung anhand der einschlägigen verfassungs- und einfachrechtlichen Vorgaben bedürfen.[2] Bei den Bemühungen, die darauf gerichtet sind, die angesprochenen Teilaspekte des Verfahrensziels zueinander ins Verhältnis zu setzen, ist auf der einen Seite zu berücksichtigen, dass eine Durchsetzung des materiellen Rechts ohne funktionstüchtige Strafrechtspflege nicht denkbar wäre; auf der anderen Seite ist jedoch stets auch die mit einer Überbetonung von Funktionalitätserwägungen verbundene Gefahr einer Marginalisierung von Beschuldigtenrechten zu

---

1 Vgl. *Roxin/Schünemann* Strafverfahrensrecht, 27. Aufl. 2012, § 1 Rn. 3.

2 Dabei wird es selten gelingen, die einzelnen Facetten auch nur annähernd gleichmäßig umzusetzen; häufig wird sich ein Teilaspekt nur unter Hintanstellung eines anderen verwirklichen lassen; vgl. dazu im Einzelnen *Roxin/Schünemann* a.a.O. (FN 1), § 1 Rn. 3 ff.; des Weiteren *Beulke* Strafprozessrecht, 12. Aufl. 2012, Rn. 3; *Volk* Grundkurs StPO, 7. Aufl. 2010, § 3 Rn. 1 ff.

gewärtigen. In der Herstellung eines möglichst schonenden Ausgleichs zwischen den in Rede stehenden konfligierenden Interessen im Sinne praktischer Konkordanz[3] liegt nach zutreffender Auffassung die ebenso bedeutsame wie schwierige Aufgabe des Strafverfahrensrechts.[4]

Zu beachten ist des Weiteren, dass sich im Rahmen der skizzierten Abwägungsentscheidung Individual- und Kollektivinteressen keineswegs als strikte Gegensätze gegenüberstehen. So ist etwa aus verfassungsrechtlicher Perspektive darauf hingewiesen worden, dass die Freiheit ebenso wie die ihre Beschränkung legitimierenden Gründe zu den Gemeinwohlbelangen zu zählen ist, was zu dem Befund führt, dass die Konfliktlinie nicht zwischen Partikular- und Gemeinwohl verläuft, sondern letztlich konkurrierende Belange des Gemeinwohls gegeneinander abzuwägen sind.[5] Mit Blick auf den Strafprozess ist zu konstatieren, dass die Pflicht zu einer justizförmigen Verfahrensgestaltung nicht lediglich einen individuellen, beschuldigtenschützenden Charakter hat, sondern auch Interessen der Allgemeinheit dient;[6] denn nur die unter Beachtung der Verfahrensförmlichkeiten und Wahrung der Beschuldigtenrechte zustande gekommene Entscheidung wird als gerecht wahrgenommen und vermag so zu einer Stabilisierung des durch die Straftat erschütterten Normvertrauens beizutragen.[7]

Das Vorstehende wird mit zu bedenken sein, wenn im Folgenden den in der Ausrichtung des Strafverfahrens an Gemeinwohlbelangen begründeten Ambivalenzen nachgegangen wird. Die Analyse erfolgt im Wesentlichen in zwei Schritten: Ein erster Abschnitt ist der Frage gewidmet, wie es um die Umsetzung der eingangs referierten, voraussetzungsvollen Aufgabenbeschreibung in der Praxis der Verfahren in Wirtschaftsstrafsachen bestellt ist (II). Die in diesem Zusammenhang feststellbaren strukturellen Probleme und krisenhaften Entwicklungen bilden den Hintergrund für die Renaissance des Argumentationstopos der „Funktionstüchtigkeit der Strafrechtspflege", der in der neueren höchstrichterlichen Rechtsprechung eine bemerkenswerte Wiederbelebung erfahren hat. Der kritischen Auseinandersetzung mit dieser Entwicklung ist der zweite Hauptteil des Referates gewidmet (III).

---

3 Vgl. zur Bedeutung der mit diesem Schlagwort bezeichneten Optimierungsaufgabe im Straf- und Strafprozessrecht auch *Perron* in: Ebert et al. (Hrsg.), FS für Ernst-Walter Hanack, 1999, S. 473, 481.

4 Vgl. *Roxin/Schünemann* a.a.O. (FN 1), § 1 Rn. 3.

5 In diesem Sinne *Grimm* in: Münkler/Fischer (Hrsg.), Gemeinwohl und Gemeinsinn im Recht, Band III, 2002, S. 125, 135.

6 Vgl. bereits *Riehle* KJ 1980, 316, 320.

7 Vgl. dazu bereits *Lindemann* Voraussetzungen und Grenzen legitimen Wirtschaftsstrafrechts, 2012, S. 343 m.w.N.

II. Die Krise des öffentlichen Strafanspruches im Bereich des Wirtschaftsstrafrechts

Wenn hier im Anschluss an *Lüderssen* von einer „Krise des öffentlichen Strafanspruches“[8] im Bereich des Wirtschaftsstrafrechts die Rede ist, so speist sich dieser Befund – ähnlich wie die Feststellung *Lüderssens* – aus einer Zusammenschau der verschiedenen Ebenen der Gesetzgebung und der Strafrechtspraxis, des materiellen Strafrechts und des Strafprozessrechts. Diese übergreifende Betrachtung fördert die Erkenntnis zutage, dass zwei scheinbar im Widerspruch zueinander stehende Entwicklungslinien in der Konzeption und Anwendung von Wirtschaftsstrafrecht – eine merkliche „punitive Aufladung“ von Strafgesetzgebung und Strafverfolgungspraxis auf der einen Seite und die Dominanz verfahrensbeendender Absprachen (mit einer Tendenz zur Einbeziehung rechtswidriger Inhalte) auf der anderen Seite[9] – ihren gemeinsamen Ursprung in bestimmten strukturellen Besonderheiten des in Rede stehenden Deliktsfeldes und den hieraus resultierenden Hemmnissen für eine funktionstüchtige Strafrechtspflege haben.

1. Strukturelle Probleme der strafrechtlichen Aufarbeitung von Wirtschaftsdelikten

Beim Blick auf die theoretischen und praktischen Voraussetzungen der strafrechtlichen Aufarbeitung von Wirtschaftsstraftaten kristallisieren sich bestimmte grundlegende Probleme heraus,[10] die es gerechtfertigt erscheinen lassen, im

8 Vgl. *Lüderssen* Die Krise des öffentlichen Strafanspruches, 1989, S. 7 ff.

9 Dazu *Achenbach* Jura 2007, 342 (348); *Altenhain et al.* Absprachen in Wirtschaftsstrafverfahren, 2007, S. 79; *Bussmann/Lüdemann* Klassenjustiz oder Verfahrensökonomie? Aushandlungsprozesse in Wirtschafts- und allgemeinen Strafverfahren, 1995, S. 45; *Fezer* ZStW 106 (1994), 1, 5; *Heinz* in: Korff (Hrsg.), Handbuch Wirtschaftsethik, 1999, S. 671, 693; *Hettinger* in: Jung et al. (Hrsg.), FS für Egon Müller, 2008, S. 261, 271; *Krause* Ordnungsgemäßes Wirtschaften und Erlaubtes Risiko, 1995, S. 431; *Lüdemann/Bussmann* KrimJ 1989, 54, 56; *Lüderssen* in: Michalke et al. (Hrsg.), FS für Rainer Hamm, 2008, S. 419, 430; *Nehm* StV 2007, 549; *Park* NK 2005, 147, 150; *Ransiek/Hüls* ZGR 2009, 157, 182 ff.; *Sauer* Konsensuale Verfahrensweisen im Wirtschafts- und Steuerstrafrecht, 2008, Rn. 109 et passim; *Tiedemann* Wirtschaftsstrafrecht AT, 3. Aufl. 2010, Rn. 91.

10 Ausführlich *Lindemann* Kriminalistik 2005, 506, 507 ff. Zusammenfassend auch *Bussmann* MSchrKrim 2003, 89, 90 f.; *Dannecker* in: Wabnitz/Janovsky, Handbuch des Wirtschafts- und Steuerstrafrechts, 3. Aufl. 2007, 1. Kapitel Rn. 1 ff.; *Heinz* a.a.O. (FN 9), S. 671, 679 ff.; *Mansdörfer* Theorie des Wirtschaftsstrafrechts, 2011, Rn. 4 ff.; *Meier* Kriminologie, 4. Aufl. 2010, § 11 Rn. 1 ff.

adäquaten Umgang mit Wirtschaftskriminalität auch mehr als 30 Jahre nach dem Erscheinen der grundlegenden Beschreibung durch *Jung* einen bedeutsamen „Prüfstein des Strafrechtssystems“[11] zu sehen.

Zu nennen ist in diesem Zusammenhang zunächst die durch die Unübersichtlichkeit betrieblicher Abläufe und Hierarchien bedingte Komplexität vieler wirtschaftsstrafrechtlich relevanter Sachverhalte, welche die Ermittlungsarbeit der Strafverfolgungsbehörden sowie eine den Maximen der Strafprozessordnung genügende forensische Rekonstruktion im Rahmen der strafrechtlichen Hauptverhandlung nicht unwesentlich erschwert.[12] Als charakteristisch für Wirtschaftsstrafverfahren gilt eine im Vergleich zur Allgemeindelinquenz überdurchschnittliche Vielschichtigkeit der zu ermittelnden Sachverhalte; komplexe Deliktsbilder mit vielfältigen Tatbestandskombinationen erfordern oftmals langwierige und personalintensive Ermittlungen, an deren Ende vergleichsweise selten der für eine Anklageerhebung erforderliche justizförmige Nachweis einer strafbaren Handlung steht.[13] Angesichts dieser Problembeschreibung mag man zu dem Schluss gelangen, dass die Strafprozessordnung, die ein Sonderrecht für Umfangssachen nicht kennt, für eine angemessene Reduktion der Komplexität des Wirtschaftslebens nur unzureichend gerüstet ist;[14] hieran etwas zu ändern wäre allerdings primär Aufgabe des Gesetzgebers und nicht der Rechtsprechung, die sich zuletzt mehrfach zu – jeweils problematischen – Korrekturen (vermeintlicher) gesetzgeberischer Fehlleistungen und Versäumnisse aufgerufen sah.[15]

Ein weiterer, eine funktionstüchtige Strafrechtspflege in Wirtschaftsstrafsachen hemmender Faktor dürfte in der Anonymität und personalen Distanz zwischen Täter und Opfer liegen, die einen Großteil der in Rede stehenden Sachverhalte auszeichnet. Richtet sich die Straftat gegen eine juristische Person des öffentlichen Rechts oder des Privatrechts, so „verflüchtigt“ sich die Täter-Opfer-Beziehung, was es nach verbreiteter Auffassung im kriminologischen Schrifttum nicht nur dem Täter erleichtert, den vom Strafrecht ausgehenden Normappell zu

---

11 Vgl. *Jung* Wirtschaftskriminalität als Prüfstein des Strafrechtssystems, 1979.

12 Vgl. BGHSt 50, 299, 308; *Albrecht* Kriminologie, 4. Aufl. 2010, § 32 B III; *Arzt* in: Bucher et al. (Hrsg.), FS für Wolfgang Wiegand, 2005, S. 739, 757; *Meier* a.a.O. (FN 10), § 11 Rn. 22.

13 Vgl. *Lindemann* a.a.O. (FN 7), S. 12 m.w.N.

14 Vgl. *Tiedemann* a.a.O. (FN 9), Rn. 90; siehe auch *Park* NK 2005, 147, 149; *Schünemann* StraFo 2010, 90, 94.

15 Beispielhaft sei verwiesen auf die Rechtsprechung zur Verlesung umfangreicher Anklagesätze (BGHSt 56, 109; zur Kritik *Lindemann* a.a.O. [FN 7], S. 279 ff.) sowie auf die richterrechtliche Rechtsfortbildung im Bereich der Fristsetzung bei Beweisanträgen (BGHSt 52, 355; BVerfG, Beschluss der 2. Kammer des Zweiten Senats vom 6. Oktober 2009 – 2 BvR 2580/08 –, NJW 2010, 592), auf die im Folgenden noch näher einzugehen sein wird.

neutralisieren und die Taten subjektiv zu rechtfertigen, sondern zugleich auch das Interesse auf Seiten des Opfers mindert, durch Erstattung einer Strafanzeige einen Beitrag zur strafrechtlichen Verfolgung des Täters zu leisten.[16] Probleme bereiten darüber hinaus die Erfassung und dogmatische Verarbeitung von Schein- und Umgehungshandlungen, bei denen insbesondere die durch das Bestimmtheitsgebot sowie das Verbot der analogen Anwendung von Strafgesetzen (Art. 103 Abs. 2 GG) gezogenen Grenzen zu beachten sind.[17]

Auf erhebliche Schwierigkeiten stößt schließlich eine den verfassungsrechtlichen Anforderungen genügende Abgrenzung legaler von illegaler Wirtschaftsbetätigung.[18] Führt man sich vor Augen, dass unternehmerisches Handeln geradezu zwangsläufig mit der Eingehung (möglichst kontrollierter) Wagnisse verbunden ist,[19] und dass Entscheidungen der Unternehmensleitung in der Regel unter den Bedingungen des Risikos oder der Ungewissheit (nicht zuletzt hinsichtlich des Verhaltens von Kunden und anderen Marktakteuren[20]) zustande kommen, wird deutlich, dass die aus der ex post-Perspektive des Strafverfahrens vorgenommene Zuschreibung von Verantwortung für schadensträchtige Entscheidungen problematisch und in hohem Maße anfällig für Attributionsfehler wie den auch empirisch valide nachgewiesenen Rückschaufehler (sog. hindsight bias[21]) wird.[22] Mit

---

16 Zum Vorstehenden *Bannenberg* in: Gutsche/Thiel (Hrsg.), Gesellschaft und Kriminalität im Wandel, 2001, S. 113, 129 f.; *Kube* in: Kühne et al. (Hrsg.), FS für Klaus Rolinski, 2002, S. 391, 392; *Meier* a.a.O. (FN 10), § 11 Rn. 14.

17 Dazu *Tiedemann* a.a.O. (FN 9), Rn. 137 ff.; exemplarisch am Beispiel der strafrechtlichen Verantwortlichkeit des sog. „faktischen Geschäftsführers" *Lindemann* Jura 2005, 305 ff.

18 Vgl. *Arzt* a.a.O. (FN 12), S. 739, 753; *Hefendehl* StV 2005, 156, 158; *Jung* a.a.O. (FN 11), S. 3; *Perron* a.a.O. (FN 3), S. 473, 478.

19 Zum Wagnis als Charakteristikum unternehmerischer Betätigung vgl. etwa BGHZ 135, 244, 253; *Feddersen* in: Kern et al. (Hrsg.), FS für Adolf Laufs, 2006, S. 1169, 1174 f.; *Fleischer* in: Wank et al. (Hrsg.), FS für Herbert Wiedemann, 2002, S. 827, 830 f.; *Krause* a.a.O. (FN 9), S. 389 ff.; *Lutter* NZG 2010, 601, 602; *Schmid* in: Müller-Gugenberger/Bieneck (Hrsg.), Handbuch des Wirtschaftsstraf- und Ordnungswidrigkeitenrechts, 5. Aufl. 2011, § 31 Rn. 156; *Thomas* in: Hanack et al. (Hrsg.), FS für Peter Rieß, 2002, S. 795, 801 f.; *Waßmer* Untreue bei Risikogeschäften, 1997, S. 5.

20 Dazu aus wirtschaftsethischer Perspektive *Homann/Lütge* Einführung in die Wirtschaftsethik, 2005, S. 32 ff.; *Suchanek* Ökonomische Ethik, 2007, S. 52 ff.

21 Nach Ergebnissen der v.a. auf *Fischhoff* Journal of Experimental Psychology: Human Perception and Performance 1975, 288 ff. zurückgehenden Forschungsarbeiten wird die Vorhersehbarkeit eines tatsächlich eingetretenen Schadens auf der Grundlage des ex post verfügbaren Wissensstandes systematisch überschätzt. Zusammenfassend hierzu und zu weiteren Attributionsfehlern *Kuhlen* in: Jung et al. (Hrsg.), Recht und Moral, 1991, S. 341, 354 ff.; *Prittwitz* Strafrecht und Risiko, 1993, S. 107 ff.

22 Vgl. *Dinter* Der Pflichtwidrigkeitsvorsatz bei der Untreue, 2012, Rn. 191; *Rönnau* ZStW 119 (2007), 887, 909; mit Blick auf Investitionsentscheidungen in der Finanzmarktkrise *Deiters* in:

der in dogmatischer Hinsicht zentralen Herausforderung, die Grenze zwischen erlaubtem Risiko und rechtlich missbilligter Gefahrschaffung im Wege der Abwägung konfligierender Interessen herauszuarbeiten, sieht sich das Strafrecht zwar auch in anderen, eher wirtschaftsfernen Lebensbereichen konfrontiert; die in Rede stehende Abgrenzungsaufgabe dürfte sich jedoch im Wirtschaftsstrafrecht in besonderer Schärfe stellen, da wirtschaftliche Entscheidungsvorgänge regelmäßig durch eine besonders komplexe Interessenlage geprägt sind und aufgrund der ihnen immanenten Prognoseunsicherheiten ein gegenüber Alltagssituationen gesteigertes Fehlurteilsrisiko aufweisen.[23] Als besonders praxisrelevant erweisen sich in diesem Zusammenhang etwa die Subsumtion von Risikogeschäften unter den Untreuetatbestand sowie die Bestimmung des Bereichs (insolvenz- und betrugsstrafrechtlich) erlaubt riskanten Wirtschaftens in der Unternehmenskrise.[24] Auf beiden Gebieten stellt sich im Übrigen auch das Problem der Ausfüllung konkretisierungsbedürftiger Tatbestandsmerkmale, für die häufig auf – den Strafverfolgungsorganen nicht immer bis in letzte Verästelungen hinein vertraute – zivil- und wirtschaftsrechtliche Vorwertungen zurückzugreifen ist.[25]

Materielles Recht und Prozessrecht stehen im Übrigen im hier erörterten Zusammenhang nicht unverbunden nebeneinander, sondern weisen vielfältige Interdependenzen auf.[26] So werden etwa Bemühungen um die Entwicklung tragfähiger dogmatischer Strukturen zur Konturierung des Bereichs erlaubt riskanten Wirtschaftens lediglich begrenzten Erfolg zeitigen, wenn es nicht gleichzeitig gelingt, gangbare Wege der forensischen Rekonstruktion komplexer wirtschaftlicher Sachverhalte aufzuzeigen.[27] Nachhaltige Fortschritte bei der Lösung der vorstehend skizzierten Probleme werden sich daher nur mithilfe eines integrativen Ansatzes erzielen lassen, der den aufgezeigten Verbindungslinien Rechnung trägt.

Kempf/Lüderssen/Volk (Hrsg.), Die Finanzkrise, das Wirtschaftsstrafrecht und die Moral, 2010, S. 132, 137.

23 Dem letztgenannten Umstand ist durch die Anerkennung eines weiten unternehmerischen Ermessensspielraumes bei der Vornahme von Risikogeschäften Rechnung zu tragen; vgl. *Lindemann* a.a.O. (FN 7), S. 147.

24 Ausführlich *Lindemann* a.a.O. (FN 7), S. 29 ff.

25 Mit Blick auf den Untreuetatbestand wird bekanntlich vor allem die Reichweite der Zivilrechtsakzessorietät des Strafrechts diskutiert; vgl. dazu nur *Lüderssen* in: Dölling (Hrsg.), FS für Ernst-Joachim Lampe, 2003, S. 727, 729; *ders.* in: Arnold et al. (Hrsg.), FS für Albin Eser, 2005, S. 163, 170: „asymmetrische Akzessorietät". Zu praktischen Problemen bei der Konkretisierung unbestimmter Tatbestandsmerkmale im Insolvenzstrafrecht vgl. *Bora* et al., Polizeiliche Bearbeitung von Insolvenzkriminalität, 1992, S. 144 ff.

26 Ausführlich *Paulus* in: Dreier et al. (Hrsg.), FS Würzburger Juristenfakultät, 2002, S. 683 ff.; *Perron* a.a.O. (FN 3), S. 473 ff.

27 Vgl. *Lindemann* a.a.O. (FN 7), S. 580.

2. Punitive Aufladung der Strafgesetzgebung und -verfolgungspraxis

Geht man der Frage nach, welche Spuren die geschilderten strukturellen Probleme in der Praxis des Wirtschaftsstrafverfahrens hinterlassen, so stößt man zunächst auf eine Tendenz, die sich als „punitive Aufladung" der Strafgesetzgebung und -verfolgungspraxis charakterisieren lässt, und die ihren Ausdruck in Verschärfungen der Gesetzeslage sowie in einem gesteigert konfrontativen Stil der Verfahrensführung findet. Beispielhaft für diese Entwicklung stehen eine bis in die Benennung einschlägiger Gesetze hineinreichende Bekämpfungsrhetorik des Gesetzgebers[28] sowie die Schaffung von Vorfeldtatbeständen, deren primärer Nutzen in der Rechtswirklichkeit offenbar weniger in der Ermöglichung einschlägiger Verurteilungen als vielmehr in der erleichterten Generierung des zur Rechtfertigung weiterer Ermittlungsmaßnahmen dienenden Anfangsverdachts liegt.[29] Durch die auf dieser Grundlage angeordneten Zwangsmaßnahmen – zu nennen sind neben der Untersuchungshaft (§§ 112 ff. StPO) vor allem die Sicherstellungsmaßnahmen nach den §§ 111b ff. StPO – drohen Beschuldigte und mit diesen assoziierte Unternehmen regelmäßig bereits weit im Vorfeld einer möglichen Verurteilung vom Marktgeschehen exkludiert zu werden; zu diesem Effekt, der die Sanktionswirkungen des Strafverfahrens gleichsam vorwegnimmt,[30] tritt der vor allem von Verteidigerseite, aber auch aus dem rechtswissenschaftlichen Schrifttum erhobene Vorwurf einer Instrumentalisierung strafprozessualer Eingriffsbefugnisse zu verfahrensfremden Zwecken (etwa bei der Zugrundelegung sog. „apokrypher Haftgründe"[31]). Die Rechtsprechung des Bundesverfassungsgerichts zur Anordnung, Aufrechterhaltung und zum Vollzug von Untersuchungshaft zeigt sich zwar bemüht, als verfehlt wahrgenommenen Entwicklungen der

---

28 Nachweise und Kritik bei *Hefendehl* StV 2005, 156, 157; *ders.* JZ 2006, 119.

29 Von „Masternormen" spricht in diesem Zusammenhang treffend *Frehsee* in: Frehsee et al. (Hrsg.), Konstruktion der Wirklichkeit, 1997, S. 14, 23 ff.

30 Dazu *Achenbach* ZStW 119 (2007), 789, 814; *Beulke* in: Müller et al. (Hrsg.), FS für Ulrich Eisenberg, 2009, S. 245, 247; *Ransiek/Hüls* ZGR 2009, 157, 159; *Techmeier* in: Prittwitz et al. (Hrsg.), Kriminalität der Mächtigen, 2008, S. 61, 75: „Das Verfahren ist die Strafe".

31 Zu deren Prävalenz in der Praxis der Anordnung von Untersuchungshaft vgl. *Eidam* HRRS 2008, 241, 243; *Hamm* in: Hassemer et al. (Hrsg.), FS für Klaus Volk, 2009, S. 193, 202 f.; *Krekeler* wistra 1983, 43, 44; *Münchhalffen* StraFo 1999, 332 ff.; *Schlothauer/Weider* Untersuchungshaft, 2010, Rn. 661 ff.; *Schünemann* ZStW 114 (2002), 1, 16; *Theile* Wirtschaftskriminalität und Strafverfahren, 2009, S. 246 ff.; *Volk* NJW 1996, 879, 882 ff. Beispiele für einen unzulässigen Einsatz von Untersuchungshaft als Druckmittel im Zusammenhang mit Verfahrensabsprachen finden sich in BGH, Beschlüsse vom 20. April 2004 – 5 StR 11/04 –, NJW 2004, 1885; und vom 9. Juni 2004 – 5 StR 579/03 –, StV 2004, 470, 471.

Praxis entgegenzuwirken,[32] vermag jedoch die von strukturell unterbestimmten Eingriffstatbeständen ausgehende Missbrauchsgefahr nicht vollständig zu bannen, zumal die verfassungsrechtlich determinierten Leitlinien regelmäßig auf einem erheblichem Abstraktionsniveau formuliert sind und erst noch der – streitanfälligen – Konkretisierung mit Blick auf den jeweiligen Einzelfall bedürfen. Noch ganz am Anfang steht im Übrigen die Diskussion darüber, welche Grenzen additiven, aus dem Zusammenwirken mehrerer Einzelmaßnahmen resultierenden Grundrechtseingriffen von Verfassungs wegen gezogen sind.[33]

3. Dominanz konsensualer Erledigungsformen

Nur auf den ersten Blick im Widerspruch zu der soeben konstatierten „punitiven Aufladung" steht der Befund, dass Wirtschaftsstrafverfahren – beginnend mit dem Ermittlungsverfahren[34] – eine Domäne des konsensbedingt abgekürzten Verfahrens sind.[35] Sucht man nach einer Erklärung dafür, dass Verfahren mit wirtschaftsstrafrechtlichem Schwerpunkt überdurchschnittlich häufig durch Einstellungen unter Auflagen nach § 153a StPO, abgesprochene Strafbefehle i.S.d. §§ 407 ff. StPO oder die durch das Gesetz zur Regelung der Verständigung im Strafverfahren vom 29. Juli 2009[36] kodifizierten Urteilsabsprachen beendet werden, so stößt man auf einen Interessengleichlauf der Verfahrensakteure,[37] der maßgeblich durch die bereits benannten Faktoren beeinflusst sein dürfte: Während das

32 Ausführlich *Kazele* Untersuchungshaft, 2008.

33 Die Rechtsprechung des Bundesverfassungsgerichts lässt immerhin eine gesteigerte Sensibilität für dieses Problem erkennen; vgl. BVerfGE 112, 304, 319 f.; 114, 196, 247; 123, 186, 265 f.; BVerfG, Beschluss vom 27. März 2012 – 2 BvR 2258/09 –, NJW 2012, 1784, 1785 f.; dazu *Broß* HFR 2009, 1, 18; *Lücke* DVBl 2001, 1469 ff.

34 Vgl. *Hamm* in: Kempf et al. (Hrsg.), FS für Christian Richter II, 2006, S. 179 ff.; *Techmeier* a.a.O. (FN 30), S. 61, 73 ff.; *Wehnert* StV 2002, 219 ff.; *Weigend* in: Weigend et al. (Hrsg.), Strafverteidigung vor neuen Herausforderungen, 2008, S. 357, 390.

35 Monographisch *Sauer* a.a.O. (FN 9); siehe des Weiteren *Altenhain* et al., a.a.O. (FN 9), S. 79 et passim sowie *Achenbach* Jura 2007, 342, 348; *Heinz* a.a.O. (FN 9), S. 671, 693; *Hettinger* a.a.O. (FN 9), S. 261, 271; *Lüderssen* a.a.O. (FN 9), S. 419, 430; *Park* NK 2005, 147, 150; *Ransiek/Hüls* ZGR 2009, 157, 182 ff.

36 BGBl. I, 2353.

37 Vgl. BGHSt (GS) 50, 40, 60; *Altenhain/Haimerl* GA 2005, 281, 298; *Hamm* in: Eser et al. (Hrsg.), FS für Lutz Meyer-Goßner, 2001, S. 33, 42; *Harms* in: Griesbaum et al. (Hrsg.), FS für Kay Nehm, 2006, S. 289, 290 f.; *Park* NK 2005, 147, 150; *Weigend* in: Roxin/Widmaier (Hrsg.), 50 Jahre Bundesgerichtshof. Festgabe aus der Wissenschaft. Band IV. Strafrecht, Strafprozessrecht, 2000, S. 1011 f.

Interesse der professionellen Verfahrensakteure auf die mit der Abkürzung des Verfahrens verbundene Zeitersparnis, auf eine Reduktion der gesteigerten Komplexität sowie auf eine Entlastung der Dogmatik von intrikaten Abgrenzungsproblemen gerichtet sein dürfte, wird es dem Beschuldigten häufig darum gehen, eine Exposition in öffentlicher Hauptverhandlung zu vermeiden und die von den strafprozessualen Zwangsmaßnahmen ausgehende Exklusionswirkung möglichst rasch zu beenden oder zumindest abzumildern. Vor diesem Hintergrund oszilliert das Bild, welches literarische Analysen und empirische Studien von der Absprachepraxis in Wirtschaftsstrafsachen zeichnen, zwischen der Ausübung prozessordnungswidrigen Drucks durch Strafverfolgungsbehörden und Gerichte und der ungerechtfertigten Privilegierung statushoher Beschuldigter, die zur Mobilisierung erheblicher Verteidigungsressourcen und damit zum Aufbau eines die Aktivitäten der staatlichen Organe partiell neutralisierenden „Gegendrucks" in der Lage sind.[38] Eine rechtsstaatlichen Standards verpflichtete Strafrechtspflege darf weder das eine noch das andere hinnehmen; ob allerdings der zuletzt durch den Gesetzgeber unternommene Versuch, zumindest die Urteilsabsprachen – die gleichsam die sichtbare Spitze eines in seinen Dimensionen bislang nur unzureichend vermessenen Eisbergs bilden – in gesetzlich geordnete Bahnen zu lenken, zu einer nachhaltigen Domestizierung[39] und Zurückdrängung rechtswidriger Praktiken führen wird, muss nicht zuletzt in Anbetracht der von *Altenhain* in der mündlichen Verhandlung zu den Verfahren 2 BvR 2628/10 u.a. vor dem Bundesverfassungsgericht vorgetragenen Erkenntnisse zur Rechtswirklichkeit der Neuregelung bezweifelt werden.[40]

38 Eingehendere Darstellung bei *Lindemann* a.a.O. (FN 7), S. 461 ff.

39 Begriff bei *Richter II* in: Hanack et al. (Hrsg.), FS für Peter Rieß, 2002, S. 439, 448.

40 Ausführlich *Altenhain/Dietmeier/May* Die Praxis der Absprachen in Strafverfahren, 2013. Vgl. zuvor bereits *Fischer* StraFo 2009, 177, 187; *ders.* StraFo 2010, 329, 331 FN 6; *Wohlers* NJW 2010, 2470, 2474; positivere Bewertung etwa bei *Kirsch* StraFo 2010, 96, 101; *Kudlich* Erfordert das Beschleunigungsgebot eine Umgestaltung des Strafverfahrens? Gutachten C zum 68. Deutschen Juristentag, 2010, C 67. Vor dem Hintergrund der vorstehend referierten Erkenntnisse spricht einiges dafür, dass auch der im Urteil des Bundesverfassungsgerichts vom 19. März 2013 (2 BvR 2628/10 u.a. – NJW 2013, 1058) enthaltene eindringliche Appell an die Verfahrensbeteiligten, sich künftig an die Vorgaben des Gesetzes zu halten, weitgehend folgenlos bleiben wird.

III. Renaissance des Funktionstüchtigkeits-Topos in der höchstrichterlichen Rechtsprechung

Die aufgezeigten Tendenzen erscheinen in der Gesamtschau geeignet, die Berechtigung der Erhebung des staatlichen Strafanspruches im Bereich des Wirtschaftsstrafrechts dauerhaft infrage zu stellen. In dieser Situation wirkt sich die in der Rechtsprechung insbesondere des Bundesverfassungsgerichts feststellbare Rückbesinnung auf die Formel von der „Funktionstüchtigkeit der Strafrechtspflege" besonders verhängnisvoll aus – steht dieser Argumentationstopos doch nicht zu Unrecht in dem Verdacht, aufgrund der ihm eigenen Inhaltsleere als eine Art „black box" Spielraum für nahezu beliebige Interpretationen zu eröffnen, im Ergebnis jedoch vor allem einer einseitigen Überbetonung des Strafverfolgungsinteresses Vorschub zu leisten und der Judikative eine „gegenreformatorische"[41] Einflussnahme auf das ohnehin fragile Kräfteverhältnis im Strafprozess zu ermöglichen. Auffällig ist, dass sich die Renaissance der Funktionstüchtigkeitsformel auf beide soeben erörterten Krisenherde erstreckt: Ihr Einsatz dient zum einen dazu, Eingriffe in die Rechte des Beschuldigten sowie den Verzicht auf Verfahrensförmlichkeiten zu legitimieren und verstärkt so die Tendenz einer „punitiven Aufladung"; zum anderen werden Funktionstüchtigkeitsüberlegungen angeführt, um die Notwendigkeit des Rückgriffs auf verfahrensbeendende Absprachen nachzuweisen.[42] Beiden Begründungssträngen soll im Folgenden nachgegangen werden, wobei der Schwerpunkt der Überlegungen mit Rücksicht auf das Referat von *Armin Engländer* auf dem erstgenannten liegen wird.

1. Legitimation der Beschränkung von Beschuldigtenrechten und des Verzichts auf Verfahrensförmlichkeiten durch Funktionstüchtigkeitsüberlegungen

Die Verwendung der Formel von der „Funktionstüchtigkeit der Strafrechtspflege" als Argumentationstopos geht zurück auf eine Senatsentscheidung des Bundesverfassungsgerichts aus dem Jahr 1972. Verfahrensgegenständlich war die Frage, ob Sozialarbeitern in Anlehnung an die in § 53 Abs. 1 Nr. 3 StPO getroffene Regelung ein generelles Zeugnisverweigerungsrecht im Strafverfahren zuzubilligen sei. Der *Zweite Senat* verneinte dies und führte zur Begründung unter anderem aus:

---

41 Vgl. *Hassemer* StV 1982, 275.
42 Vgl. *Wohlers* NJW 2010, 2470, 2472.

„Soweit der Grundsatz der Rechtsstaatlichkeit die Idee der Gerechtigkeit als wesentlichen Bestandteil enthält (...), verlangt er auch die Aufrechterhaltung einer funktionstüchtigen Rechtspflege, ohne die der Gerechtigkeit nicht zum Durchbruch verholfen werden kann. Wiederholt hat das Bundesverfassungsgericht die unabweisbaren Bedürfnisse einer wirksamen Strafverfolgung anerkannt (...), das öffentliche Interesse an einer möglichst vollständigen Wahrheitsermittlung im Strafprozeß betont (...) und die Aufklärung schwerer Straftaten als wesentlichen Auftrag eines rechtsstaatlichen Gemeinwesens bezeichnet (...).“[43]

Wenngleich die durch den *Senat* in Bezug genommenen früheren Entscheidungen die vorstehend wiedergegebenen Erwägungen durchaus stützen, erfolgt die Einführung des in der Folgezeit vielfach replizierten Begründungsmusters seltsam apodiktisch;[44] die Häufung verfassungsrechtlicher Fundamentalbegriffe – neben der Verankerung im Rechtsstaatsprinzip werden auch die Gerechtigkeit (der – recht martialisch – „zum Durchbruch verholfen“ werden soll[45]) und die Pflicht zur Suche nach materieller Wahrheit erwähnt –, steht in einem geradezu umgekehrten Verhältnis zur Argumentationstiefe der Ausführungen. Zugleich liegt auf der Hand, dass es die Belange des mit einem strafrechtlichen Vorwurf konfrontierten Beschuldigten schwer haben werden, sich gegen eine derart eindrucksvolle rhetorische Phalanx durchzusetzen. Tatsächlich bereitete die Erwähnung der Funktionstüchtigkeitsformel später in der überwiegenden Zahl der Fälle den Boden für eine Hintanstellung der Grundrechte und grundrechtsgleichen Rechte der Beschwerdeführer.[46]

Dass es sich bei der Aufrechterhaltung einer funktionstüchtigen Strafrechtspflege um einen bedeutsamen Gemeinwohlbelang handelt, wird in der zitierten Passage nur gleichsam „zwischen den Zeilen“ erkennbar. Deutlicher fällt der Hinweis auf das allgemeine Wohl in zwei wenig später ergangenen Entscheidungen aus, deren Kernaussagen aus diesem Grunde kurz referiert werden sollen. So

43 BVerfGE 33, 367, 383.

44 Vgl. *Grünwald* JZ 1976, 767, 772 f.; *Hassemer* StV 1982, 275; *Riehle* KJ 1980, 316, 317.

45 Krit. *Hassemer* StV 1982, 275, 276.

46 Exemplarisch BVerfGE 39, 156, 163 – Beschränkung der Zahl der Wahlverteidiger und Verbot gemeinschaftlicher Verteidigung mehrerer Beschuldigter; BVerfGE 41, 246, 250 – Zulässigkeit der Hauptverhandlung in Abwesenheit des Angeklagten; BVerfGE 47, 239, 250 – Rechtfertigung der auf § 81a StPO gestützten zwangsweisen Veränderung des Aussehens; BVerfGE 64, 108, 116 und 77, 65, 76 – Rechtfertigung von Eingriffen in die Pressefreiheit; BVerfGE 80, 367, 375 – Verwertbarkeit von Tagebuchaufzeichnungen; BVerfG, Beschluss der 3. Kammer des Zweiten Senats vom 10. März 1987 – 2 BvR 186/87 –, NStZ 1987, 276 – Einsatz von Lockspitzeln; BVerfG, Beschluss der 2. Kammer des Zweiten Senats vom 27. Mai 1993 – 2 BvR 744/93 –, NJW 1994, 573 – gerichtliche Kontrolle der Versagung von Akteneinsicht; für eine Übertragung der Funktionstüchtigkeitsformel auf den Zivilprozess BVerfGE 106, 28, 49.

heißt es in einem Beschluss, mit dem der *Zweite Senat* des Bundesverfassungsgerichts die grundsätzliche Verfassungsmäßigkeit des Haftgrundes der Wiederholungsgefahr (§ 112a StPO) festgestellt hat:

> „Zu den **Belangen des Gemeinwohls**, gegenüber denen der Freiheitsanspruch des Beschuldigten unter Umständen zurücktreten muss, gehören – wie das Bundesverfassungsgericht wiederholt anerkannt hat (...) – die unabweisbaren Bedürfnisse einer wirksamen Strafverfolgung."[47]

Wenig später formulierte derselbe Senat in einer Entscheidung, mit welcher die Versagung eines Zeugnisverweigerungsrechtes für eine mit der Untersuchung von Lebensmitteln tierischer Herkunft befasste Tierärztin im Strafverfahren gebilligt wurde:

> „Außerhalb des unantastbaren Bereichs privater Lebensgestaltung muß jedermann als **gemeinschaftsbezogener** und **gemeinschaftsgebundener** Bürger staatliche Maßnahmen hinnehmen, die im überwiegenden Interesse der Allgemeinheit unter strikter Wahrung des Verhältnismäßigkeitsgebots getroffen werden (...). Das **Interesse der Allgemeinheit** an der Gewährleistung einer funktionstüchtigen Strafrechtspflege überwiegt etwaige Geheimhaltungsbelange der Auftraggeber des Tierarztes."[48]

Wenn in der jüngeren Vergangenheit eine zurückhaltendere Verwendung des Funktionstüchtigkeits-Topos in der höchstrichterlichen Rechtsprechung zu konstatieren war, so mag dies zumindest auch darauf zurückzuführen sein, dass mit *Winfried Hassemer* ein vehementer Kritiker[49] der vorstehend skizzierten Rechtsprechungsentwicklung als Berichterstatter für das Strafrecht und weite Teile des Strafverfahrensrechts im *Zweiten Senat* des Bundesverfassungsgerichts zuständig war.[50] Die von *Hassemer* und anderen Stimmen im Schrifttum gegen einen Einsatz als Abwägungstopos vorgebrachten Einwände lassen sich wie folgt zusammenfassen: Beanstandungen sieht sich zunächst bereits die durch das Bundesverfassungsgericht vorgenommene Herleitung aus dem Rechtsstaatsprin-

47 BVerfGE 35, 185, 190; Hervorhebungen M.L.

48 BVerfGE 38, 312, 320 f.; Hervorhebungen M.L. Zur Verwendung des Begriffspaares der Gemeinschaftsbezogenheit und Gemeinschaftsgebundenheit in der Rechtsprechung des Bundesverfassungsgerichts vgl. *Gas* Gemeinwohl und Individualfreiheit im nationalen Recht und Völkerrecht, 2012, S. 73 ff.

49 Vgl. *Hassemer* StV 1982, 275.

50 Ebenso *Dallmeyer* HRRS 2009, 429, 432. Zur Bedeutung des Berichterstatters für die Rechtsprechung des Bundesverfassungsgerichts vgl. *Kranenpohl* Zeitschrift für Rechtssoziologie 2009, 135.

zip ausgesetzt. Von *Mahrenholz* stammt die Feststellung, die funktionstüchtige Strafrechtspflege sei „staatsspezifisch, nicht rechtsstaatsspezifisch“[51]; dahinter steht die bereits in der Einleitung angesprochene Einsicht, dass jedes staatlich verfasste Gemeinwesen, welches das Gewaltmonopol für sich in Anspruch nimmt, auf das Funktionieren seines Strafjustizsystems angewiesen ist. Auch *Grünwald* hat sich wiederholt gegen eine Verankerung von Funktionstüchtigkeitsüberlegungen im Rechtsstaatsprinzip ausgesprochen, das nach tradiertem Verständnis ausschließlich als Hort der Beschuldigtenrechte bzw. als „Schutzwall“ konzipiert sei, „an dem sich die Strafverfolgungsinteressen brechen“.[52] Kritisiert wird darüber hinaus das Fehlen rational überprüfbarer Kriterien für die von der höchstrichterlichen Rechtsprechung ins Auge gefasste Abwägung.[53] So hat etwa *Limbach* darauf hingewiesen, dass sich im Problem der Maßstabslosigkeit, die den Rückgriff auf Zweckmäßigkeits- und Plausibilitätserwägungen erleichtert, letztlich eine Schwäche des Rechtsstaatsprinzips selbst spiegelt, das ebenfalls über wenig fassbare Konturen verfügt und die Ableitung gegenläufiger Interessen nicht zu tragen vermag.[54] Eng verbunden mit dem Vorwurf der Inhaltsleere und beliebigen Ausfüllbarkeit (der im Übrigen eine Entsprechung in der Debatte um die Bedeutung von Gemeinwohlerwägungen im modernen Verfassungsstaat findet[55]) ist die Befürchtung, dass der Einsatz des Funktionstüchtigkeitstopos zu Abwägungszwecken einer Marginalisierung von Beschuldigtenrechten den Weg bahnt. Angesichts der Überhöhung, welche das Strafverfolgungsinteresse durch die von der höchstrichterlichen Rechtsprechung vorgenommene Einbettung in die Trias aus Rechtsstaatlichkeit, Gerechtigkeit und Wahrheit erfährt, besteht in der Tat die Gefahr eines strukturellen Übergewichts über die Belange des von

51 Vgl. *Mahrenholz* in: Schneider/Steinberg (Hrsg.), FS für Konrad Hesse, 1990, S. 53, 64.

52 *Grünwald* JZ 1976, 767, 773. Krit. zur Herleitung aus dem Rechtsstaatsprinzip etwa auch *Albrecht* NJ 1994, 396, 397.

53 Vgl. *Grünwald* JZ 1976, 767, 773; *ders.* StV 1987, 453, 457 f.; *Kühne* GA 2008, 361, 368.

54 Vgl. *Limbach* in: Strafverteidigervereinigungen (Hrsg.), 20. Strafverteidigertag, Aktuelles Verfassungsrecht und Strafverteidigung, 1996, S. 35, 41. Auch das Bundesverfassungsgericht weist in ständiger Rechtsprechung auf die Konkretisierungsbedürftigkeit des Rechtsstaatsprinzips hin; vgl. BVerfGE 65, 283, 290 m.w.N.

55 Auch dort wird die inhaltliche Unbestimmtheit des Gemeinwohlbegriffes beklagt: Es handele sich um einen „semantischen Container“, in dem Beliebiges untergebracht werden könne; der Gemeinwohlbegriff werde als „rhetorische Floskel“ gebraucht, die gegen Kritik immunisieren solle; vgl. *Münkler* in: Dreier (Hrsg.), Wissenschaft und Politik, 2010, S. 245 u. 248. Von den Vertretern einer prozeduralen Gemeinwohlkonzeption wird vor diesem Hintergrund zu Recht die Bedeutung der Einhaltung von Verfahrens- und Kompetenznormen hervorgehoben (vgl. dazu *Schuppert* GewArch 2004, 441, 443 f., der allerdings auch darauf hinweist, dass dem Dilemma der Maßstabslosigkeit auf diesem Wege ebenfalls nur bedingt beizukommen ist).

einem Tatverdacht betroffenen Bürgers; in der Folge droht die schrittweise Unterminierung bislang außer Streit stehender Rechtspositionen des Beschuldigten.[56]

Eine Renaissance des Rückgriffs auf Funktionstüchtigkeitsüberlegungen in der Rechtsprechung des Bundesverfassungsgerichts kündigte sich in der aus Anlass der Verleihung einer Honorarprofessur durch die Philipps-Universität Marburg gehaltenen Antrittsvorlesung des Richters am Bundesverfassungsgericht *Landau* an, in der dieser eine affirmative Rekonstruktion der skizzierten Rechtsprechungsleitlinien vornahm und sich ausdrücklich für eine „Wiedergeburt" des Funktionstüchtigkeitstopos aussprach.[57] Die Erhaltung einer funktionstüchtigen Strafrechtspflege stelle eine dem Rechtsstaatsprinzip „vorgelagerte Pflicht des Staates" dar; sie sei „nicht nur Ausfluss des Rechtsstaatsprinzips, sondern unabdingbare Voraussetzung für die Existenz und den Bestand des demokratischen Rechtsstaats selbst".[58] Diese Überlegungen weisen insofern über den akademischen Kontext hinaus, als *Landau* mit dem Ausscheiden *Hassemers* aus dem Amt des Bundesverfassungsrichters zu Beginn des Jahres 2008 die senatsinterne Zuständigkeit für straf- und strafverfahrensrechtliche Fragen übernommen hat.[59] In welchem Ausmaß der Wunsch nach einer „Wiederbelebung" schon nach kurzer Zeit Früchte getragen hat, verdeutlicht die nachfolgend referierte Passage aus dem Beschluss vom 15. Januar 2009, mit dem der *Zweite Senat* des Bundesverfassungsgerichts den von der fachgerichtlichen Rechtsprechung vollzogenen Abschied vom Verbot der Rügeverkümmerung[60] verfassungsrechtlich sanktioniert hat:

> „Der Rechtsstaat kann sich nur verwirklichen, wenn ausreichende Vorkehrungen dafür getroffen sind, dass Straftäter im Rahmen der geltenden Gesetze verfolgt, abgeurteilt und einer gerechten Bestrafung zugeführt werden (...). Verfahrensgestaltungen, die den Erfordernissen einer wirksamen Strafrechtspflege dienen, verletzen daher nicht schon dann den grundrechtlichen Anspruch auf ein faires Strafverfahren, wenn verfahrensrechtliche Positionen des Angeklagten oder Beschuldigten dabei, gemessen am früheren Zustand, eine Zurücksetzung zugunsten einer wirksameren Strafrechtspflege erfahren."[61]

---

56 Vgl. *Dallmeyer* HRRS 2009, 429, 433; *Grünwald* JZ 1976, 767, 772 f.; *ders.* JZ 1987, 453, 457 f.; *Hassemer* StV 1982, 275, 277; *Roxin/Schünemann*, a.a.O. (FN 1), § 1 Rn. 7. Auch in der öffentlich-rechtlichen Debatte um den Gemeinwohlbegriff wird auf die Gefahr der Präjudizierung von Abwägungsergebnissen durch den Einsatz von „Großgütern des Gemeinwohls" hingewiesen; vgl. *Grimm*, a.a.O. (FN 5), S. 125, 136.

57 Vgl. *Landau* NStZ 2007, 121 ff.; siehe auch noch *ders.* NStZ 2011, 537, 544 ff.

58 *Landau* NStZ 2007, 121, 126 f.; ähnlich *ders.* NStZ 2011, 537, 544.

59 Zur Bedeutung des Wechsels für die Renaissance des Funktionstüchtigkeitstopos auch *Dallmeyer* HRRS 2009, 429, 432.

60 BGHSt (GS) 51, 298.

61 BVerfGE 122, 248, 272 f.

In diesem Zitat wird auf den ersten Blick scheinbar Selbstverständliches benannt; die Schlusssequenz lässt sich jedoch auch als Ausblick auf ein Programm mit der bereits erwähnten „gegenreformatorischen" Tendenz lesen, für dessen schrittweise Verwirklichung sich in weiteren aktuellen Entscheidungen des Bundesverfassungsgerichts Anhaltspunkte finden lassen. Zu nennen sind in diesem Zusammenhang neben einem Beschluss der 2. Kammer des *Zweiten Senats*, der die Fristsetzung für die Stellung von Beweisanträgen für verfassungsrechtlich unbedenklich erklärt,[62] auch diejenigen Kammerentscheidungen, in denen die vom Bundesgerichtshof für den Umgang mit rechtswidrig erhobenen Beweismitteln entwickelte Abwägungslösung gebilligt wurde.[63] Gestützt auf Funktionstüchtigkeitserwägungen erfolgt hier eine sehr weitgehende Zurückdrängung unselbständiger Beweisverwertungsverbote, die als einer besonderen Begründung bedürftige Ausnahme[64] eingeordnet werden. Dass die Annahme eines solchen Ausnahmefalles nach dem Willen der Verfassungsrichter an besonders hohe Anforderungen geknüpft sein soll, wird in dem Beschluss zur Verwertbarkeit bei einer rechtswidrigen Durchsuchung gewonnener Zufallsfunde deutlich, in dem es – insofern noch über die Formulierungen der fachgerichtlichen Rechtsprechung hinausgehend[65] – heißt:

> „Insbesondere die willkürliche Annahme von Gefahr im Verzug oder das Vorliegen eines besonders schwerwiegenden Fehlers können – müssen indes nicht in jedem Fall – danach ein Verwertungsverbot nach sich ziehen."[66]

62 BVerfG, Beschluss der 2. Kammer des Zweiten Senats vom 23. September 2008 – 1 StR 484/08 –, NJW 2010, 592, 593; vorausgehend BGHSt 52, 355. Zur berechtigten Kritik an dieser Rechtsprechung *Lindemann* a.a.O. (FN 7), S. 332 ff.

63 Vgl. BVerfG, Beschluss der 2. Kammer des Zweiten Senats vom 2. Juli 2009 – 2 BvR 2225/08 –, NJW 2009, 3225; siehe auch Beschluss der 1. Kammer des Zweiten Senats vom 9. November 2010 – 2 BvR 2101/09 –, NJW 2011, 2417, 2419; Beschluss des Zweiten Senats vom 7. Dezember 2011 – 2 BvR 2500/09 u.a. –, NJW 2012, 907, 909.

64 BVerfG, Beschluss des Zweiten Senats vom 7. Dezember 2011 – 2 BvR 2500/09 u.a. –, NJW 2012, 907, 910; Beschlüsse der 2. Kammer des Zweiten Senats vom 2. Juli 2009 – 2 BvR 2225/08 –, NJW 2009, 3225; vom 15. Oktober 2009 – 2 BvR 2438/08 –, NJW 2010, 287; und vom 20. Mai 2010 – 2 BvR 1413/09 –, NJW 2010, 2937, 2938; Beschluss der 1. Kammer des Zweiten Senats vom 9. November 2010 – 2 BvR 2101/09 –, NJW 2011, 2417, 2419.

65 Die in Parenthese eingefügte Einschränkung („müssen indes nicht in jedem Fall") findet – worauf auch *Dallmeyer* HRRS 2009, 429, 431 bereits hingewiesen hat – in den durch die Kammer in Bezug genommenen Entscheidungen BGHSt 51, 285, 292; BGH, Beschluss vom 18. November 2003 – 1 StR 455/03 –, NStZ 2004, 449, 450 keine Stütze.

66 BVerfG, Beschluss der 2. Kammer des Zweiten Senats vom 2. Juli 2009 – 2 BvR 2225/08 –, NJW 2009, 3225.

Weitere Entscheidungen, in denen der Funktionstüchtigkeitstopos gegen Beschuldigtenrechte und Verfahrensförmlichkeiten in Stellung gebracht wurde, betrafen die Zurückstellung der Benachrichtigung über den Einsatz eines Verdeckten Ermittlers mit Rücksicht auf die Möglichkeit seiner weiteren Verwendung (§ 101 Abs. 5 Satz 1 StPO),[67] die Verwertung eines heimlich abgehörten, zwischen einem zeugnisverweigerungsberechtigten Verwandten des Angeklagten und einem Dritten in einem Pkw geführten Gesprächs,[68] die Beschlagnahme eines Verteidigerbriefes beim Mandanten in einem gegen den Verteidiger gerichteten Strafverfahren,[69] die Verwertung der auf einer „Steuer-CD" aus Liechtenstein enthaltenen Daten zur Begründung des Anfangsverdachts der Steuerhinterziehung,[70] die Eröffnung der strafprozessualen Hauptverhandlung trotz gesundheitlicher Risiken für den 88-jährigen Beschuldigten,[71] die Verwertung der Aussagen von anonymen, nicht mit dem Beschuldigten konfrontierten Zeugen[72] sowie die Verwertbarkeit aus einer (rechtswidrigen) präventiv-polizeilichen Wohnraumüberwachung gewonnener personenbezogener Informationen.[73]

Parallel zu der beschriebenen Renaissance der Formel von der „Funktionstüchtigkeit der Strafrechtspflege" ist eine Tendenz der höchstrichterlichen Rechtsprechung zu konstatieren, auch das Beschleunigungsgebot mit überindividuellen Belangen aufzuladen und auf diese Weise eine Konfrontationsstellung zu den Rechten des Beschuldigten herzustellen.[74] Die Verpflichtung zu einer Ver-

---

67 BVerfGE 129, 208, 256.

68 BVerfG, Beschluss der 2. Kammer des Zweiten Senats vom 15. Oktober 2009 – 2 BvR 2438/08 –, NJW 2010, 287.

69 BVerfG, Beschluss der 2. Kammer des Zweiten Senats vom 20. Mai 2010 – 2 BvR 1413/09 –, NJW 2010, 2937, 2938.

70 BVerfG, Beschluss der 1. Kammer des Zweiten Senats vom 9. November 2010 – 2 BvR 2101/09 –, NJW 2011, 2417, 2419.

71 BVerfG, Beschluss der 2. Kammer des Zweiten Senats vom 6. Oktober 2009 – 2 BvR 1724/09 –, Juris Rn. 9.

72 BVerfG, Beschluss der 2. Kammer des Zweiten Senats vom 8. Oktober 2009 – 2 BvR 547/08 –, NJW 2010, 925.

73 BVerfG, Beschluss des Zweiten Senats vom 7. Dezember 2011 – 2 BvR 2500/09 u.a. –, NJW 2012, 907, 909.

74 Zur Begründung wird auf das Interesse an einer Durchsetzung des staatlichen Strafanspruches „innerhalb so kurzer Zeit, dass die Rechtsgemeinschaft die Strafe noch als Reaktion auf geschehenes Unrecht wahrnehmen kann" sowie auf die Gefahr hingewiesen, dass „die Beweisgrundlage durch Zeitablauf verfälscht werden kann"; vgl. BVerfGE 122, 248, 273; 130, 1, 26 f. Siehe auch BVerfG, Urteil des Zweiten Senats vom 19. März 2013 – 2 BvR 2628/10 –, NJW 2013, 1058, 1061; Beschluss des Zweiten Senats vom 7. Dezember 2011 – 2 BvR 2500/09 u.a. –, NJW 2012, 907, 909; Beschlüsse der 2. Kammer des Zweiten Senats vom 18. März 2009 – 2 BvR 229/09 –, NJW 2009, 1734, 1735; vom 6. Oktober 2009 – 2 BvR 2580/08 –, NJW 2010, 592, 593; und vom 4. Septem-

fahrensführung ohne „unnötige“[75] Verzögerungen soll danach nicht mehr nur dem Schutz des Beschuldigten dienen, sondern auch den Verzicht auf die Einhaltung von Verfahrensförmlichkeiten oder den Eingriff in Beschuldigtenrechte legitimieren. Zur Begründung wird auch hier ein Arsenal an gewichtigen Verfassungsgütern angeführt; neben dem Interesse an einer möglichst geringen Eintrübung von Beweisquellen werden die Wahrung von Opferbelangen sowie die Vermeidung einer Gefährdung präventiver Strafzwecke durch Zeitablauf ins Feld geführt. Aus der verbreiteten Kritik, die diese Integration konfligierender Interessen in das Beschleunigungsgebot auf sich gezogen hat,[76] sei hier nur die treffende Äußerung von *Imme Roxin* herausgegriffen, nach der „die friedenssichernde und präventive Aufgabe des Strafverfahrens (...) nur erreicht (werden kann), wenn der Schuldspruch unter Einräumung der gesetzlich vorgesehenen Abwehr- und Verteidigungsrechte nachvollziehbar ist. (...) Die Wahrheitsermittlung“, so *Roxin* weiter, „braucht ihre Zeit“.[77] Tatsächlich lässt sich das Strafverfahren nur begrenzt beschleunigen; erst die Gelegenheit, unter Wahrnehmung (durchsetzbarer) Antrags-, Frage- und Erklärungsrechte in regelgeleiteter Auseinandersetzung[78] über den verfahrensgegenständlichen Vorwurf zu streiten, vermag das abschließende richterliche Erkenntnis mit einem hinreichend tragfähigen legitimatorischen Fundament zu versehen. Angesichts des Bedeutungsgewinns des Ermittlungsverfahrens,[79] in dem der überwiegende Anteil der leichten und mittleren Kriminalität abschließend bearbeitet wird, und dessen Ergebnissen auch bei schwereren Taten häufig eine den weiteren Verfahrensgang prägende Bedeutung zukommt, spricht viel für eine stärkere Akzentuierung partizipatorischer Elemente in diesem so bedeutsamen, frühen Verfahrensabschnitt.[80]

---

ber 2009 – 2 BvR 1089/09 –, Juris Rn. 3; BGHSt (GS) 50, 40, 54; 51, 298, 310 f.; *Landau* in: Herzog/Neumann (Hrsg.), FS für Winfried Hassemer, 2010, S. 1073 ff.; *ders.* NStZ 2011, 537, 545.

75 BVerfGE 122, 248, 273, wobei unklar bleibt, welche Verfahrensverzögerung als „unnötig“ anzusehen sein soll.

76 Krit. *Duttge/Neumann* HRRS 2010, 34, 37; SK-StPO-*Frister* § 244 Rn. 179; *Wohlers* NJW 2010, 2470, 2471.

77 Beide Zitate aus *I. Roxin* GA 2010, 425, 435.

78 Vgl. *Hassemer* in: Hamm/Leipold (Hrsg.), Beck'sches Formularbuch für den Strafverteidiger, 5. Aufl. 2010, I B 4 a.

79 Dazu *König* AnwBl 2010, 382 f.; *Theile* NK 2005, 142, 144; *Vogel* JZ 2004, 827, 828; *Weigend* ZStW 104 (1992), 486, 504; *Wohlers* GA 2005, 11, 27.

80 Vgl. *Lindemann* a.a.O. (FN 7), S. 320 ff.

2. Begründung der Notwendigkeit verfahrensbeendender Absprachen

Mit Rücksicht auf das nachfolgende Referat von *Armin Engländer* soll an dieser Stelle nur noch kurz auf die Heranziehung von Funktionstüchtigkeitserwägungen zur Begründung der Notwendigkeit verfahrensbeendender Absprachen eingegangen werden. Paradigmatisch für die in Rede stehende Legitimationsstrategie sind Ausführungen in der Entscheidung des Großen Senates für Strafsachen zum Verbot des Rechtsmittelverzichts nach vorausgegangener Verständigung, nach denen die Organe der Strafjustiz den aus dem Rechtsstaatsprinzip abzuleitenden Anforderungen

> „unter den gegebenen – rechtlichen wie tatsächlichen – Bedingungen der Strafrechtspflege ohne die Zulassung von Urteilsabsprachen durch richterrechtliche Rechtsfortbildung nicht mehr gerecht werden (können). Vor allem mit Blick auf die knappen Ressourcen der Justiz (...) könnte die Funktionstüchtigkeit der Strafjustiz nicht gewährleistet werden, wenn es den Gerichten generell untersagt wäre, sich über den Inhalt des zu verkündenden Urteils mit den Beteiligten abzusprechen.“[81]

Hier sind es nicht konkrete Rechtspositionen des Beschuldigten, sondern die (berechtigten[82]) Zweifel an der Legitimierbarkeit einer ubiquitär gewordenen Absprachepraxis, die durch die der Funktionstüchtigkeitsformel inhärente Überhöhung des staatlichen Strafverfolgungsauftrages beiseite gedrängt werden sollen.

IV. Schlussbetrachtung

Nach alldem wird man den legitimen Kern der Formel von der „Funktionstüchtigkeit der Strafrechtspflege“ wie folgt zu bestimmen haben: Es ist als unbedenklich anzusehen, wenn mit der Bezugnahme auf Funktionstüchtigkeitserwägungen lediglich die Selbstverständlichkeit zum Ausdruck gebracht wird, dass die Erwartungsstabilisierung mit den Mitteln des Strafrechts zu den aus der allgemeinen Justizgewährleistungspflicht[83] abzuleitenden legitimen Aufgaben des Staates

81 BGHSt 50, 40, 54. Auch das Urteil des Zweiten Senats des Bundesverfassungsgerichts vom 19. März 2013 zur Verfassungsmäßigkeit des Verständigungsgesetzes (2 BvR 2628/10 u.a. –, NJW 2013, 1058) verzichtet nicht auf eine Referenz an die Funktionstüchtigkeits-Formel (a.a.O., 1060 f.)
82 Vgl. *Lindemann* a.a.O. (FN 7), S. 493 ff.
83 Ausführlich LR-*Kühne* Einl. Abschn. H Rn. 15 ff.; grundlegend bereits *Eb. Schmidt* Lehrkommentar zur StPO und zum GVG, Teil I, 1952, Nr. 7 ff.

gehört – die Sicherung des Rechtsfriedens in Gestalt der Strafrechtspflege ist, wie das Bundesverfassungsgericht in seiner Entscheidung zum Vertrag von Lissabon zu Recht konstatiert hat, eine „zentrale Aufgabe staatlicher Gewalt".[84] Der verfassungsrechtlich fundierte Verfolgungsauftrag legitimiert mithin den erhöhten Aufwand, den die Klärung rechtlicher und tatsächlicher Zweifelsfragen in komplexen wirtschaftsstrafrechtlichen Verfahren mit sich bringt. Zu widersprechen ist hingegen dem Einsatz der Funktionstüchtigkeitsformel im Rahmen fallbezogener Abwägungsentscheidungen durch die Judikative; hier droht angesichts des Mangels eines belastbaren Maßstabs für die Gewichtung der widerstreitenden Interessen ein strukturelles Übergewicht des rhetorisch überhöhten Strafverfolgungsinteresses über die Belange des mit einem strafrechtlichen Vorwurf konfrontierten Beschuldigten.[85]

Mit Blick auf den in der Kompetenzordnung des Grundgesetzes angelegten Primat des Gesetzgebers erschiene überdies eine stärkere Selbstbeschränkung der höchstrichterlichen Rechtsprechung angezeigt: In einem nach dem Grundsatz der Gewaltenteilung gegliederten Staatswesen ist es zuvörderst Aufgabe des Gesetzgebers, die in der Verfahrenszielbestimmung des Strafverfahrens angelegten Zielkonflikte in einen möglichst schonenden Ausgleich zu bringen und einen interessenwahrenden, praktikablen Rechtsrahmen für das Handeln der Verfahrensakteure bereit zu stellen. Diesem Regelungsauftrag ist der Gesetzgeber in der Vergangenheit nicht immer gerecht geworden; hier bedürfte es konzeptioneller Überlegungen zu einer grundlegenden Strafprozessreform, die etwa dem bereits angesprochenen Bedeutungswandel der einzelnen Verfahrensabschnitte Rechnung trüge. Nicht akzeptabel ist es, wenn in der Rechtsprechung des Bundesverfassungsgerichts – wie etwa in den Entscheidungen zur Rügeverkümmerung und zur Fristsetzung bei Beweisanträgen[86] – den unter Missachtung eindeutiger (jedoch für unzweckmäßig erachteter) gesetzlicher Vorgaben (hier: §§ 274, 246 StPO) erfolgten Reformulierungen des handlungsleitenden Programmes durch die fachgerichtliche Rechtsprechung verfassungsrechtliche Unbedenklichkeitserklärungen ausgestellt und damit letztlich eigene Gemeinwohlüberlegungen der entscheidenden Richter an die Stelle derjenigen des Gesetzgebers gestellt werden.[87]

---

84 Vgl. BVerfGE 123, 267, 408.

85 Vgl. zum Vorstehenden bereits *Lindemann* a.a.O. (FN 7), S. 236 f.

86 Vgl. BVerfGE 122, 248 ff.; BVerfG, Beschluss der 2. Kammer des Zweiten Senats vom 23. September 2008 – 1 StR 484/08 –, NJW 2010, 592 ff.

87 Eine Warnung vor der Oktroyierung eigener Gemeinwohlerwägungen durch die Judikative findet sich auch bei *Grimm* a.a.O. (FN 5), S. 125, 136.

Literaturverzeichnis

Achenbach, H., Das Strafrecht als Mittel der Wirtschaftslenkung, ZStW 119 (2007), 789–815

Ders., Zur Entwicklung des Wirtschaftsstrafrechts in Deutschland seit dem späten 19. Jahrhundert, Jura 2007, 342–348

Albrecht, P.-A., Ist das Strafverfahren noch zu beschleunigen?, NJ 1994, 396–400

Ders., Kriminologie, 4. Aufl., München 2010

Altenhain, K./Haimerl, M., Modelle konsensualer Erledigung des Hauptverfahrens (unter Berücksichtigung des Beschlusses des Großen Senats für Strafsachen vom 3.3.2005), GA 2005, 281–306

Altenhain, K. et al., Die Praxis der Absprachen in Wirtschaftsstrafverfahren, Baden-Baden 2007

Altenhain/Dietmeier/May, Die Praxis der Absprachen in Strafverfahren, Baden-Baden 2013

Arzt, G., Neue Wirtschaftsethik, neues Wirtschaftsstrafrecht, neue Korruption, in: Bucher, E. et al. (Hrsg.), Festschrift für Wolfgang Wiegand, Bern, München 2005, S. 739–765

Bannenberg, B., Möglichkeiten der strafrechtlichen Verfolgung von Wirtschaftsstraftaten und Korruption, in: Gutsche, G./Thiel, K. (Hrsg.), Gesellschaft und Kriminalität im Wandel – Zur Funktionalität des Verbrechens, Mönchengladbach 2001, S. 113–137

Beulke, W., Wirtschaftslenkung im Zeichen des Untreuetatbestands, in: Müller, H. E. et al. (Hrsg.), Festschrift für Ulrich Eisenberg, München 2009, S. 245–269

Ders., Strafprozessrecht, 12. Aufl., Heidelberg u.a. 2012

Bora, A. et al., Polizeiliche Bearbeitung von Insolvenzkriminalität, Wiesbaden 1992

Broß, S., Der Einfluss des Verfassungsrechts auf strafprozessuale Eingriffsmaßnahmen, HFR 2009, 1–18

Bussmann, K.-D., Business Ethics und Wirtschaftsstrafrecht. Zu einer Kriminologie des Managements, MSchrKrim 2003, 89–104

Ders./Lüdemann, C., Klassenjustiz oder Verfahrensökonomie? Aushandlungsprozesse in Wirtschafts- und allgemeinen Strafverfahren, Pfaffenweiler 1995

Dallmeyer, J., Wiedergeburt der „Funktionstüchtigkeit der Strafrechtspflege"? Zugleich eine Anmerkung zu dem Beschluss des BVerfG vom 2. Juli 2009 (2 BvR 2225/08), HRRS 2009, 429–433

Deiters, M., Untreue und Finanzmarktkrise, in: Kempf, E. et al. (Hrsg.), Die Finanzkrise, das Wirtschaftsstrafrecht und die Moral, Berlin 2010, S. 132–140

Dinter, L., Der Pflichtwidrigkeitsvorsatz bei der Untreue. Zugleich ein Beitrag zur gesetzlichen Bestimmtheit des § 266 StGB, Heidelberg 2012

Duttge, G./Neumann, S., „Wir übernehmen jeden Fall!" Anmerkung zum Urteil des BGH HRRS 2009 Nr. 717 unter Berücksichtigung von BVerfG HRRS 2009 Nr. 1116, HRRS 2010, 34–38

Eidam, L., Zur Selbstverständlichkeit von Rechtsbrüchen beim Vollzug von Untersuchungshaft, HRRS 2008, 241–246

Feddersen, D., Der Antagonismus zwischen der Business Judgement Rule des Gesellschaftsrechts und der Anwendung des § 266 StGB durch Strafverfolgungsbehörden und -gerichte, in: Kern, B.-R. et al. (Hrsg.), Humaniora. Medizin – Recht – Geschichte. Festschrift für Adolf Laufs, Berlin u.a. 2006, S. 1169–1192

Fezer, G., Vereinfachte Verfahren im Strafprozeß, ZStW 106 (1994), 1–59

Fischer, T., Absprache-Regelung: Problemlösung oder Problem?, StraFo 2009, 177–188

Ders., Unternehmensstrafrecht in der Revision, StraFo 2010, 329–337

Fischhoff, B., Hindsight is not equal to Foresight: The Effect of Outcome Knowledge on Judgment Under Uncertainty, Journal of Experimental Psychology: Human Perception and Performance 1975, 288–299

Fleischer, H., Die „Business Judgment Rule" im Spiegel von Rechtsvergleichung und Rechtsökonomie, in: Wank, R. et al. (Hrsg.), Festschrift für Herbert Wiedemann, München 2002, S. 827–849

Frehsee, D., Fehlfunktionen des Strafrechts und der Verfall rechtsstaatlichen Freiheitsschutzes, in: Frehsee, D. et al. (Hrsg.), Konstruktion der Wirklichkeit durch Kriminalität und Strafe, Baden-Baden 1997, S. 14–46

Gas, T., Gemeinwohl und Individualfreiheit im nationalen Recht und Völkerrecht, Hamburg 2012

Grimm, D., Gemeinwohl in der Rechtsprechung des Bundesverfassungsgerichts, in: Münkler, H./Fischer, K. (Hrsg.), Gemeinwohl und Gemeinsinn im Recht, Band III, 2002, S. 125–139

Grünwald, G., Anmerkung zu BVerfG, Beschluss vom 21.1.1976 – 2 BvR 941/75, JZ 1976, 767–773

Ders., Menschenrechte im Strafprozess, StV 1987, 453–457

Hamm, R., Von der Unmöglichkeit, informelles zu formalisieren – das Dilemma der Urteilsabsprachen, in: Eser, A. et al. (Hrsg.), Strafverfahrensrecht in Theorie und Praxis. Festschrift für Lutz Meyer-Goßner, München 2001, S. 33–48

Ders., Von Transparenzdelikten im neuen Strafrecht und transparenter Verteidigung. Ein Beitrag zur prozessualen Klimaforschung, in: Kempf, E. et al. (Hrsg.), Verstehen und Widerstehen. Festschrift für Christian Richter II, Baden-Baden 2006, S. 179–196

Ders., Apokryphes Strafrecht – Unwahrhaftige Haftgründe sind in bester Gesellschaft, in: Hassemer, W. et al. (Hrsg.), In dubio pro libertate. Festschrift für Klaus Volk, München 2009, S. 193–206

Ders./Leipold, K. (Hrsg.), Beck'sches Formularbuch für den Strafverteidiger, 5. Aufl., München 2010

Harms, M., Die konsensuale Verfahrensbeendigung, das Ende des herkömmlichen Strafprozesses? Ein weiterer Versuch einer Zwischenbilanz, in: Griesbaum, R. et al. (Hrsg.), Festschrift für Kay Nehm, Berlin 2006, S. 289–297

Hassemer, W., Die „Funktionstüchtigkeit der Strafrechtspflege", ein neuer Rechtsbegriff?, StV 1982, 275–280

Hefendehl, R., Organisierte Kriminalität als Begründung für ein Feind- oder Täterstrafrecht?, StV 2005, 156–161

Ders., Corporate Governance und Business Ethics: Scheinberuhigung oder Alternativen bei der Bekämpfung von Wirtschaftskriminalität?, JZ 2006, 119–125

Heinz, W., Wirtschaftskriminalität, in: Korff, W. (Hrsg.), Handbuch der Wirtschaftsethik. Band 4. Ausgewählte Handlungsfelder, Gütersloh 1999, S. 671–717

Hettinger, M., Von der Gleichheit vor dem Gesetz zur Ungleichheit vor Gericht? Absprachen im Strafprozessrecht, in: Jung, H. et al. (Hrsg.), Festschrift für Egon Müller, Baden-Baden 2008, S. 261–282

Homann, K./Lütge, C., Einführung in die Wirtschaftsethik, 2. Aufl., Münster 2005

Jung, H., Die Bekämpfung der Wirtschaftskriminalität als Prüfstein des Strafrechtssystems, Berlin u.a. 1979

Kazele, N., Untersuchungshaft. Ein verfassungsrechtlicher Leitfaden für die Praxis, Baden-Baden 2008

Kirsch, S., Die gesetzliche Regelung der Verständigung im Strafverfahren, StraFo 2010, 96–100

König, S., Die Hauptverhandlung – noch Kerngeschehen im Strafprozess? Der Wandel des Strafverfahrens und die Folgen für einen fairen Prozess, AnwBl 2010, 382–386

Kranenpohl. U., Herr des Verfahrens oder nur einer unter Acht? Der Einfluss des Berichterstatters in der Rechtsprechungspraxis des Bundesverfassungsgerichts, Zeitschrift für Rechtssoziologie 2009, 135–163

Krause, D. M., Ordnungsgemäßes Wirtschaften und Erlaubtes Risiko. Grund- und Einzelfragen des Bankrotts (§ 283 StGB) – zugleich ein Beitrag zur Dogmatik des Konkursstrafrechts, Berlin 1995

Krekeler, W., Probleme der Verteidigung in Wirtschaftsstrafsachen, wistra 1983, 43–49

Kube, E., Wirtschaftskriminalität. Zu Phänomen und Prävention, in: Kühne, H.-H. et al. (Hrsg.), Festschrift für Klaus Rolinski, Baden-Baden 2002, S. 391–400

Kudlich, H., Erfordert das Beschleunigungsgebot eine Umgestaltung des Strafverfahrens? Gutachten C zum 68. Deutschen Juristentag, München 2010

Kuhlen, L., Zur Problematik der nachträglichen ex ante-Beurteilung im Strafrecht und in der Moral, in: Jung, H. et al. (Hrsg.), Recht und Moral. Beiträge zu einer Standortbestimmung, Baden-Baden 1991, S. 341–372

Kühne, H.-H., Die Instrumentalisierung der Wahrheitsfindung im Strafverfahren, GA 2008, 361–374

Landau, H., Die Pflicht des Staates zum Erhalt einer funktionstüchtigen Strafrechtspflege, NStZ 2007, 121–129

Ders., Die Ambivalenz des Beschleunigungsgebots, in: Herzog, F./Neumann, U. (Hrsg.), Festschrift für Winfried Hassemer, Heidelberg 2010, S. 1073–1087

Ders., Strafrecht nach Lissabon, NStZ 2011, 537–546

Limbach, J., Die Funktionstüchtigkeit der Strafrechtspflege im Rechtsstaat, in: Strafverteidigervereinigungen (Hrsg.), 20. Strafverteidigertag vom 22.–24. März 1996 in Essen. Aktuelles Verfassungsrecht und Strafverteidigung, Köln 1996, S. 35–43

Lindemann, M., Strukturelle Probleme der strafrechtlichen Aufarbeitung von Wirtschaftskriminalität, Kriminalistik 2005, 506–513

Ders., Die strafrechtliche Verantwortlichkeit des „faktischen Geschäftsführers", Jura 2005, 305–313

Ders., Voraussetzungen und Grenzen legitimen Wirtschaftsstrafrechts. Eine Untersuchung zu den materiell- und prozessrechtlichen Problemen der strafrechtlichen Aufarbeitung von Wirtschaftskriminalität, Tübingen 2012

Löwe/Rosenberg, Die Strafprozeßordnung und das Gerichtsverfassungsgesetz, Großkommentar, Band 1, Einleitung, §§ 1–47, 26. Aufl., Berlin 2006

Lücke, J., Der additive Grundrechtseingriff sowie das Verbot der übermäßigen Gesamtbelastung des Bürgers, DVBl 2001, 1469–1478

Lüdemann, C./Bussmann, K.-D., Diversionschancen der Mächtigen? Eine empirische Studie über Absprachen im Strafprozess, KrimJ 1989, 54–72

Lüderssen, K., Die Krise des öffentlichen Strafanspruches, Frankfurt am Main 1989

Ders., Gesellschaftsrechtliche Grenzen der strafrechtlichen Haftung des Aufsichtsrats, in: Dölling, D. (Hrsg.), Ius humanum. Festschrift für Ernst-Joachim Lampe, Berlin 2003, S. 727–742

Ders., Primäre oder sekundäre Zuständigkeit des Strafrechts?, in: Arnold, J. et al. (Hrsg.), Menschengerechtes Strafrecht. Festschrift für Albin Eser, München 2005, S. 163–180

Ders., Verständigung im Strafverfahren. Das Modell und seine Implikationen, in: Michalke, R. et al. (Hrsg.), Festschrift für Rainer Hamm, Berlin 2008, S. 419–442

Lutter, M., Zivilrechtlich korrekt und doch strafbar? Das kann nicht sein, NZG 2010, 601–603
Mahrenholz, E. G., Verfassungsinterpretation aus praktischer Sicht, in: Schneider, H.-P./ Häberle. P. (Hrsg.), Verfassungsrecht zwischen Wissenschaft und Richterkunst. Konrad Hesse zum 70. Geburtstag, Heidelberg 1990, S. 53–65
Mansdörfer, M., Zur Theorie des Wirtschaftsstrafrechts. Zugleich eine Untersuchung zu funktionalen Steuerungs- und Verantwortlichkeitsstrukturen bei ökonomischem Handeln, Heidelberg 2011
Meier, B.-D., Kriminologie, 4. Aufl. München 2010
Müller-Gugenberger, C./Bieneck, K. (Hrsg.), Wirtschaftsstrafrecht. Handbuch des Wirtschaftsstraf- und Ordnungswidrigkeitenrechts, 5. Aufl., Köln 2011
Münchhalffen, G., Apokryphe Haftgründe in Wirtschaftsstrafverfahren, StraFo 1999, 332–337
Münkler, H., Gemeinwohl als Aufgabe von Politik und als Reflexionsbegriff der Wissenschaft, in: Dreier, H. (Hrsg.), Wissenschaft und Politik, Stuttgart 2010, S. 245–259
Nehm, K., Die Verständigung im Strafverfahren auf der Zielgeraden?, StV 2007, 549–553
Park, T., Wirtschaftsstrafverfahren in der Praxis. Eine beschreibende Analyse aus Sicht der Verteidigung, NK 2005, 147–150
Paulus, R., Materielles Strafrecht im „prozessualen Raum“, in: Dreier, H. et al. (Hrsg.), Raum und Recht. Festschrift 600 Jahre Würzburger Juristenfakultät, Berlin 2002, S. 683–709
Perron, W., Überlegungen zum Verhältnis von Strafrecht und Strafprozessrecht, in: Ebert, U. et al. (Hrsg.), Festschrift für Ernst-Walter Hanack, Berlin u.a. 1999, S. 473–485
Prittwitz, C., Strafrecht und Risiko. Untersuchungen zur Krise von Strafrecht und Kriminalpolitik in der Risikogesellschaft, Frankfurt am Main 1993
Ransiek, A./Hüls, S., Strafrecht zur Regulierung der Wirtschaft, ZGR 2009, 157–189
Richter II, C., Schuld und Buße? Irrungen und Wirrungen um einen bekanntgewordenen Paragraphen, in: Hanack, E. W. et al. (Hrsg.), Festschrift für Peter Rieß, Berlin u.a. 2002, S. 439–450
Riehle, E., Funktionstüchtige Strafrechtspflege contra strafprozessuale Garantien, KJ 1980, 316–324
Rönnau, T., Untreue als Wirtschaftsdelikt, ZStW 119 (2007), 887–926
Roxin, C./Schünemann, B., Strafverfahrensrecht, 27. Aufl., München 2012
Roxin, I., Ambivalente Wirkungen des Beschleunigungsgebotes, GA 2010, 425–440
Sauer, D., Konsensuale Verfahrensweisen im Wirtschafts- und Steuerstrafrecht, Heidelberg 2008
Schlothauer, R./ Weider, H.-J., Untersuchungshaft, 4. Aufl., Heidelberg 2010
Schmidt, E., Lehrkommentar zur Strafprozeßordnung und zum Gerichtsverfassungsgesetz. Teil I: Die rechtstheoretischen und die rechtspolitischen Grundlagen des Strafverfahrensrechts, Göttingen 1952
Schünemann, B., Wohin treibt der deutsche Strafprozess?, ZStW 114 (2002), 1–62
Ders., Die Hauptverhandlung im Strafverfahren – Was sie leistet, wo sie versagt und in welcher Form sie bewahrt werden muss, StraFo 2010, 90–96
Schuppert, G. F., Gemeinwohldefinition im pluralistischen Verfassungsstaat, GewArch 2004, 441–447
Suchanek, A., Ökonomische Ethik, 2. Aufl., Tübingen 2007
Techmeier, I., Zur strafrechtlichen Immunisierung bei Wirtschaftsstrafsachen, in: Prittwitz, C. et al. (Hrsg.), Kriminalität der Mächtigen, Baden-Baden 2008, S. 61–82
Theile, H., Wirtschaftsstrafverfahren: Entstehung eines neuartigen Verfahrenstyps?, NK 2005, 142–146

Ders., Wirtschaftskriminalität und Strafverfahren. Systemtheoretische Überlegungen zum Regulierungspotential des Strafrechts, Tübingen 2009
Thomas, S., Untreue in der Wirtschaft, in: Hanack, E. W. et al. (Hrsg.), Festschrift für Peter Rieß, Berlin u.a. 2002, S. 795–809
Tiedemann, K., Wirtschaftsstrafrecht Allgemeiner Teil, 3. Aufl., Köln u.a. 2010
Vogel, J., Chancen und Risiken einer Reform des strafrechtlichen Ermittlungsverfahrens, JZ 2004, 827–837
Volk, K., Kronzeugen praeter legem? Vernehmungspraxis, Vorteilsversprechen, Verdunkelungsgefahr, NJW 1996, 879–883
Ders., Grundkurs StPO, 7. Aufl., München 2010
Wabnitz, H. B./Janovsky, T. (Hrsg.), Handbuch des Wirtschafts- und Steuerstrafrechts, 3. Aufl., München 2007
Waßmer, M. P., Untreue bei Risikogeschäften, Heidelberg 1997
Wehnert, A., Die tatsächliche Ausgestaltung der Absprachepraxis in staatsanwaltschaftlichen Wirtschaftsermittlungsverfahren aus anwaltlicher Sicht, StV 2002, 219–222
Weigend, T., Die Reform des Strafverfahrens. Europäische und deutsche Tendenzen und Probleme, ZStW 104 (1992), 486–512
Ders., Der BGH vor der Herausforderung der Absprachepraxis, in: Roxin, C./Widmaier, G. (Hrsg.), 50 Jahre Bundesgerichtshof. Festgabe aus der Wissenschaft. Band IV. Strafrecht, Strafprozessrecht, München 2000, S. 1011–1042
Ders., Strafverteidigung im Zeitalter abgesprochener Urteile, in: Weigend, T. et al. (Hrsg.), Strafverteidigung vor neuen Herausforderungen. Denkanstöße aus sieben Rechtsordnungen, Berlin 2008, S. 357–394
Wohlers, W., Das partizipatorische Ermittlungsverfahren: kriminalpolitische Forderung oder „unverfügbarer" Bestandteil eines fairen Strafverfahrens?, GA 2005, 11–35
Ders., Das Strafverfahren in den Zeiten der „Eilkrankheit", NJW 2010, 2470–2475
Wolter, J., Systematischer Kommentar zur Strafprozessordnung, Band IV (§§ 198–246), 4. Aufl., Köln 2011

Armin Engländer

Gemeinwohl und Urteilsabsprachen in Wirtschaftsstrafverfahren

Gliederung

I. Einleitung

Die Bedeutung von Urteilsabsprachen bzw. – wie das Gesetz sie nennt – Verständigungen für die gegenwärtige strafrechtliche Praxis lässt sich kaum überschätzen. Das gilt vor allem für Wirtschaftsstrafsachen; so soll es Wirtschaftsstrafkammern geben, die kaum mehr „streitig“ verhandeln.[1] Aber auch in anderen Bereichen, zu nennen sind insb. das BtM-Strafrecht und das Sexualstrafrecht, nimmt die Zahl von Verständigungen beständig zu. Konservative Schätzungen gehen davon aus, dass mittlerweile mindestens 20–25 % aller strafrechtlichen Urteile in der einen oder anderen Form eine Absprache zugrunde liegt.[2] Andere vermuten sogar eine noch deutlich höhere Quote.[3] Ihren scheinbar unaufhaltsamen Siegeszug haben die Urteilsabsprachen spätestens Anfang/Mitte der 70er Jahre des letzten Jahrhunderts angetreten – zunächst verdeckt, schon bald immer offener.[4] Allerdings steht die rechtliche Zulässigkeit solcher Verständigungen, seit sie in dem mittlerweile berühmten Aufsatz von Hans-Joachim Weider alias

---

1 So bereits *Schmidt-Hieber* NStZ 1988, 302, 303; *Schünemann* FS Baumann, 1992, S. 361 (S. 368).

2 *Schünemann* NJW 1989, 1885, 1886.

3 *Dahs* NStZ 1988, 153; *Hettinger* JZ 2011, 292; *Schöch* Urteilsabsprachen in der Strafrechtspraxis, 2007, S. 238; *Schünemann/Hauer* AnwBl 2006, 439.

4 Zur Genese der Absprachenpraxis vgl. *Hamm* FS Dahs, 2005, S. 267 ff.; *Schünemann* FS Heldrich, 2005, S. 1177 ff.

„Detlef Deal aus Mauschelhausen“ im Strafverteidiger 1982[5] erstmals eingehend thematisiert worden war, im rechtswissenschaftlichen Streit. Daran haben die Grundsatzentscheidungen des 4. Strafsenats aus dem Jahr 1997[6] und des Großen Senats aus dem Jahr 2005[7], mit denen der BGH Absprachen einerseits prinzipiell ermöglichen, sie andererseits aber zugleich begrenzen und rechtlich kanalisieren wollte, nichts zu ändern vermocht. Und auch die gesetzliche Regelung der Verständigung im Jahr 2009,[8] veranlasst durch den Appell des Großen Senats an den Gesetzgeber tätig zu werden,[9] hat nicht zu einem Ende der Debatte geführt. Zwar steht durch diese gesetzliche Regelung für die Absprachenpraxis eine gesetzliche Grundlage zur Verfügung, so dass insoweit der Einwand, das geltende Prozessrecht sei „vergleichsfeindlich“ ausgestaltet und sehe Urteilsabsprachen nicht vor,[10] positiv-rechtlich hinfällig geworden ist. Das Verständigungsgesetz hat aber sowohl in prinzipieller Hinsicht als auch im Hinblick auf die konkrete Ausgestaltung erhebliche Kritik erfahren.[11] Zahlreiche Autoren bezweifeln, dass sich die nunmehr geltende Absprachenregelung wie vom Gesetz vorgesehen in das von der Instruktionsmaxime, dem Unmittelbarkeitsprinzip und dem Öffentlichkeitsgrundsatz bestimmte sog. reformierte Strafverfahren so ohne weiteres integrieren lässt; prozessordnungsinterne Spannungen, Ungereimtheiten und Widersprüche seien die zwangsläufige und unvermeidbare Konsequenz einer letztlich halbherzigen und stückwerkhaften Reform. Dass die Diskussion über „ob“ und „wie“ der Absprachen alsbald einen Abschluss findet, steht daher nicht zu erwarten. Auch die Entscheidung des BVerfG, das Verständigungsgesetz sei „derzeit“ verfassungskonform[12], dürfte daran wohl nichts ändern.

Versucht man, die verschiedenen Einstellungen zu den Urteilsabsprachen zu systematisieren, so kann man – etwas vereinfachend – drei Standpunkte unterscheiden: (1) eine absprachenkritische, (2) eine absprachenpragmatische und (3) eine absprachenbegeisterte Position. Nun ist es im Rahmen dieses Vortrags nicht möglich, diese Auffassungen umfassend zu erörtern oder gar die gesetzliche Absprachenregelung im einzelnen zu analysieren. Verfolgt werden soll deshalb

5 *„Deal“* StV 1982, 545 ff.

6 BGHSt 43, 195.

7 BGHSt 50, 40.

8 Gesetz zur Regelung der Verständigung im Strafverfahren vom 29. Juli 2009, BGBl I S. 2353.

9 BGHSt 50, 40 (64).

10 *Seier* JZ 1988, 683 f.; *Stübinger* Das „idealisierte“ Strafrecht, 2008, S. 559.

11 S. nur *Altenhain/Haimerl* JZ 2010, 327 ff.; *Fezer* NStZ 2010, 177 ff.; *Fischer* ZRP 2010, 249 ff.; *Hettinger* JZ 2011, 292, 298 ff.; *Murmann* ZIS 2009, 526 ff.; differenzierend *Weigend* FS Maiwald, 2010, S. 829 ff.

12 BVerfG NJW 2013, 1058.

ein begrenzteres Ziel. Ich möchte – dem Thema unserer Tagung entsprechend – untersuchen, welche Rolle Gemeinwohlüberlegungen für die verschiedenen Ansichten spielen, d.h. inwiefern zur Legitimation oder Kritik der Absprachenpraxis Gemeinwohlbelange ins Feld geführt werden.

II. Die absprachenkritische Position

Begonnen sei mit der absprachenkritischen Position. Als solche soll hier eine Ansicht bezeichnet werden, die nicht lediglich die derzeit geltende gesetzliche Regelung der Verständigung als missglückt beanstandet (das tun auch verschiedene Absprachenbefürworter), sondern die der Zulässigkeit von Absprachen grundsätzlich ablehnend gegenüber steht. Vertreten wird sie von weiten Teilen der Wissenschaft,[13] aber auch manchem Praktiker – genannt sei hier nur der Vorsitzende des 2. Strafsenats des BGH *Thomas Fischer*.[14] Der absprachenkritischen Position zufolge ist es Urteilsabsprachen wesensimmanent, dass sie fundamentale Prinzipien des reformierten Strafverfahrens wie die Grundsätze der materiellen Wahrheit, der Unmittelbarkeit, der Mündlichkeit, der Verfahrensöffentlichkeit, der Selbstbelastungsfreiheit und der Unschuldsvermutung unterlaufen.[15] Das Gericht begnüge sich mit dem – zumeist „schlanken" – Geständnis des Angeklagten und verzichte entgegen § 244 Abs. 2 StPO auf eine vollständige Sachverhaltsaufklärung. Seine Überzeugung beruhe auf den Akten und der Anklageschrift, nicht aber auf dem „Inbegriff" einer ordnungsgemäß durchgeführten Beweisaufnahme. Die Unschuldsvermutung werde nicht in einem justizförmigen Verfahren widerlegt und ein eventueller Zweifel des Gerichts werde unterdrückt. Auch wenn die Absprache formal in der Hauptverhandlung erfolge, würden faktisch die entscheidenden Vereinbarungen in den vorausgehenden informellen Erörterungen außerhalb des Sitzungssaales getroffen. An diesen eigentlichen Verständigungsgesprächen nähmen zudem häufig nicht alle Ver-

---

13 Bspw. *Hettinger* FS E. Müller, 2008, S. 261 ff.; *ders.* JZ 2011, 292 ff.; *Lien* GA 2006, 129 ff.; *Ransiek* ZIS 2008, 116 ff.; *Rönnau* Die Absprache im Strafprozeß, 1990, S. 73 ff.; *Schünemann* FS Rieß, 2002, S. 525 ff.; *ders.* ZRP 2009, 104 ff.; *Sinner* Der Vertragsgedanke im Strafprozeßrecht, 1999; *Stübinger* (Fn. 10), S. 560 ff.; skeptisch auch *Weßlau* ZStW 116 (2004) 150, 164 ff.

14 *Fischer* NStZ 2007, 433 ff.; *ders.* StraFo 2009, 177 ff.; gleichfalls kritisch *Eschelbach* HRRS 2008, 190 ff.; *Haller/Conzen* Strafverfahren, 6. Aufl. 2011, Rn. 637 ff.; *Harms* FS Nehm, 2006, S. 289 ff.

15 Eine knappe Zusammenfassung der Kritik findet sich bei *Beulke* Strafprozessrecht, 12. Aufl. 2012, Rn. 394a; *Roxin/Schünemann* Strafverfahrensrecht, 27. Aufl. 2012, § 17 Rn. 19 ff.; *Stübinger* (Fn. 10), S. 559 f.

fahrensbeteiligten teil; insbesondere drohe hier eine Aushöhlung der Subjektstellung des Beschuldigten, wenn ihn sein Verteidiger erst nachträglich über die in seiner Abwesenheit mit Gericht und Staatsanwaltschaft verhandelten Punkte in Kenntnis setze. Ferner gerate der Beschuldigte unter Druck, ein – womöglich sogar falsches – Geständnis abzugeben. Generell führe die mit Absprachen notwendig verbundene Entformalisierung zu einer nachhaltigen Entwertung der schützenden Formen des Verfahrensrechts. Insgesamt bestehe die Gefahr, dass das Gericht eine nicht schuldangemessene Strafe verhänge und damit gegen das materielle Schuldprinzip verstoße. Schließlich drohe eine „Zwei-Klassen-Justiz" zu Lasten der Beschuldigten, bei denen das Gericht und die Staatsanwaltschaft mangels „Verhandlungsmasse" an einer Verständigung kein Interesse haben.

Gemeinwohlbelange, die *für* eine Zulässigkeit von Urteilsabsprachen sprechen könnten, vermögen die Absprachenkritiker nicht zu erkennen. Nach ihrer Einschätzung dient die Absprachenpraxis allein der Befriedigung von Partikularinteressen. Den professionellen Akteuren – Gericht, Staatsanwaltschaft, Verteidigung – gehe es um Arbeits- und Zeitersparnis, also darum, das Verfahren mit möglichst geringem Aufwand in möglichst kurzer Zeit einer Erledigung zuzuführen.[16] Und der Beschuldigte verfolge das Ziel, mit einer möglichst geringen Strafe davon zu kommen. Die materielle Richtigkeit des Urteils trete dagegen hinter diese Ziele zurück. Eine echte Befriedungsfunktion gehe von dem abgesprochenen Urteil daher nicht aus. Selbst aus einer rein konsequentialistisch-utilitaristischen Perspektive – so *Bernd Schünemann* – falle die Gesamtbilanz der Absprachenpraxis somit eindeutig negativ aus.[17]

III. Die absprachenpragmatische Position

Inwieweit diese absprachenkritische Sehweise berechtigt ist, möchte ich an diesem Punkt noch zurückstellen und zunächst die absprachenpragmatische Auffassung betrachten. Darunter soll eine Position verstanden werden, die Urteilsabsprachen weder grundsätzlich ablehnt noch emphatisch begrüßt, sie aber unter den gegenwärtigen Rahmenbedingungen als justizökonomisch unvermeidbar ansieht.[18] Beispielhaft hierfür steht die Begründung zum Entwurf des Verständigungsgesetzes, in der es heißt, die Verständigung im Strafprozess sei „ein Phä-

16 *Hettinger* FS E. Müller (Fn. 12), S. 267 f.; *Schünemann* FS Rieß (Fn. 12), S. 533 f.
17 *Schünemann* FS Rieß (Fn. 12), S. 532.
18 Bspw. *Beulke* Strafprozessrecht, 12. Aufl. 2012, Rn. 394; *Hanack* StV 1987, 500 (502); LR-*Kühne* StPO, 26. Aufl. 2006, Einl. Abschn. B Rn. 40; *Nestler-Tremel* DRiZ 1988, 288 (290); *Ostendorf* Straf-

nomen, das aus dem Gerichtsalltag, insbesondere in umfangreichen und schwierigen Verfahren, mittlerweile nicht mehr hinwegzudenken ist."[19] Zugrunde liegt der absprachenpragmatischen Ansicht, soweit sie über ein bloßes Sich-Abfinden mit den Gegebenheiten und damit der Akzeptanz einer normativen Kraft des Faktischen hinausgeht, die Einschätzung, dass die Funktionstüchtigkeit der Strafjustiz vor dem Hintergrund knapper Ressourcen und einer Flut an Verfahren ohne das Instrument der Verständigung nicht mehr gewährleistet werden kann.[20] Dies gelte insbesondere in großen Wirtschaftsstrafprozessen, in denen sich die komplexen Sachverhalte samt der schwierigen Zurechnungsfragen in einem streitigen Verfahren kaum noch aufklären ließen. Ein Versuch, die Absprachenpraxis gesetzlich oder richterrechtlich zu unterbinden, sei deshalb auch aussichtslos; er würde letztlich nur dazu führen, dass Absprachen wieder wie zu ihren Anfängen heimlich unter Ausschluss der Öffentlichkeit erfolgen. Daher votieren die Absprachenpragmatiker einerseits für die Zulässigkeit von Urteilsabsprachen; andererseits wollen sie aber in der Regel die Architektonik der herkömmlichen Prozessordnung nicht allzu sehr verändern. Ausdruck einer solchen pragmatischen Einstellung ist das Verständigungsgesetz, das sich bemüht, die Urteilsabsprachen in den reformierten Inquisitionsprozess mit seinen Verfahrensmaximen zu integrieren. So heißt es in der Entwurfsbegründung, angestrebt werde, „die Verständigung so zu regeln, dass sie mit den tradierten Grundsätzen des deutschen Strafverfahrens übereinstimmt."[21] Und auch der Entscheidung des BVerfG zum Verständigungsgesetz liegt eine absprachenpragmatische Position zugrunde.

Nimmt man an, dass eine funktionstüchtige Strafjustiz im Interesse zumindest der allermeisten Bürger liegt, berufen sich die Absprachenpragmatiker zur Begründung ihres Standpunktes wesentlich auf einen Gemeinwohlbelang. Tun sie dies aber zu Recht? *Winfried Hassemer* konstatiert, die These von der ohne das Institut der Verständigung drohenden Funktionsuntüchtigkeit der Justiz sei eine „starke Behauptung" und sie sei „nicht leicht zu belegen."[22] Von manchen Absprachekritikern wird eine Überlastung der Justiz denn auch in Frage gestellt.[23] Allerdings lassen sich doch Faktoren identifizieren, die die Behauptung einer in den letzten Jahrzehnten deutlich gestiegenen Belastung der Staatsanwaltschaften und der Tatgerichte stützen: Personaleinsparungen, ein Pönalisierungs-

prozessrecht, 2012, Rn. 482; Radtke/Hohmann-*Ambos/Ziehn* StPO, 2011, § 257c Rn. 2; *Widmaier* StV 1986, 357.

19 BT-Drucks. 16/12310, S. 7.

20 S. zu diesem Argument nur BGHSt 50, 40, 53 f.

21 BT-Drucks. 16/12310, S. 8.

22 *Hassemer* FS Hamm, 2008, S. 171, S. 182 f.

23 *Graf/Eschelbach* StPO, 2010, § 257c Rn. 1.2; *Fischer* NStZ 2007, 433; *Malek* StV 2011, 559, 565.

trend in der Kriminalpolitik mit besonderen Problemen durch die zunehmende Schaffung abstrakter Gefährdungsdelikte (gerade im Wirtschaftsstrafrecht), das Aufkommen einer auch gezielt die Schwachpunkte der Justiz ausnutzenden sog. „Konfliktverteidigung“ sowie gestiegene Anforderungen an Urteilsfindung und Urteilsbegründung durch die revisions- und verfassungsgerichtliche Rspr. Als aktuelles Beispiel für letzteres nenne ich nur die Vorgaben des BVerfG zur Feststellung einer schadensgleichen Vermögensgefährdung bei Untreue und Betrug.[24] Schon schwieriger zu beantworten ist freilich die Frage, ob es zur Bekämpfung der gestiegenen Belastung tatsächlich des Instruments der Urteilsabsprache bedarf oder ob es hier nicht Mittel und Wege gibt, die im Hinblick auf den reformierten Strafprozesses weniger Probleme bereiten. Sich darüber Gedanken zu machen, wäre freilich müßig, wenn neben der Funktionstüchtigkeit der Strafjustiz noch weitere Gemeinwohlbelange für die Zulassung von Absprachen stritten.

IV. Die absprachenbegeisterte Position

Eben das behauptet die absprachenbegeisterte Position, die prominent von *Klaus Lüderssen*, *Matthias Jahn* und *Hans Theile* vertreten wird.[25] Für sie stellt die von der absprachenpragmatischen Auffassung ins Felde geführte Prozessökonomie letztlich nur einen nachgeordneten Gesichtspunkt dar. Insb. *Lüderssen* will die Absprachenpraxis in einen größeren Zusammenhang stellen, den man mit den Schlagworten der „Demokratisierung der Justiz“ und der „Verabschiedung des öffentlichen Strafanspruchs“ bezeichnen kann. Entwicklungsgeschichtlich diagnostiziert er, anknüpfend an die „Governance-Forschung“, einen Übergang von einer hierarchischen Steuerung der Gesellschaft zu einer „regulierten Selbstregulierung“ in Form eines engen Zusammenspiels staatlicher, staatlich-privater und privater Akteure. Damit verbunden sei ein Vordringen „kooperativer und konsensualer Elemente bei der Normsetzung“. Wenn nun die Justiz an dieser Wandlung unseres demokratischen Lebens teilhaben solle, müsse auch sie sich für kooperative und konsensuale Elemente öffnen.[26] Zu derselben Einschätzung gelangt von einem systemtheoretischen Standpunkt aus *Theile*. Unter den Bedingungen einer „in verschiedene soziale Systeme ausdifferenzierten Gesellschaft“ sei es nicht mehr möglich, den staatlichen Strafanspruch „einseitig im Wege kausaler

---

24 BVerfGE 126, 170, 211 f.

25 *Lüderssen* StV 1990, 415 ff.; *ders.* FS Fezer, 2008, S. 531 ff.; *ders.* FS Hamm, 2008, S. 419 ff.; *Jahn* GA 2004, 272 ff.; *ders.* ZStW 119 (2006) 427 ff.; *Theile* NStZ 2012, 666 ff.

26 *Lüderssen* FS Fezer (Fn. 25), S. 531 ff.

Steuerung" durchzusetzen. Vielmehr könnten im Wege einer Regulierung „allenfalls unterschiedliche systemische Interessen miteinander strukturell gekoppelter Systeme zu einem Ausgleich gebracht werden." Deshalb müsse man sich von der „überholten Vorstellung eines durch Subordination geprägten Verhältnisses zwischen der Strafjustiz auf der einen und Verteidigung und Beschuldigtem auf der anderen Seite" lösen.[27] Genau diese Lösung vom traditionellen Modell der Subordination und die Öffnung für kooperative und konsensuale Elemente geschehe aber durch die Absprachenpraxis. Absprachen, so *Lüderssen*, seien nichts anderes als eine Relativierung obrigkeitlicher Hierarchien, da die Beteiligten sich hier auf Augenhöhe begegneten und Entscheidungen im allseitigen Einverständnis träfen. Rechtstheoretisch betrachtet drückten sich in ihnen ein modernes prozedurales Rechtsverständnis und das Konzept einer diskursiven Rechtsgenese im Sinne der Diskurstheorie des Rechts aus.[28]

Im Unterschied zu den Absprachenpragmatikern nehmen die echten Absprachenanhänger nicht an, dass sich die Verständigung so ohne weiteres in den reformierten Inquisitionsprozess mit seinen Verfahrensprinzipien integrieren lässt. Ganz im Gegenteil geht es ihnen ja gerade darum, diesen Prozess, den sie als Ausprägung einer veralteten hierarchischen Steuerungskonzeption deuten, durch ein „moderneres" Verfahren nach Maßgabe des Konsensprinzips zu ersetzen.[29] Soweit mit Urteilsabsprachen ein Abschied von der Inquisitionsmaxime und dem Prinzip der materiellen Wahrheit im Sinne des § 244 Abs. 2 StPO verbunden ist, sehen sie deshalb darin auch keinen *Mangel*, sondern einen *Vorzug*. Das Prinzip der materiellen Wahrheit beruhe nämlich auf der erkenntnistheoretisch problematischen Korrespondenztheorie der Wahrheit, derzufolge eine Aussage, Meinung oder Überzeugung dann wahr ist, wenn sie mit den Tatsachen in der Welt (verstanden im Sinne einer bewusstseins- und beschreibungsunabhängigen Wirklichkeit) übereinstimmt. Tatsächlich sei Wahrheit aber nichts, was einfach vorgefunden, sondern etwas, das ausgehandelt werde. Wahrheit im Strafprozess, so *Theile*, stelle ein Konstrukt dar, das erst innerhalb des Verfahrens entstehe, indem mit unterschiedlichen Interessen über divergierende Wahrheitsbilder

27 *Theile* NStZ 2012, 666, 667 f.
28 *Lüderssen* FS Fezer (Fn. 25), S. 534 ff.
29 Für eine Ausgestaltung der Urteilsabsprachen nach Maßgabe des Konsensprinzips auch der Regelungsentwurf des Strafrechtsausschusses der BRAK, vgl. ZRP 2005, 235 ff. Die Gegenposition vertritt der Strafrechtsausschuss des DAV, vgl. StraFo 2006, 89 ff. Zur Diskussion über den Konsensgedanken im Strafverfahren s. nur *Duttge* ZStW 115 (2003) 539 ff.; *Hassemer* FS Hamm, S. 171 ff.; *Jahn* ZStW 118 (2006) 427 ff.; *Salditt* ZStW 115 (2003) 570 ff.; *Weßlau* Das Konsensprinzip im Strafverfahren, 2002; *dies.* StraFo 2007, 1 ff. jeweils m.w.N.

verhandelt werde.[30] Das gelte in gesteigertem Maße für Wirtschaftsstrafverfahren, die sich aufgrund des Umfangs und der Komplexität des Verfahrensstoffes sowie des Verteidigungspotenzials des Beschuldigten und der Sachkompetenz der Verteidigung von dem überkommenen Leitbild einer einseitigen gerichtlichen Amtsaufklärung besonders weit entfernt hätten. Deshalb werde gerade hier im Regelfall eine Wahrheit (re-)konstruiert, die eben nicht dem einseitigen Wahrheitsbild des Gerichts entspreche, sondern das Ergebnis einer Einigung der Verfahrensbeteiligten vor dem Hintergrund unterschiedlicher Interessen bilde. Am Ende des Strafverfahrens stehe somit eine konsensuale Wahrheit, für die es ohne Bedeutung sei, ob ihr das „ontische Substrat einer materiellen Wahrheit" zugrunde liege oder nicht.[31]

Was ist von diesem ambitionierten Ansatz zu halten? Angesichts der begrenzten Zeit konzentriere ich mich im Folgenden auf drei Problembereiche: (1) die Schlüssigkeit der Konsenstheorie der Wahrheit, (2) die Plausibilität der Deutung des Abspracheverfahrens als ein auf kooperative Wahrheitssuche gerichteter Diskurs und (3) die Rückbindung des diskurstheoretischen Konzepts an die Absprachenwirklichkeit.

1. Die Schlüssigkeit der Konsenstheorie der Wahrheit

Zum ersten Punkt: Mit dem Rekurs auf die Konsenstheorie der Wahrheit handeln sich die echten Absprachenanhänger erkenntnistheoretisch die Probleme eines epistemischen Wahrheitsverständnisses ein. Diese können hier nur kurz angedeutet werden. Nach der Konsenstheorie der Wahrheit ist eine Meinung bzw. Überzeugung dann wahr, wenn sie in einem rationalen Diskurs, in dem allein der „zwanglose Zwang des besseren Arguments" und das Motiv der „kooperativen Wahrheitssuche" herrschen, die Zustimmung aller Diskursteilnehmer finden kann. Nicht jede beliebige Übereinstimmung begründet also die Wahrheit einer Aussage, sondern nur ein unter idealen Diskursbedingungen erzielter Konsens.[32] Wonach bestimmt sich aber, welche Argumente unter idealen Diskursbedingungen die „besseren" und damit allgemein zustimmungsfähig sind? Will die Diskurstheorie hier nicht in einen Zirkel oder einen infiniten Regress geraten, muss sie sich auf etwas beziehen, was jenseits des Diskurses und des Konsenses

30 *Theile* NStZ 2012, 666, 667.

31 *Theile* NStZ 2012, 666, 668.

32 *Habermas* Wahrheitstheorien, in: *ders.* Vorstudien und Ergänzungen zur Theorie des kommunikativen Handelns, 1984, S. 127 ff.

liegt: die Tatsachen der Welt. In einem idealen Diskurs konsensfähig sind dementsprechend die Argumente, die einen wirklich bestehenden Sachverhalt, eine Tatsache zutreffend erfassen, die also mit anderen Worten in einem *korrespondenztheoretischen Sinne wahr* sind. Das aber bedeutet, dass die Konsenstheorie implizit einen korrespondenztheoretischen Wahrheitsbegriff voraussetzen muss und diesen folglich nicht ersetzen kann.[33] *Wahrheitstheoretisch* ist der Konsensgedanke deshalb auch nicht geeignet, im Strafverfahren das Prinzip der materiellen Wahrheit entbehrlich zu machen, so lange man an dem Ziel festhält, dass im Strafprozess die Wahrheit erforscht werden soll. Wahr sind Feststellungen eben nicht dadurch, dass sich alle auf sie verständigt haben, sondern dadurch, dass sie den Tatsachen der Welt entsprechen.[34]

2. Die Plausibilität der Deutung des Abspracheverfahrens als ein auf kooperative Wahrheitssuche gerichteter Diskurs

Stellen wir aber einmal die grundsätzlichen Einwände gegen die Konsenstheorie der Wahrheit zurück und akzeptieren probehalber das diskurstheoretische Paradigma, auf das sich die absprachenbegeisterte Position stützt. Dann muss das Abspracheverfahren, wenn die Übereinkunft bei der Urteilsabsprache zumindest die Vermutung der Wahrheit begründen soll, als Diskurs verstanden werden können. Nach den Prämissen der Diskurstheorie wäre das allerdings nur der Fall, wenn das Gericht und die Verfahrensbeteiligten allesamt das kommunikative Ziel einer gemeinsamen Wahrheitssuche verfolgten.[35] Das erscheint indes unrealistisch. Dem Beschuldigten geht es zumeist nicht um den Abgleich „unterschiedlicher Wahrheitsbilder“, sondern er möchte eine für ihn möglichst vorteilhafte Entscheidung erwirken. Auch der Verteidiger strebt in der Regel primär ein solches für seinen Mandanten günstiges Ergebnis an. Eine möglichst geringe Strafe und nicht Wahrheitsfindung ist also normalerweise ihr Ziel. Das aber bedeutet, dass es sich bei den die Absprache vorbereitenden Erörterungen nach diskurstheoretischen Kategorien nicht um Diskurse, sondern um *strategische Interaktionen*

33 *Beckermann* Zeitschrift für allgemeine Wissenschaftstheorie 1972, 63 ff.; *Gril* Die Möglichkeit praktischer Erkenntnis aus Sicht der Diskurstheorie, 1998, S. 85 ff. Mittlerweile plädiert auch *Habermas* dafür, den Wahrheitsbegriff nicht mehr durch das Kriterium der rationalen Akzeptabilität zu bestimmen; vgl. *Habermas* Wahrheit und Rechtfertigung, 1999, S. 48 ff., S. 246 ff.

34 Zur Verteidigung der Korrespondenztheorie der Wahrheit s. *Devitt* Realism and Truth, 2. Aufl. 1991, S. 26 ff.; *Musgrave* Alltagswissen, Wissenschaft und Skeptizismus, 1993, S. 251 ff.; *Searle* Die Konstruktion der gesellschaftlichen Wirklichkeit, 1997, S. 207 ff.

35 Näher dazu *Engländer* Diskurs als Rechtsquelle?, 2002, S. 144 ff.

handelt, bei denen eine Übereinstimmung am Ende eben keine Wahrheitsvermutung zu begründen vermag.[36]

Nun sind sich *Jahn*, *Lüderssen* und *Theile* der Schwierigkeiten, das Strafverfahren im Allgemeinen und die Abspracheerörterungen im Besonderen mit dem diskurstheoretischen Leitbild in Einklang zu bringen, bewusst. Nichtsdestotrotz wollen sie jedoch am Konsensgedanken festhalten. Die Begründungen dafür differieren freilich. *Theile* räumt ein, dass die Vorstellungen der Diskurstheorie zwar „denkbar weit von der Wirklichkeit des Strafverfahrens" entfernt seien; gleichwohl könne in ihnen aber zumindest „ein regulatives Ideal" für die Ausgestaltung eines konsensualen Verfahrenstypus gesehen werden.[37] Dieses Argument bietet indes keine Lösung für das eben geschilderte Problem. Denn handeln die Verfahrensbeteiligten rein strategisch, fungiert die „ideale Sprechsituation" für sie nicht einmal als „regulatives Ideal". Ihre Interaktion stellt hier deshalb nicht lediglich einen im Hinblick auf das diskurstheoretische Ideal defizitären Diskurs dar, sondern sie ist nach den Maßstäben der Diskurstheorie überhaupt kein Diskurs. Demzufolge bildet eine in ihrem Rahmen erzielte Übereinkunft auch keinen „echten", d.h. die Vermutung der Wahrheit begründenden Konsens.

Das wird von *Jahn* allerdings bestritten. Die Kritik übersehe, dass alle Verfahrensbeteiligten um den Einfluss der jeweiligen Verfahrensrolle auf die Kommunikationsbeiträge wüssten. Niemand erwarte deshalb von der Staatsanwaltschaft in der Hauptverhandlung uneingeschränkte Objektivität. Gleiches gelte für den Verteidiger. Und beim Beschuldigten unterstelle man nur ein um das Lügerecht gekürztes Maß an Wahrhaftigkeit. Dennoch halte die Kommunikationsgemeinschaft im Strafverfahren am Ziel der Erforschung der Wahrheit fest. Die Erklärung müsse man in einem rein prozeduralen Wahrheitsverständnis suchen, das selbst die Lüge des Beschuldigten integrieren könne.[38]

Auch diese Argumentation überzeugt jedoch nicht. *Jahns* Ausführungen belegen, dass sich die Beteiligten in der Regel über den strategischen Charakter ihrer Interaktion im Klaren sind. Das Wissen um das interessengeleitete Verhalten der jeweils anderen vermag aber selbstverständlich nicht, eine strategische Interaktion in einen auf eine kooperative Wahrheitssuche ausgerichteten Diskurs zu transformieren. In einen solchen Diskurs treten die Akteure nur ein, wenn sie *tatsächlich* das entsprechende Ziel verfolgen. Die Wahrhaftigkeit der Diskutanten

---

36 Zur Dichotomie von kommunikativen und strategischen Interaktionen in der Diskurstheorie vgl. *Habermas* Nachmetaphysisches Denken, 1988, S. 68 ff.; *ders.* Wahrheit und Rechtfertigung, S. 121 ff.

37 *Theile* NStZ 2012, 666, 670.

38 *Jahn* GA 2004, 272 (284 f.).

stellt, wie auch *Jürgen Habermas* betont, eine unverzichtbare Voraussetzung dar, ohne die ein „echter“ Konsens nicht zustande kommen kann.[39]

Einen anderen Lösungsweg als *Theile* und *Jahn* will *Lüderssen* beschreiten. Ihm zufolge resultieren die Probleme der Vermittlung von Diskurstheorie und Absprachepraxis daraus, dass der „subtile Konsensbegriff“ der Philosophie für das Recht schlicht ungeeignet ist.[40] Im Recht sei das Konsensprinzip deshalb nicht *erkenntnis-*, sondern *entscheidungstheoretisch*, nämlich als Ausdruck des Demokratiegedankens, zu verstehen.[41] Dementsprechend verwirkliche sich in der konsensual getroffenen Urteilsabsprache das demokratische Prinzip, wenn man anerkenne, dass nicht das Gericht allein, sondern das Gericht und die Verfahrensbeteiligten gemeinsam die Gesellschaft repräsentierten.[42]

Mit dieser Entkoppelung des Konsensprinzips im Recht von der epistemischen Konsenstheorie der Wahrheit verabschiedet *Lüderssen* sich freilich vom Ziel einer diskursiven Wahrheitsfindung im Strafverfahren. Es kommt nur noch darauf an, dass überhaupt eine Vereinbarung getroffen wird,[43] die dann als Ausdruck einer (vermeintlich) demokratischen Entscheidung ihre Richtigkeit gleichsam in sich selbst trägt. Völlig unklar bleibt in diesem Zusammenhang ferner, wie der Status des Beschuldigten als Repräsentant der Allgemeinheit legitimiert werden soll. *Lüderssen* führt dazu lediglich aus, dass diese Form „demokratischer Vermittlung“ uns „noch sehr ungewohnt“ erscheine und „verfassungsrechtlich genauer bestimmt werden“ müsse.[44] Eine tragfähige Begründung ist darin schwerlich zu sehen. Zudem übersieht *Lüderssen* die möglichen illiberalen Konsequenzen einer Vereinnahmung des Beschuldigten als Repräsentanten der Allgemeinheit im Strafverfahren. Ein Kernprinzip des liberalen Verständnisses des Strafprozesses besteht darin, dass den Beschuldigten keine Pflicht zur aktiven Mitwirkung im Verfahren trifft. Er muss insoweit „nein“ sagen können. Daraus folgt, dass er auch zu einer Urteilsabsprache nicht gezwungen werden darf. Die Entscheidung zu einem streitigen Verfahren, in dem er von seiner Aussagefreiheit Gebrauch macht, die Optionen des Beweisantragsrechts nutzt und seine Verteidigung konfrontativ anlegt, muss ihm offen bleiben. Gilt das aber auch dann noch,

---

39 *Habermas* Wahrheitstheorien, in: ders. Vorstudien und Ergänzungen zur Theorie des kommunikativen Handelns, 1984, S. 127 (S. 178 f.); *ders.* Erläuterungen zur Diskursethik, 1991, S. 173. Zur Kritik der Jahnschen Argumentation vgl. auch *Stübinger* Das „idealisierte“ Strafrecht, S. 579 ff.

40 *Lüderssen* StV 1990, 415, 419.

41 *Lüderssen* FS Hamm (Fn. 25), S. 426 f.

42 *Lüderssen* FS Hamm (Fn. 25), S. 440

43 Kritisch dazu *Stübinger* (Fn. 10), S. 573 ff.

44 *Lüderssen* FS Hamm (Fn. 25), S. 440.

wenn man mit *Lüderssen* annimmt, dass der Beschuldigte eben nicht nur für sich selbst steht, sondern als Repräsentant der Allgemeinheit fungiert, der mit seiner Teilnahme an der Urteilsabsprache das Gemeinwohl fördert? Oder muss er in diesem Fall nicht, ganz rousseauistisch gedacht, zu einer Mitwirkung verpflichtet werden können? Schließlich würde der einzelne mit einer Verständigungsverweigerung den Gemeinwohlinteressen zuwider handeln, zu deren Verwirklichung er *Lüderssen* zufolge als Repräsentant der Gesellschaft doch berufen ist. Bei einer genaueren Betrachtung droht der zunächst so sympathisch scheinende Gedanke einer Demokratisierung der Justiz durch einen Absprachediskurs damit auf eine freiheitsfeindliche Vereinnahmung des Beschuldigten für Allgemeininteressen und eine Schwächung der Beschuldigtenrechte hinauszulaufen.

3. Die Rückbindung des diskurstheoretischen Konzepts an die Absprachenwirklichkeit

Werfen wir abschließend noch einen Blick auf die Absprachewirklichkeit. Einer Studie zufolge, die *Karsten Altenhain* anlässlich der Verhandlung über die Verfassungsmäßigkeit des Verständigungsgesetzes vor dem BVerfG erstellt hat, werden in der Praxis die gesetzlichen Absprachereglungen in erheblichem Umfang missachtet.[45] Mehr als die Hälfte der Richter greift bevorzugt zum informellen und damit illegalen „Deal". Dabei verhandeln die Verfahrensbeteiligten oftmals entgegen § 257c StPO den Schuldspruch oder sie vereinbaren Rechtsfolgen, die nicht Gegenstand einer Verständigung sein dürfen. In mindestens einem Viertel der Fälle wird das Geständnis des Beschuldigten allenfalls teilweise überprüft. Erfolgt eine Kontrolle, so beschränkt sich diese häufig auf den beweisrechtlich problematischen Abgleich mit den Akten. Über 50 % der befragten Rechtsanwälte berichtet über mutmaßliche Falschgeständnisse von Mandanten. Das Verbot eines Rechtsmittelverzichts wird offensiv umgangen.

Diese Fakten bestätigen nicht nur die Bedenken der Absprachenkritiker in weiten Teilen und belegen, dass jedenfalls das Verständigungsgesetz die Absprachenproblematik nicht befriedigend zu lösen vermocht hat. Sie zeigen auch auf, wie weit entfernt von der Prozesswirklichkeit die Vorstellung von Absprachegesprächen als einem auf kooperative Wahrheitssuche ausgerichteten und gemeinwohlbezogenen Diskurs sind. Zu Recht hat daher das BVerfG in seinem Absprachenurteil alle Vorschlägen, die auf eine Umgestaltung der Verständigung zu

45 Vgl. BVerfG 2 BvR 2628/10 v. 19.3.2013 Rn. 48 f. (in NJW 2013, 1058 nicht abgedruckt).

einem eigenständigen Verfahrenstypus unter der Herrschaft des Konsensprinzips abziehen, eine Absage erteilt.

V. Fazit

Das Fazit ist kurz und – bezogen auf unser Thema – ernüchternd. Absprachen mögen im Sinne der absprachenpragmatischen Position unter den gegenwärtigen Rahmenbedingungen tatsächlich in begrenztem Maße prozessökonomisch erforderlich und insoweit rechtfertigbar sein. In sie weitergehende Hoffnungen und Erwartungen etwa hinsichtlich einer Demokratisierung der Justiz und/oder Ablösung des öffentlichen Strafanspruchs zu setzen, erscheint dagegen nicht nur illusorisch, sondern u.U. im Hinblick auf den freiheitlichen Gehalt des Strafverfahrensrechts auch problematisch. Es gilt daher das, was ein anderer Frankfurter Strafrechtler, nämlich *Ulfrid Neumann*, bereits vor mehreren Jahren gesagt hat: „Absprachen im Strafverfahren kommen ... allenfalls als aus der Not begrenzter Ressourcen geborene Rettungsmaßnahmen in Betracht; zur Bestimmung des Ziels des Verfahrens i.S. eines Konsens- oder Kompromissmodells des Strafprozesses taugen sie nicht. Als Führungsgröße ist das Prinzip der materiellen Wahrheit unverzichtbar."[46] Ob freilich die Praxis künftig und anders als bislang die verfassungsgerichtlich angemahnte Pflicht zur Wahrheitserforschung ernst nimmt, bleibt abzuwarten.

---

46 *Neumann* Rechtspolitische Aspekte der Weisungsgebundenheit des Staatsanwalts, in: Inst. f. Kriminalwiss. Frankfurt a.M. (Hrsg.) Vom unmöglichen Zustand des Strafrechts, 1995, S. 197, S. 202.

Schlussakkord

Reinhard Müller

Gemeinwohl als Gemeinheit

Ist ein Journalist im Raum? So fragte der mächtige Deutschland-Chef der Investment-Bank Goldman Sachs kürzlich in kleiner Runde. Und er hatte guten Grund dazu. Denn zuvor war er wegen eines Zitats in die Kritik geraten:

„Banken, besonders private und börsennotierte Institute, haben keine Verpflichtung, das Gemeinwohl zu fördern", soll Alexander Dibelius, Anfang 2010 auf der Veranstaltung einer Wirtschaftshochschule gesagt haben. So wurde er zumindest übersetzt. Später erklärte Goldman Sachs, der Satz habe im Original gelautet: „Banks, particulary private and listed institutions, do not have an obligation to promote the public good" – darum müsse es korrekter heißen: „Banken, besonders privat geführte, hätten keine öffentlich-rechtliche Aufgabe". Es sei „unrealistisch und unberechtigt zu erwarten, dass Banken eine selbstlose Beziehung zu ihren Kunden haben, besonders auch bezogen auf die Kreditvergabe". Die Geldinstitute, so Dibelius, dienten der Gesellschaft am besten, wenn sie unüberlegte Transaktionen und überzogene Risiken vermieden und Geld verdienten. Der Chef des Hauses, Lloyd Blankfein, hatte erst im November 2009 die Arbeit von Banken als „Gottes Werk" bezeichnete – was er später relativierte.

Dibelius erntete harte Kritik aus der Politik: So äußerte Finanzstaatssekretär Steffen Kampeter (CDU), Dibelius sei „dem alten hemmungslosen Denken verhaftet, das uns in die Finanzkrise geführt hat". Die Äußerungen verdeutlichten, dass ein Teil der Verantwortlichen in den Banken mit ihrer Aufgabe überfordert sei, in der sozialen Marktwirtschaft nachhaltig und verantwortlich zu wirtschaften. Der Vorsitzende des Finanzausschusses des Bundestages, Volker Wissing (FDP), sagte, nach den staatlichen Rettungsaktionen seien solche Ausführungen „unerträglich". Die Gemeinschaft habe den Banken das Überleben ermöglicht und deswegen einen moralischen Anspruch darauf, dass sie sich ihrer Verpflichtung für das Gemeinwohl auch bewusst seien.

Warum die Aufregung? Dibelius hat doch nur gesagt, was auch für viele Anwälte selbstverständlich ist: „Für das Gemeinwohl sind wir nicht zuständig." In großen Wirtschaftskanzleien mag es noch immer gelegentlich Diskussionen zwischen älteren und jüngeren Partnern geben, in denen die älteren fragen: Können wir dieses oder jenes Geschäft machen – ist das nicht unlauter, unmoralisch? Die jüngeren wissen dann oft gar nicht, wovon die Rede ist. Auf ein lukratives Geschäft aus übergeordneten Überlegungen verzichten? Undenkbar.

Die heftigen Reaktionen auf Dibelius sind nur mit der besonderen gesellschaftlichen Situation, der krisenhaften Lage zu erklären. Jede Zeit lädt den Gemeinwohlbegriff neu auf.

Am stärksten natürlich jene Bewegungen, die die Allgemeinheit, das Volk im Namen führen – oder die die Allgemeinheit für große Anstrengungen, für gesellschaftliche Umwälzungen, für Kriege zu mobilisieren suchen. Hier ist der Zwang, aber auch die Motivation, die Faszination vieler groß, mitzutun – der einzelne, ganze Minderheiten bleiben dann zugunsten des Ganzen auf der Strecke.

Das ist sogar im Nationalsozialismus von manchen durchaus dem Regime nahestehenden Denkern erkannt worden. So warnte Walther Merk 1934 von einem Abgleiten in ein vom Gemeinwohlbegriff kaschiertes Macht- und Nützlichkeitsdenken. Nach dem Krieg wussten es natürlich alle erst recht besser, in einer wirtschaftspolitischen Schrift von 1947 heißt es: „Gemeinnutz, dieser unfassbar schwammige Begriff ist die universellste und deshalb auch inhaltsloseste Parole, mit der je ein Volk geködert wurde. Er lässt jede Deutung zu und wird dadurch zu einem bequemen Machthabe in den Händen machthungriger Diktatoren." (Zitiert wie alles zu diesem Komplex nach *Michael Stolleis*, Gemeinwohlformeln im nationalsozialistischen Recht, 1974) Er habe sich nebenbei auch als ein vorzügliches Aushängeschild erwiesen, um den Eigennutz damit zu tarnen. Und das führte dazu, dass etwa Victor Klemperer forderte, einige Begriffe für immer ins Massengrab zu legen, also diese Begriffe nicht mehr zu verwenden. Wir haben, so sagte er, eine Inflation von Wörtern erlebt, die in ihrer ständigen, bei jedem beliebigen Anlass wiederholten Verwendung in eigentlich hinzukommenden Sinn eingebüßt haben, dazu gehörten eben auch Gemeinwohl, Ehre, Volkstum.

Aber diese Haltung hat sich nicht so recht durchgesetzt. Interessant ist, dass auch nach dem Krieg erkannt oder behauptet wurde, es gebe einen festen Bedeutungskern des Gemeinwohls, der sozusagen seit den Germanen die Jahrtausende überdauert habe. Die Germanen huldigten demnach eher dem Gemeinwohl. Andere Völker hingen etwa dem falschen Götzen Eigennutz an. Natürlich sind das alles, gerade in den dreißiger Jahren, völkische und keine wissenschaftlichen Äußerungen. Aber es gab natürlich auch Gemeinwohlentsprechungen in anderen Rechtskreisen.

Womöglich aber entfaltet in Verbindung mit deutschem Obrigkeitsdenken, Staatsgläubigkeit, Staatsräson, gerade hierzulande die Vorstellung eines überdauernden Gemeinwohlbegriffs eine besondere Sprengkraft – und kann gefährlich werden. Das darf jedenfalls hinterfragt werden.

Sie erinnern sich an den Fall Schleyer, an die Entführung des Arbeitsgeberpräsidenten, an Mogadischu, an die Entscheidung des Bundesverfassungsgerichts. Allgemeiner amtlicher Tenor: Wir bedauern die Ermordung. Aber Schleyer habe der Staatsräson geopfert werden müssen. Das Bundesverfassungsgericht hat nachvollziehbar und knapp deutlich gemacht: Der Staat hat eine Schutzpflicht nicht nur gegenüber dem Einzelnen, sondern auch gegenüber der Gesamtheit der Bürger – aber die Exekutive hat zugleich einen weiten Ermessenspielraum.

Diese Linie ist nie besonders bestritten worden: Man verhandelt nicht mit Terroristen. Der frühere Bundesminister Hans-Jochen Vogel hat in einer Sendung zum RAF-Terror gesagt, eine Freilassung der inhaftierten Terroristen zur Rettung von Schleyer habe man auch den Familien der ermordeten Politzisten nicht zumuten können. Staatsräson? Das sei ein kaltes Wort, sagte Vogel. Aber im Grunde ging es genau darum: Kein Austausch, kein Freilassen, keine Erpressung durch Terroristen. Und in Mogadischu ging es ja auch gut. Jedenfalls: Keine Verhandlungen.

Ganz anders dagegen der Wehrstaat Israel, ein Staat, der nahezu täglich mit Terroristen zu tun hat, dessen Existenz ständig bedroht ist. Wie ist dieses Land mit der Entführung des ziemlich niederrangigen Soldaten, des Oberfeldwebel Gilad Schalit umgegangen? Er war vier Jahre in palästinensischer Gefangenschaft. Erst haben die Israelis mehrfach versucht, ihn zu befreien. Dann hieß es, er sei in Gefangenschaft misshandelt worden. Die Reaktion des Staates: Der Himmel werde einstürzen, sollte ihm ein Leid geschehen. Nachdem er nicht befreit werden konnte, wurde er nach Jahren ausgetauscht- und zwar, und das ist das Bemerkenswerte: er wurde gegen mehr als tausend palästinensische Häftlinge ausgetauscht, von denen viele für den Tod von Menschen, manche schätzen für insgesamt 600 Menschen verantwortlich waren. Es gab also Tausende Israelis, die von diesen teils verurteilten Straftätern, Terroristen unmittelbar betroffen waren, deren Angehörige ermordet worden waren. Dieser Austausch wurde kritisiert, aber es gab doch einen recht breiten gesellschaftlichen Konsens, nach dem Motto: „Wir retten dieses eine Leben, und zwar um jeden Preis, wir opfern es nicht für die Allgemeinheit“. Offenbar ein anderer Gemeinwohlbegriff. Klar war, dass im Anschluss an den Austausch versuchte wurde, die Hintermänner zu bekommen, aber noch einmal: Wir retten diese eine Leben unseres Oberfeldwebels auch um den Preis des Austauschs von 1000 Terroristen.

In der Finanzkrise geht es nun nicht um Leben und Tod, wohl aber leben wir in einer Zeit, die von Unsicherheit geprägt ist. Einer Zeit, in der auch apokalyptische Szenarien an die Wand gemalt werden. Vor dem Hintergrund der Staatsschuldenkrise und drohender hoher Inflation, angereichert mit demographischem Wandel und Altersarmut, wird eine Spaltung in der Gesellschaft beobachtet. Es gibt die, die viel haben, und immer mehr haben, und die, die wenig haben, obwohl viele von ihnen auch hart arbeiten. Es wird sogar mittlerweile konstatiert, dass die die ganz oben stehen, genauso wie die ganz unten asozial seien. Beide Gruppen leisteten keine Beiträge, und sie hätten sich eingerichtet in ihrer Lage.

Vor dem Hintergrund dieser Lage muss womöglich der Gemeinwohlbegriff neu ausgelegt, neu gesehen werden. In einer solchen Zeit, in einer solchen öffentlichen Stimmung kann für den Ankauf von Steuer-CDs schnell eine öffentliche Rechtfertigung gefunden werden. Man kann diese Maßnahme durchaus für legal halten. Aber ein staatliches Handeln, das zumindest im Verdacht steht, zu Straftaten geradezu aufzufordern, ist eben nur unter Rückgriff auf das Gemeinwohl möglich – das dann für den Betroffenen leicht zur Gemeinheit werden kann.

Das gilt für einige andere Bereiche auch, zum Beispiel die Tätigkeit von Abgeordneten. Auch hier wird der Gemeinwohlbegriff bemüht: So hat das Bundesverfassungsgericht entschieden, durch die Ausdehnung von Funktionszulagen würden Abgeordnetenlaufbahnen und Einkommenshierarchien geschaffen, die der Freiheit des Mandats abträglich sind und die Bereitschaft der Abgeordneten beeinträchtigen, ohne Rücksicht auf eigene wirtschaftliche Vorteile, die jeweils beste Lösung für das Gemeinwohl anzustreben. Bei den Nebentätigkeiten wiederum haben vier Verfassungsrichter gesagt, dass gerade diese Nebentätigkeiten den Abgeordneten in die Lage versetzten, dem Gemeinwohl am besten zu dienen. Das Gemeinwohl muss auch herhalten in der Debatte über Reichensteuer und Vermögensabgabe. „Unser Gemeinwesen nimmt deutlichen Schaden, wenn wir nicht bald umsteuern", sagt etwa Claudia Roth. „Es kann nicht sein, dass eine kleine Gruppe Vermögender immer mehr privates Kapital anhäuft, während Schwimmbäder schließen müssen oder kommunale Krankenhäuser keine ordentlichen Gehälter mehr zahlen können." Immer mehr Menschen würden abgehängt, während die Gruppe der Reichen nicht ausreichend die Verantwortung für das Gemeinwohl genommen werden. „Wir brauchen deswegen endlich eine Vermögensabgabe." Im Gesetzentwurf der Grünen wird begründet, was das für eine Abgabe sein soll: „Anders als bei einer Sonderabgabe, dient das Aufkommen hier dem Allgemeinwohl und hat daher Steuercharakter".

Interessant ist, dass die Grünen tief in die Geschichte eintauchen, zunächst bis zum Lastenausgleich im Jahr 1952. Damals nämlich, so heißt es in der Begründung, „... befand sich die Bundesrepublik nicht mehr in einer existenzbedrohenden finanziellen Notlage, sondern in einem allmählichen Aufstieg. Mit dem Lastenausgleich sollten finanzielle Ungerechtigkeiten für einseitig bestimmte Bevölkerungsgruppen durch den Krieg Belasteten beseitigt werden. Eine Beschränkung der einmaligen Vermögensabgaben auf Kriegsfolgenlasten lässt sich auf den bisher erhobenen einmaligen Folgelasten nicht herleiten." Und die Grünen gehen sogar noch weiter zurück: Jetzt gehen sie noch weiter zurück: „Dies beweist bereits der Wehrbeitrag aus dem Jahr 1913."

Im Übrigen bedeutet die Finanzkrise, nach dem Zusammenbruch der Lehmann-Brothers Bank im Jahre 2008 auch eine Ausnahmesituation, wie sie auch in den vorangegangenen einmaligen Vermögensabgaben bestand. Selbst Paul Kirchhof deutet ja an, man hätte eine Vermögensabgabe bei der Wiedervereinigung schon erheben können. Man könnte sie womöglich auch zum Schuldenabbau in Erwägung ziehen, was natürlich umstritten ist.

Peer Steinbrück wiederum äußerte, die Finanzbranche habe zu den Aufräumarbeiten der von ihr maßgeblich verursachten Schieflage zu wenig beigetragen, vor allem nicht zur Bewältigung der enormen Folgekosten. In den Augen vieler Bürger – jetzt kommt's – verletzt sie Gerechtigkeitsgebote und den Sinn für Maß und Mitte. „Es geht um die Herstellung eines neuen Gleichgewichtes zwischen Eigeninteressen und Gemeinwohl." Besonders prägnant – man sieht es ist ein heißer Wahlkampfschlager – auf den Punkt gebracht hat es ein Bochumer Steuerfahnder. In Nordrhein-Westfalen wurden ja die Gelder aus dem Lichtenstein-Steuer-CD-Verfahren abgeschöpft – für Armenspeisen und Waisen eingesetzt, und dieser Fahnder wurde – zitiert mit dem Satz: „Die Gelder reicher Steuersünder, die gegen das Gemeinwohl gehandelt haben, sollen direkt armen Menschen zugutekommen." Robin Hood lässt grüßen!

Wie wird das erst werden, wenn die Krise wirklich ausbricht? Bisher ist in der europäischen Finanzkrise vorwiegend Zeit erkauft worden. Doch wenn diese Zeit abläuft, sei es durch das Auseinanderbrechen der Eurozone oder weil Deutschland wirklich alle anderen Staaten herauspauken muss oder durch die Vergemeinschaftung von Schulden, was dann? Wenn diese Zeit abläuft, dann könnte es sein, dass das Wort Krise nur eine Verharmlosung ist. Auffallend ist schon jetzt die Kriegs-Rhetorik, von der Bazooka bis zur dicken Berta. Man mag sich Horst Köhlers Satz in Erinnerung rufen, der von den Finanzmärkten als Monster sprach. Schon Rathenau hat übrigens nach dem 1. Weltkrieg mittelbar zum Krieg gegen die Wirtschaft aufgerufen, obwohl er selbst Wirtschaftsführer war. Diese müsse gezähmt, domestiziert werden.

Andererseits fällt bis jetzt zum Glück auf, dass radikale politische Kräfte noch nicht von der Krise profitieren. Wenn sich die Krise weiter zuspitzt, dürfte jedenfalls umverteilt werden. Unter Berufung auf das Gemeinwohl, und es wird zu Gemeinheiten kommen. Auch in Europa, hier wird ja auch von einem europäischen Gemeinwohl gesprochen – unter Berufung darauf sollen die schwächelnden Südländern gestützt werden. Ein Historiker hat kürzlich darauf hingewiesen, dass die Sozialisierung der Schulden der amerikanischen Bundesstaaten unter Umständen eine Ursache für den amerikanischen Bürgerkrieg war. Jeder Staat hat gesagt: Es ist völlig egal, was wir machen, ja es ist sogar dumm, wenn wir uns nicht weiter verschulden. Und das habe dann zum Krieg geführt. Das sollte man jetzt nicht an die Wand malen.

Aber schon eine neue Aufladung des Gemeinwohlbegriffs ist nicht weit. Ich will jetzt keine Depression auslösen; ich halte es keineswegs für ausgemacht, dass es soweit kommt.

Aber wenn es unter Berufung auf das Gemeinwohlregime, auf Gemeinwohlformeln zu einem Notstandsregime kommt, dann wird es keinem der als Banker, als Reicher, jedenfalls als von der Allgemeinheit ausgemachter Gemeinwohlschädiger etwas nutzen, wenn er sich etwa Gold oder Ackerland kauft. Dann wird es Gemeinheiten geben.

Dieser Text ist die teils auf Stichworten, teils auf einer Aufzeichnung beruhende Version eines frei gehaltenen Vortrags.

Lorenz Schulz

Riskante Gemeinwohlbezüge. Ein Diskussionsbericht

A. Economics, Criminal Law, Ethics

Die Initiative „Economics, Criminal Law, Ethics" (ECLE), begründet von *Eberhard Kempf, Klaus Lüderssen* und *Klaus Volk*, erfuhr mit der in diesem Band dokumentierten fünften Tagung ein Jubiläum. Das Jubiläum betrifft auch das Institute for Law and Finance (ILF) im House of Finance der Goethe Universität, dessen Räume der Initiative den angemessenen Rahmen geben.

I.

ECLE verbindet die Begriffe Ökonomie, Strafrecht und Ethik. Auch wenn sich der in diesem Akronym enthaltene Vorrang der Ökonomie in den in erster Linie strafrechtsbezogenen Vortragsthemen zumeist nur indirekt spiegelte, so verleiht er der Initiative einen spezifischen Zuschnitt. Von Beginn an war die Finanzkrise gegenwärtig und lieferte den Anlass das Verhältnis von Ökonomie, Strafrecht und Ethik zu überdenken. Zum Hintergrund der Initiative gehört die weit über den aktuellen Bezug zur Finanzkrise hinausgehende durchgreifende Ökonomisierung von Gesellschaft und Kultur, die wesentlich von der Dynamik der Globalisierung gespeist wird. Sie lässt nationale Besonderheiten zurücktreten. Weiterhin lässt diese Entwicklung die Bedeutung des Ethischen wachsen. Das wird in vielen Belangen sichtbar. In der Fachdisziplin der Philosophie gibt es seit gut zwei Jahrzehnten eine Hinwendung zur praktischen Philosophie. Im praktischen Betrieb des Rechts zeigt es sich im Aufstieg von Compliance als Regelungsparadigma, dessen Folgen nur adäquat gewürdigt werden können, wenn die Perspektiven von Wirtschaft, Recht und Ethik interdisziplinär verzahnt werden. Die normativen Maßstäbe, welche die Ökonomie auch auf dem Feld der Institutionenökonomie nicht liefern kann, sind dem Recht und der Ethik zu entnehmen, wobei gerade das genannte Paradigma zeigt, dass die geläufige Gegenüberstellung von national-lokal verfasstem Recht und grenzüberschreitend-universaler Ethik den gegenwärtigen Entwicklungen nicht mehr gerecht wird. Gewissermaßen wie im Brennglas spiegelt sich dieser Umstand im Strafrecht, sofern gerade im Wirtschaftsstrafrecht eine ungebremste, in ihren Ursachen kaum geklärte Expansion des Strafrechts zu beobachten ist. Für eine Erklärung dieser Expansion bedarf es über die Sichtung der interdisziplinären Zusammenhänge hinaus auch der intradisziplinären Rückbesinnung auf das Verhältnis des Strafrechts zu den anderen juristischen Disziplinen. Sie kann allerdings nicht mehr alleine im Rahmen eines nationalen Rechtssystems erfolgen, sondern braucht die Reflexion auf trans- und supranationale Entwicklungen, die zum produktiven Konflikt unterschiedlicher Rechtskulturen führen, in denen das Strafrecht nicht zwangsläufig als ultima ratio gedacht wird. Dass die ursprünglich nur auf den Bankensektor bezogene Finanzkrise anhält, lässt sich für ECLE positiv wenden. Sie ist ein Motor der fortgesetzten Reflexion auf das System der Koordinaten Wirtschaft, Recht und Ethik, die immerhin von einem anfänglich übermächtigen Krisenbewusstsein befreit ist und so den Blick für langfristige Verschiebungen im Koordinatensystem öffnet.

II.

Resümiert man die ECLE-Tagungen,[1] dann lässt sich das ECLE-Projekt nicht nur als normativ indifferente Besinnung auf das Zusammenspiel dreier Perspektiven identifizieren, sondern als Analyse, die normativ sensibilisiert geprägt ist von der Skepsis gegenüber der Expansion des Strafrechts und der diese begleitenden Suggestion großer Steuerungspotentiale des Strafrechts. Diese Potentiale relativieren sich nicht nur im Koordinatensystem von Wirtschaft, Recht und Ethik, sondern auch auf dem Feld des Rechts, auf dem das Votum für das Strafrecht allzu oft den „mangelnden Einfallsreichtum“ (Cahn)[2] im Zivil- und Öffentlichen Recht spiegelt. So wurde die Frage nach milderen rechtlichen Alternativen zum Strafrecht in allen Tagungen mitgeführt.[3] Immer wieder aufgegriffen wurde schließlich ein systemtheoretisch inspiriertes und suggestives Bild, das *Winfried Hassemer* für

1 Die Tagungen erschließen sich generell aus den von jeweils von Kempf, Lüderssen und Volk herausgegebenen Tagungsbänden, der Diskussionszusammenhang speziell aus den Diskussionsberichten; siehe *Cornelius Trendelenburg* Kriminalpolitische Optionen, in: Die Handlungsfreiheit des Unternehmers – wirtschaftliche Perspektiven, strafrechtliche und ethische Schranken, 2009, 221–240, dann jeweils *Lorenz Schulz* Die Finanzkrise und das Strafrecht – Positionen und Perspektiven, in: Die Finanzkrise, das Wirtschaftsstrafrecht und die Moral 2010, 372–387; Regulierung und Kontrolle – Schlüsselfragen der (straf-)juristischen Reaktion auf die Finanzkrise, in: Ökonomie versus Recht im Finanzmarkt? 2011, 297–309; Strafbarkeit der juristischen Person – Illegitimes Kind des Strafrechts?, in: Unternehmensstrafrecht, 2012, 404–410.

2 Im vorliegenden Band.

3 Diese Frage gehört zu den Forschungsgebieten, die Klaus Lüderssen seit Mitte der neunziger Jahre in mehreren Forschungsprojekten der Volkswagenstiftung aufgenommen hat; vgl. *Schulz* Rechtliche Alternativen zum Strafrecht – Probleme, Positionen, Perspektiven, in: Jo Reichertz (Hg.), Die Wirklichkeit des Rechts, 1998, 116 ff.

diese Strafrechtsskepsis bereits zu Beginn der ECLE-Tagungsreihe eingeführt hat. Demnach ist das Strafrecht auf dem Feld der Wirtschaft nicht Schieds-, sondern nur Linienrichter.[4]

Nach den noch breit angelegten Themen der ersten drei Tagungen, die im Fall der 2. Tagung direkt auf die Finanzkrise gemünzt waren, wurde in der 4. Tagung der Blick enger gefasst. Durchaus konsequent wurde der Akteur des Unternehmens selbst in die Mitte des Interesses gerückt und nach seiner Haftung namentlich im Strafrecht gefragt. Mit der fünften Tagung wurde diese Konkretisierung aufgehoben in einer wieder allgemeineren Perspektive, deren Stichwort das „Gemeinwohl" ist. Wie gewohnt, wurden die Gemeinwohlbezüge zunächst allgemein in Bezug auf Wirtschaft und Recht thematisiert, um sie dann dem Experimentum Crucis des Strafrechts zu unterziehen.

B. ECLE V: Gemeinwohl im Wirtschaftsstrafrecht

I. Der politisch-gesellschaftliche Rahmen

Die Gemeinwohlerwägungen, die *Andreas Cahn* zum Aktienrecht historisch und systematisch entfaltete, wurden von *Kurt Biedenkopf* auf den Fall des Kartellrechts erweitert. Er stellte in zwei weiteren Beispielen die Frage nach dem Gemeinwohl in der EU-Perspektive, die im späteren Vortrag von *Stefan Kadelbach* systematisch entfaltet wurde. Nach Biedenkopf habe Brüssel längst den Vorrang staatlicher Planung vor der Privatrechtsordnung, die interventionistische „Planifikationsphilosophie der Franzosen", übernommen. *Gunnar Folke Schuppert* widmete sich den „Tücken eines für sich einnehmenden Begriffs", namentlich der Unbestimmtheit von „Gemeinwohl", die danach fragen lässt, wer es definiert (resp. „hütet") und wen es verpflichtet. Den Regelungstyp „Governance by Reputation" illustrierte er an einer Reihe von Beispielen, um damit den Blick auf das Wechselspiel von (Markt-)Macht und Verantwortlichkeit zu lenken. Seine Kritik galt schließlich dem Abschiedsgesang auf den starken Leviathan. Dieser Abschied verkenne, dass es der Staat selbst ist, der an einer „gewollten Schwäche" Interesse habe, eine Tendenz der Selbstentmachtung, der zu widerstehen sei. *Tonio Gas* stimmte *Schuppert* darin zu, dass am Unterschied von Staat und Gesellschaft

4 *W. Hassemer* Die Basis des Wirtschaftsstrafrechts, in: Kempf/Lüderssen/Volk (Hg.), Die Handlungsfreiheit des Unternehmers – wirtschaftliche Perspektiven, strafrechtliche und ethische Schranken, 2009, 29 ff, 40.

festzuhalten sein. *Cahn* war gegenüber der Definitionsmacht des Staates misstrauisch und wies darauf hin, dass im Rechtsvergleich nicht allen Staaten eine Gemeinnutzverpflichtung aufgegeben sei. *Kempf* merkte am Beispiel der Landesbanken an, dass jedenfalls im Strafrecht das Steuerungsmodell Governance by Reputation zweifelhaft sei. Nach *Cornelius Prittwitz* herrsche das Modell, dass das Gemeinwohl die Summe der Einzelwohle sei und der Staat ordnungspolitisch für das Gemeinwohl eintrete, weiterhin vor. Wie aber könne Ordnungspolitik global, jenseits der Nation, aussehen?

Biedenkopf wies am Beispiel des Zuzugs von europäischen Fachkräften nach Deutschland auf die Annäherung ans Gemeinwohl im Weg von Tarifautonomie und Mitbestimmung hin. Er werde unterschiedlich wahrgenommen. Beispielsweise hießen, die Betriebsräte den Zuzug entgegen der Linie der Gewerkschaften willkommen. Mit ihm könne aber weder das deutsche Problem des altersbedingten Fehlen von Fachkräften gemeistert werden noch könne er europäisch als gemeinwohlfördernd gelten, da das Fehlen von Fachkräften in Staaten wie Portugal oder Griechenland ein Investitionshemmnis sei. Die Summe der einzelnen Interessen könne, so mit *Prittwitz*, nicht das Allgemeinwohl sein. Corporate Governance sei, so auf einen Einwurf *Rainer Hamms* gemünzt, weit mehr als eine Beweislastumkehr, wobei es ihm fern gelegen hätte, für das Strafrecht Schlüsse zu ziehen. Zu *Schuppert* ergänzte er, dass Böhm Anhänger des starken Staates gewesen wäre und den vergesellschaftlichten Staat gefürchtet habe. Man müsse sich fragen, welche Folgen es habe, wenn Entscheidungen nach Corporate Governance-Grundsätzen für den Shareholder Value nachteilig seien. Verhielten sich dann Vorstände nicht wie vormals amerikanische Chirurgen, die sich angesichts der Zunahme von Rechtsrisiken versicherten und zugleich risikoscheu verhielten?

Nach *Lüderssen* entspreche Governance by Reputation entspreche rechtstheoretisch den Anerkennungstheorien. Eugen Ehrlich hätte diese Forschung begrüßt. Diese sollte allerdings deren Vorarbeiten rezipieren. *Van Aaken* ergänzte, dass Governance by Reputation nicht auf den Staat, sondern auf den Markt gemünzt sei. Dem trat *Ingeborg Zerbes* zur Seite: Corporate Governance sei gerade ein nicht-staatliches Regelwerk. *Schuppert* erwiderte angesichts der fortgeschrittenen Zeit nur auf van Aaken, dass Governance by Reputation als Methode nur indirekt mit Gemeinwohl zu tun habe, das für Einzel- und Gruppeninteressen ein willkommenes Vehikel wäre. Dem Markt seien Verstöße gegen den Corparate Government Kodex egal. Governance by Reputation eigne sich gerade dazu, den Missbrauch des Gemeinwohls einzuschränken. Und schließlich funktioniere alleine Governance by Reputation.

II. Zentrale ökonomische, europa- und verfassungsrechtliche Fragen

Im Themenblock zu zentralen ökonomischen, europa- und verfassungsrechtlichen Fragen referierten Josef Wieland zum Gemeinwohl in der Wirtschaftsethik, Kadelbach zu europäischen Vorgaben der Gemeinwohlorientierung im Widerstreit mit nationalen Verfassungen und van Aaken zur Definitionsmacht des Gemeinwohls in Hinblick auf Markt, Staat und andere Institutionen.

In der Diskussion zum Vortrag von *Wieland* bezog sich *Heiner Alwart* auf die US-amerikanischen Sentencing Guidelines, in denen Wirtschaftsethik im Rahmen der Unternehmensstrafbarkeit Berücksichtigung finde. In Deutschland laufe dies aufgrund der Tabuisierung eines Unternehmensstrafbarkeit unter dem Stichwort Compliance. *Henning Radtke* mochte Compliance nur als „Trick" der Unternehmensleitung begreifen, die Strafbarkeit auf andere abzuwälzen.

Wieland replizierte, dass das anglo-amerikanische Recht für große Unternehmen praktisch bestimmend sei. Dabei unterscheide sich das amerikanische vom englischen Modell in der Behandlung von Compliance. Während in den USA im Sinne eines Bonussystems Compliance zu Abschlägen in der Strafzumessung führe, verfahre das United Kingdom nach einem Malussystem: Kein Compliancesystem zu haben, sei eine Straftat. Eine effektive Steuerung sei nur über effektive Compliance und eine Beweislastumkehr zu Lasten des Unternehmens zu haben. Die Effektivität komme nicht durch den Compliance Officer ins Spiel, sondern durch die Integrität der Geschäftsleitung, so dass rein rechtlich ausgerichtete Compliancesysteme nicht effektiv seien. Deutschland habe hier Nachholbedarf. Als „Exportweltmeister" sei man noch kein Global Player. Der Vorwurf, dass Deutschland „provinziell" (Wieland) sei, führte zu einem Zwischenruf *Kai Hart-Hönigs*, der Wielands Beschreibung des deutschen Strafrechts rundum zurückwies. Weder der UK-Bribery Act noch der Foreign Corrupt Practice Act gingen über die Haftung nach dem deutschen Straf- und Ordnungswidrigkeiten hinaus. Die Geschäftsleitung könne sich in Deutschland nicht einfach exkulpieren, weil das Auswahlverschulden zu prüfen wäre. Weiterhin würde die „uferlose" Geschäftsherrenhaftung in der Konsequenz des Siemens-Falles über jeden internationalen Standard hinausgehen. Schließlich biete das flexible amerikanische Verfahrensrecht im Weg von fair prosecution agreements den Unternehmen eine Rechtssicherheit, die Deutschland fehle.

Auf *Lüderssens* Nachfrage nach den Quellen der Normativität des Völkerrechts, die aus Anerkennungsverhältnissen erwachsen sei, meinte *Kadelbach*, dass die Anerkennung nach herrschender Meinung im Völkerrecht sich auf die Norm selbst beziehe; auch soft law wie ein Corporate Governance-Kodex leite seine Legitimität davon ab. Schließlich sei es zu einfach, der Diskurstheorie Praxisferne vorzuhalten. Durch deren kantianische Ausrichtung an der Universalisierbarkeit von Normen könne sie zu jener Normativität beitragen.

Im Mittelpunkt der Diskussion stand *van Aakens* konsensuale Prozeduralisierung der Definition des Gemeinwohls. *Arndt Sinn* meinte kritisch, dass die Definitionsmacht nicht allein konsensual-prozedural legitimiert werden könne, sondern einer normativen Rückkoppelung bedürfe. *Schuppert* hielt das Kriterium der Autorität bei van Aaken zentral und fragte, ob diese institutioneller (Staat etc.) oder epistemisch Natur (Experten etc.) sei. *Van Aaken* hielt diese Unterscheidung für nicht zentral. So könne auch die Autorität des BVerfG als epistemisch qualifiziert werden. Entscheidend sei, wer in der je konkreten Diskurssituation spreche. Gegenüber *Lüderssens* Einwand, dass das Verfahrens doch nicht Selbstzweck sein könne, sondern ein Ziel haben müsse, verwies sie darauf, dass die Prozeduralisierung zuallererst als Gegenentwurf zu autoritativen Modellen der Definitionsmacht verstanden werden müsse.

III. Gemeinwohl im materiellen Wirtschaftsstrafrecht

Die Diskussion zu den nachfolgende Beiträgen zum Gemeinwohl im materiellen Wirtschaftsstrafrecht von Johannes Kaspar, Bernd Müssig und Frank Scholderer leitete *Lüderssen* damit ein, dass bei den Strafzwecken der in seiner Bedeutung unklare Gemeinwohlbezug durch den Strafzweck der Resozialisierung angemessen gesichert sei. Das Gemeinwohl hätte sich historisch – nach unklaren Zuordnungen im Mittelalter – mit dem Aufkommen des Territorialstaats mit dem öffentlichen Strafanspruch verbunden. In der Gegenwart sei ein neuer Umbruch mit dem demokratiebezogenen Paradigma der Absprachen zu beobachten.

Zum Vortrag von *Kaspar*, namentlich zur Frage der Alternativen zum Strafrecht fragte *Gerson Trüg*, wie sich die Strafzweckbestimmung änderte, wenn man davon ausgeht, dass die Art der Strafe die Frage der Strafzwecke bestimmt (z.B. keine Frage der Resozialisierung angesichts der Todesstrafe). Wie also wirkte beispielsweise die Wiedergutmachung (Restitution), die im Völkerstrafrecht nach Meinung einiger in der Sentencing Procedure des Internationalen Strafgerichtshofs eine Art Sonderverfahren begründet? Für *Matthias Jahn* bedeutete Gemeinwohl im Strafrecht dreierlei: (1) Im Anschluss an die einleitenden Hinweise von Volk die Funktionstüchtigkeit der Strafrechtspflege; (2) in Anknüpfung an Lüderssen den staatlichen Strafanspruch; (3) im Anschluss an Kaspar Strafzwecke. Kaspar ersetze nun „unter der Hand" den Rechtsgüterschutz durch das Gemeinwohl. Weiterhin gehe bei ihm wie auch bei Müssig die kritische Funktion des Rechtsgutsbegriffs verloren. *Volker Erb* wies auf die gesetzgeberische Entsprechung des öffentlichen Interesses bei § 153a StPO mit dem Gemeinwohl hin. *Kaspar* dankte für den Hinweis auf § 153a StPO als Beleg dafür, dass der Schuldausgleich ein Strafzweck ist. Die Wiedergutmachung sei, so mit Blick auf § 153a StPO und § 46a StGB, keine Strafe, weil das Tadelselement fehle, könne aber gleichwohl als strafersetzend betrachtet werden. Das Gemeinwohl stehe dem auch nicht entgegen, weil das Opfer, das das Gemeinwohl repräsentiere, Strafe nicht will. Beim Völkerstrafrecht müsse man die weitere Entwicklung abwarten. Eine Ersetzung des Begriffs des Rechtsguts durch den des – weniger tauglichen – Gemeinwohls sei nicht gewollt gewesen, sondern nur ein Gedankenspiel gewesen, das ergeben habe, dass beim Gemeinwohl als Ausgangspunkt der Individualschutz leicht unter die Räder kommen könne. Schließlich sei die oft kritisierte „Inzest"-Entscheidung des BVerfG hilfreich, sofern sie der Annahme vorgegebener Rechtsgüter eine Absage erteile.

Müssig räumte ein, dass das Rechtsgut als dogmatisches Kürzel systemimmanent durchaus hilfreich sei. Für die Begründung von Tatbeständen sei allerdings das Konzept der Rechtsverletzung dem des Rechtsguts vorzuziehen. Wichtig sei schließlich, dass die Rechtsgutslehre nicht per se liberal sei. Offen blieb die Anregung, die systemtheoretische Perspektive in noch weiterreichenden Versuchen mit einer kritisch gesinnten Rechtsgutslehre in Einklang zu bringen. So hatte *Hans Theile* die Ansicht vertreten, dass man in dieser Perspektive dem Rechtsgut mehr abgewinnen kann als den Status eines Imperativs? *Hanno Durth* trat der verbreiteten Ansicht, dass die systemtheoretische Perspektive in Widerspruch zu der kritischen Rechtsgutslehre stehe, mit dem Hinweis entgegen, dass sich mit der Figur der strukturellen Koppelung bezogen auf gesellschaftliche Teilbereiche eine Entsprechung denken lasse.

Scholderer hielt auf eine Frage nach Teil- und Gesamtöffentlichkeit fest, dass die Unterscheidung von Unternehmensinteresse und Gemeinwohl sinnvoll sei. Der Kodex habe die Corporate Governance in Deutschland wesentlich verbessert, auch ohne dass er umfassende Anerkennung gefunden hätte. Der künftigen Diskussion bleibe es vorbehalten, für den Umstand der Anerkennung Kriterien „mittlerer Güte" (Lüderssen) zu entwickeln.

IV. Der Gemeinwohlbezug einzelner Wirtschaftsdelikte

Im Themenblock zum Gemeinwohl im materiellen Wirtschaftsstrafrecht rekonstruierte *Marie-Luise Graf-Schlicker* die Genese des Finanzmarktstabilisierungsgesetzes (FMStG) von 2008, das eine Abschwächung des Überschuldungsbegriffs bei positiver Fortführungsprognose gewollt habe. *Mark Zöller* begriff die Bestechlichkeit im Geschäftsverkehr nach § 299 StGB ohne den üblichen Bezug auf ein kollektives Rechtsgut. *Petra Meinicke* stellte die Insider-Delikte vor. Der EU gehe es nur um Effektivität durch Strafrecht, ohne die Funktion des Strafrechts als ultima ratio rechtlicher Reaktionen zu wahren. Richtig besehen, hieße Gemeinwohl das Funktionieren des Kapitalmarkts im Hinblick auf Fair Play und Vertrauen der Anleger. Der Gemeinwohlbezug harmoniere so mit individueller Freiheit. Vorzugswürdig zum Strafrecht sei deshalb eine strenge Ad hoc-Publizität, um die Chancengleichheit zu wahren. *Klaus Bernsmann* versuchte schließlich, dem Untreuetatbestand im Fall der Organuntreue einen spezifischen Gemeinwohlbezug abzugewinnen. Im Einklang mit dem von Cahn erläuterten AktG 1937, das für die Genese von 76 AktG wichtig sei, lasse sich das Wohl des Unternehmens mit dem Wohl der Allgemeinheit identifizieren, so dass es nach § 76 AktG nicht nur um den Shareholder Value gehe. In den Begriff des Unternehmens gingen neben faktischen auch normative Elemente ein. Der damit vorausgesetzte Bezug auf den Stakeholder Value sei zugleich im Corporate Governance-Kodex vorausgesetzt.

Zu Graf-Schlickers Rekonstruktion entgegnete *Roland Schmitz*, dass die Absenkung der Überschuldung (§ 19 Abs. 2 InsO) und damit der Verpflichtung, das Verfahren einzuleiten, genau besehen vorwiegend dem Gruppenwohl (vor allem der Banken oder der Wirtschaft) und nicht dem Gemeinwohl der Gesellschaft gedient habe. Nach *Graf-Schlicker* wollte der Gesetzgeber mit dem Gesetz Arbeitsplätze schaffen, was gewiss ein hinreichender Gemeinwohlbezug sei.

Gegenüber Zöllers These zum Rechtsgut bei § 299 StGB wandte *Gas* ein, dass damit die Rolle der Moral im Recht unterschätzt werde. Nach der europäischen Rechtsprechung sei die Lauterkeit ein zwingendes Allgemeininteresse. Das zog *Zöller* in Zweifel und verwehrte sich weiterhin dagegen, diffuse moralische Gehalte als Rechtsgut zu adeln.

Zu Meineckes Vortrag gab *Andreas Wattenberg* zu bedenken, dass das Votum für eine OWiG-Lösung beim EuGH zu einer Beweislastumkehr und extrem hohen Bußgeldern führe. Zu dem weiteren Einwand, dass mit einer Insidersanktionierung im Ordnungs- oder Strafrecht der Insider auf dem Kapital- und Realmarkt unterschiedlich behandelt werde, entgegnete *Meinicke*, dass der Kapitalmarkt eine Sonderstellung habe, sofern er die Finanzierung des Realmarkts leiste.

Im Mittelpunkt der Diskussion stand *Bernsmanns* These, wonach beispielsweise im Bochumer Nokia-Fall der Verlagerung des Standorts nach Rumänien Untreue durch Vernichtung von Arbeitsplätzen zu prüfen sei, stand. *Hassemer* meinte zugespitzt, dass Compliance leiste, was Bernsmann intendiere. *Scholderer* entgegnete des Weiteren, dass Entlassungen keine Untreue sein könnten. Der Nachteilsbegriff der Untreue dürfe sich nicht auf Schäden jenseits von Vermögensschäden beziehen. Nach *Graf-Schlicker* stelle sich Bernsmann mit seinem Verständnis der Untreue gegen die Wertungen des Zivilrechts. *Margarete von Galen* ergänzte allerdings hierzu, dass ein Beschluss der Aktionärsversammlung wohl die zivilrechtliche Haftung eines vormaligen Vorstands ausschließen könne, nicht aber die strafrechtliche. *Sinn* fragte, ob angesichts der Interessenskollision bei Entlassungen nicht die Notstandsregelung (§ 34 StGB) vorzugswürdig sei.

Bernsmann bemerkte zu Sinn, dass es § 34 StGB erst seit 1974 gebe und dass in der Sache entscheidend sei, Pflichten abzuwägen. Das möge auch über § 34 StGB erfolgen. Gegenüber dem Einwand Scholderers stellte er den klassischen Typus des Unternehmers in den Raum, für den wie bei Alfred Krupp die Verantwortung für die Belegschaft selbstverständlich gewesen sei. Auf Hassemers Votum für Compliance entgegnete er, dass damit die Organstrafbarkeit nach unten weitergereicht werde. Wenn Compliance funktionieren soll, dann müssten die Organe oder Geschäftsleitung einbezogen werden. Die Pointe seiner These sei im Übrigen, dass der Arbeitnehmer seine Arbeitskraft als Vermögenswert einbringe und dieser Wert eine Treuepflicht begründete. Weiterhin bliebe die Arbeitskraft nach dem herrschenden Verständnis im Strafrecht „völlig ungeschützt“. Wie Lüderssen würde er zwar die Freiheitsstrafe ablehnen, aber damit nicht das Strafrecht. Es gebe auch Fälle wie bei „Bremer Vulkan“, wo Strafrecht die Haftung im Zivilrecht überhole. Deshalb sei eben die strafrechtliche Folgenlosigkeit der Schließung des Nokia-Werks angesichts der getätigten Infrastrukturleistungen der Stadt ein Skandal.

V. Gemeinwohl und Wirtschaftsstrafverfahren

Im Themenblock zum Gemeinwohl in Wirtschaftsstrafverfahren referierten Michael Lindemann zum Topos der Funktionstüchtigkeit der Strafrechtspflege und Armin Engländer zum Gemeinwohl bei „Vereinbarungen“ in Wirtschaftsstrafverfahren.

In der Diskussion zu *Lindemann* sprach plädierte *Volk* dafür, von „Feststellung“ statt von „Durchsetzung“ eines Strafanspruchs zu sprechen. Gleichermaßen könne es nicht als Hemmnis der Durchsetzung betrachtet werden, die Wirtschaftstätigkeit zwischen legal und illegal zu unterscheiden. *Hamm* gab den Hinweis, dass das Verfassungsgericht bei der Einführung des Topos vom „unabweisbaren Bedürfnis einer Strafverfolgung“ gesprochen habe. Die Funktionstüchtigkeit der Strafrechtspflege sei möglicherweise Bestandteil des Schuldprinzips, wenn bei ihr das faire Verfahren mitdenke. *Jahn* ging von einer „Krise des Sanktionsanspruchs“ aus. Der Topos der Funktionstüchtigkeit weise dem Gesetzgeber eine Aufgabe zu, könne aber keine Quasi-Befugnis liefern, um dem Gesetzgeber nachzuhelfen. *Imme Roxin* wandte sich der Beschleunigungsmaxime zu, die nach der Rechtsprechung des EGMR Verzögerungen auf Behördenseite vermeiden solle. Sie wäre generell falsch verstanden, wenn sie zu Lasten des Beschuldigten ginge. Nach *Folker Bittmann* male Lindemann nur in Schwarz und Weiß. Wenn es richtig sei, dass es den Grundrechtsschutz durch Verfahren gebe, so dürfe nicht vergessen werden, dass das Verfahren die Funktion hat, dem materiellen Recht zu dienen. Das dürfe aber, so *Lindemann* gegen Bittmann, nicht dazu führen, dass sich die Rechtsprechung wie im Fall von Beweisantragsfristen als Gesetzgeber geriere.

In der Diskussion zu *Engländers* Vortrag teilte *Erb* dessen Kritik an den Befürwortern der Verständigung im Strafverfahren, insbesondere an dem konsensual-konstruktiven Begriffs der Wahrheit. Ausgehend vom Konsensprinzip sei soziale Ungleichheit eine unvermeidbare Folge, weil sich nicht jeder Beschuldigte einen teuren Verteidiger leisten könne. *Lüderssen* verwehrte sich gegen den Vorwurf einer Klassenjustiz. Selbst der schlechter bezahlte Pflichtverteidiger habe erhebliche Einflussmöglichkeiten. In Abwesenheit von *Theile*, auf den neben Jahn und Lüderssen Engländers Kritik gemünzt war, waren es *Jahn* und *Lüderssen*, die gegen Engländers Darstellung Einspruch anmeldeten. Beide wiesen es von sich, als „Emphatiker" der Absprachen vorgestellt zu werden, Jahn nannte sich einen „kritischen Sympathisanten". Er sah seine Position zwischen Theile, dessen Konzeption eines regulativen Ideals zu schwach und zu stark Luhmann angenähert sei, und Lüderssen, dessen Konzeption wiederum zu stark und zu nahe an Habermas ausgerichtet sei. Ein „abgezinstes Verständnis von Wahrhaftigkeit" sei der richtige Ausgangspunkt. Mit Blick auf die Praxis trat er Engländer (und mit ihm der Studie von Altenhain) bei. Den Pragmatismusvorwurf wies er zurück. Pragmatik sei keine Theorie, eine „bekennende Theorielosigkeit" kein Ausgangspunkt. *Lüderssen* ergänzte wiederum, dass natürlich die Autonomie des Beschuldigten zu wahren sei. Gleichermaßen habe § 244 Abs. 2 StPO Geltung. Ungeklärt sei aber weiterhin der logische Status des Sacharguments. Wahrheit sei das Ergebnis wechselseitiger Argumentation. Der Befund, dass man die Wahrheit zu suchen habe, ohne sie am Ende zu erreichen, harre immer noch einer theoretischen Entfaltung. Eine auf ein vorgegebenes Objektives referierende Korrespondenztheorie der Wahrheit sei jedenfalls „hinterwäldlerisch". In der historischen Rekonstruktion mit der Folge von Mittelalter, Neuzeit und Moderne sei letztere durch ein mixtum compositum von Staat und Markt charakterisiert. *Van Aaken* empfahl schließlich, die strategische Interaktion am besten spieltheoretisch zu rekonstruieren. Dagegen machte *Engländer* auf die Pointe aufmerksam, die in der Entscheidung für den Ausgangspunkt der ökonomischen Analyse liege. Bei ihr sei nämlich tatsächlich eine Harmonie von Strategie und Konsens möglich. Für die Diskurstheorie sei jedoch diese Unterscheidung zentral. Im Bereich der Absprachen habe allerdings eine Einigung abweichend von sonstigen Kommunikationsverhältnissen noch nicht den Status einer Vermutung für die Wahrheit. An Jahn adressiert schloss Engländer mit der Frage, wie man denn zumindest eine „abgezinste Wahrhaftigkeit" in die Absprachen einspeisen könne. Schließlich habe er die Rede vom Emphatiker einem Beitrag von Lüderssen entnommen.[5]

VI. Gemeinwohl als Gemeinheit

Reinhard Müller stellte im Schlussvortrag das „gemeine", d.h. das Missbrauchspotential der Benutzung von Gemeinwohlformeln heraus. Im Hinblick auf die Finanzkrise meinte er, bislang habe man sich „vorwiegend Zeit erkauft", ohne eine Lösung gefunden zu haben. Die lebhafte Diskussion zu seinem Vortrag diente zugleich als abschließende Diskussion zur Tagung. *Franz Salditt* sah die zentrale Frage darin, wie man dem Missbrauch der Gemeinwohlformeln vorbeugen könne. Er sprach sich für ein prozesshaftes Verständnis des Gemeinwohls aus, gab aber zu bedenken, dass man einen Mechanismus gegen die Tyrannei der Mehrheit finden müsse. Demgegenüber mochte sich *Prittwitz* nicht vorstellen, dass man den Begriff angesichts seiner konkreten Verwendungsgeschichte namentlich unter dem NS-Regime überhaupt noch gebrauchen könne. Das tiefere Problem sei aber erst gelöst, wenn das Verhältnis von Individual- und Kollektivinteresse so austariert sei, dass die Vernebelung der Interessen ausgeschlossen wäre. Dafür ließe sich das Modell von Art. 14 S. 2 GG heranziehen, wo für die Bestimmung des Gemeinwohls eben dem Staat die Definitionsmacht zugewiesen sei. In der Diskussion wurde in volkswirtschaftlicher Perspektive weiterhin für eine Konzeption des größten Glücks der größten Zahl plädiert, bei Kompensation damit einhergehender Nachteile für den Einzelnen. Dagegen spräche aber, so *van Aaken*, dass das Pareto-Prinzip praktisch kaum anwendbar und das dem Vorschlag zugrunde liegende Kaldor-Hicks-Theorem „extrem problematisch" sei. Die Stärke der Ökonomie liege nicht in der Wohlfahrtsökonomie oder in Gerechtigkeitstheorien. Ihre Stärke sei vielmehr die Sozialtheorie. Bei der Entscheidung des BVerfG zur Offenlegung der Nebeneinkünfte von Abgeordneten wäre es nach der tragenden Senatsmehrheit um Transparenz gegangen. *Müller* relativierte in dieser Hinsicht den Vorzug von Transparenz. Selbst für Transparency International sei Transparenz kein Eigenwert per se. *Van Aaken* vermochte allerdings mit Hinweis auf Erhebungen empirisch keine nennenswerten Gefahren der Transparenz ausmachen. *Volk* wiederum führte aus, dass Intransparenz durchaus ein strafrechtlich schützenswertes Rechtsgut sein könne, z.B. bei der Vertrauensbeziehung zwischen Arzt und Patient. Nach *Hamm* könne die Funktion des Gemeinwohls im Strafrecht nur in der Begrenzung, nicht in der Begründung von

5 *Lüderssen* StV 2004, 97 ff.

Strafbarkeit liegen. Das zeige die Absurdität eines Tatbestands der Gefährdung des Gemeinwohls. Eine weitere Zunahme von Gemeinwohlbezügen führe schließlich nur dazu, dass es prozessual noch mehr Absprachen gebe.

C. Gemeinwohl und Gerechtigkeit

Das Gemeinwohl war philosophisch die längste Zeit ein Synonym für Gerechtigkeit und fand, das hatte *Volk* angemerkt, erst Mitte des 18. Jahrhunderts Eingang in die Nationalökonomie. Damit sei auf den, nicht vorgetragenen Beitrag von *Lüderssen* verwiesen, in dem mit zahlreichen Belegstellen die historische und systematische Situierung des Gemeinwohls ausführlich nachzeichnet wird, ohne dass dies Gegenstand der Diskussion sein konnte.[6] Daran soll in einer abschließenden Bemerkung angeschlossen werden.

Antike wie Mittelalter führen wie selbstverständlich den Gemeinwohlbezug in der Gerechtigkeitsdiskussion mit. Für die attische Philosophie war ein Erreichen des ethisch aufgegebenen Summum Bonum außerhalb einer Polis nicht vorstellbar. Der Mensch war ein *zoon politikon.* Mochte auch in der Folge des modernen Gesetzgebungsparadigmas, das mit dem päpstlichen, kirchenrechtlichen Rechtssystem heraufzog, die Legalität als Element der Gerechtigkeit mächtig erstarken, so wahrte die Definition des Gesetzes den Gemeinwohlbezug. Den radikalen Bruch mit dieser Tradition vollzog *Hobbes*, der die Gerechtigkeit im Rückgriff auf die Figur des Gesellschaftsvertrags auf ein Modell der Gesetzgebung umstellte, deren Validität sich nicht mehr naturrechtlichen Bezügen verdankt, sondern alleine der Autorität des Leviathan: *auctoritas, non veritas facit legem.* Wenngleich dieser Bruch mit elementaren Schwächen behaftet ist, vom normativ indifferenten Physikalismus des Staatskörpers bis hin zur fehlenden Gewaltenteilung, wurde damit der Moderne der Weg geebnet. Gemeinwohlbezüge dienen hier dazu, die Wucht der Konzeption abzumildern. Das zeigt sich bei *Kant*, der die Desiderate bei Hobbes im Grundsatz behebt. Seine Prozeduralisierung der Gerechtigkeit im Geist republikanischer Gesetzgebung wurde vielfach aufgegriffen und fortentwickelt. Die Vorsicht in seiner nüchternen Anthropologie des ungesellig-geselligen Menschen schreibt eine Entwicklung fort, die vor ihm in der Tradition des *esse morale*, d.h. des zwischen Sein und Möglichkeit

---

6 *Lüderssen*, „Selbstregulierung" und Gemeinwohl im Wirtschaftsstrafrecht, in diesem Band, 101 ff.

eingespannten Seins der juristischen Zurechnung grundgelegt wurde.[7] Hier ist vor allem *Pufendorf* zu nennen, dessen Bedeutung als Stichwortgeber für die europäische, aber auch für die Diskussion in den amerikanischen Kolonien nicht selten unterschätzt wird.[8] Er zieht den *appetitus socialis* heraus aus der anthropologischen Verfasstheit des Menschen und verfährt mit ihm axiomatisch, d.h. er begreift ihn als Prinzip, das für die Zurechnung im Recht gegenüber der als autonom konzipierten Person vorausgesetzt werden muss.

Den Lackmustest für die Tragfähigkeit eines notgedrungen prozedural gemünzten Gemeinwohls liefert das Strafrecht, namentlich das Strafverfahrensrecht. Die Leitentscheidung des 2. Senats des BVerfG vom 19. März 2013 zur strafrechtlichen Verständigung mit dem Berichterstatter *Herbert Landau* erging erst nach dem ECLE Symposium. Transparenz wird darin groß geschrieben. Prozedurale Verstöße, insbesondere die Verletzung von Dokumentationspflichten, haben nun mehr als nur ordnungsrechtlichen Charakter. Soweit in der Entscheidung darüber hinaus kaum ein Begriff häufiger verwendet wird als die Funktionstüchtigkeit der Strafrechtspflege und soweit die Ermittlung der Wahrheit mit einem schlicht korrespondenztheoretisch verstandenen Begriff von Wahrheit verknüpft wird, haben sich die in der Diskussion des Symposiums mehrfach formulierten Befürchtungen eines paternalistisch fehlverstandenen Gemeinwohlbezugs bestätigt – ein Beleg dafür, dass die ECLE-Tagungen nach dem Dafürhalten nicht weniger Tagungsteilnehmer zum Besten gehören, was deutsche Tagungen gegenwärtig bieten.

---

7 Siehe *Th. Kobusch* Die Entdeckung der Person, 2. Aufl. 1997.
8 Siehe *Chr. Enders* Die Menschenwürde in der Verfassungsordnung, 1997.

Teilnehmer des 5. ECLE Symposiums 16./17. November 2012

Aaken, Prof. Dr. Anne van	Universität St.Gallen
Acker, Wendelin	Hogan Lovells International LLP
Alwart, Prof. Dr. Heiner	Universität Jena
Bernsmann, Prof. Dr. Klaus	Ruhe-Universität Bochum
Beukelmann, Dr. Stephan	Lohberger & Leipold Rechtsanwälte, München
Beulke, Prof. Dr. Werner	Universität Passau
Biedenkopf, Prof. Dr. Kurt	Biedenkopf Rechtsanwälte, Dresden
Bittmann, Folker	Staatsanwaltschaft Dessau-Roßlau
Brauneisen, Achim	Justizministerium Baden-Württemberg, Stuttgart
Busch-Gervasoni, Ulrich	Staatsanwaltschaft Frankfurt a.M.
Cahn, Prof. Dr. Andreas	Institute for Law and Finance Frankfurt a.M.
Dannenfeldt, Eva	Kempf & Dannenfeldt Rechtsanwälte, Frankfurt a.M.
Dieners, Prof. Dr. Peter	Clifford Chance LLP, Düsseldorf
Dierlamm, Prof. Dr. Alfred	Dierlamm Rechtsanwälte, Wiesbaden
Doll, Peter	Clausen, Doll & Partner Rechtsanwälte
Döllen, Armin von	Hannover und Partner, Bremen
Dörr, Dr. Felix	Dr. Günther Dörr und Partner, Frankfurt a.M.
Dryander, Christof von	Deutsche Bank AG, Frankfurt a.M.
Durth, Dr. Hanno	kipper & durth Rechtsanwälte, Darmstadt
Engländer, Prof. Dr. Armin	Universität Passau
Erb, Prof. Dr. Volker	Universität Mainz
Feigen, Hanns W.	Feigen Graf Rechtsanwälte, Frankfurt a.M.
Fischer, Dr. Jürgen	Frankfurt a.M.
Fischer, Prof. Dr. Thomas	Bundesgerichtshof Karlsruhe
Franzmann-Haag, Sybille B.	Bad Homburg
Galen, Margarete Gräfin v.	Berlin
Gas, Tonio	Hannover
Gercke, Dr. Björn	Kanzlei Gercke & Wollschläger, Köln
Gillmeister, Prof. Dr. Ferdinand	Freiburg
Graf-Schlicker, Marie Luise	Bundesministerium der Justiz, Berlin
Greeve, Dr. Gina	MGR, Frankfurt a.M.
Hamm, Prof. Dr. Rainer	HammPartner, Frankfurt a.M.
Hart-Hoenig, Dr. Kai	Mainz
Herrschaft, Bea	HammPartner Rechtsanwälte, Frankfurt a.M.
Hild, Eckard C.	Frankfurt a.M.
Höffler, Jun.-Prof. Dr. Katrin	Universität Tübingen, Institut für Kriminologie
Huber, Hans Peter	Knierim & Kollegen, Mainz

Hugger, Dr. Heiner	Clifford Chance LLP, Frankfurt a.M.
Ignor, Prof. Dr. Dr. Alexander	Ignor & Partner GbR, Berlin
Jahn, Prof. Dr. Matthias	Universität Erlangen
Jansen, Gabriele	Köln
Kadelbach, Prof. Dr. Stefan	Universität Frankfurt a.M.
Kappel, Dr. Jan	Hogan Lovells International LLP, Frankfurt a.M.
Kaspar, Prof. Dr. Johannes	Universität Augsburg
Kayßer, Dr. Marijon	Klinkert Zindel Partner, Frankfurt a.M.
Keller, Alexander	Heidelberg
Kelnhofer, Dr. Evelyn	Heidelberg
Kempf, Eberhard	Kempf & Dannenfeldt Rechtsanwälte, Ffm
Kirsch, Dr. Stefan	HammPartner Rechtsanwälte, Frankfurt a.M.
Köberer, Dr. Wolfgang	HammPartner Rechtsanwälte, Frankfurt a.M.
Kübler, Prof. Dr. Friedrich	Universität Frankfurt a.M.
Kulenkampff, Christoph	JKW Integrity Services, Frankfurt a.M.
Lassak, Edith Maria	Wolters Kluwer Deutschland GmbH, Köln
Leipold, Dr. Klaus	München
Leitner, Dr. Werner	München
Lindemann, Prof. Dr. Michael	Universität Augsburg
Lüderssen, Prof. Dr. Klaus	Universität Frankfurt a.M.
Mansdörfer, Prof. Dr. Marco	Universität des Saarlandes, Saarbrücken
Marsch-Barner, Prof. Dr. Reinhard	Linklaters LLP, Frankfurt a.M.
Matt, Prof. Dr. Holger	Frankfurt a.M.
Maurice, Dr. Lara	Klinkert Zindel Partner, Frankfurt a.M.
Mennicke, Dr. Petra	Hengeler Mueller, Düsseldorf
Michalke, Dr. Regina	HammPartner Rechtsanwälte, Frankfurt a.M.
Momsen, Prof. Dr. Carsten	Universität Hannover
Müller, Dr. Reinhard	Frankfurter Allgemeine Zeitung, Frankfurt a.M.
Müssig, Prof. Dr. Bernd	Redeker Sellner Dahs, Bonn
Nestler, Prof. Dr. Cornelius	Universität Köln
Nolde, Malaika	Kanzlei Verjans Böttger Berndt, Düsseldorf
Norouzi, Dr. Ali B.	Widmaier Norouzi Rechtsanwälte, Berlin
Pauly, Jürgen	HammPartner Rechtsanwälte, Frankfurt a.M.
Pörtge, Dr. Jochen	Clifford Chance LLP, Frankfurt a.M.
Radtke, Prof. Dr. Henning	Universität Hannover
Rahmsdorf, Dr. Detlev	Deutsche Bank AG, Frankfurt a.M.
Richter, Dr. Hans	Staatsanwaltschaft Stuttgart
Roxin, Dr. Imme	München
Rumpf, Alexander	Kempf & Dannenfeldt Rechtsanwälte, Ffm.

Saffenreuther, Klaus	Linklaters LLP, Frankfurt a.M.
Salditt, Prof. Dr. Franz	Neuwied
Sander, Camill Carl F.	White & Case LLP
Sättele, Alexander	Ignor & Partner GbR
Schiller, Dr. Wolf	Frankfurt a.M.
Schilling, Dr. Hellen	Kempf & Dannenfeldt Rechtsanwälte
Schmidt, Prof. Dr. Reinhard H.	Universität Frankfurt a.M.
Schmitt, Prof. Dr. Bertram	Bundesgerichtshof Karlsruhe
Schmitt-Leonardy, Dr. Charlotte	Universität Trier
Schmitz, Prof. Dr. Roland	Universität Osnabrück
Scholderer, Dr. Frank	Clifford Chance LLP, Frankfurt a.M.
Schulz, Prof. Dr. Lorenz	Universität Frankfurt a.M.
Sinn, Prof. Dr. Arndt	Universität Osnabrück
Sommer, Prof. Dr. Ulrich	Köln
Sorgenfrei, Ulrich	Frankfurt a.M.
Szesny, Dr. André-M.	Heuking Kühn Lüer Wojtek, Düsseldorf
Theile, Prof. Dr. Hans	Universität Konstanz
Trendelenburg, Dr. Cornelius	Landgericht Frankfurt a.M.
Trüg, Dr. Gerson	Freiburg
Verjans, Renate	Düsseldorf
Volk, Prof. Dr. Dr. h.c. Klaus	Universität München
Wattenberg, Andreas	Berlin
Wieland, Prof. Dr. Josef	Zeppelin-Universität Friedrichshafen
Wimmer, Renate	Staatsanwaltschaft München I
Wüllner, Dr. Patricia	Generalstaatsanwaltschaft Frankfurt a.M.
Zerbes, Prof. Dr. Ingeborg	Universität Bremen
Zöller, Prof. Dr. Mark A.	Universität Trier

MIX
Papier | Fördert gute Waldnutzung
FSC® C083411

Kolibri 360 GmbH
Ferdinand-Jühlke-Straße 7
99095 Erfurt, Deutschland
produktsicherheit@kolibri360.de